교육과정 ^{3판}
CURRICULUM

| 한혜정 · 조덕주 공저 |

학지사

3판 **머리말**

『교육과정』의 2판을 낸 지 7년이라는 긴 시간이 흘렀고, 그사이에 또 한 번의 국가 교육과정 개정이 있었다. 1판과 2판 머리말에도 밝힌 바 있듯이 이 책은 우리나라 사범대학과 교육대학 교직 과목인 '교육과정'의 교재로 활용될 것을 염두에 두고 집필된 것으로서, 초·중·고등학교의 예비 교사가 교육과정과 관련된 실제적 능력을 기르도록 하는 데에 초점을 두고 있다. 즉, 이 책은 예비 교사들로 하여금 초·중·고등학교의 교육과정이 어떻게 개발되고, 어떤 과정을 거쳐 학교 현장에 적용되는지를 이해하며 그러한 과정에 대한 비판적 안목과 실제 교육과정 개발 능력을 갖추도록 하는 것을 목적으로 집필되었다.

3판을 내며 이러한 취지가 더 잘 실현되도록 하기 위하여 처음부터 끝까지 여러 번 다시 읽으면서 수정하였다. 각 장별로 불필요한 내용, 질문, 활동은 삭제하고 새로운 내용을 추가하였다. 또한 1판을 낸 지 10여 년이 넘는 동안 교육과정 이론이나 실제에서 변화된 부분을 반영하고자 하였다. 예비 교사를 대상으로 하는 '교육과정' 강의는 우리나라 교육과정에 대한 이해에 초점을 맞추는 것이 적절하다고 판단되어 1판과 2판에 있었던 국외 교육과정 사례에 대한 내용 및 활동은 삭제하였다.

제1부는 교육과정에 대한 실제적 능력을 기르는 데에 기초가 되는 다양한 이론적 지식으로 구성되어 있다. 제1부의 목적은 예비 교사들로 하여금 자신이 교육에 대하여 어떤 생각을 하고 있는지를 분석하고, 교사가 교육을 어떤 관점에

서 바라보는가에 따라 교육 목적 및 교육 내용(지식)의 성격, 교수·학습과 평가의 방법이 달라진다는 것을 고찰하게 하는 데에 있다. 제1부의 내용은 이러한 목적에 충실하게 구성되어 있다고 판단한다.

제2부는 '무엇을, 왜, 어떻게 가르치고 평가할 것인가?'에 대한 포괄적 사고 능력 및 결정 능력 그리고 그것을 문서화할 수 있는 실제적 능력을 기르기 위한 내용으로 구성되어 있다. 이를 위하여 교육과정 개발의 단계를 '교육 목적과 목표 설정 및 진술' '내용 선정 및 조직' '실행 계획 안내' '평가 계획 안내'로 구분하여 각 단계에서 어떤 숙고가 필요한지, 숙고의 결과를 문서화하는 데에는 어떤 구체적인 기술이 필요한지를 제시하고 있다. 다만, 3판에는 다양한 교육과정 개발 모형에 대한 지식의 습득을 위하여 제5장에 제시된 Tyler 모형 이외에 Walker 모형과 포스트모던적 관점인 Doll의 이론에 대한 설명을 추가하였다. 또한 거시적 관점에서의 교육과정 개발 이론 이외에 학교 수준에서 실제 활용될 수 있는 학교 교육과정 설계 이론에 대한 설명이 필요하다는 판단하에 제7장에 학교 수준 및 교사 수준에서 교육 내용 조직을 위한 설계 방법으로서 백워드 설계와 KDB 설계에 대한 설명을 추가하였다.

제3부는 우리나라 국가 교육과정과 교과용도서 발행에 관한 내용으로 구성되어 있다. 국가 교육과정의 경우 1판과 2판에서는 제7차 교육과정부터 제시하였으나, 3판에서는 최근의 교육과정 개정인 2015 개정 교육과정과 2022 개정 교육과정에 초점을 맞추어 수정하였다. 제10장에서는 최근의 국가 교육과정 경향으로서 '학교 교육과정 자율화'를 포함하여 이러한 경향에 대해 고민해 볼 수 있는 기회를 새롭게 마련하였다. 제11장은 2015 개정과 2022 개정에 초점을 맞추되, 이 두 개정의 공통분모라고 할 수 있는 역량 중심 교육과정과 고교학점제에 대한 설명을 추가하였다. 제12장은 교과용도서와 관련된 내용으로서 그동안 우리나라 교과용도서 정책의 변화를 체감할 수 있도록 국·검·인정 구분에 대한 설명뿐만 아니라, 현재 우리나라 학교 현장에서 서책형 교과서와 더불어 정식으로 활용되고 있는 디지털 교과서 그리고 비록 인정제도 심사 절차를 완화하는 방식의 제한적인 형태이지만 우리나라에서도 점진적으로 시도되고 있는 자유발행제

정책에 대한 내용을 추가하였다.

　3판을 내면서 무엇보다 심혈을 기울인 부분은 예비 교사로 하여금 국가와 학교 수준에서 교과와 창의적 체험활동의 시간이나 학점을 배당하는 일이 얼마나 지난한 과정인지를 경험하도록 하는 것과 간단하게나마 학습자가 실제로 교육과정(또는 프로그램)을 개발하도록 하기 위한 수행과제를 개발하여 제시하는 것이었다. 이를 위하여 제2부 정리활동으로 기존의 위인 교육과정 개발 과제를 백워드 설계 방식을 활용하여, 학교 수준에서 교육과정을 설계하는 과제로 수정하여 제시하였다. 또한 제3부 정리활동으로서 두 가지 수행 과제를 추가하였는데, 하나는 국가 수준에서 고등학교 학점 배당 기준을 결정하는 프로젝트고, 다른 하나는 학교 수준에서 중학교 교육과정 편성표를 작성하는 프로젝트다. 이러한 프로젝트를 그룹별로 수행하는 동안 예비 교사들은 교육과정을 개발하는 과정이 참여자 사이에서 이루어지는 끊임없는 숙고 속에서 그리고 시간과 공간의 제약 속에서 최선의 답을 찾아가는 지난한 과정이라는 것을 깨닫게 될 것이다.

　이러한 수정 작업으로 탄생한 이 책의 3판이 우리나라 예비 교사가 교육과정을 깊이 이해함과 동시에 관련 역량을 키우는 데 큰 도움이 되기를 간절히 바란다. 마지막으로, 3판의 출간을 허락해 주시고 도움을 주신 학지사 관계자 여러분께 감사를 드린다.

2023년 8월
저자 일동

1판 머리말

 교육과정이라는 용어는 다양한 의미로 사용된다. 국가, 지역, 학교, 교사의 차원에서 '무엇을 왜 어떻게 가르칠 것인가?'에 대한 계획을 진술해 놓은 문서를 교육과정이라고 하며, 교육과정을 연구하는 교육학의 한 학문 분야를 교육과정이라고도 한다. 또한 이러한 교육과정에 대한 이론적·실제적 지식을 가르치는 대학의 교직 과목의 이름도 교육과정으로 지칭된다. 학문 분야는 '교육과정학'으로, 교직 과목 이름은 '교육과정 연구'라고 해야 맞지만, 우리나라에서는 이 모든 것을 '교육과정'으로 통일하여 부르고 있기 때문에 맥락에 따라 어떤 의미로 쓰이는지를 잘 이해해야 한다.

 가장 기본적인 의미에서 교육과정은 구체적인 교육 활동이 이루어지기 이전의 교육 활동 전체에 대한 포괄적 계획을 의미한다. 이는 보통 문서로 작성되며, 이 문서에는 해당 교육 활동과 관련하여 '무엇을 왜 어떻게 가르치고 평가할 것인가?'라는 질문에 대한 답이 들어 있다. 교육과정은 국가, 지역, 학교, 교사 등 누가 어떤 차원에서 개발하는가에 따라 성격이 달라진다. 또한 개발에 참여하는 사람들 간의 의견 차이 조정 및 공유의 과정을 거쳐 개발되기 때문에 사회적·정치적 산물이라고 할 수 있다. 교육과정은 일단 개발되면 그것을 가지고 교육을 하려고 하는 사람이 참고하여 어느 정도는 지속적이고 안정적으로 교육을 할 수 있도록 구성되어야 한다. 지나치게 자세하거나 피상적으로 제시되어서는 안 된다.

이 책은 우리나라 사범대학과 교육대학 교직 과목인 '교육과정'의 교재로 활용될 것을 염두에 두고 집필된 것으로서, 초·중·고등학교의 예비 교사로 하여금 교육과정과 관련하여 다음과 같은 두 가지 능력을 갖추도록 하는 데 그 목적이 있다. 첫째, '무엇을 왜 어떻게 가르치고 평가할 것인가?'에 대한 포괄적 사고 능력 및 결정 능력 그리고 그것을 문서화할 수 있는 능력이다. 둘째, 교육과정 개발과 관련된 실제적 능력을 바탕으로 국내외 교육과정을 분석할 수 있는 능력이다. 이 책은 총 3부로 이루어져 있는데, 제1, 2부는 전자의 능력 계발, 제3부는 후자의 능력 계발과 관련된다.

이 책의 구성은 다음과 같다. 제1부는 교육과 교육과정 개발의 방향을 성찰할 수 있는 능력을 기르고 그러한 성찰의 결과를 논의하는 데 필요한 개념적 지도와 표현 언어를 익히는 것에 초점이 있다. 구체적으로 말하면, 제1부에서 예비 교사가 교육을 어떤 관점에서 바라보는가에 따라 교육 목적 및 교육 내용(지식)의 성격, 교수·학습과 평가의 방법이 달라진다는 것을 고찰한다. 예비 교사는 제1부를 통해 교육에 대한 다양한 관점과 그에 따른 다양한 이론을 접하게 될 것이다. 여기서는 여러 이론가의 책이나 논문에 대한 소개와 그 내용에 대한 요약을 제시하고 있다. 이러한 이론들을 공부하고 그중에서 관심 있는 1~2개의 이론은 직접 그 저자의 책이나 논문을 찾아서 원문을 읽는 것이 좋다. 어떤 이론이든 남이 정리해 놓은 것을 읽는 것보다 직접 원문을 읽는 것이 더 도움이 되기 때문이다.

제2부는 '무엇을 왜 어떻게 가르치고 평가할 것인가?'에 대한 포괄적 사고 능력 및 결정 능력 그리고 그것을 문서화할 수 있는 실제적 능력을 기르기 위한 내용으로 구성되어 있다. 이를 위하여 교육과정 개발의 단계를 '교육 목적과 목표 설정 및 진술' '내용 선정 및 조직' '수업 계획 안내' '평가 계획 안내'로 구분하여 각 단계에서 어떤 숙고가 필요한지, 숙고의 결과를 문서화하는 데에 어떤 구체적인 기술이 필요한지를 제시하였다. 예비 교사는 제2부의 내용을 통해 전체적인 구조 속에서 세부 내용을 파악하는 능력, 동일한 내용을 일반적 수준에서 진술하고 점점 구체화의 정도를 달리하여 진술하는 능력 그리고 가르칠 능력을 세

분화하고 그것을 언어로 표현하는 능력 등을 익히게 될 것이다. 이러한 능력은 교육과정을 개발하는 데 필수적으로 요구되는 것이다.

제3부에서는 제1, 2부를 바탕으로 우리나라 국가 교육과정 현황을 파악하고 그 전체 구조와 세부 사항, 방향 등을 검토하는 기회가 제공된다. 주로 국가 교육과정의 전체와 세부 사항을 자세히 이해하는 데에 초점이 있으며, 비판과 성찰은 질문과 활동을 통해 이루어지도록 하였다.

저자들은 이 책을 통해 예비 교사가 '무엇을 왜 어떻게 가르치고 평가할 것인가?'에 대한 포괄적 사고 능력 및 결정 능력, 그것을 문서화할 수 있는 실제적 능력 그리고 국내외 교육과정에 대한 분석 능력을 갖추게 되기를 희망한다. 더 나아가 이 책이 예비 교사로 하여금 대학 교직 과목인 교육과정이 지루하고 재미없는 과목이 아니라 조금은 재미있고 유익한 과목으로 느끼도록 하는 데 일조한다면 더 바랄 나위가 없다.

마지막으로 출판을 허락해 주신 학지사 김진환 사장님과 직원 여러분께 감사를 드린다.

2012년 2월
저자 일동

제1부 교육과정 이해

제1장 자유교육적 관점   19

제2장 지원적 관점   33

제3부 우리나라 국가 교육과정 및 교과서

제**1**부

교육과정
이해

CURRICULUM

'교육과정(curriculum)'은 교육을 어떤 관점에서 바라보는가에 따라 다양한 의미로 이해된다. 제 1부에서는 교육과정을 이해하기 위한 기초로서 교육에 대한 다양한 관점을 살펴보고자 한다. 교육에 대한 관점은 교과, 학습자 그리고 사회 중에 어떤 것을 강조하는가에 따라 다양하게 나타날 수 있다. 교과를 강조하여 인류의 지적 문화유산으로서의 학문을 가르치는 것을 교육으로 보는 관점이 있으며, 학습자 외부에 있는 교육 내용을 학습자에게 전달하는 것보다는 학습자 내면에 존재하는 것이 자발적으로 발현되도록 지원하는 것을 교육으로 보는 관점이 있다. 또한 사회를 강조하여 사회의 구성원에게 사회에서 필요한 기능을 가르침으로써 사회의 발전에 기여하는 것이 교육이라고 보는 관점이 있으며, 사회의 발전을 비판적인 관점에서 바라보고 사회의 부정의한 측면을 바로잡아 정의로운 사회의 재건에 기여하는 것이 교육이라고 보는 관점도 있다.

제1부에서는 이와 같은 네 가지 관점을 고찰해 보고자 한다. 설명의 편의상, 교과를 강조하는 관점을 '자유교육적' 관점으로, 학습자를 강조하는 관점을 '지원적' 관점으로, 기능적인 관점에서 사회를 강조하는 관점을 '관리적' 관점으로 그리고 비판적인 관점에서 사회를 강조하는 관점을 '해방적' 관점으로 부르고자 한다. 자유교육적 관점은 고대 희랍 사회에서 교육을 지칭했던 '자유교육'에서 따온 것이고, 나머지 세 가지 관점은 각 관점에서 교육이 하는 역할에 초점을 두고 지어진 것이다. 예컨대 지원적 관점에서 교육은 학습자의 내면이 스스로 발현되도록 보조하고 '지원'하는 역할을 하며, 관리적 관점에서 교육은 학습자로 하여금 사회에서 필요로 하는 기능을 제대로 갖출 수 있도록 효율적으로 '관리'하는 역할을 한다. 해방적 관점에서 교육은 학습자로 하여금 기존의 사회질서나 구조를 당연시하는 데에서 '해방'되어 그 안의 문제점을 비판적으로 바라볼 수 있는 안목을 갖추도록 하는 역할을 한다.

물론 교육을 바라보는 관점이 여기에서 말하는 네 가지만 있는 것은 아니며, 그 명칭도 다양하다. 어떤 사람은 자유교육적 관점과 해방적 관점이 이성적 능력과 관련된다는 점에서 둘을 하나의 관점으로 보기도 한다. 또한 어떤 사람은 앞서 말한 관리적 관점을 '기술공학적' 관점으로 부르기도 한다. 교육을 바라보는 관점을 구분하는 방식은 다양하지만, 이를 구분하는 중심에는 교과, 학습자, 사회라는 세 가지 요소가 있다는 점에서는 대체로 의견의 일치를 보인다. 따라서 제1부에서는 이러한 교육의 세 가지 요소를 중심으로 그중에서 무엇을 강조하는가에 따라 교육을 네 가지 관점으로 구분하여 살펴보고자 한다.

교육을 몇 가지 관점으로 구분한다고 해서 그렇게 구분된 교육이 실제 상황에서 따로따로 일어나는 것은 아니다. 교육의 실제 상황에서는 두세 가지 관점이 혼재되어 나타날 수 있다. 이와 같이 무엇이 무엇인지 모를 정도로 혼재되어 이루어지는 교육 실제를 몇 가지 관점으로 구분하여 생각해 보는 것은 교육을 담당하는 사람의 입장에서 매우 유익하다. 그것은 교육을 담당하는 사람으로 하여금 자신이 어떤 생각을 가지고 교육을 실천하고 있는지, 자신의 교육 실천이 무엇을 지향하고 있는지, 자신의 가르치는 방식이 어떤 관점에 입각해 있는지, 자신이 생각하는 교육의 방향과 자신의 실제 교육 실천이 상충되는 점은 없는지 등을 끊임없이 성찰하도록 만들기 때문이다. 성찰은 보다 더 나은 실천을 보장해 주는 기본 조건이다.

제1장

자유교육적 관점

1. 자유교육적 관점의 개요

자유교육은 '마음을 자유롭게 하는 교육'을 뜻한다. 마음을 자유롭게 한다는 것은 이성의 힘을 바탕으로 진리를 깨우치는 과정을 통해 보다 가치 있는 삶을 살 수 있도록 한다는 것을 의미한다. 여기서 가치 있는 삶을 규정하는 데에는 몇 가지 전제가 필요하다. 첫째, 이성이 인간 정신의 본질이라고 생각한다. 즉, 이성은 인간 정신 중 최고의 부분이고, 그 기능을 잘 발휘하는 것이 인간 존재의 목적 중 최상위의 목적이다. 이성은 지식의 추구를 통해 구사되는 것이므로, 지식을 추구하는 삶이 가장 가치 있는 삶이라는 생각을 함의한다. 둘째, 지식은 가변적인 현상의 세계에 대한 불확실한 신념이 아니라 사물의 본질적 속성에 대한 앎이다. 이 전제에 따르면, 지식을 획득한다는 것은 삶을 인도할 객관적 지침을 확보한다는 것을 의미한다. 셋째, 그 자체가 목적인 것이 다른 무엇을 위한 수단적인 것보다 가치가 있다. 이 생각은 지식을 추구할 때 유용성보다는 그 자체를 목적으로 한 추구를 더 가치 있게 여기는 태도로 나타난다.

이러한 자유교육적 관점의 토대는, 인간은 이성적 존재이기는 하지만 그것이 인간다움을 규정하는 유일한 특성이라고 보기는 어렵다는 점, 인간 정신을 이성

적인 것과 비이성적인 것으로 구분할 수는 있지만 그 사이에 위계를 부여하기에
는 논란의 여지가 있다는 점 등에서 비판을 받는다(신차균, 1989: 120-121). 그러
나 자유교육적 관점은 P. H. Hirst, J. S. Bruner, 그리고 M. J. Adler 등에 의해 주
장되고 있으며, 교육의 역사를 볼 때 가장 오랫동안 지지되고 실행되어 온 교육
적 관점이라고 볼 수 있다.

2. 자유교육적 관점의 이론적 배경

앞서 언급하였듯이 자유교육적 관점은 오랫동안 지지되고 실천되어 왔으며,
현재에도 학교 교육에 많은 영향을 미치고 있는 관점이다. 구체적인 교수 방법
이나 학생의 심리적 · 정서적 상태보다는 교과 내용을 강조하는 것이 자유교육
적 관점의 가장 큰 특징이다(이지헌 역, 2003: 111).[1] 교육은 실용적이어야 한다는
관점이 보다 널리 받아들여지고 있는 시점에서 자유교육적 관점은 여러 학자에
의해 재주장되고 있으며, 여기서는 Hirst, Bruner 그리고 Adler의 이론을 살펴보
고자 한다.

1) Hirst의 자유교육 이론

Hirst는 자신의 논문 「자유교육과 지식의 성격(Liberal Education and the Nature
of Knowledge)」(1965)에서 자유교육의 개념을 지식의 개념에 의거하여 정의하
고, 지식 추구의 가치에 의거하여 정당화하고자 하였다. 그에 따르면, 지식을 추
구하는 일과 마음의 발달을 연관시켜 자유교육을 규정하는 일은 고대 희랍 이래
의 오랜 전통이다. Hirst는 고대 희랍 자유교육 개념의 밑바탕에는 마음, 지식,

---

1) 원서의 번역본이 있는 경우 역서의 페이지로 표시한다.

실재에 관한 두 가지 철학적 신조가 깔려 있다고 하였다. 첫째는 마음과 지식의 관련을 시사해 주는 것으로서, "마음은 그 자체의 목적을 가지고 있으며 이 목적은 지식을 획득함으로써 달성되므로 지식의 획득은 마음의 완성으로 향해 가는 것을 의미하게 된다."(Hirst, 1965: 113)는 것이다. 둘째는 지식과 실재의 관련을 의미하는 것으로서, "인간은 이성의 올바른 작용으로 사물의 본질적 속성을 알 수 있고 궁극적으로 참된 것을 이해할 수 있게 된다."(Hirst, 1965: 114)는 것이다. 이때 지식은 궁극적 실재에 대한 앎으로 규정되며, 지식의 객관성은 이러한 실재가 영원불변하다는 사실에 의해 성립된다. 따라서 자유교육은 지식 그 자체에 의해 결정되며, 이것에 의해 이끌어지는 마음의 발달은 자유교육의 주된 목표가 될 수 있다.

Hirst는 이러한 의미의 자유교육을 '선험적 정당화'라고 불리는 다소 생경한 방식으로 정당화한다. Hirst에 따르면, 지식의 추구를 정당화하려고 시도하는 것은 이미 지식의 가치를 받아들이고 있는 것이나 다름없다. 정당화는 오직 정당화하려는 대상을 공적인 개념으로 이해하고 공적인 준거로 사정할 수 있을 때에만 가능하다. 이때 공적인 개념과 공적인 준거로 대상을 파악하고 사정하는 것이 곧 지식의 가치를 인정하고 지식을 추구하는 일이라는 것이다. 지식의 추구는 세계에 대한 합리적 이해를 목적으로 하는 것이다. 따라서 '지식의 추구가 어째서 가치가 있는가?'라는 질문은 그 속에 이미 해답을 포함하고 있다. 왜냐하면 '지식이 왜 가치가 있는가?'라는 질문을 하는 사람은 바로 합리적 이해가 가치 있다는 것을 전제로 하고 있기 때문이다. Hirst가 지적한 바와 같이, 자유교육을 정당화해야 하는 상황은 곧 '정당화의 문제가 의미 있게 적용될 수 없는 궁극적인 상황'(Hirst, 1965: 127)이다.

Hirst는 자유교육의 내용을 몇 가지 '지식의 형식'으로 구분하여 제시한다. Hirst에 따르면, 지식의 형식은 공적으로 받아들여지는 여러 가지 상징을 중심으로 인간의 경험이 구조화된 것을 가리키며, 각각의 지식의 형식은 인간의 경험이 구조화되는 특이한 방식을 나타낸다. 이러한 지식의 형식은 다음과 같은 몇 가지 상호 관련된 특징을 가지고 있다. 첫째, 각각의 지식의 형식은 그 형식의 특이한 성격을 반영하는 몇몇 중심 개념으로 이루어져 있다. 둘째, 하나의 지식의 형식에 들어 있는 여러 개념은 서로 관계망을 이루고 있으며, 경험은 그 관계망으로 말미암아 이해 가능한 것이 된다. 그 결과로 지식의 형식은 그 나름의 독특한 논리적 구조를 가진다. 셋째, 지식의 형식은 그것에 사용된 독특한 개념과 논리적 구조로 말미암아 비록 간접적인 방식으로나마 경험에 비추어 검증 가능한 표현이나 진술로 이루어진다. 넷째, 지식의 여러 형식은 경험을 탐색하고 그 형식에 속하는 표현을 검증하기 위한 특별한 기법과 기술을 발전시켜 왔다(Hirst, 1965: 128-129).

지식의 형식이 가지는 이러한 네 가지 특징에 따라 Hirst는 합리적인 마음의 발달을 목적으로 하는 자유교육에서 가르쳐야 할 지식의 형식을 '자연과학, 인간과학, 수학, 도덕적 지식, 예술, 역사적 지식, 종교적 지식'으로 구분하였다. Hirst가 제시하는 이러한 여러 지식의 형식은 일반적인 '전통적 학문'과 거의 동일하다. 이 점에서 Hirst의 자유교육 이론, 또는 지식의 형식 이론은 학교 교육과정에 제시되어 온 전통적 교과(주지 교과)를 정당화하는 이론이라고 할 수 있다.

2) Bruner의 지식의 구조 이론

Bruner의 『교육의 과정(The Process of Education)』(1960)은 학문적 교과를 가르침으로써 학생으로 하여금 학문적 지식의 내용을 이해하고 그 가치를 내면화하도록 하는 것을 교육으로 보는 자유교육적 관점을 독특한 방식으로 표현하고 있다. Bruner는 이 책의 서두에서 "학생들에게 무엇을, 무슨 목적으로 가르칠 것인가?"(이홍우 역, 2007: 40)라는 질문을 제기한다. 이 질문에 대한 Bruner의 대답은 한마디로 '교과의 구조, 즉 해당 교과의 지식의 구조'를 가르쳐야 한다는 것이다.

Bruner가 말하는 '지식의 구조'는 '학문의 기저를 이루고 있는 일반적 아이디어' '기본 개념' '일반적 원리'를 가리킨다(이홍우, 1992: 73). 생물학에서 유기체의 특성을 설명해 주는 '항성'이라는 개념이 곧 지식의 구조 또는 지식의 기본 개념에 해당하는 것이다. 이러한 지식의 구조 또는 기본 개념을 알게 된다는 것은 한

가지 현상을 여러 가지 현상과 관련지어 이해할 수 있게 되는 것을 말한다(이홍우 역, 2007: 6). 예컨대, "메뚜기 떼가 이동할 때 그 진로의 온도 때문에 메뚜기 떼의 밀도가 조절된다. 산에서 사는 곤충들은 종류에 따라 일정한 양의 산소를 선택하여 움직여 다니는데, 산의 높이에 따라 산소의 양이 다르므로 곤충의 종류 사이에 교접이 불가능하게 되고 따라서 종족의 순수성이 유지된다. 이러한 생물학적 현상은 '향성'이라는 기본적 개념에 비추어 이해된다."(이홍우 역, 2007: 7).

Bruner는 지식의 구조를 언어 교과와 관련하여 다음과 같이 설명하고 있다.

구조는 흔히 부지불식간에 학습되는 수가 있지만, 이 점은 모국어 학습에서 가장 잘 드러난다. 어린이는 일단 한 문장의 미묘한 구조를 파악하고 나면 이 구조를 기초로 급속도로 많은 문장을 생성해 낼 수 있다. 이렇게 생성되는 문장은 내용적으로 처음에 배운 문장과 다르지만 그 구조에서는 동일하다. 뿐만 아니라 문자의 의미를 바꾸지 않고 문장의 형식을 바꾸는 변형 규칙(예컨대, '개가 사람을 물었다.' '사람이 개에게 물렸다.')을 배우고 나면 문장을 여러 가지로 바꿀 수 있게 된다(이홍우 역, 2007: 8).

Bruner는 이러한 지식의 구조가 하는 일을 다음의 네 가지로 설명한다. 첫째, 교과의 구조 또는 기본 개념은 교과를 훨씬 쉽게 이해할 수 있게 해 준다. 이것은 과학이나 수학뿐만 아니라 사회나 문학에서도 마찬가지다(이홍우 역, 2007: 24). 예컨대, 『데미안(Demian)』을 읽는 고등학생은 이 소설이 두 세계(선과 악, 영혼과 육체, 밝음과 어둠, 질서와 무질서)의 대립 관계에 대한 포괄적인 이해와 진정한 자아 완성을 다루고 있다는 점, Hermann Hesse의 작품 주제가 '내면으로 가는 길'임을 알 때 비로소 그 문장을 보다 깊이 이해할 수 있고 더 나아가 그 소설을 더 잘 이해할 수 있게 된다는 점이다.

둘째, 교과의 구조는 교과 속에 들어 있는 세세한 사항들을 쉽게 이해하고 재생(기억)할 수 있게 해 준다. 세세한 사항은 그것이 전체적으로 구조화된 형태 안에 들어 있지 않는 한 곧 잊어버리기 때문이다. 일반적이고 기본적인 원리(구조)를 배우는 것은 세세한 기억에서 사라진다고 하여도 그 세세한 내용을 다시 구성할 수 있도록 해 준다. 일반적으로 우리가 기억하는 공식($s=\frac{1}{2}gt^2$), 사물의 본질을

보여 주는 약화(略畵)나 그림 등은 모두 복잡한 사물을 압축하여 표현하는 기법
들이다(이홍우 역, 2007: 24-25). 이러한 일반적이고 기본적인 원리는 현재 어떤 현
상을 이해하는 수단이 될 뿐만 아니라 장차 그것을 기억하는 수단이 된다.

셋째, 교과의 구조는 교과의 지식을 학습 이외의 사태에 적용할 수 있게 해 준
다. 즉, 어떤 사건을 보다 일반적인 개념의 한 특수한 사례로 이해한다는 것은 그
특수한 사건을 배웠다는 것뿐만 아니라 앞으로 당면하게 될 그것과 비슷한 사
건들을 전체적으로 이해할 수 있는 모형을 배웠다는 것을 의미한다(이홍우 역,
2007: 25). 예컨대, 흥선대원군이 쇄국정책을 펼쳤던 당시의 국제 정세와 우리나
라의 정치적·지리적·경제적 상황 등을 깊이 있게 분석·고찰한다면 문호 개
방의 필요성과 국익 및 국권의 수호 등에 대해 보다 확실한 견해를 가질 수 있다
는 것이다.

마지막으로, 교과의 구조는 "고등 지식과 초보 지식 사이의 간격을 좁혀 준
다."(이홍우, 1992: 76). Bruner의 표현으로 말하자면, "지식의 최전선에서 새로운
지식을 만들어 내는 학자들이 하는 것이나 초등학교 3학년 학생이 하는 것이나
지적 활동에서는 근본적으로 동일하다."(이홍우 역, 2007: 63). 그 활동의 차이는
일의 종류에 있는 것이 아니라 지적 활동의 수준에 있다. 이러한 주장은 "어떤
교과든지 지적으로 올바른 형식으로 표현하면 어떤 발달단계에 있는 어떤 아동
에게도 효과적으로 가르칠 수 있으며"(이홍우 역, 2007: 129) "어린이의 사고를 어
른의 사고로 발전시키기 위해서는 같은 내용을 점점 더 높은 수준으로 여러 번
반복해서 제시할 필요가 있다(나선형 교육과정 아이디어)."(이홍우 역, 2007: 62)는
교육과정 조직 원리로 곧바로 연결된다. 이러한 지식의 구조를 가르친다는 것은
해당 학문의 '성격'에 충실하게 가르친다는 것을 의미한다. 예컨대, 물리학을 '이
야깃거리(topic)'로 보는 것이 아니라 '하나의 사고방식(mode of thought)'으로 보
는 것이다. 물리학을 배우는 학생은 물리학의 관찰자가 아니라 참여자이어야 하
며 우리는 물리학에 '관하여 가르칠 것(teach about physics)'이 아니라 '물리학을
가르쳐야(teach physics)' 한다.

Bruner의 『교육의 과정』에는 이와 같은 지식의 구조와 관련된 설명 이외에, 교

과를 가르칠 때 학생의 발달단계를 고려하여 가르쳐야 한다는 것, 교과에 대한 학생의 흥미를 불러일으키는 방법에 대한 관심, 학습의 동기는 학습 내용에 대한 내재적 흥미의 기초 위에서 유발되어야 한다는 것, 학생에게 지식의 구조를 효과적으로 가르치기 위한 교구에 대한 관심 등 교육에서 학습자에 대한 고려가 무엇보다 중요하다는 생각도 다양하게 제시되어 있다. 그러나 Bruner의 『교육의 과정』은 기본적으로 수학, 과학, 문학, 역사, 사회 등의 교과를 가르치는 것이 무엇보다 중요하며 교사는 '지식의 전달자인 동시에 학문의 모범'(이홍우 역, 2007: 194)이라는 점을 강조한다는 점에서 자유교육적 관점의 교육 아이디어를 전형적으로 대표하는 문헌이라고 할 수 있다.

3) Adler의 파이데이아 제안

Adler는 자신의 저서 『파이데이아[2] 제안(Paideia Proposal)』(1982)에서 "가장 우수한 자를 위한 가장 좋은 교육이 만인을 위한 최선의 교육이다."(신득렬 역, 1993: 16)라고 주장하고 있다. 여기서 그가 말하는 최선의 교육은 '사람들로 하여금 지성을 연마하도록 하는 교육', 다시 말해서 '학문 세계의 문을 열어 주고 학문 세계를 탐구하기 위한 지침을 마련해 주는'(신득렬 역, 1993: 21) 교육을 가리킨다. 그는 기본 교육 기간을 12년으로 정하고 그 기간 동안에는 모든 학생에게 공통된 교육과정을 가르쳐야 한다고 주장한다. 즉, 12년제의 공교육은 복선제가 아닌 단선제로 운영되어야 함을 강조한다. 복선제란 직업을 위한 교육을 담당하는 학교와 대학 입학을 목표로 하여 일반교양을 가르치는 학교를 분리·설치하거나 또는 어느 한 학교 내에서 직업 준비반과 진학 준비반을 분리하여 서로 다

[2] Paideia(py-dee-a)라는 말은 희랍어 *pais, paidos*에서 온 것으로 '아동의 양육'을 뜻하는 말이다. 확대된 의미로 보면 이 말은 라틴어 *humanitas*와 동의어로서 모든 인류가 소유해야 할 교양 교육을 의미한다.

른 내용을 가르치는 것을 의미한다. 쉽게 말하면, 인문계 고등학교와 실업계 고등학교를 설치하여 운영하는 것이 복선제다. Adler는 "특정한 직업을 위한 교육은 자유인의 교육이 아니다."(신득렬 역, 1993: 17)라고 하면서 사회적 평등이란 '만인에게 동일한 질의 학교교육을 제공하는 것'(신득렬 역, 1993: 15)을 의미한다고 주장한다. 여기서 '만인에게 동일한 질의 학교교육'은 다름 아닌 학문적 교과교육을 의미한다.

Adler가 직업교육의 중요성을 전혀 언급하지 않은 것은 아니다. 그는 자신이 구상하고 있는 12년 동안의 단선제 공립 학교교육의 목표를 다음의 세 가지로 규정한다. 첫째 목표는 개인으로서 지적 · 도덕적 · 영적 성장을 도모하는 것이고, 둘째 목표는 한 국가의 시민으로서 자질을 갖추는 것이며, 셋째 목표는 직업을 통해 생계를 이어 나갈 수 있는 능력을 갖추는 것이다. 이것을 Adler는 '지적으로 책임 있는 방식으로 생계를 버는 것, 지적으로 책임 있는 시민으로서의 기능을 발휘하는 것 그리고 이 두 가지를 토대로 지적이고 책임감 있는 인생을 살아갈 수 있도록 도와주는 것'(신득렬 역, 1993: 27)으로 보고 있다. 여기서 무엇보다 강조되는 것은 '지적으로(intellectually)'라는 말이다. 전문적이고 특수한 분야의 직업훈련은 끊임없이 변화되는 사회에서 비실제적이고 비효과적이기 때문에 지적인 지성을 잘 연마하면 나중에 직업 세계의 기능도 잘 발휘될 것이라는 의미다.

이어서 Adler는 만인에게 평등한 가치 있는 교육을 실현하기 위해서는 모든 학생에게 동일한 교육과정이 제공되어야 한다고 주장한다. 12년 동안 공통 교육과정이 제공되어야 하며, 선택 교육과정은 배제되어야 한다는 것이다. 그는 이러한 공통 교육과정을 〈표 1-1〉과 같이 제시하고 있다.

제1열의 교육과정은 학교교육에서 필수적인 세 개의 교과 영역, 즉 언어 · 문학 · 예술, 수학 · 자연과학, 역사 · 지리 · 사회과학을 가리킨다. 이 세 가지 영역은 주로 강의에 의존하여 교수된다. 제2열의 교육과정은 언어적 · 수학적 · 과학적 기능의 습득을 위한 것이며, 교사의 안내에 따른 연습 및 숙달 과정을 통해 학습된다. 제3열의 교육과정은 교과서가 아닌 다양한 책이나 예술 작품으로 구성

표 1-1 Adler의 공통 교육과정

구분	제1열	제2열	제3열
교육 목적	• 체계화된 지식의 획득	• 지적 기능 및 학습 기능 의 획득	• 사상과 가치에 대한 확 장된 이해
교수 방법	• 교과서나 기타 자료에 대한 강의 등의 직접 교수법	• 교사의 코칭에 의거한 연습	• 소크라테스식 대화 및 질문법 • 자기주도적 참여학습
활동 영역	• 언어와 문학, 예술 • 수학, 자연과학 • 역사, 지리, 사회과학	• 읽기, 쓰기, 말하기, 듣기 • 계산 능력 • 문제 해결 능력 • 관찰 및 측정 능력 • 추론 능력 • 비판적 판단 능력	• 교과서가 아닌 다양한 책과 예술 작품에 대한 토론 • 음악, 드라마, 시각예 술 등의 활동에의 참여

참조: 신득렬 역(1993: 32).

된다. 책에는 역사, 과학, 철학, 시, 소설, 수필 등이 포함되며, 예술 작품에는 음악, 시각예술, 희곡 작품, 무용, 영화, 드라마 등이 포함된다. 이러한 제3열의 학습은 책이나 예술 작품에 구현되어 있는 관념, 가치, 형식에 대한 연구를 통해 이루어진다. 이 제3열의 학습은 직접적인 강의나 연습으로 이루어지는 것이 아니라 '질문, 토론을 통해 학생들의 마음을 낮은 수준의 이해와 감상에서 높은 수준의 이해와 감상으로 끌어올리는 소크라테스식 교수법'(신득렬 역, 1993: 37)에 의해 이루어진다. 이러한 제1열, 제2열 및 제3열의 학습은 상호 관련되어 있지만, 12년 동안에 이루어지는 학습의 난이도에 따른 순서를 나타낸다.

Adler는 이러한 세 가지 유형의 필수 교육과정 이외에 세 개의 보조 과목을 제시한다. 그중에서 체육과 건강은 12년 동안 꾸준히 학습되어야 하며, 수공예는 몇 년 동안 학습되지만 12년간 계속 학습되지는 않는다. 마지막으로, 노동의 세계와 직업의 종류에 대한 학습은 12년간의 학교 교육 기간 중 마지막 2년 동안 이루어진다.

　　Adler의 이러한 생각들은 기본적으로 학생에게 가르쳐야 할 고유의 지식들이 있으며, 교육은 지성을 연마시키는 것이고, 학문의 세계를 탐구하기 위한 지침을 제시해 주어야 한다고 주장한다는 점에서 자유교육적 관점을 갖는 것으로 볼 수 있다.

3. 자유교육적 관점에서 본 교육의 특징

　　자유교육적 관점에 입각하여 이루어지는 교육의 특징을 교육 목적, 교육 내용, 교수 · 학습, 교육평가 항목으로 구분하여 정리하면 다음과 같다.

1) 교육 목적

　　자유교육적 관점에서의 교육 목적은 학생으로 하여금 이성적 능력 및 학문적인 연구 능력을 연마하도록 하는 데 있다(McNeil, 1996: 95). 이러한 목적을 실현하기 위한 방법은 학생에게 학문의 정수를 전달하는 것이다(Schiro, 2008: 32). 학생에게 학문의 정수를 전달하는 것은 학문의 세계로 그들을 입문하도록 하는 것을 가리킨다. 교육을 통해 학생을 학문의 세계에 입문하도록 하는 것은, 첫째, 해당 학문을 연구하고 발전시키는 학자를 양성함으로써 해당 학문의 존재를 보장하기 위한 것이며, 둘째, 학문의 세계뿐만 아니라 일상적인 삶의 세계 속에서 해당 학문의 가치와 필요성을 확산시키기 위한 것이다.

　　자유교육적 관점에 의거한 이러한 교육 목적의 가치는 쉽게 이해할 수 있는 방식으로 설명되기 어렵다. 일반적으로 "왜 학문적 지식을 가르치고 배워야 하는가?"라는 질문에 대해서는 "그 자체로 가치가 있다."라는 식의 '내재적 가치'에 의거하여 대답된다. 이러한 '내재적 가치' 개념은 "어떤 유용한 목적에 수단이 된다는 의미에서 가치가 있다."는 '외재적 가치'라는 개념과 대조를 이루면서, 교육이론의 역사에서 교육 목적의 가치에 대한 끝없는 논쟁을 불러일으키고 있다.

2) 교육 내용

자유교육적 관점에서 볼 때 가르칠 가치가 있는 교육 내용은 학문적 지식이다. 자유교육적 관점에서 가치 있는 교육 내용으로 생각하는 학문적 지식의 특징은 다음과 같다. 첫째, 학문적 지식은 사람에게 세상을 이해할 수 있는 토대와 능력을 제공한다. 이것은 단순히 무엇을 할 줄 아는 능력과 구별되는 능력으로서 무엇인가를 '볼 줄' 아는 능력을 가리킨다. 둘째, 학문적 지식은 그 구체적인 내용과 그것을 습득하는 과정 모두를 포함한다. 따라서 학문적 지식을 학습했다는 것은 해당 학문에 관한 지식뿐만 아니라 그러한 지식을 알아내는 방법까지 습득했다는 것을 의미한다. 셋째, 학문적 지식은 한 인간에서 다른 인간에게 전수가 가능하며 지식의 내용과 지식을 알아내는 방법 모두의 전수를 위해서는 계획적인 교수 방법이 요구된다. 학문의 내용과 방법을 잘 아는 교수자가 가장 적절한 교사이며, 교사는 잘 가르치기 위해 잘 훈련받을 필요가 있다. 모든 학문이 학교의 교육과정으로 채택되는 것은 아니다. 어느 한 학문이 학교에서 가르칠 만한 가치가 있는가의 여부는 그것이 얼마나 '인류 문화유산의 정수'를 차지하는가의 기준에 의거하여 결정된다.

3) 교수 · 학습

무엇인가를 가르치기 위해서는 교사와 학생이 존재해야 한다. 자유교육적 관점의 교육에서는 전적으로 교사가 학생보다 우위에 있다. 교사는 학생을 학문의 세계에 입문시키고 인류 지성의 최고의 지식을 그들에게 전달하는 역할을 수행한다. 따라서 가르칠 내용과 방법을 결정하는 것은 전적으로 교사다. 교수는 전적으로 교사의 관점에 의거하여 이루어지며, 학습자에게 의존하지 않는다. 다시 말하여 자유교육적 관점의 교육에서 학습자는 중요한 고려 대상이 아니다. 이것은 학습자의 요구나 흥미가 많이 고려되지 않는다는 것을 의미한다. 학습자와 관련하여 고려되는 것은 그들의 발달단계다.

학생의 사고는 학문의 구조에 의해 구조화된다. 지식은 학생의 외부에 놓여 있고 교사에 의해 학생에게 전달된다. 학습은 교사에 의한 의도적인 활동이다. 학습된 것은 일차적으로 교사의 교수 활동의 결과이고 이차적으로 학생들이 활동한 결과다. 학생은 학자가 연구를 수행하는 것과 동일한 방식으로 새로운 지식을 탐구해야 한다. 어린 학습자라고 할지라도 단순히 지식을 습득하는 것이 아니라 학자가 새로운 지식을 습득하듯이 그 학문 고유의 방법을 통해 지식을 습득해야 한다. 그리고 교사는 이러한 탐구의 과정을 지도해야 할 책임을 가진다.

4) 교육평가

자유교육적 관점의 교육에서 평가 방법은 교과의 성격에 따라 다양하게 나타난다(McNeil, 1996: 101). 인문학적 교과의 경우, 평가는 객관식 평가 방식보다는 에세이 평가 방식이 선호된다. 이때 에세이는 답안의 논리성, 일관성 및 포괄성을 기준으로 하여 평가된다. 예술 교과의 경우, 개인적 주관성을 고려할 수 있는 평가 방법이 활용된다. 수학이나 과학 교과의 경우, 사실에 대한 지식뿐만 아니라 주어진 사고의 양식을 학생이 얼마나 잘 활용하는가에 평가의 기준이 있다. 교과에 따라 다양한 교육평가 방법이 활용되지만, 자유교육적 관점의 교육평가와 관련하여 모든 교과에 공통적인 것은 교과서나 수업 자료의 내용을 그대로 암기하여 재생시키도록 하는 평가 방법은 지양한다는 점이다.

1. Hirst가 주장하는 '지식의 형식'인 수학, 자연과학, 인간과학, 예술, 역사적 지식, 종교적 지식 등은 합리적인 분별력 및 판단 능력을 계발하기 위해 수세기 동안 가장 중요한 지식의 원천으로 여겨져 왔다. 이는 오늘날에도 그렇다고 할 수 있는가? 왜 그러한가? 그렇지 않다면 왜 그러한가?

2. 교과를 하나 선택하여 Bruner가 말하는 지식의 구조(해당 교과의 기본적 아이디어)에 해당하는 것을 다섯 가지 이상 말해 보자. 모든 교과는 Bruner가 말하는 지식의 구조를 가지고 있는가?

3. Adler가 주장하는 교육의 평등은 '자유교육을 모든 만인에게 공통된 교육과정으로 가르치는 것'을 의미한다. 이성적 능력이 뛰어난 학생에게 유리한 교육과정을 그렇지 못한 학생 모두에게도 가치 있는 것으로 가르치려고 하는 것은 과연 평등이라고 할 수 있는가?

4. 현대인의 일상생활은 매우 복잡하며 매우 빠른 속도로 변화하고 있다. 이렇게 복잡하고 빠르게 변화하는 일상적 삶에서 발생되는 문제의 해결 방법은 교과서에 전혀 나타나 있지 않다. 또한 그러한 문제들이 역사학, 물리학, 문학 등의 교과로 유목화하여 정리될 수도 없다. 따라서 교육은 학문적 지식의 습득보다는 일상생활의 문제 해결에 초점을 맞추어 이루어져야 한다는 주장이 설득력 있게 제기되고 있다. 이러한 주장에 대해 어떻게 생각하는가?

5. 자신이 어떤 학교의 설립자라고 생각하고 자유교육적 관점의 교육을 실시한다고 할 때, 사람들에게 학교 이념 및 목표 등을 브리핑할 홍보 자료에 포함될 내용을 기술해 보자.

6. 자유교육적 관점의 교육에 대한 이해를 위하여 Hirst, Bruner, Adler와 면담을 한다고 할 때, 각각의 학자와의 면담에 활용될 질문 3개, 총 9개와 질문에 대한 학자들의 대답을 가상으로 정리해 보자.

참고문헌

신득렬 역. (1993). 파이데이아 제안: 하나의 교육적 선언[The paideia proposal: An educational manifesto]. M. J. Adler 저. 양서원. (원저는 1982년에 출판).

신차균. (1989). 자유교육관 연구. 서울대학교 대학원 박사학위논문.

이지헌 역. (2003). 가르치는 일이란 무엇인가?[Approaches to teaching]. G. D. Fenstermacher & J. F. Soltis 공저. 교육과학사. (원저는 1992년에 출판).

이홍우. (1992). 증보 교육과정탐구. 박영사.

이홍우 역. (2007). 브루너의 교육의 과정[The process of education]. J. S. Bruner 저. 배영사. (원저는 1960년에 출판).

Hirst, P. H. (1965). Liberal Education and the Nature of Knowledge. In R. D. Archambault (Ed.), Philosophical analysis and education. Rouledge & Kegan Paul.

McNeil, J. (1996). Curriculum: A comprehensive introduction (5th ed.). HarperCollins College Publishers.

Schiro, M. S. (2008). Curriculum theory: Conflicting visions and enduring concerns. Sage Publications.

제2장

지원적 관점

1. 지원적 관점의 개요

지원적 관점에서 교육은 학습자가 스스로 의미를 만들어 나가는 것을 지원해 주는 것을 의미한다. 이러한 관점에서 학습자는 의미를 만들어 나가는 존재이며 자기 나름대로의 실재(reality)를 갖는 것으로 규정된다. 따라서 동일 시간과 장소에서 같은 내용을 공부한다고 해도 학습자들이 구성하는 실재에는 차이가 있다고 가정된다. 학습자와는 별도로 중요하다고 인정되는 지식의 체계를 학습자에게 전수하는 자유교육적 관점의 교육과 달리, 지원적 관점의 교육은 학생 스스로 원하는 내용을 찾도록 하고 이러한 과정을 촉진하고 지원해 주는 역할을 한다. 이러한 교육에서 객관적인 지식의 체계로서의 교과는 학습자보다 부차적인 위치에 놓인다.

J. J. Rousseau 이후 인간의 발달단계에 대한 깊이 있는 탐구를 바탕으로 하여 학습의 주체로서의 인간을 인정하게 되었고, 가르치는 내용보다는 학습자가 경험하는 내용이 더 중요하다고 간주되면서 교육의 초점은 교과에서 학습자로 이동하였다. 교사가 소유한 지식은 학습자가 의미 있는 경험을 해 나가도록 학습자의 특성 및 관심을 파악하여 지원해 주는 자료가 되며, 지식은 학습자의 마음

안에서 성장해 나가는 교과가 된다.

　지원적 관점에서 교육은 학습자에게 외부의 것을 체계화된 방법에 따라 가르치는 것이 아니라, 학습자의 내면에서 시작하여 학습자의 내면을 자발적으로 발현시킬 수 있도록 지원하는 기능을 한다. 학습자의 내면이 무엇인가, 교과의 존재를 어떻게 규정하는가에 따라 다양한 교육 이론이 나타날 수 있다. 여기서는 지원적 관점의 교육을 다양한 측면에서 조명해 주는 J. J. Rousseau, J. Dewey 그리고 W. F. Pinar의 이론을 살펴보고자 한다.

2. 지원적 관점의 이론적 배경

　교육의 기능을 학습자의 내면에 초점을 맞추고 그 내면이 자발적으로 발현되도록 지원하는 것으로 보는 관점은 여러 문헌에 다양한 방식으로 표현되어 있다. 여기서 살펴볼 Rousseau와 Pinar는 학습자의 내면을 고려하여 그것의 자발적인 발현을 위한 교육을 주장하지만, Dewey는 학습자의 내면을 고려하되 학습자 밖에 있는 교과를 학습자의 내면과 어떻게 의미 있게 연결시킬 수 있는가에 관심을 가진다.

1) Rousseau의 『에밀』

　Rousseau는 자신의 저서 『에밀(Emile)』(1762)에서 아동의 자연적 발달을 기초로 한 교육을 주장한다. 이 책은 '에밀'이라는 아이가 태어나서 성인이 될 때까지의 교육을 상세히 다루고 있다. 당시 유럽의 전통적인 아동관에서, 아동은 원죄설에 입각하여 무지와 허약함 속에서 태어난 존재이며, 그렇기 때문에 엄격한 교육 방법에 의거하여 훈육되어야 할 존재로 인식되었다. 이러한 기독교적 아동관은 18세기 원죄의 교리를 부정하고 인간과 세계를 있는 그대로 인정하고자 하는 계몽주의에 의해 변화된다. 『에밀』에 나타난 교육관은 이러한 계몽주의 교육관과 맥을 같이하면서도 '이성'만을 강조하는 계몽주의에는 반대하고 '감성'을 강조하며 인위적 문화 대신에 '자연'을 중시하는 사상에 기반을 두고 있다. 일반적으로 『에밀』을 아동기의 발견서 혹은 아동의 복음서라고 부르는 이유는 그것이 아동 속에서 자연 그대로의 속성을 발견하고 신생아에서 청년기까지의 성장단계의 특징에 맞는 교육을 제안하고 있기 때문이다(안인희 역, 1999: 47-49). 우선, 『에밀』의 제1부는 영아기의 특징에 관한 다음과 같은 문구로 시작된다.

> 창조자의 손에서 나올 때는 모든 것이 선하지만 사람의 손에서 모든 것이 타락한다. …… 사람이 이렇게 모든 것을 자연 그대로, 있는 그대로 보지 못하고 손을 써서 망가뜨리는 것은 사람이 만든 사회적 편견이나 선입견, 권위, 필요성 때문이며 이러한 것이 제도화되면 그 속에서 사는 우리 본래의 자연성은 질식되어 없어진다(안인희 역, 1999: 169).[1]

이와 같이 Rousseau는 전통적인 사회에 대한 비판적 시각을 가지고 전통적인 육아법을 자연법칙에 의거하여 비판하며 인간의 성선설에 기초하여 진정한 교육을 통해 아동을 자연인으로 기르는 방법과 교사의 자질이나 부모의 역할 등을 기술하고 있다.

『에밀』의 제2부는 아이가 말을 배우기 시작하는 2세부터 12세까지의 아동기를 다룬다. Rousseau에 따르면, 이 시기의 아동은 자의식을 가지고 있으며, 이러한 아이는 하나의 인간으로 취급되어야 한다.

> 본래의 의미에서 개인의 생활이 시작되는 것은 이 둘째 단계부터다. 이 시기의 아이에게는 자기에 대한 의식이 생긴다. 자기는 언제나 자기일 뿐 다른 사람이 아니라는 감정이 기억 속에 분명히 자리 잡기 시작한다. 이때부터 아이는 하나의 정신적 존재로 취

---

1) 안인희(1999)의 번역본의 문장을 의미에 맞게 수정하였다.

급되어야 한다(안인희 역, 1999: 89).

Rousseau는 이러한 자의식을 가진 아동에 대한 교육은 아동의 특성을 충분히 파악한 후에 시작되어야 한다고 주장한다.

어른은 아동에게 어떤 교육이 필요한가를 마음대로 생각해서는 안 된다. 어른은 그들의 타고난 재능이 무엇인가를 우선 알아야 하며, 이것과 관련된 판단을 할 때에는 신중해야 한다. 또한 오랜 기간에 걸쳐서 아동을 관찰해야 하고, 아동의 특성이 자유롭게 표현될 수 있도록 아동에게 어떤 일도 강요해서는 안 된다. 어른은 이렇게 하는 것이 공연한 시간 낭비라고 생각하지만, 나중에 결정적인 순간이 오면 그것이 결코 낭비가 아니었음을 알게 된다. 마치 현명한 의사가 어떤 처방을 내리기 전에 병자의 체질을 면밀히 조사하는 것처럼 신중해야 한다 (안인희 역, 1999: 107-108).

또한 Rousseau는 불확실한 장래를 위해 현재를 희생시키는 교육은 아동의 현재 행복을 희생시키는 폐단을 가져오며, 아동이 장차 어떤 직업을 가지고 살아가든 상관없이 가장 중요한 것은 우선 '사람이 되는 것'이라는 점을 강조한다. 즉, 아동은 어른이 되는 준비 단계에 있는 것이 아니라 아동으로서 완성된 독립적인 존재라는 것이다. 따라서 가장 이상적인 교육은 아동의 자연을 존중하고 지켜 주는 '소극적인' 교육이어야 한다.

『에밀』의 제3부는 12세부터 15세까지의 소년기를 다루고 있다. Rousseau는 이 시기를 이성의 시기로 본다. 이 시기의 아동은 이성적 활동을 시작하며 학문에 대한 지적인 호기심을 가지지만 모든 학문이 아동에게 유용한 교육 내용이 되는 것은 아니다. 이 시기에서 가장 중요한 학습은 자연현상에 대한 학습이다. 즉, 지리학, 천문학, 물리학, 기하학 등 자연과학이 교육 내용으로서 유용하며, 관찰, 경험, 발견, 실험 등의 교육 방법이 좋다. Rousseau는 학생의 손을 잡고 집 근처 언덕에 올라가 일출과 일몰의 광경을 관찰하게 하고 밤하늘의 별을 관찰하게 하는 방법을 실례로 보여 준다. 다시 말하면, 여러 가지 잡다한 학문을 가르치는 것이 중요한 것이 아니라 학생으로 하여금 공부에 대한 취미와 학문을 사랑하는 마음을 갖도록 하는 것이 중요하다는 것이다. 이러한 생각은 다음의 인용문에 잘 나타나 있다.

> 에밀이 가지고 있는 지식은 적은 양이지만 그것은 전부 그 자신의 것이다. 즉, 그는 어떤 것이든 어설프게 아는 것이 없다. 중요한 것은 지식 그 자체가 아니라 지식을 획득하는 능력이다. …… 교육의 목적은 학문 그 자체를 가르치는 데 있는 것이 아니라 학문할 수 있는 방법과 학문의 가치를 평가할 수 있는 능력을 가르치는 데 있다. 이러한 것들보다 앞서서 가르쳐야 하는 것은 진리를 사랑하는 마음이다(안인희 역, 1999: 169).

Rousseau의 이러한 주장들은 학습자의 내면에서 시작하여 학습자의 내면을 자발적으로 발현시킬 수 있도록 하는 교육의 지원적 관점을 전형적으로 예시하고 있다.

2) Dewey의 『아동과 교육과정』

Dewey는 『아동과 교육과정(Child and Curriculum)』(1902)에서 아동과 교육과정의 관계를 이원론적 관계로 파악하는 교육적 폐해를 논리적으로 분석하고 있다. 즉, 아동과 교육과정을 분리된 것으로 이해하거나 한 가지 요소를 무시한 채 다른 하나의 요소만을 전부인 양 내세우며 서로 대립된 것으로 보는 한, 제대로 된 교육 이론은 정립될 수 없다는 것이다.

Dewey에 따르면, 일반적으로 아동과 교육과정은 다음의 세 가지 측면에서 서로 대립되는 것으로 파악된다. 첫째, 아동의 경험과 교육과정은 범위 면에서 서로 다르다. 아동의 세계는 직접적으로 경험할 수 있는 것이기는 하지만 범위가 너무 좁다. 이에 반해 학교에서 가르치는 교육과정은 직접 경험할 수 있는 것은 아니지만 공간적·시간적으로 매우 넓은 세계다. 둘째, 아동의 생활은 아동 자신이 가진 관심을 중심으로 묶인 세계이며, 그 자체가 일정한 통일성을 가지고 있다. 반면, 학교에서의 교육과정은 그러한 통일성 있는 아동의 세계를 세분화하여 분리시켜 놓은 것이다. 셋째, 아동의 삶을 통일성 있게 묶어 주는 것은 실제적이며 감정적인 유대이지만, 학교에서 아동이 배우게 되는 교육과정은 추상적인 지식들로 구성되어 있으며, 추상적인 지식들을 논리적으로 분리하고 재구성해 놓은 것이다(박철홍 역, 2005: 37-38).

이와 같이 아동과 교육과정은 서로 대립되기 때문에 어떤 사람은 교과가 중요하다고 하면서 아동의 경험 내용과 성격에는 거의 주의를 기울이지 않는다. 반대로 어떤 사람은 아동이 가지는 경험의 중요성을 강조하고 교과의 중요성은 인정하지 않는다. 전자는 교과의 '논리'를 강조하고 교사를 중심으로 하여 아동에게 훈련과 학문적인 도야를 제공해야 한다고 강조하는 반면, 후자는 학습자의 '심리'를 강조하고 아동의 타고난 본성과 아동에 대한 공감적 이해를 보다 중시한다. 또한 전자에서는 '지도와 통제' '법칙'이 강조되는 반면, 후자에서는 '자유와 독창성' '자발성'이 강조된다. 그렇다면 이러한 대립을 극복하기 위해 필요한 것은 무엇인가?

Dewey에 따르면, 아동과 교육과정 사이의 대립을 극복하기 위해서는 아동의 경험과 교육과정 양자를 전혀 다른 것, 즉 '종류상'의 차이가 있는 것이 아니라, 서로 연속선상에 있는 것, 즉 '정도상'의 차이가 있는 것으로 이해해야 한다(박철홍 역, 2005: 43). 아동과 교과 사이의 차이를 종류상의 차이가 아닌 정도상의 차이로 이해하려면 우선 아동의 현재 경험을 완전히 성장한 것이거나 완성된 것으로 보는 생각을 버려야 한다. '아동의 경험은 살아 움직이는 것이며 흐르는 물처럼 끊임없이 변화하는 것이고, 새싹처럼 앞으로 성장할 가능성을 내포하고 있는 것'(박철홍 역, 2005: 44)으로 보아야 한다. 무엇보다 교과를 아동의 경험 밖에 있는 것으로 보거나 원래부터 주어진 것이며 불변하는 것으로 보는 생각을 과감히 버려야 한다. 그리하여 아동의 경험 속에 들어 있는 사실이나 지식 그리고 교육내용을 구성하고 있는 사실이나 지식은 동일한 것의 양끝을 구성하고 있다고 보아야 한다(박철홍 역, 2005: 45).

이러한 아동의 경험 속 지식과 교육 내용 속 지식을 연결시키기 위하여 Dewey가 제안하는 것은 '교과의 심리화'(박철홍 역, 2005: 70) 또는 '교육 내용의 심리화'(박철홍 역, 2005: 75)다. 교과의 심리화 혹은 교육 내용의 심리화라는 것은 학습할 내용이 학습자의 의식적인 삶 속에서 한 부분을 차지하도록 만드는 것이다. 달리 말하여, 그것은 '교육 내용을 학생의 일상적인 삶의 내용으로 가지고 가서 재구성하는 것'(박철홍 역, 2005: 75)을 의미한다. 여기에서 중요한 것은 아동의 경험에 '사고'라는 지적인 과정이 포함될 때 비로소 학습이 일어난다는 것이다. Dewey는 『민주주의와 교육(Democracy and Education)』(1916)에서 "단순한 활동은 경험이 아니다."라고 하면서 다음과 같이 기술하고 있다.

> '해 보는 것'으로서의 경험은 변화를 가져오지만 그 변화는 만약 거기서 흘러나오는 결과와 의식적으로 관련되지 않으면 무의미한 옮김에 불과하다. 활동을 하는 것이 그 결과를 당하는 것으로 계속되어 들어갈 때, 또 행위에 의해 생긴 변화가 우리 내부에 일어난 변화에 반영되어 되돌아갈 때, 그때 비로소 막연한 사태의 흐름이 의미를 지니게 된다. 그때 비로소 학습이라는 것이 일어난다(이홍우 역, 1989: 219).

마지막으로, Dewey는 아동과 교육과정의 대립에서 어느 편을 들어야 하는가를 묻고 구태여 어느 한쪽을 선택해야 한다면 '아동'을 선택해야 한다고 말함으로써 교육의 일차적 초점은 아동, 즉 학습자에게 있다는 것을 다시 강조한다. 그에 따르면, 교육에서 모든 결정은 현재 아동이 성장해 가는 힘, 아동이 표출하는 현재의 능력과 현재의 태도를 토대로 하여 결정되어야 한다(박철홍 역, 2005: 77).

3) Pinar와 '자기 지식'

1970년대 미국 교육과정 연구 분야에 소위 '재개념주의(Reconceptualism)'라는 운동을 주도한 Pinar는 잘 짜인 구조 속에서 근대 학문적 지식을 학생들에게 가르치고 있는 학교교육의 병폐를 다음과 같이 열두 가지로 정리하여 제시하고 있다. 즉, 비현실적 세계로의 도피 또는 거부, 타인의 모방을 통한 자아의 분열과 상실, 자율성의 위축과 의존성의 증대, 타인으로부터의 평가와 자기애의 상실,

인간관계 욕구의 왜곡, 자기 소외, 자기 기준의 상실과 타인 지향성, 참된 자아의 상실과 객관화된 자아의 수용, 지배−피지배 논리의 내면화 및 거짓된 자아 정체감 형성, 학교교육의 몰개인성에 따른 개성 상실, 자기 존재 확인의 기회 상실에 따른 무미건조한 생활 그리고 미적・감각적 지각 능력의 둔화 등이다(Pinar, Reynold, Slattery, & Taubman, 1995: 518-519).

이러한 학교교육의 병폐는 '객관성의 강조에 의한 주관성의 상실'이라는 근본적인 원인이 여러 가지 형태로 나타난 것이라고 할 수 있다. 학습자 밖에 절대적 권위를 가지고 존재하는 교육 내용, 그 안에 들어 있는 객관적인 평가 기준, 그것을 학생에게 가르치기 위해 기다리는 교사 등 그 어느 것도 학습자가 달리는 코스와 하나 되어 함께 돌아가지 않는다. 학교교육의 통제성, 엄격성 및 획일성은 학습자로 하여금 비현실적이고 공상적인 세계로 도피하게 만들거나, 아니면 현실에 집착하여 타인에 의해 부과된 객관화된 자아를 내면화하는 과정을 무미건조하게 견디며 생활해 나가도록 한다. 학생의 삶 속에서 학교와 일상생활, 학교와 가정생활, 지식과 삶은 철저히 분리된다(한혜정, 2005: 121). 그리하여 학생은 "자격증은 받지만 미치광이가 되어, 박학다식하지만 분열된 자아를 가진 채 학교를 졸업한다."(Pinar et al., 1995: 519).

Pinar는 이러한 학교교육의 병폐를 치유하기 위해 교육의 출발점을 바꾸는 것, 즉 '안으로부터의 시작'(Pinar, 1972: 10)을 제안한다. 기존의 학교교육은 개인으로부터 객관적으로 동떨어진 외적 세계에서 출발한다. 그러나 이제부터는 그러한 외적 세계는 한쪽에 제쳐 두고 각 개인의 '주관적 내면'에서 출발하자는 것이다. 각 개인으로 하여금 자신의 과거의 경험을 하나하나 돌아보도록 하여 현재 가지고 있는 생각과 성향이 과거의 어떤 교육적 경험을 통해 형성된 것인지, 다른 방향으로 유도될 수는 없었는지 등 과거의 모든 경험을 의식의 표면으로 하나하나 끄집어 올리도록 하는 것에서 시작되어야 한다는 것이다. 그리하여 Pinar는 자신의 경험을 더 많이 볼 수 있고, 더 명확하게 볼 수 있게 하는 실제적인 방법, 즉 '자서전적 방법(Autobiographical Method)'을 제안하고 그것을 교육에서 그리고 교육과정 연구에서 활용해야 한다고 주장한다.

Pinar가 제안한 자서전적 방법은 '쿠레레의 방법'(Pinar, 1975)으로 불리기도 하는, 일종의 '자기 분석 방법' 혹은 '자기 이해 방법'이다. 이러한 자서전적 방법은 '후향, 전향, 분석, 종합'이라는 네 단계에 걸쳐 자기 경험과 인식의 변화에 대하여 떠오르는 생각을 기록하는 방법을 말한다. 간략하게 말하면 후향(regression, 회귀)은 과거의 경험을 기억하며 기록하는 것인데 이러한 과거의 경험은 불가피하게 현재의 경험과 연계를 맺으며 처음 기억은 떠올리기 어려우나 첫 기억에 따라 다음 기억이 자연스럽게 떠오르게 된다. 이어서 전향(progression)은 나의 미래를 생각하며 기록하는 것인데 나의 기대와 바람들을 미래와 연계시키게 된다. 분석(Analysis)은 자신이 기술한 과거와 미래를 현재와 관련시켜 성찰하면서 기록하는 것이다. 현재의 나는 무엇에 영향을 받았고, 나는 어디로 가고 있으며 무엇이 나의 길을 이끌어 나가고 있는가 등에 대해 분석하는 것이다. 마지막 종합(synthesis)은 과거와 현재 그리고 미래 간의 관계에 대해 새로운 통찰력을 얻으며 나를 완전히 새로운 방식으로 이해하게 됨에 대해 기록하는 것이다. 이러한 과정들은 나는 개인적 삶과 공적인 삶 모두에서 나 자신이 살기를 원하는 방식으로 사고하고 사는 것이 가능하도록 한다. 학습자는 이러한 방법을 통해 '삶에 대한 자신의 대응과 교육적 상황에 대한 자신의 대응'을 탐색하게 된다.

이러한 자기 이해 및 자기 분석 방법을 제안함으로써 Pinar가 추구한 것은 새로운 교육 문화의 창출이다. 즉, 획일적인 한 가지 경험이 각 개인에게 강요됨으로써 자신의 '참 자아'와 그 위에 덧칠해진 '거짓 자아' 사이에서 자신이 생생한 목소리를 잃을 수밖에 없는 교육 문화가 아닌, 개인의 내면에 있는 다양한 경험과 성향이 온전히 그대로 받아들여지는, 그리하여 각 개인이 어떤 괴리감이나 소외감도 없이 자신의 경험을 키워 나갈 수 있는 교육 문화를 창출하고자 한 것이다(한혜정, 2005: 123). 개인적인 다양한 경험과 성향이 온전히 그대로 받아들여진다는 것은 그 모든 것이 '옳은 것'으로 인정받을 수 있어야 한다는 뜻이 아니라, 옳고 그르다는 판단을 떠나 자신의 경험 자체를 자유롭게 표현하고 타인과 공유할 수 있는 가능성이 열려 있어야 한다는 것을 의미한다. 밖에서 학습자 안으로 무엇인가를 넣어 주는 교육이 아니라 학습자의 안으로부터 자발적으로 끊임없이 솟아나는 교육이어야 한다는 것이다.

이러한 관점에서 볼 때, 교육은 외부에 대한 지식을 습득하는 과정이 아니라, 자신의 삶에 대한 이해의 과정, 즉 '자기 지식(self-knowledge)'을 습득하는 과정을 의미하며, 교육과정은 다양한 학문적 지식으로 채워져 있는 것이 아니라 '다양한 의미를 가진 주체들, 그들이 가지고 있는 다양한 주관성으로 구성되는'(Pinar, 1985: 220) 것으로 '재개념화(reconceptualization)'된다. 그리하여 Pinar는 다음과 같이 말한다.

> 코스를 달리는 것은 참 자아, 즉 주관성에 의거한 생생한 경험을 짓는 과정이다. 자서전은 우리가 읽고, 쓰고, 말하고, 듣는 동안 우리가 창조하고 다듬는 자아의 건축물이다. 자아는 세상의 한 자리를 차지하고 있는 한 몸이다. 참 자아를 찾았고 배웠다고 생각하는 그 순간에도 우리가 찾았다고 알았다고 확신할 수 없는 것이 자아다. 왜냐하면 자아는 시간과 공간 속에서 끊임없이 변화하는 것이기 때문이다. 그것이 아니라고 하는 그곳, 그것이 아니라고 하는 그때, 그것이 아니라고 하는 그것도 사실은 자아의 한 부분이기 때문이다. 새벽을 기다리는 자아는 자신이 원하는 것뿐만 아니라 자신이 두려워하는 것, 자신이 거부하는 것까지도 포용하고자 노력하는 자아다. 황금 노를 써서 배를 젓는 자아는 일어서기 위해, 하늘로 더욱 높이 날기 위해 힘을 빼고 움츠리고 있을 줄도 안다. 감격의 눈물과 환희의 웃음을 머금고 우리는 가르치고 또 배운다. 우리는 우리 자신의 삶의 주인이며 다른 사람의 삶을 위한 봉사자다(Pinar, 1985: 220).

3. 지원적 관점에서 본 교육의 특징

지원적 관점에 입각하여 이루어지는 교육의 특징을 교육 목적, 교육 내용, 교수 · 학습, 교육평가 항목으로 구분하여 정리하면 다음과 같다.

1) 교육 목적

지원적 관점에서의 교육의 기능은 학습자의 성장에 기여하는 내적 경험을 제공하는 것이다. 학습자는 의미를 만들어 나가는 자이며, 그들이 만들어 내는 의미는 스스로에게 의미가 있으며, 모든 학습자는 자기 나름대로의 실재(reality)를 갖게 된다. 교육은 그러한 그가 가장 자기답게 성장해 나가는 것을 돕는 것이다. J. McNeil(1996)은 교육의 지향점 중에서 가장 중요한 것은 자아실현(self-actualization)이며, 이것은 인간의 기본적 욕구라고 주장한다. 이러한 관점에 따르면 교육과정은 학습자가 적극적으로 표현하고, 행동하며, 실험하고, 실수하며, 피드백을 받고 스스로 자신이 누구인지를 발견하도록 구성되어야 한다. 또한 교육은 인지적인 성장과 정서적인 성장이 동시에 일어날 수 있는 경험을 제공해야 한다. 이러한 관점에서는 학생이 성장하는 교육 환경을 만들기 위해 학생과 교사가 함께 책임진다. 그들은 교육 환경에 함께 참여해야 하고, 그들의 성장의 방향을 함께 잡아야 하며, 학생은 교육 환경을 바탕으로 자기 자신의 참여를 이해하면서 의미를 만들어 나가야 한다. 학생의 의미 구성은 지속적으로 이루어지는 것이며 가장 '나다운 나'를 만들어 가는 과정이 된다.

2) 교육 내용

지원적 관점에서 가치 있는 교육 내용은 개인적 의미의 형태를 갖는다. 개인적 의미는 그것을 소유한 개인마다 특이한 것이다. 지원적 관점의 교육에서 지식은 학습자에 의해 구성되며 학습자에 의해 끊임없이 재구성된다. 교육 내용은 외부에 의해 미리 결정되어 있는 것이 아니라 학습자 개인의 의미 형성 과정에 따라 결정된다. 그렇다고 하여 지원적 관점의 교육에서 객관적인 교육과정을 구성하는 것이 불가능한 것은 아니며 학습자의 경험 양식에 가능한 한 유사한 교육과정을 구성하도록 노력해야 한다. 지원적 관점의 교육에서 교육과정은 교과가 아니며, 학습자가 의미를 만들어 나가는 데 필요한 자료인 동시에 환경이다.

3) 교수 · 학습

지원적 관점에서 학습은 인간이 스스로 외부의 사회적 · 물리적 세계와 상호 작용을 하면서 의미를 만들어 나가는 자연적 · 자발적 과정으로 생각된다. 이러한 학습을 지원하는 교사는 먼저 학습자의 흥미, 관심, 요구, 사고 유형 등을 이해하고 지속적으로 학생의 특성을 관찰해야 한다. 교사는 학생에 대한 이러한 관찰을 바탕으로 학습자의 학습을 보조해 줄 수 있는 가장 최적의 환경을 고안해야 한다. 그리고 이러한 교수 환경을 계획하고 구성하며 유지시키는 것은 학습자의 관심과 요구에 근거를 두어야 한다. 교사는 학습자가 자신이 학습한 것에 대해서 중요한 결정을 하고 있다고 느낄 수 있도록 장려하고, 자신의 선택에 의해 탐구를 하고 있다고 느낄 수 있는 교수 방법을 활용해야 한다.

4) 교육평가

지원적 관점에서 교사는 결과가 아닌 성장 과정에 대한 평가에 관심을 가진다. 교사는 지속적으로 학습자의 향상 정도를 관찰 · 기록함으로써 학생의 성장에 대한 관심을 가져야 한다. 지원적 관점의 교육에서 평가는 표준화된 객관적 평가를 사용하지 않는다. 객관적 평가는 학생의 성장과 발달을 총체적으로 보지 못하고 제한된 측면의 능력만을 평가하기 때문이다. 지원적 관점의 교육에서는 좋음과 나쁨, 옳음과 그름을 결정하는 평가보다는 학생으로 하여금 스스로 자신의 실수를 반성하고 자신의 성공을 성찰하도록 하는 평가가 이루어진다.

1. Rousseau는 아동의 본성이 자발적으로 발현되도록 소극적으로 돕는 것이 교육이며, 외부의 어떤 것을 적극적으로 가르치려고 해서는 안 된다고 주장한다. 이러한 Rousseau의 주장은 현대 교육에 어떤 시사점을 제공하는가?

2. 자신이 흥미를 가지고 있는 교과를 하나 선택하여 그 교과를 학생에게 가르친다고 가정해 보자. 그 교과를 학생 각자의 흥미와 개성을 무시하지 않고, Dewey의 용어로 '그 교과를 심리화하여' 가르친다는 것은 구체적으로 어떻게 가르치는 것을 의미한다고 생각하는가?

3. Pinar의 '자서전적 방법' 이론은 학습자의 교육 경험에 대한 시사점은 줄 수 있지만, 실제 학교교육에서 교육내용을 어떻게 구성하여 어떻게 가르칠 것인가에 대한 시사점은 주지 못한다는 비판이 제기될 수 있다. 이러한 비판에 대해 찬성하는가, 반대하는가? 왜 그렇게 생각하는가?

4. 어떤 사람이 "학교에서는 학생 개인의 자아실현까지 고려하기는 어렵다. 현대사회에서 살아갈 수 있는 기능, 시민적 태도 등 공적 차원에서 준비를 시키는 데에도 시간이 모자라기 때문이다."라고 주장한다면, 이 주장에 대하여 어떻게 생각하는가? 왜 그렇게 생각하는가?

5. 자신이 어떤 학교의 설립자라고 생각하고 지원적 관점의 교육을 실시한다고 할 때, 사람들에게 학교 이념 및 목표 등을 브리핑할 홍보 자료에 포함될 내용을 기술해 보자.

6. 지원적 관점의 교육에 대한 이해를 위하여 Rousseau, Dewey, Pinar와 면담을 한다고 할 때, 각각의 학자와의 면담에 활용될 질문 3개, 총 9개와 질문에 대한 학자들의 대답을 가상으로 정리해 보자.

참고문헌

박철홍 역. (2005). 아동과 교육과정[*The child and the curriculum*] J. Dewey 저. 문음사. (원저는 1902년에 출판).

안인희 역. (1999). 루소의 교육론 에밀[*Emile*]. J. J. Rousseau 저. 양서원. (원저는 1762년에 출판).

이홍우 역. (1989). 존 듀이 민주주의와 교육[*Democracy and education: An introduction to the philosophy of education*]. J. Dewey 저. 교육과학사. (원저는 1916년에 출판).

한혜정. (2005). 자아성찰과 교수방법으로서의 '자서전적 방법(Autobiographical Method)'. 교육과정연구, 23(2), 117-132.

McNeil, J. (1996). *Curriculum: A comprehensive introduction* (5th ed.). Harper Collins College Publishers.

Pinar, W. F. (Ed.). (1972). Working From Within. Autobiography, *Politics and Sexuality* (pp. 7-11). Peter Lang Publishing.

Pinar, W. F. (Ed.). (1975). The method of currere. *Autobiography, Politics and Sexuality* (pp. 19-27). Peter Lang Publishing.

Pinar, W. F. (Ed.). (1985). Autobiography and an architecture of self. *Autobiography, Politics and Sexuality* (pp. 201-222). Peter Lang Publishing.

Pinar, W. F., & Grumet, M. R.(Eds). (2014). *Toward a poor curriculum* (3th ed.). Kinston, Educator's International Press.

Pinar, W. F., Reynold, W. M., Slattery, P., & Taubman, P. M. (Eds.) (1995). *Understanding curriculum*. Peter Lang Publishing.

제**3**장

관리적 관점

1. 관리적 관점의 개요

교육에 대한 관리적 관점은 앞서 살펴본 자유교육적 관점 및 지원적 관점과 여러 측면에서 대조를 이룬다. 우선, 자유교육적 관점과 지원적 관점이 인간의 내면적인 변화를 지향한다면, 관리적 관점은 인간의 외면적 변화를 지향한다고 볼 수 있다. 이때 인간의 외면적인 것은 '행동'으로 칭해지며, 이 행동은 실제로 신체를 움직여서 일어나는 것만 의미하는 것이 아니라 사고나 이해, 정서 등 보통 인간의 내면에 해당하는 것까지 포함한다. 그러나 이때 사고나 이해, 정서 등 보통 인간의 내면에 해당하는 것까지 포함한다는 것은 그러한 인간의 내면도 '객관적으로 관찰 가능한' 것으로 본다는 것을 의미한다. 이것은 곧 객관적으로 관찰 가능한 형태로 외부에 드러나는 정도까지만 인간의 내면을 인정한다는 것을 뜻한다. 다시 말하면, 관리적 관점에서 볼 때 교육은 인간의 내면적 변화와 외면적 변화, 안의 변화와 밖의 변화 등의 구분을 떠나 '객관적으로 관찰 가능'하고 '실증적인 근거'를 제시할 수 있는 변화를 추구한다고 볼 수 있다.

그렇다면 관리적 관점에서 볼 때 교육은 인간 행동을 변화시키되 어떤 방향으로 변화시켜야 하는가? 자유교육적 관점과 지원적 관점이 교육 목적과 목표 설정의 근거 및 원천을 각각 학문과 학생에서 찾는 것과 달리, 관리적 관점은 그것을 사회에서 찾는다. 관리적 관점에서 교육은 미성숙한 학생에게 사회에서 필요로 하는 지식과 기능을 가르침으로써 그들을 사회의 유능한 일원으로 키우는 사회화의 과정을 의미한다. 학생 개인의 입장에서 말하면, 교육은 학생이 장차 성인이 되었을 때 가족의 일원으로서, 직업인으로서 그리고 시민으로서 사회를 위해 유익한 기능을 수행할 수 있도록 준비하는 과정을 의미한다. 한 개인은 사회의 한 일원으로서 일차적인 중요성을 가지며, 한 개인이 가지는 개인적 의미는 개인이 성인이 되었을 때 사회에서 어떠한 기능을 얼마나 잘 수행하는가에 따라 결정된다. 완성된 인간의 모습은 사회적 기능을 잘 수행하는 성인의 생활 속에서 찾을 수 있으며, 성인이 되기 전의 아동이나 청소년의 생활은 그 자체로서 중요성을 가지지 못하고 오로지 성숙한 성인이 되기 위한 준비 단계로서 의미를 가진다.

관리적 관점에서 말하는 교육은 학생으로 하여금 사회적 요구에 따라 객관적이고 실증적인 근거에 의거하여 정해진 교육 목표를 충분히 달성할 수 있도록 교육의 시작부터 끝까지 관리하는 것을 의미한다. 이것은 마치 고객(사회)의 필요와 요구를 만족시키기 위해 생산라인 관리자(교사)가 상품(학생)의 품질을 관리하는 과정에 비유되기도 한다.

2. 관리적 관점의 이론적 배경

교육에 대한 관리적 관점은 20세기 이후의 산물이라고 할 수 있다. 관리적 관점은 '행동주의 심리학'이라는 인간 행동에 대한 과학적 연구, 사회와 개인의 관계 또는 사회와 교육의 관계에 대한 기능론적 견해에 영향을 받아 형성된 것이라고 할 수 있다. 그리고 우리나라의 경우 정범모 교수의 '인간 행동의 계획적 변화'라는 교육의 개념은 관리적 관점의 교육을 잘 예시해 준다.

1) 인간 행동에 대한 과학적 연구

I. Pavlov, E. Thorndike, B. F. Skinner 등의 학자들이 연구한 행동주의 심리학은 관리적 관점에 유용한 심리학적 기초를 제공한다.

행동주의 심리학은 기본적으로 인간의 자유의지를 인정하지 않는다. 인간은 주어진 조건과 환경에 따라 행동하는 비의지적인 동물일 뿐이다. 인간은 물리적·화학적 체계에 반응하는 유기체라는 점에서 다른 동물과 동일하지만, 인간이 반응하는 물리적·화학적 체계는 매우 복잡하여 그것을 이해하기 위해서는 '행동과학'이 필요하다. 행동과학은 통제된 실험실 상황에서 발견된 원리들을 통제할 수 없는 현실 상황에 응용하여 인간의 행동을 바람직한 방향으로 변화시키고자 하는 시도다. 행동과학에서 가장 중요한 원리는 조작인데, 이는 조건형성을 위한 것이다. 인간은 자신의 행동을 조절할 수 있는 조작과 그것이 가능한 조건이 형성되면 움직이게 된다. 즉, 행동과학의 기본은 인간에게 '바람직한 결과'를 제시함으로써 그들이 그 결과물을 얻는 행동을 지속적으로 하도록 유도하는 '강화'의 원리에 있다(이장호 역, 2006: 18).

행동주의 심리학은 인간을 '안에서 밖으로'가 아니라 '밖에서 안으로' 이해하고자 하는 시도다(이장호 역, 2006: 461). 행동주의 심리학의 관심은 새로운 지식을 어떻게 획득했는가가 아니라, 새로운 행동을 어떻게 획득하느냐에 있다. 다시 말하면, 행동주의 심리학에서 학습이란 학습자의 마음속에서 사고가 확대되는 것이 아니라, 행동 목록이 확대되는 것을 의미한다. 수업을 예로 들어 설명하면, 행동주의자는 학생이 아인슈타인의 원리를 어떻게 이해하고 배우는가가 아니라 학생이 특정 바람직한 행동을 하도록 어떻게 유도할 수 있는가에 관심을 둔다(백종억 역, 2004: 23). 행동주의 심리학이 강화를 강조하는 것은 항상 누군가가 옆에서 강화해야 한다는 것이 아니라, 환경 자체가 강화한다는 것을 의미한다. 행동주의 심리학은 환경 자체를 바람직한 방향으로 조작하여 그 안에서 인간이 살아간다면 인간의 삶과 세계는 바람직한 방향으로 변화된다는 아이디어에 기초해 있다.

이러한 행동주의 관점에서 볼 때 교육과정은 학습자로 하여금 교과의 내용에 성공적으로 숙달하도록 하기 위해 조직된 것을 의미한다. 이러한 관점에서의 교육과정은 고도로 처방적이고 진단적인 접근 방법을 가지고 학습을 단계적으로 구조화시켜 조직된다. 수업은 학습을 어려워하는 학생을 위해 작은 단위로 쪼개어 적절한 계열에 입각하도록 이루어지며 바람직한 행동에 대해서는 적절한 강화를 주도록 계획된다(장인실 외 공역, 2007: 177).

2) 개인, 교육 및 사회의 관계에 관한 기능론적 설명

사회를 설명하는 이론은 기능론(Functionalism), 갈등론(Conflict theory), 상징적 상호작용론(Symbolic interaction theory), 교환론(Exchange theory), 민족방법론(Ethnomethodology) 등 다양하게 존재하지만, 일반적으로 사회를 설명하는 가장 기본적인 이론은 기능론과 갈등론으로 여겨진다. 이 두 가지 이론은 개인, 교육 및 사회의 관계와 관련하여 매우 대조적인 설명을 제시한다. 정확히 말하면, 갈등론은 사회에 대한 기능론적 설명에 들어 있는 허구를 드러냄으로써 시작된 이론이기 때문에 주류적인 위치는 기능론이 차지하고, 갈등론은 기능론을 비판하거나 부정하려는 반주류적인 역할을 담당해 왔다고 말할 수 있다(김신일, 1986: 36). 기능론은 개인과 사회의 관계를 유기체에 비유하여 우호적인 관계로 설명하는 반면, 갈등론은 사회를 개인 간 및 집단 간의 끊임없는 경쟁과 갈등의 연속으로 본다. 기능론은 교육이 전체 사회의 한 하위 체제로서 사회의 유지·발전을 위한 중요한 기능을 담당한다고 보는 반면, 갈등론은 교육이 지배 집단의 문화를 정당화하고 주입하며 기존의 계층구조의 재생산을 정당화한다고 본다(김신일, 1986: 42). 교육 목적 및 목표 설정, 교육 내용 선정의 근거와 원천을 사회에서 찾는 관리적 관점은 사회를 설명하는 이러한 대립하는 두 이론 중 기능론적 설명에 기초하고 있다.

기능론은 사회를 유기체에 비유하여 설명한다. 유기체는 손, 발, 코, 귀, 위, 폐 등 여러 기관으로 구성되어 있으며, 이러한 기관들은 각각의 기능을 순조롭게

수행함으로써 유기체의 생존과 활동을 가능하게 만든다. 각 기관은 유기체 전체
로부터 떨어져서 존재할 수 없으며, 어느 한 기관이라도 결핍되면 유기체 전체
는 순조롭게 기능할 수 없다. 유기체의 각 기관은 각자 고유의 기능을 제대로 수
행함으로써 유기체를 존속시키고, 그렇게 함으로써 기관 자체의 생존도 보장받
을 수 있다.

이러한 유기체의 비유는 개인과 사회의 관계 또는 사회 안에서의 개인의 기능
을 설명하는 데 그대로 적용된다. 사회는 유기체 전체에, 개인은 유기체의 각 기
관에 비유된다. 사회(유기체)는 개인(기관)으로 구성되며, 각 개인은 사회의 존속
을 위하여 필요한 각각의 기능을 수행한다. 이러한 의미에서 사회 안에서 각 개
인은 상호 의존적이다. 사회는 항상 안정을 유지하려는 속성을 지니고 있으며,
충격으로 안정이 깨지면 이를 회복하기 위한 노력을 전개한다. 사회 속에서 개
인이 수행하는 기능 간에는 유기체 내에서 각 기관의 관계와 마찬가지로 우열이
있을 수 없으며 각기 수행하는 기능상의 차이가 있을 뿐이다. 그렇다면 개인 간
의 수입이나 권력의 차이는 어떻게 설명될 수 있는가? 이러한 질문에 대해 기능
론은 어떤 사회적 기능은 특별한 능력을 필요로 하기 때문에 더 많은 교육과 훈
련이 필요하며, 이러한 기능을 담당한 사람에게는 특별한 희생을 감수하고 더
많은 노력을 경주한 대가로 더 높은 수입과 지위를 사회가 보장해 주어야 한다
고 대답한다. 즉, 계층의 차이는 기능의 차이에 바탕을 둔 차등적 보상 체제의 결
과라는 것이다(김신일, 1986: 40).

이와 같이 사회는 그것의 원활한 운영을 위해 다양한 기능을 필요로 하는데,
그중에는 사람이 선호하는 기능과 선호하지 않는 기능, 특별한 능력을 필요로
하는 기능, 특별히 많은 희생과 노력이 필요한 기능 등 다양한 기능이 존재한다.
따라서 사회는 각 구성원을 사회적 기능의 적재적소에 배치하여 모든 사회적 기
능이 제대로 수행될 수 있도록 하기 위해 선발의 과정과 사회화의 과정을 필요
로 한다. 사회적 기능이 고도로 분화된 현대사회에서는 사회의 역할 분화와 사
회적 연대 의식의 형성을 위해 사회의 젊은이를 교육시키는 공식적인 구조가 필
요한데, 이러한 목적을 달성하기 위해 보편성과 의무성을 띤 공교육 체제가 확

립되었다. 공교육 체제하에서의 학교는 고도로 전문화된 산업사회에서 유능한 일원으로 살아갈 수 있도록 학생을 가르쳐서 사회의 적재적소에 필요한 기능을 담당할 인력으로 배치하는 역할을 수행한다. 다시 말하면, 기능론적 관점에서 볼 때 학교교육은 현대사회의 정치, 경제, 사회상의 필요와 요구를 충족시켜 줄 수 있는 일차적인 도구다(고형일, 이두휴 공역, 1990: 24).

사회학자 R. Dreeben의 『학교에서 학습되는 것에 관하여(On What is Learned in School)』(1968)는 현대사회에서의 학교교육의 기능에 대한 기능론적 견해를 가장 잘 드러내 준다. Dreeben에 따르면, 학생은 학교에서 앞으로 그들이 성인이 되었을 때 산업화된 현대 민주 사회를 살아가는 데 필요한 규범 및 가치관을 습득한다. Dreeben은 독립심, 성취감, 보편성 및 특수성의 네 가지를 산업화된 현대 민주 사회에 적합한 인간이 되는 데 필수적인 기준으로 제시한다. 학생은 학교에서 자신의 일을 독립적으로 수행하고 자신의 행위에 책임을 지며 자신의 의무를 다하는 것을 배운다. 학생은 거짓말이나 표절에 대한 제재를 통해 독립심을 배우는데, 이러한 제재는 아동으로 하여금 성인 생활을 준비시키며, 아동이 개인적인 책임을 지게 하는 직업에 대해 준비하도록 한다. 성취감이라는 기준을 배우는 것은 자신의 노력이나 좋은 의도에 의해서가 아니라 성취 결과에 의해 판단될 것이라는 사실을 배우는 것이다.

보편성과 특수성이라는 기준은 개인을 '비교'라는 표준에 따라 취급하는 것을 말한다. 여기서 보편성은 개인을 개별적이 아닌 한 집단의 구성원으로서 일률적으로 취급하는 것을 의미한다. 학생은 학교교육을 통해 어떤 상황에서는 자신의 개성보다 집단의 구성원으로 취급되어야 한다는 보편성의 기준을 배운다. 보편성은 모두를 동일하게 취급할 것을 요구한다. 그러나 언제나 예외는 있는데, 특수성은 이러한 예외와 관련된 기준이다. 즉, 한 학급의 학생들은 모두 동일하게 토요일 봉사활동에 참여해야 하지만, 한 학생이 불가피한 집안 사정으로 참여하지 못하는 사태가 생기면 교사는 그 학생을 봉사활동에서 제외시켜 줄 수 있다. 그러나 어떤 학생이 동료 교사의 자녀이기 때문에 힘든 봉사활동에서 제외시켜 주는 것은 잘못된 것이다. 학생은 학교교육을 통해 보편성을 배우지만 예외는 오로지 합법적인 근거에 의해서만 가능하다는 특수성의 기준을 습득한다.

이와 같이 Dreeben은 독립심, 성취감, 보편성 및 특수성의 기준들이 현대 산업사회의 일꾼으로서 그리고 민주 사회의 한 시민으로서 살아가는 데 필요한 것이라고 주장한다. 학생은 학교교육을 통해 전수되는 이러한 네 가지 기준을 배움으로써 앞으로 성인이 되었을 때 핵심적인 사회 활동에 참여하고 사회적 지위를 차지하며 그러한 사회적 지위의 요구에 대처할 수 있는 심리적 능력을 계발시킨다.[1]

3) '인간 행동의 계획적 변화'로서의 교육의 개념

정범모(1984) 교수는 교육을 '인간 행동의 계획적 변화'로 정의한다. 이러한 교육의 정의는 '인간 행동' '변화' '계획적'이라는 세 개의 요소 혹은 중심 개념으로 이루어져 있다. 이 세 요소를 자세히 살펴보면 다음과 같다.

첫째, 교육은 인간을 다룬다. 교육이 정치, 경제, 문화 등 사회의 여러 기능에 관심을 가지지 않는 것은 아니지만, 교육은 그러한 사회적 기능에 직접 관여하는 것이 아니라 그 기능을 수행하는 인간을 만드는 일에 관심을 둔다. 그러나 교육이 인간을 기른다고만 말하는 것은 너무 막연하다. 교육의 정의에 포함되는 요소로서의 '인간'이라는 용어는 교육이 하는 일을 정확하게 지시하는 데에는 불충분하다. '행동'이라는 용어는 교육이 대상으로 하는 인간의 의미, 다시 말하면 교육이 기르고자 하는 인간의 측면을 구체적으로 지적하는 데 유용하다. "교육은 인간을 기른다."에서 '인간'은 정확히 말해 '인간의 행동'을 가리킨다.

여기에서 '행동'은 일상적인 용어라기보다는 과학적인 의미에서 사용되는 용어다. 일상적인 용어로서의 행동은 신체적인 동작과 거의 동의어로 사용되는 데 비해, 과학적인 의미에서의 행동은 동작이라는 형태의 외현적인 행동뿐만 아니

---

1) Dreeben에 대한 설명은 고형일, 이두휴 공역(1998: 18-20)의 내용을 요약한 것이다.

라 '지식, 사고, 가치관, 동기 체제, 성격 특성, 자아 개념' 등 인간의 모든 심리적 특성을 포함한다. '지식과 행동'이라는 표현에서도 알 수 있듯이, 일상적인 용어로서의 행동은 지식과 구분되지만, 과학적인 의미에서의 행동은 지식뿐만 아니라 앞서 언급한 여러 가지 특성, 이른바 내면적인 행동을 포함한다. 다만 그러한 내면적 행동 또는 심리적 특성을 '행동'이라는 용어로 지칭할 때는 그것을 과학적으로 의미 있게 정의할 수 있어야 한다는 의도가 작용하고 있다.

둘째, 교육은 인간 행동의 변화를 일으키는 데 관심이 있다. 여기서 변화라는 것은 '육성, 조성, 함양, 계발, 교정, 개선, 발달, 증대' 등을 포함하는 포괄적인 개념이다. 인간의 활동 중에서 인간 행동에 관심을 가지는 것은 교육만이 아니며 정치나 경제도 마찬가지로 인간 행동에 관심을 가진다. 그러나 교육 이외의 다른 활동들이 반드시 인간 행동의 '변화'를 일으키는 데 관심을 가지는 것은 아니며, 그런 활동들이 여기에 관심을 가지는 한, 그것은 성격상 교육이라는 활동에 접근해 간다. 학문으로 따져 보더라도 행동과학 또는 사회과학으로 불리는 학문들은 모두 인간 행동에 관심을 두지만, 교육을 다루는 교육학은 인간 행동의 '변화'를 설명하고 인도하는 일을 그 고유의 관심사로 한다.

교육이 인간 행동의 변화를 일으키는 활동이므로 교육이나 교육학은 인간 행동의 변화 가능성을 논리적으로 가정한다. 인간 행동이 선천적으로 결정되어 있다면 교육은 불필요하고 불가능할 것이다. 인간 행동의 의도적 변화 가능성은 교육이라는 활동과 교육학이라는 학문의 성립 기반임과 동시에 그 존재 이유가 된다. 그와 마찬가지로 교육은 인간 행동의 변화를 실지로 일으킬 수 있어야 한다. 강력한 교육은 그것이 목적으로 하는 변화를 비교적 단시일에 일으킬 수 있어야 하며, 일단 일으킨 변화가 일반적으로 또는 지속적으로 효과를 발휘할 수 있도록 해야 한다.

마지막으로, 인간 행동의 변화는 여러 가지 경로를 통해 일어날 수 있지만, 그것이 교육의 경우에 속하기 위해서는 그 변화가 '계획에 의한' 것이어야 한다. 만약 일체의 인간 행동의 변화를 '학습'이라는 용어로 규정할 수 있다면, 교육은 학습과 구분되어야 한다. 교육의 정의에 포함되는 요소로서의 '계획'은 간단하게 말하면 '교육 프로그램'을 뜻한다. 교육 프로그램에는 최소한 변화시키고자 하는 인간 행동에 관한 명확한 설정과 의식(즉, 교육 목적)과 인간 행동의 변화를 이끌 수 있는 이론(즉, 교육 이론) 그리고 그 이론에 대한 구체적 교육 프로그램(즉, 교육과정)이 포함되어야 한다.[2]

3. 관리적 관점에서 본 교육의 특징

관리적 관점에 입각하여 이루어지는 교육의 특징을 교육 목적, 교육 내용, 교수·학습, 교육평가 항목으로 구분하여 정리하면 다음과 같다.

1) 교육 목적

관리적 관점에 따르면, 교육의 목적은 미성숙한 학생에게 사회에서 필요로 하는 지식과 기능을 가르침으로써 그들을 유능한 사회의 한 일원으로 키우는 데 있다. 이것을 학생 개인의 입장에서 말하면, 교육의 목적은 학생이 장차 성인이 되었을 때 가족의 일원으로서, 직업인으로서 그리고 시민으로서 사회를 위해 유익한 기능을 수행할 수 있도록 준비하는 데 있다. 관리적 관점은 이러한 교육 목적이 영원불변한 것이 아니라 시대나 사회의 변화에 따라 열려 있는 것으로 본다. 물론 교육 목적이 열려 있다고 해서 그것이 아무렇게나 결정될 수 있다고 보는 것은 아니다.

과학적인 절차에 따라 결정된 교육 목적은 될 수 있는 대로 관찰 가능한 행동 목표로 진술되어야 한다. 관찰 가능한 행동 목표로 진술되어야 한다는 것은 걸

---

2) 정범모 교수의 교육의 정의에 대한 설명은 그의 저서 『교육과 교육학』(1984)의 16~25쪽의 내용을 중심으로 요약 설명한 이홍우 교수의 『교육의 개념』(1991)의 34~38쪽의 내용을 발췌하여 인용한 것이다.

으로 드러나지 않는 내면의 변화를 교육의 목적으로 삼지 않는다는 것을 의미한다. 마음, 인식, 사고의 변화와 같은 내면의 변화를 부정하는 것은 아니지만, 그러한 내면의 변화는 겉으로 드러난 행동의 변화를 통하여 가능하다는 입장을 취한다. 여기서 말하는 행동이란 신체를 움직이는 간단한 행동부터 복잡한 작업을 수행할 수 있는 능력에 이르기까지 광범위한 행동을 총칭한다. 행동 목표로 진술된 교육 목적은 교육의 전 과정을 이끄는 기준인 동시에 최종적인 평가의 기준으로도 작용한다.

2) 교육 내용

관리적 관점의 교육에서 교육 내용으로 학생이 습득해야 하는 지식은 '여러 가지 과업을 성공적으로 수행할 수 있는 능력'(Schiro, 2008: 77)을 의미한다. 지식을 내용적 측면과 방법적 측면으로 구분한다면, 관리적 관점은 지식의 두 측면을 모두 중요하다고 보지만, 지식의 내용적 측면보다는 방법적 측면을 더 중요하게 본다. 즉, 지식의 구체적인 내용이나 정보를 정확하게 이해하도록 가르치는 것이 중요한 것이 아니라, 그러한 지식의 내용이나 정보를 주어진 맥락에서 정확하게 활용할 수 있도록 가르치는 것이 중요하다는 것이다. 예컨대, '수학적으로 이해하는 것이 더 중요한가, 아니면 수학적 기술을 익히는 것이 더 중요한가'라는 질문을 제기한다면, 관리적 관점은 양자 모두 중요하지만 전자보다 후자가 더 중요하다고 대답한다. 과학 교과를 예로 들면, 관리적 관점은 과학적 이론이나 지식을 많이 이해하는 것보다 과학적 탐구 절차를 수행할 수 있는 능력이 더 중요하다고 본다.

관리적 관점에 따르면, 여러 복잡한 행동으로 이루어진 수행 능력은 그것보다 더 작은 단위의 행동으로 세분화될 수 있으며, 세분화된 행동으로 따로따로 가르칠 때 더 잘 가르칠 수 있다. 이것은 관리적 관점에서의 교육과정 설계의 기본 원리가 된다. 예컨대, 읽기를 가르칠 때 파닉스(phonics)로 가르칠 것인가, 통문장으로 가르칠 것인가의 문제에서 관리적 관점은 두 가지 방법 모두 의미가 있지만, 파닉스로 가르치는 방법을 더 선호한다.

관리적 관점은 지식의 성격 그 자체보다 학생에게 어떻게 지식을 효율적으로 학습하도록 할 수 있는지, 즉 학습의 성격에 더 관심을 가진다. 이 관점은 지식이 어떤 성격을 가지고 있으며 왜 배울 가치가 있는지 등에 대한 철학적 분석 및 정당화 작업에는 관심이 없고, 지식을 어떻게 하면 확실하고도 효율적인 방법으로 가르칠 수 있는가에 대한 실제적인 문제에 더 관심을 가진다. 그렇기 때문에 관리적 관점에서의 연구는 지식 그 자체에 대한 연구보다 학습에 대한 연구에 집중되어 있다(Schiro, 2008: 79).

3) 교수 · 학습

관리적 관점에서의 학습은 '행동의 변화'를 의미한다. 학습을 설명할 경우, 학습자보다 학습자를 변화시킬 수 있는 유익한 자극으로 구성된 교육적 환경에 초점을 둔다. 따라서 학습자의 행동을 바람직한 방향으로 변화시키기 위해 학습자 밖의 교육 환경을 어떻게 조작할 것인가가 가장 중요한 문제로 부각된다. 이때 행동의 변화를 일으킬 수 있는 가장 효과적인 방법은 연습이다. 연습 과정은 학습자의 올바른 반응에 대한 즉각적인 강화, 올바르지 못한 반응에 대한 보상 약화 등의 방법을 통해 확실하게 관리되어야 한다. 복잡한 행동에 대한 학습은 그것을 몇 단계로 세분화하여 점진적으로 계열화시켜 각 단계에 맞는 연습과 강화를 함으로써 학습될 수 있는 것으로 본다.

관리적 관점은 학습자의 행동을 바람직한 방향으로 변화시키기 위한 외적 환경 조작에 관심을 가지기 때문에 학습자 자체에 대해서는 관심을 가지지 않는다. 학습자에게 관심을 가지더라도 그것은 학습자의 현재 상태에 대한 관심이 아니라, 앞으로 '이상적인 성인(ideal adult)'으로 성장하게 될 미래에 대한 관심을 의미한다. 학습자의 현재는 불완전한 것으로 간주되고, 교육에 의해 앞으로 사회적 필요를 충족시킬 잠재적 성인으로 완성되어야 할 존재로 생각된다. 인간과 인간의 속성은 이원적으로 분리되고, 인간 그 자체보다 인간의 속성, 즉 사회에서 필요한 기능을 수행하는 데 필요한 능력이 중요하게 생각된다.

관리적 관점에서 교사는 학습의 관리자로서의 역할을 수행한다. 교사는 학습자의 바람직한 행동 변화를 가능하게 하기 위한 학습 환경을 만들어 주고 그러한 학습 환경을 철저하게 관리하는 매니저다. 학습자의 학습을 관리하는 과정에서 교사는 학습자에게 무엇을 학습할지에 대해 확실하게 알려 주고, 학습자의 동기를 부여해 줄 수 있는 적절한 방안을 강구해야 하며, 학습 결과에 대한 정확한 평가를 통한 적절한 피드백을 제공해 주어야 한다.

관리적 관점에서는 교육과정, 교수 방법, 평가 방법이 표준화되어 있기 때문에 교수의 과정 및 결과가 교사의 다양한 능력에 따라 좌지우지될 가능성이 다른 관점의 교육에 비해 상대적으로 적다고 할 수 있다. 관리적 관점에서의 수업은 표준화된 교육과정 및 교수 방법을 통해 학습자의 학습이 효율적으로 일어날 수 있도록, 즉 가장 짧은 시간 내에 최대의 효과를 거둘 수 있도록 계획되어야 한다.

4) 교육평가

관리적 관점의 교육은 정해진 교육 목표의 달성을 위해 학습자의 학습을 철저히 관리하는 것을 의미하기 때문에 학습의 과정 및 결과에 대한 평가가 매우 중요하다. 교육 목표는 바람직한 행동의 결과로 규정되고, 그러한 목표를 달성하는 과정은 몇 단계로 세분화되어 각 단계의 성취 정도가 정확하게 평가될 필요가 있다. 각 단계에 대한 평가를 함으로써 그다음 단계로 학습이 나아갈지 아니면 그 이전 단계나 현 단계를 다시 학습할지를 결정해야 하기 때문이다. 학습자 간 서열을 매기는 상대평가보다는 정해진 기준에 대한 각 학습자의 도달 여부를 확인하는 절대평가가 더 중요시되며, 평가 결과에 대한 객관적인 증거 확보가 필요하기 때문에 수학 통계적 평가 방법이 좋은 평가 도구로 활용된다.

질문및 활동

1. 교육에 대한 관리적 관점에서는 사실을 조사하여 객관적으로 타당하다고 생각되는 것이 교육의 목적 및 목표로 결정된다. 이것은 교육은 규범적 활동이라는 생각, 즉 교육은 가치 있는 무엇인가를 추구하는 활동이라는 생각과 어떻게 어울릴 수 있는가?

2. 학교교육이 기회균등의 원리를 실현하는 데 기여하고 있다는 기능론적 주장에 동조하는가? 동조한다면 어떤 근거로 동조하며, 동조하지 않는다면 어떤 근거로 동조하지 않는가?

3. '행동주의는 인간의 학습을 기계적으로 해석하고 동물 실험에 지나치게 의존한다.'는 비판에 대한 자신의 생각을 말해 보자.

4. 자신이 어떤 학교의 설립자라고 생각하고 관리적 관점의 교육을 실시한다고 할 때, 사람들에게 학교 이념 및 목표 등을 브리핑할 홍보 자료에 포함될 내용을 기술해 보자.

5. 관리적 관점의 교육에 대한 이해를 위하여 Skinner, Dreeben, 정범모와 면담을 한다고 할 때, 각각의 학자와의 면담에 활용될 질문 3개, 총 9개와 질문에 대한 학자들의 대답을 가상으로 정리해 보자.

참고문헌

고형일, 이두휴 공역. (1990). 학교와 사회[School and society]. W. Feinberg & J. F. Soltis 공저. 풀빛. (원저는 1937년에 출판).

김신일. (1986). 교육사회학. 교육과학사.

백종억 역. (2004). 학습이론에 대한 견해와 논쟁[Perspecives on learning]. D. C. Phillips & J. F. Soltis 공저. 배영사신서. (원저는 1985년에 출판).

이장호 역. (2006). 스키너의 월든 투[Walden two]. B. F. Skinner 저. 현대문화센터. (원저는 1991년에 출판).

이홍우. (1991). 교육의 개념. 문음사.

장인실 외 공역. (2007). 교육과정[Curriculum: foundations, principles, and issues]. A. C. Ornstein & F. P. Hunskins 공저. 학지사. (원저는 2004년에 출판).

정범모. (1984). 교육과 교육학. 배영사.

Dreeben, R. (1968). On what is learned in school. Eliot Werner Publications.

Schiro, M. S. (2008). Curriculum theory: Conflicting visions and enduring concerns. Sage Publications.

제**4**장

해방적 관점

1. 해방적 관점의 개요

해방적 관점도 관리적 관점과 마찬가지로 교육 목적 및 목표 설정 그리고 그에 따른 교육 내용 선정의 초점을 사회에 두지만, 사회와 개인의 관계, 사회 속에서의 교육의 기능을 관리적 관점과는 다른 의미로 파악한다. 정확히 말하자면, 해방적 관점은 개인, 교육 및 사회의 관계에 대한 기능론적 설명에 대한 부정과 비판에서 시작된 관점이라고 할 수 있다. 관리적 관점이 사회를 유기체에 비유하여 사회와 개인의 관계를 우호적인 관계로 보는 기능론에 기초하고 있는 것과는 달리, 해방적 관점은 사회를 개인 간 또는 집단 간의 끊임없는 경쟁과 갈등의 연속으로 파악하는 갈등론에 기초하고 있다. 기능론에 따르면, 학교는 사회적 목적과 개인적 목적을 모두 충족시켜 준다. 사회적 측면에서 보면 학교는 민주 사회에서 요청되는 기술과 태도를 개발하고 유지시키는 역할을 한다. 그리고 개인적 측면에서 보면 학교는 취업과 소득, 권위 등이 공정하게 분배될 수 있는 가능성을 높여 준다(고형일, 이두휴 공역, 1990: 43). 그동안 이러한 기능론은 교육학 연구에서 지배적인 이론으로 생각되어 왔지만 1970년대 이래로 지속적인 도전을 받고 있다.

해방적 관점은 기존 사회의 부정적인 측면에 주목하여 그러한 부정적인 측면을 치유하고 사회를 새롭게 재건하는 데 관심을 가진다. 세계적 차원에서 볼 때 현대사회의 중요한 문제점들로는 인종적 · 계층적 · 성적 차별, 가난, 실업, 컴퓨터와 기술공학적 문제, 정치적 억압 및 전쟁, 환경오염, 질병, 기아, 지구 자원 고갈 등을 들 수 있다. 이러한 다양한 도전으로부터 사회를 구하기 위해 학교교육은 실제적인 개혁 전략을 세워야 한다. 학교교육은 정의로운 사회에 대한 비전을 확실하게 세우고 사회−경제−정치가 일치되는 교육과정을 구성하여 학생으로 하여금 현대사회의 문제점을 비판적으로 분석하여 정의로운 사회를 건설하는 데 기여하는 실천적 힘을 기르도록 해야 한다는 것이다.

2. 해방적 관점의 이론적 배경

여기서는 교육에 대한 해방적 관점을 잘 예시해 주는 S. Bowles와 H. Gintis, M. W. Apple, P. Freire의 이론을 살펴보고자 한다.

1) Bowles와 Gintis의 『자본주의와 학교교육』

Bowles와 Gintis가 함께 집필한 『자본주의와 학교교육(Schooling in Capitalist America)』(1976)은 마르크스주의에 입각하여 미국 자본주의 교육의 모순을 비판한 책이다. 이 책은 '학교가 교육 기회균등의 원리를 실현하는 중요한 수단이 된다는 기능론적 주장에도 불구하고 미국의 학교교육은 왜 교육 기회균등의 원리를 실현하는 데 실패하고 있는가?'에 대한 근본적인 대답을 제공하고 있다.

Bowles와 Gintis는 미국의 학교교육은 기능론이 주장하는 것과 같이 보편적 가치를 가르치는 것도, 인재를 공정하게 선별하여 사회에 배치하는 것도 아니며, 오히려 자본가 계층에게 이로운 태도와 가치관을 가르치고 기존의 계층구조를 정당화하고 지속시킨다고 비판한다. 미국의 학교 제도 자체가 자본주의와 함께 그리고 자본주의의 결과로 발전하였으므로 자본주의의 특성을 그대로 반영하고 있을 뿐만 아니라 그 모순을 내포하고 있다는 것이다.

그들에 따르면, 학교는 억압적 자본주의 사회의 유지에 필요한 가치관과 성격적 특성을 주입시킨다. 그러나 이러한 교육은 대상에 따라 두 가지 다른 방식으로 이루어진다. 공장의 생산라인에서 단순 노동자로 일할 사람에게는 윗사람의 지시에 충실히 따르며, 시간을 잘 지키고, 기계적 작업 방식에 순응하도록 가르치는 반면, 회사의 관리자나 경영자로 일할 사람에게는 독립적인 사고력 및 작업 능력, 여러 선택 가능성 가운데 현명하게 선택하기, 외적 규율보다는 내적 기준에 따라 행동하기 등을 중점적으로 가르친다. 이러한 차이는 고등학교의 취업반과 대학 진학반 및 직업훈련 중심의 초급 대학과 명문 대학교 사이에서 쉽게 발견되며, 교육과정에서부터 학교의 전반적 분위기에 뚜렷이 반영되어 있다. 결국 한 집단은 순종적이고 능률적인 노동자로 길러지고 다른 한 집단은 독립적이고 진취적인 지도자로 길러진다는 것이다.

Bowles와 Gintis에 따르면, 이와 같이 뚜렷하게 다른 종류의 교육에 대한 기회가 불공평하게 분배되기 때문에 학교는 결과적으로 계층 불평등을 존속시키는 기능을 한다. 그들은 학교가 인재를 정확하게 선별하는 장치라고 전제하는 능력주의(meritocracy) 교육관은 허구라고 주장한다. 학교가 선발을 능력주의에 의거하여 시행하고 있는 것처럼 가장하고 있을 뿐이라는 것이다. 사람들로 하여금 높은 사회적 계층을 차지하는 사람이 다른 사람보다 재능과 능력이 더 많고 더 노력하기 때문에 그 자리를 차지하고 있는 것으로 믿게 만드는 것은 자본주의적 질서의 정당화를 위한 필수적 조건이다.

학교에서 취업반과 진학반으로 나누는 것이나 실업계와 인문계로 나누는 것, 대학 입학의 허용 등 일련의 교육 선발은 반드시 개인의 능력을 기준으로 삼아야 하며, 그렇기 때문에 학교는 지능지수, 적성, 성적 등을 활용한다. 그러나 이러한 기준은 학교교육에서의 개인적 성공, 즉 좋은 성적을 받고 일류 대학을 나오는 것이 사실은 개인의 계층 배경과 밀접하게 관련되어 있다는 사실을 감추는 역할을 하고 있는 것이다. 이와 같은 주장의 근거로 그들은 미국의 대학 교육이 크게 확대되었음에도 불구하고 대학 졸업과 사회계층 간의 상관관계가 조금도 변하지 않은 사실을 지적한다. 학교교육이 사회의 불평등 구조를 재생산하고 정당화하고 있다는 것이다.

Bowles와 Gintis는 교육의 이러한 기능은 자본주의 사회가 존속하는 한 끝없이 계속될 것이라고 주장한다. 학교교육을 아무리 개혁해도 이러한 사실은 변하지 않는다. 학교교육은 사회의 구조를 그대로 반영하고 있기 때문에 학교가 사회와 무관하게 독자적으로 기능할 수 없으며, 자본주의가 계속되는 한 학교는 자본주의적 생산양식을 벗어날 수 없다. 그러므로 학교를 개혁하는 것보다 사회를 개혁하는 것이 먼저 선행되어야 한다.[1]

2) Apple의 『이데올로기와 교육과정』

Apple은 그의 대표적인 저서 『이데올로기와 교육과정(Idelogy and Curriculum)』(1990)에서 오늘날의 학교는 기성세대가 갖는 사회체제와 권력관계를 다음 세대에 그대로 전달하는 문화 재생산의 기능을 한다고 비판한다. Apple이 보기에, 현대의 사회질서는 자본과 경제력이 지배하는 체제다. 따라서 미국과 같은 자본주의 사회는 자본을 가진 대기업의 이익을 위해 움직이게 되고, 대기업은 매체를 통제하여 재화의 생산은 물론 분배와 소비까지도 조정할 수 있게 된다. 이러한 자본의 힘은 자신의 이익을 위해 지배나 권위를 의미하는 주도권을 행사함으로써 그 사회의 구성원에게 큰 영향력을 미치는데, 학교가 바로 그 역할을 대행한다는 것이다(박승배, 2007: 171).

자본주의 사회에서 학교교육이 하는 역할과 관련하여 Apple이 『이데올로기와 교육과정』에서 전체적으로 제기하는 질문은 "학교는 사회의 경제 자본 및 문

---

1) Bowles와 Gintis의 주장은 김신일의 『교육사회학』 (1986: 53-54)의 내용을 몇몇 표현만 수정하여 그대로 발췌하였다.

화 자본이 불평등하게 분배되는 과정에서 어떤 역할을 하며, 그러한 역할을 하는 것이 어떻게 가능한가?"다. 이 질문은 다시 "학교는 사회의 경제 자본 및 문화 자본을 불평등하게 분배하는 기능을 하면서도 어떻게 그런 과정을 사람들에게 자연스럽게 보이도록 할 수 있는가? 어떻게 그 과정을 은밀하게 은폐할 수 있는가?"로 다소 비판적으로 제기될 수 있다. 이 질문에 대한 Apple의 대답을 요약하면, 학교가 사회의 불평등 구조의 재생산 기능을 수행하는 데에도 사람들이 그것을 알아차리지 못하는 것은 학교가 그러한 기능을 겉으로 드러내며 수행하는 것이 아니라 은폐하고 수행하기 때문이라는 것이다. 즉, 사회 불평등 구조의 재생산이라는 학교의 기능이 '표면적 교육과정'이 아닌 '잠재적 교육과정'[2]을 통하여 이루어지기 때문이라는 것이다. 일반적으로 말하여 잠재적 교육과정은 '의도되지 않은 학교교육의 결과'를 의미한다(김재춘, 부재율, 소경희, 채선희, 2005: 130).

Apple에 따르면 자본주의 사회가 유지되기 위해서는 자본주의 사회에 적합한 가치관 및 태도를 구성원에게 내면화시켜야 하는데, 이것은 유치원이나 초등학교와 같은 초기의 학교생활에서부터 이루어진다. 우선, 아동은 초기 교육을 통해 무엇이 공부이고 무엇이 놀이인지, 무엇이 공식적인 지식이고 무엇이 개인적인 지식인지 그리고 무엇이 정상이고 무엇이 일탈인지를 내면화한다(Apple, 1990: 51). 특히 공부와 놀이는 유치원 교육에서부터 교실 상황의 의미를 강력히 지배하는 개념인데, 아동은 놀이보다는 공부를 더 중요하게 생각하도록 길러진다. 또한 공부는 모두 교사가 지시한 것으로서 의무적인 것이며, 공부할 내용과 시작 시간은 동일하고 그렇기 때문에 결과도 동일할 것으로 기대한다. 그리

---

2) 잠재적 교육과정은 종래의 계획되고 의도된 교육과정과의 대비 관계 속에서 그 의미가 구체화될 수 있다. 종래의 교육과정은 표면적인(manifest), 구조화된(structured), 공식적인(official), 외현적인(overt), 가시적인(visible), 외적인(external), 조직화된(organized), 기대된(expected), 형식적인(formal) 교육과정으로 묘사된다. 이에 반하여 잠재적(latent) 교육과정은 숨겨진(hidden), 비구조적인(unstructured), 비공식적인(unofficial), 내현적인(covert), 비가시적인(invisible), 내적인(internal), 비조직적인(unorganized), 기대되지 않은(unexpected), 비형식적인(informal) 교육과정으로 기술된다(김재춘 외, 2005: 130).

고 학습 능력보다는 복종, 성실, 적응, 인내 등의 태도를 더 가치 있게 생각한다. 이렇게 하여 유치원이나 초등학교의 어린 아동들은 수업 첫 시간부터 권위와 제도적 상황 속에서의 생활을 아무런 의심 없이 받아들이는 태도를 습득하게 된다 (Apple, 1990: 57).

공부와 관련하여 초기 교육에서 습득된 복종, 성실, 적응, 인내 등의 행동양식은 그 이후의 중등교육에서도 여전히 유지해야 한다. 그러나 학생이 자라서 언어로 논리적인 사고를 하는 능력이 생기고 사회 및 문화의 조건에 대하여 사고할 수 있게 되면, 학교의 일상생활 속에서 기능하는 잠재적 교육과정보다 더 정교한 기제가 필요하게 된다. 즉, 학생들이 초기 교육을 통해 습득된 태도를 그대로 유지시키고 기존 자본주의 사회의 규칙을 아무런 비판 없이 받아들이도록 하기 위해서는 기존의 제도 및 일상적인 규칙과 지식은 모두의 '합의'에 의한 것이므로 선택의 여지가 없으며 중립적이고 객관적인 것으로서 누구나 받아들여야 한다는 것을 심어 줄 필요가 있다(Apple, 1990: 83). 이것은 공식적인 교과 교육과정을 통해 갈등은 언제나 극복되어야 할 문제이고 합의는 언제나 지향되어야 할 가치라는 신념을 주입시킴으로써 가능하다.

Apple은 공식적인 교육과정에 내재된 잠재적 교육과정을 과학과 사회 과목을 예로 들어 설명한다. Apple에 따르면, 과학적 지식은 과학자들 간의 갈등으로 점철된 지적 투쟁의 결과로 나온 것임에도 불구하고, 학교에서 가르치고 있는 과학적 지식은 그것이 생성되고 비판되는 과학자들 간의 갈등과 분리되어 근본적인 원리에 따라 조직된 안정적인 객관적 지식의 체계로만 '은근슬쩍' 가르쳐지고 있다. 또한 사회 수업에서 갈등은 사회적 관계의 본질이 아니라 사회의 원활한 기능을 저해하는 것으로 간주되고, 사회적 관계에서는 합의가 무엇보다 중요한 특징으로 간주된다. Bruner의 학문중심 교육과정 이후에 제기된 사회 탐구 학습 방법도 갈등은 일정한 범위 내에서만 허용되고, 그것도 반드시 '해결되어야' 하며, 제도의 지속적인 변화는 바람직하지 못하다는 가정에 기초해 있다 (Apple, 1990: 95). 이와 같이 학생은 공식적인 교육과정을 배우는 동안 갈등이나 무질서에는 어떤 가치도 부여하지 않는 가정들만을 접함으로써 의견의 차이를 거부하고 합의만을 지향하는 신념 구조를 형성시키게 된다(Apple, 1990: 96).

이상의 Apple의 논의를 요약하면 다음과 같다. 유치원에서부터 시작되고 교육이 계속됨에 따라 더 정교한 방식으로 기능하는 학교의 잠재적 교육과정에 의해 학생은 기존의 사회체제—정확하게 말하면 자본주의 체제—의 기본 구조 및 규칙을 당연한 것으로 받아들이고 합의와 안정을 최고의 가치로 여기게 되어 기존의 사회체제 그 자체에 대한 이의를 제기하고 비판할 수 있는 능력을 습득하지 못하게 된다. 이와 같이 학교의 일상생활과 공식적 교육과정 속에 내재된 잠재적 교육과정을 통해 학생이 기존의 사회체제에 순응하는 태도 및 사고를 기르는 동안, 학교는 학생과 지식을 사회경제적 계층에 따라 '처리'함으로써 사회의 경제 자본 및 문화 자본을 불평등하게 분배하는 기능을 '자연스럽게' 수행할 수 있는 것이다.

Apple은 "학교의 공식적 교육과정에 내재되어 있는 잠재적 교육과정의 이러한 폐단을 극복하기 위해 갈등을 공식적인 교육과정에 정당한 것으로 제시하고 사회생활에서 합의의 원리 못지않게 중요하고 본질적인 원리로 부각시켜야 한다."(Apple, 1990: 99)라고 주장한다. 그렇게 함으로써 학생은 기존의 사회적 · 정치적 · 경제적 제도와 그들 간의 복잡한 관계를 이해하는 데 필요한 정치적 · 개념적 도구를 갖출 수 있다(Apple, 1990: 104)는 것이다.

3) Freire의 『억압받는 자들의 교육』

브라질의 교육자 Freire는 자신의 정치적 · 철학적 신념과 교육적 실천의 원리를 담아 『억압받는 자들의 교육(Pedagogy of the Oppressed)』(2003)이라는 책을 출판하였는데, 이 때문에 브라질 정부로부터 추방당하는 일을 겪기도 했다(허숙, 박승배 공역, 2004: 61). Freire의 『억압받는 자들의 교육』의 내용은 ① 현재의 사회는 왜 잘못되었는가, ② 현재의 잘못된 사회는 어떤 교육의 결과이며, 어떤 교육에 의하여 수정될 수 있는가, ③ 문제제기식 교육 방법으로서의 대화의 근본적인 특징은 무엇인가 등의 질문에 따라 살펴볼 수 있다.

Freire에 따르면 현재의 사회는 지배자와 피지배자의 지배 구조로 되어 있으며, 지배자는 계속해서 피지배자를 억압하고 착취하며, 피지배자는 지배 구조에 파묻혀 적응한 채 체념하며 사는 지배와 피지배의 악순환이 지속되는 구조다. 이러한 지배 구조는 피지배자뿐만 아니라 지배자까지 비인간적으로 만들기 때문에 잘못된 것이다. 비인간적이라는 것은 자유롭지 못하다는 것을 의미한다. 지배자는 피지배자에 비해 상대적으로 자유롭지만, 그의 자유는 피지배자를 착취함으로써 유지되는 것이기 때문에 비인간적인 것이다. 피지배자는 지배 구조에 파묻혀 자유에 대한 인식 없이 살아가고 자유에 대한 인식이 있더라도 포기하며 살아간다. 피지배자는 자유가 없으면 진정한 인간으로 존재할 수 없다는 것을 알면서도 다른 한편으로 자유를 두려워하는 이중성(Freire, 2003: 48) 때문에 분열된 내면을 가지고 있다. 피지배자는 자신의 이미지와 자신이 내면화한 지배자의 이미지 사이에서 갈등을 겪는다. 피지배자가 경험하는 이러한 내면적 분열과 갈등은 인간의 삶을 매우 비인간적인 상태로 내몬다. Freire에 따르면, 이러한 비인간화는 주어진 운명이 아닌 부정한 질서의 결과다. 이 질서가 지배자의 폭력을 낳고 이 폭력이 다시 지배자를 비인간화시키는 악순환을 되풀이하는 것이다. 인간화는 이런 모든 지배 구조와 내면적 분열로부터 해방되는 것을 의미한다. 지배자도, 피지배자도 사라지고 모든 이가 자유를 획득하는 과정 속에서 살아가는 것(Freire, 2003: 49), 그것이 곧 인간화이며 인간 해방이다.

그렇다면 이러한 인간 해방은 어떻게 실현될 수 있는가? Freire는 이러한 인간 해방의 주도권은 지배자가 아닌 피지배자로부터 나와야 한다는 것을 강조한다. 해방의 과정은 피지배자뿐만 아니라 지배자의 인간성을 회복하는 과정이 되어야 하는데, 지배자는 자신의 권력을 자신과 피지배자를 모두 해방시키는 힘으로 만들지 못하기 때문이다(Freire, 2003: 44). 피지배자가 인간 해방의 주도권을 가지기 위해서는 그들에 대한 교육이 무엇보다 중요하다. 이러한 피지배자에 대한 교육은 피지배자로 하여금 현실의 지배 구조와 그 속에서의 억압적 요소와 요인을 비판적으로 성찰할 수 있는 교육이어야 한다. 인간 해방을 가장 심각하게 방해하는 것은 억압적 현실이 그 현실 안에 있는 사람을 흡수하여 길들이는 데 있다. 따라서 인간 해방을 위한 진정한 교육은 피지배자로 하여금 현실에 의한 이러한 길들여짐을 거부하고 공격하도록 만들 수 있어야 한다.

　Freire는 인간 해방에 반대되는 교육, 즉 억압적인 지배 구조를 지속시키는 데 기여하는 교육을 '은행저금식 교육(The banking concept of education)'으로, 인간 해방을 위한 진정한 교육을 '문제제기식 교육(The problem-posing concept of education)'으로 명명한다. 은행저금식 교육은 일명 설명식 교육으로서, 학생으로 하여금 교사가 설명하는 내용을 기계적으로 암기하도록 만드는 교육이다. 여기서 학생은 교사가 내용을 채우는 그릇이다(Freire, 2003: 72). 교사가 완벽하게 그릇을 채울수록 그 교사는 유능한 교사이며, 교사의 주입을 고분고분 잘 받는 학생이 좋은 학생이다. 이러한 교육에서 교사와 학생은 대립되며, 교사는 학생이 절대적으로 무지하다고 간주함으로써 자신의 존재를 정당화한다. 은행저금식 교육에서 인간은 유순하고 관리 가능한 존재로 간주되며, 학생이 지식을 더 많이 저축하면 할수록 학생의 비판적 의식은 점점 약해진다. 학생은 자신에게 부과된 수동적 역할을 완벽하게 수행할수록 점점 더 있는 그대로 세계를 받아들이게 되고 자신에게 저금된 단편적인 현실관에 순응하게 된다. 이러한 교육은 학생의 창조적 사고와 비판적 사고를 위축시키고 소멸시킴으로써 학생의 사고를 단순하게 만들기 때문에 지배 구조의 비인간성을 폭로할 필요도, 변혁할 필요도 느끼지 못하는 지배자의 이익에 부합한다.

　이와 달리, 인간 해방을 위한 문제제기식 교육은 교사와 학생 사이의 수평적 관계를 전제로 하여 성립한다. 교사는 단순히 학생을 가르치는 사람이 아니며, 그 자신도 학생과의 대화 속에서 배우는 사람이 된다. 이러한 교육에서는 어느 누구도 타인을 가르치지 않으며 어느 누구도 혼자 힘으로 배우지 않는다. 학생은 유순한 자세로 교사의 설명을 듣는 청취자가 아니라 교사와의 대화 속에서 비판적인 공동 탐구자가 된다. 교사는 학생에게 생각할 자료를 제시하고, 학생은 각자의 견해를 발표하면서 과거에 가졌던 자신의 생각을 비판적으로 검토한다. 학생은 자신과 관련된 문제를 세계 속에서 세계와 더불어 총체적으로 생각하는 과정을 통해 점점 비판적 인식을 가지게 되고, 자신의 공부로부터 소외되지 않는다. 이러한 문제제기식 교육은 지배자의 이익에 기여하지도 않으며 기여할 수도 없다. 문제제기식 교육은 학생의 사고를 단순하게 만들어서 기존의 지배 구조에 순응하도록 만드는 것이 아니라, 그 지배 구조에 대해 끊임없이 '왜?'를 제기하도록 하기 때문이다.

문제제기식 교육은 어떤 교육 방법으로 이루어질 수 있는가? Freire는 문제제기식 교육의 방법으로서 대화를 들고, 거짓 대화와 진정한 대화를 구분하여 설명한다. Freire가 말하는 대화는 특별한 의미로 받아들여져야 한다. Freire에 따르면, 단순히 생각을 교환하는 대화, 자신의 생각을 다른 사람에게 강요하는 사람 간에 이루어지는 적대적인 논쟁은 진정한 의미의 대화가 아니다. Freire는 진정한 대화의 기준으로서 사랑, 겸손, 인간에 대한 신념, 희망, 비판적 사고의 다섯 가지를 든다(Freire, 2003: 89-92). 대화는 세계를 이름 짓고 세계를 재창조하는 일이기 때문에 대화자 간에 사랑과 겸손으로 충만해 있지 않으면 불가능하다. 또한 대화는 인간이 세계를 만들고 재창조할 수 있다는 신념과 그 재창조에 대한 희망이 없으면 불가능하다. 마지막으로, 대화는 대화자의 비판적 사고를 필요로 한다. 여기서 비판적 사고란 세계와 인간이 분리되지 않고 서로 연결되어 있다고 보고, 현실을 정태적인 것이 아니라 끊임없는 변화의 과정으로 인식하며, 행동과 분리되지 않는 사고를 의미한다(Freire, 2003: 92). 이러한 비판적 사고는 대화의 전제 조건인 동시에 결과다.

3. 해방적 관점에서 본 교육의 특징

해방적 관점에 입각하여 이루어지는 교육의 특징을 교육 목적, 교육 내용, 교수 · 학습, 교육평가 항목으로 구분하여 정리하면 다음과 같다.

1) 교육 목적

해방적 관점에서 교육의 목적은 현재 사회의 부정의하고 부조리한 측면을 제거하고 각 사회 구성원이 모두 만족할 수 있는 정의롭고 민주적인 사회를 재건하는 데 있다. 이러한 교육의 목적을 실현하기 위해 해방적 관점에서 교육을 생각하는 사람은 현재의 사회가 무엇이 잘못되었는지에 대한 분석에서 시작하여 새로운 미래사회에 대한 안목을 얻고자 한다. 이러한 과정은 모두 학교교육을 통해 학생으로 하여금 현재의 사회의 문제점을 비판적으로 직시하도록 하고 그것에 대한 해결책을 실천적으로 모색하도록 해야 한다.

2) 교육 내용

해방적 관점에서 볼 때 지식은 특정 사회와 문화 속에서 사회적으로 구성되는 것으로 규정된다. 지식은 특정 맥락에서 인간이 구성한 것이기 때문에 반드시 가치를 포함하지 않을 수 없으며, 따라서 객관적이고 중립적인 지식은 존재하지 않는다. 해방적 관점에서 교육을 생각하는 사람은 실재를 객관적 실재와 주관적 실재로 구분하고, 가치 있는 지식은 개인과 사회의 주관적 실재 안에 있는 지식이라고 주장한다(Schiro, 2008: 169). 이것은 가치 있는 지식은 책과 같이 사람들 밖에 있는 어떤 형태로 존재하지 않으며, 사람들과 분리된 말의 형태로 존재하는 것이 아니라는 것을 의미한다. 즉, 절대적인 기준에 따라 가치 있는 진리가 무엇인가 하는 문제보다 사회와 개인이 무엇을 가치 있는 진리라고 믿는가 하는 문제가 더 중요하게 생각되는 것이다. 지식은 그것의 주체 안에 존재하며, 지식의 주체와 외부 환경과의 상호작용을 통해 생성된다. 이것은 지식의 진리와 가치는 언제나 절대적으로 결정되는 것이 아니라 사회적 합의를 통해 결정된다는 것을 의미한다.

3) 교수·학습

해방적 관점에서 학습자는 교사가 제시하는 지식을 수동적으로 학습하는 것이 아니라, 사회의 한 구성원으로서 사회의 다른 구성원과 상호작용함으로써 스스로 의미를 구성하는 적극적인 주체로 규정된다. 학습자는 그 자신 안에 자신의 경험으로부터 축적된 개인적 의미를 소유한 존재다. 학교에 올 때 학습자는 미래의 성장을 위한 잠재력뿐만 아니라 과거에 가족, 친구, 이웃과의 상호작용을 통해 습득한 개인적 의미를 가지고 있다. 학습자는 개인이기 이전에 사회의 한 구성원으로서 존재한다. 학습자는 다른 사회 구성원과 상호작용을 함으로써 자신의 잠재 능력을 인식하고 그러한 사회적인 상호작용을 통해 미래의 정의로운 사회의 한 구성원으로서 성장한다. 학습자가 속한 사회는 두 가지 유형이 있다. 하나는 학교 밖 사회이며, 다른 하나는 학교 사회다. 해방적 관점에서 교육을 생각하는 사람은 학교 밖 사회와 학교 사회 사이의 유기적 관련을 중요하게 생각한다. 즉, 학교에서 학생을 가르칠 때 학교 밖의 사회적 양상을 적절히 활용하며, 학교에서 학습한 내용을 직접 체험하도록 하기 위한 학교 밖 활동을 적극 권장한다.

해방적 관점의 교육에서 활용될 수 있는 대표적인 두 가지 교육 방법은 토론과 체험이다. 토론의 과정에서 교사는 학생이 이미 가지고 있는 의미들을 끌어내어 그것을 재검토, 확대 및 변형하도록 해야 한다. 해방적 관점에서의 교육은 기존의 불합리한 사회현상 때문에 학습자 내부에 형성된 왜곡된 인식을 바로잡고 그러한 과정을 통해 사회의 불합리한 문제 해결의 실마리를 찾게 하는 과정을 의미하므로, 학생으로 하여금 자신의 내부에 이미 형성된 생각, 느낌, 가치관 등을 밖으로 표현하게 하여 검증받도록 하는 것은 필수적인 작업이다. 이러한 의미에서 집단 토론은 학생들 각자가 집단 구성원 모두에게 자신의 내면적 사고를 드러내어 보이고 검증받음으로써 사고의 변형 및 확장을 경험하도록 할 수 있는 가장 효과적인 교수 방법이다. 토론은 학생의 과거와 현재의 경험에서 출발해야 하며, 집단 토론이 효과를 거두기 위해서는 토론에 참여하는 학생들 각자가 토론에 대해 진지하고 헌신적인 태도를 가지고 적극적으로 참여할 수 있어야 한다.

　해방적 관점의 교육 목적은 학생으로 하여금 사회의 문제점을 제대로 인식하고 그것을 시정하고자 하는 안목과 실천 능력을 기르도록 하는 데 있다. 이러한 교육의 목적은 학교 안에서의 학습만으로는 한계가 있을 수 있다. 따라서 사회의 문제에 대한 체험이 중요한 교육 방법으로 부각된다. 예컨대, 학생에게 정치적 집회, 양로원, 쓰레기 처리장, 빈민촌 등을 직접 방문하게 하는 것이다. 이러한 현장 체험 교육에서 무엇보다 중요한 것은 그들로 하여금 그러한 사회적 문제의 실상을 단순히 아는 데에서 그치는 것이 아니라, 더 나아가 정서나 태도의 변화로까지 이어질 수 있도록 하는 것이다.

4) 교육평가

　해방적 관점의 교육에서 평가는 객관적 기준에 입각하여 성취 결과를 비교하는 식의 객관적 평가로 이루어질 수 없다. 교육과정에 대한 평가는 그 교육과정을 배운 학생이 사회에 대한 안목 및 태도가 어느 정도로 변화되었는가에 따라 이루어지며, 학생에 대한 평가는 학생이 학교에서 교육을 받은 이후 학교 밖의 삶이 얼마나 변화되었는가에 따라 이루어진다. 학교에서 배운 비판적 사고 능력이 학교에서 제시되는 사회 문제 분석에서만 발휘되고 학교 밖의 일상생활에서는 전혀 발휘되지 못한다면 좋은 평가를 받을 수 없다.

　토론 중심의 수업에서 교사는 학생의 반응에 적절한 평가와 피드백을 제공해 줌으로써 학생의 비판적 사고를 촉진시킬 수 있다. 해방적 관점의 교육에서 평가는 학생으로 하여금 보다 나은 사회의 건설에 맞게 자신의 사고, 감정 및 태도를 스스로 재건하도록 하는 목적을 위해 이루어진다.

질문및활동

1. 사회와 과학 교과에 대한 Apple의 분석은 그 당시 미국의 교육과정에 대한 분석결과다. 우리나라의 사회나 과학 교육과정에 대해서도 과연 동일한 말을 할 수 있는가?

2. Freire는 교육이 학생으로 하여금 실재에 대한 정확한 인식을 하지 못하도록 만든다고 주장하고 있다. 예컨대, 교육은 학생들의 학습을 외적으로 통제하고 자기주도적 학습을 방해하며 사고를 표준화시킨다는 것이다. 이러한 Freire의 주장은 맞는 주장인가?

3. 컴퓨터 교육, 금연 및 약물 남용 예방 교육, 성교육은 사회에 대한 기능론적 관점의 교육인가, 아니면 갈등론적 관점의 교육인가? 어떤 점에서 그렇다고 말할 수 있는가?

4. 미래 세계를 어떻게 예측하는가? 미래 세계에 대한 전망이 좋지 않다면, 좋지 않은 미래를 예방하기 위해 현재의 교육은 어떻게 달라져야 한다고 생각하는가?

5. 자신이 어떤 학교의 설립자라고 생각하고 해방적 관점의 교육을 실시한다고 할 때, 사람들에게 학교 이념 및 목표 등을 브리핑할 홍보 자료에 포함될 내용을 기술해 보자.

6. 해방적 관점의 교육에 대한 이해를 위하여 Bowles와 Gintis, Apple, Freire와 면담을 한다고 할 때, 학자들과의 면담에 활용될 질문 각 3개, 총 9개의 질문과 질문에 대한 학자들의 대답을 가상으로 정리해 보자.

참고문헌

고형일, 이두휴 공역. (1990). 학교와 사회[*School and society*]. W. Feinberg & J. F. Soltis
    공저. 풀빛. (원저는 1937년에 출판).

김신일. (1986). 교육사회학. 교육과학사.

김재춘, 부재율, 소경희, 채선희. (2005). 예비 · 현직교사를 위한 교육과정과 교육평가(3판).
    교육과학사.

박승배. (2007). 교육과정학의 이해. 학지사.

이규환 역. (1986). 자본주의와 학교교육[*Schooling in capitalist America*]. S. Bowles & H.
    Gintis 공저. 사계절. (원저는 1976년에 출판).

허숙, 박승배 공역. (2004). 교육과정과 목적[*Curriculum and aims*]. D. F. Walker & J. F.
    Soltis 공저. 교육과학사. (원저는 1997년에 출판).

Apple, M. W. (1990). *Ideology and curriculum*. Routledge.

Freire, P. (2003). *Pedagogy of the oppressed*. Continuum.

Schiro, M. S. (2008). *Curriculum theory: Conflicting visions and enduring concerns*.
    Sage Publications.

💡 제1부 정리 활동

1. 다음 〈표 1〉은 교육 목적, 교육 내용, 교육 방법, 교육평가, 교사의 역할, 학습자의 역할에 대한 의견이 각 항목별로 네 가지가 제시되어 있다. 이 네 가지 의견은 제1부에서 고찰한 교육에 대한 네 가지 관점(자유교육적 관점, 지원적 관점, 관리적 관점, 해방적 관점)을 표현하고 있다. 항목별 의견들이 각각 어떤 관점을 표현하는지를 쓰고 네 가지 의견 중에서 자신의 마음에 드는 순서대로 점수(1, 2, 3, 4)를 매겨 보자.

〈표 1〉

항목	의견	관점	번호
교육 목적	학교는 학습자로 하여금 사회의 문제를 인식하고 더 좋은 사회에 대한 비전을 가질 수 있도록 하며, 정의로운 사회를 만들기 위하여 실천할 수 있도록 해야 한다.		
	학교는 젊은이가 사회의 능력 있는 일원으로서 기능하는 데 필요한 지식을 효과적으로 가르쳐 주어야 한다.		
	학교는 축적된 문화유산을 후세대에게 전달해 주어야 한다.		
	학교는 학습자의 발달단계를 고려하여 학습자의 필요와 흥미에 따라 학습자에게 적합하고 즐거운 교육 환경을 제공해 주어야 한다.		
교육 내용	가장 가치 있는 지식은 시대를 불문하고 가치 있는 것으로 인정되어 온 구조화된 지식 체계다.		
	가장 가치 있는 지식은 학생 자신이 자신과 세계에 대해 가지고 있는 의미이며, 그것은 개인과 세계의 직접적 상호작용을 통하여 창출된다.		
	가장 가치 있는 지식은 각 개인이 사회적 기능을 수행하는 데 필요한 구체적인 지식이나 기능이다.		
	가장 가치 있는 지식은 좋은 사회에 대한 비전, 그러한 사회적 비전에 대한 헌신과 실현 방법에 대한 이해다.		

〈계속〉

교육 방법	학생에게 적절한 자극과 자료, 적극적인 강화가 주어질 때 학습은 가장 효과적으로 일어날 수 있다.		
	교사가 학습 내용을 가장 정확하고 명확하게 이해하고 있을 때 학습은 가장 효과적으로 일어날 수 있다.		
	학생이 스스로 지식을 창출하고 자신이 알고 있는 세계를 이해할 수 있는 경험에 적극적으로 참여할 수 있을 때 학습은 가장 효과적으로 일어날 수 있다.		
	학생이 실제 사회적 문제에 대해 정확히 알고 그 문제에 대한 해결 과정에 참여하게 될 때 학습은 가장 효과적으로 일어날 수 있다.		
교육 평가	평가는 학습자가 특정 기술을 수행할 수 있는지 없는지를 누구에게나 객관적으로 인정될 수 있는 방법으로 이루어져야 한다. 그것의 목적은 학생의 특정 과업 수행 능력을 정확히 측정하는 데 있다.		
	평가는 학습자의 필요와 성장을 계속적으로 진단하여 학습자에게 학습 환경을 최적의 조건으로 만들어 주기 위해 필요한 것이다. 그것의 목적은 정해진 기준에 의거하여 학습자 간 서열을 매기는 데 있는 것이 아니다.		
	평가는 학생의 발전 정도를 스스로 점검해 보도록 하기 위해 필요하며, 개별적으로 이루어지기보다 집단적 상호작용 속에서 이루어진다.		
	평가는 학생이 어느 정도의 지식을 습득하였는가를 객관적으로 결정하기 위해 이루어진다. 지식을 가장 많이 습득한 학생부터 가장 적게 습득한 학생에 이르기까지 순서가 매겨진다.		
교사의 역할	교사는 학습을 관리하고 학습이 최대한 잘 일어날 수 있도록 효과적인 교수·학습 전략을 개발해야 한다.		
	교사는 학생이 살고 있는 학교 밖 환경을 충분히 고려하면서 가르쳐야 한다.		
	교사는 학생 각자가 스스로 의미를 찾을 수 있는 경험을 제공함으로써 학생의 학습을 돕는 조력자다.		
	교사는 지식이 풍부한 사람으로서 자신이 알고 있는 것을 아직 그것을 모르는 학생에게 전달하는 사람이다.		

〈계속〉

학습자의 역할	학습자는 한 사회의 능력 있는 구성원으로서 살아가게 될 성인 생활을 준비하기 위해 공부하는 사람이다.		
	학습자는 인류의 위대한 문화유산을 공부하기 위한 이성적 능력을 발달시키는 과정 중에 있는 사람이다.		
	학습자는 자신의 내재적 본성, 필요, 욕구 등에 따라 자아를 실현해 가는 과정 중에 있는 사람이다. 초점은 미래의 성인 생활에 있는 것이 아니라 현재 학습자 자신에게 있다.		
	학습자는 자신과 사회 모두의 발전을 위해 비판적 안목을 발전시키는 과정 중에 있는 사람이다.		

2. 〈표 1〉에서 점수를 매긴 것을 〈표 2〉에 ●으로 표시하고 선으로 연결해 보자. 만약 교육의 목적 항목에서 자유교육적 관점의 의견이 2, 지원적 관점의 의견이 1, 관리적 관점의 의견이 4, 해방적 관점의 의견이 3으로 되어 있다면, 〈표 2〉와 같이 '●'표시를 한다. 교육 내용, 교육 방법, 교육평가, 교사의 역할, 학습자의 역할 항목에 대해서도 동일하게 한다.

〈표 2〉

		목적	내용	방법	평가	교사	학습자
자유교육적 관점	1						
	2	●					
	3						
	4						
지원적 관점	1	●					
	2						
	3						
	4						
관리적 관점	1						
	2						
	3						
	4	●					
해방적 관점	1						
	2						
	3	●					
	4						

〈표 3〉

		목적	내용	방법	평가	교사	학습자
자유교육적 관점	1		●				
	2	●				●	
	3			●	●		●
	4						
지원적 관점	1	●		●	●	●	●
	2		●				
	3						
	4						
관리적 관점	1						
	2						
	3					●	
	4	●	●	●	●		●
해방적 관점	1						
	2			●	●		●
	3	●	●				
	4					●	

참조: Schiro, M. S. (2008). *Curriculum theory: Conflicting visions and enduring concerns.* Los Angeles: Sage Publications. http://www.sagepub.com/schiroextensionactivities

　〈표 3〉은 교육에 대한 네 가지 관점에 대한 자신의 선호도를 보여 주며, 동일한 관점 내에서도 교육 목적, 교육 내용, 교육 방법, 교육평가, 교사의 역할, 학습자의 역할에 대해 자신이 일관되지 않은 생각을 가지고 있다는 것을 알게 해 준다.

제2부

교육과정
개발

CURRICULUM

인간이 교육이라는 행위를 시작했을 때부터 '무엇을 왜 가르쳐야 하는가'에 대한 고민이 있어 왔지만 학문 분야로서 교육과정은 J. F. Bobbitt이 『교육과정(The Curriculum)』(1918)이라는 책을 출간했을 때부터 시작된 것으로 알려져 있다. Bobbitt의 『교육과정』은 교육과정 개발에 대한 책이며, 그 당시 사람들의 관심은 기본적으로 교육과정 개발에 있었다. 현재에도 여전히 교육과정 개발은 교육과정 분야에서 중요한 영역인 동시에 많은 교육과정 학자가 관심을 가지고 있는 영역이다. 교육과정에 대한 관심은 교육과정을 직접 개발하는 것부터 교육과정 개발을 하나의 연구 주제로 보고 이에 대해 이해하는 것에 이르기까지 매우 다양하다. 국가 교육과정이 존재하는 우리나라에서 교육과정 개발의 권한을 점차 지역 및 교사로 이양시키려는 현재의 추세를 고려할 때, 예비 교사가 교육과정 개발의 절차와 그에 따른 쟁점을 이해하는 것은 이론적으로나 실제적으로 매우 중요하다.

제1부에서는 교육을 어떤 관점에서 바라보는가에 따라 교육 목적, 교육 내용, 교수·학습, 교육평가의 의미와 내용이 달라진다는 것을 살펴보았다면, 제2부에서는 교육과정을 계획하고 개발하는 실제적인 작업에 대해 살펴보고자 한다. 교육과정의 개념은 학자에 따라 다양하게 규정되지만, 여기서는 교육과정을 실제적인 관점에서 규정하고자 한다. 교육과정은 '학생에게 의미 있는 학습 기회를 제공하기 위한 의도적 계획'이며, 그것은 대체적으로 문서의 형태로 나타난다. 일반적으로 이러한 교육과정 문서에는 교육 목적 및 목표, 교육 내용, 교수·학습, 교육평가 등과 관련된 계획이 적절히 배열되어 있다.

　제5장은 교육과정 개발과 관련된 일반적 지식을 포괄적으로 다루고자 한다. 제6장은 교육과정의 목적과 목표 설정 및 진술에 대해 다루고자 한다. 교육과정의 목적과 목표는 교육과정의 방향을 의미하며, 이러한 방향 설정이 어떤 자료에 근거하여 이루어지고 교육과정 문서에 어떤 방식으로 기술될 수 있는가에 대해 살펴보고자 한다. 제7장에서는 교육 목적과 목표가 설정된 이후 그것과 관련된 교육 내용을 어떻게 선정하고 조직해야 하는지, 교육 내용의 선정 근거와 조직 원리는 무엇인지에 대해 살펴보고자 한다.

　제8장과 제9장은 교육과정 실행과 평가에 대한 내용을 교육과정 문서에 기술하는 방안에 대해 다루는데, 제8장은 교육과정 실행과 관련된 내용을, 제9장은 교육평가와 관련된 내용을 교육과정에 어떤 방식으로 기술할 것인가를 숙고하는 데 도움이 되는 내용으로 구성된다.

　또한 제2부의 각 장에서는 제1부에서 살펴본 교육의 네 가지 관점(자유교육적 관점, 지원적 관점, 관리적 관점, 해방적 관점)과 연계하여 각각의 교육적 관점에 맞는 교육과정을 개발할 경우 교육 목적과 목표, 교육 내용, 교육과정 실행, 평가는 어떻게 기술될 수 있는가에 대한 고찰의 기회도 제공된다.

교육과정 개발 개요

교육과정이 '학생에게 의미 있는 학습 기회를 제공하기 위해 무엇을, 왜, 어떻게 가르치고 평가할 것인가?'에 대한 전반적인 계획을 의미한다면, 이러한 교육과정을 개발하는 것은 생각보다 간단하지 않다. 이 장에서는 이러한 교육과정 개발과 관련한 복잡한 절차와 과정 및 방법에 대해 구체적으로 살펴보기 전 예비 작업으로서 교육과정 개발과 관련된 포괄적인 배경지식을 '교육과정 개발 모형' '교육과정 개발의 수준' '교육과정 개발 수준 관련 교육과정의 개념'으로 구분하여 살펴보고자 한다.

1. 교육과정 개발 모형

교육과정 개발 모형은 여러 학자들에 의해 다양하게 제안되었다. 여기에서는 체계적 접근으로서 Tyler의 개발 모형, Walker의 개발 모형을 살펴보고, 비체계적 접근으로서 Doll의 포스트모더니즘적 관점에 기초한 교육과정 매트릭스에 대해 기술하고자 한다.

1) 체계적 접근

(1) Tyler의 교육과정 개발 모형

교육과정 개발의 절차에 대해 많은 시사점을 제공하는 것은 Tyler의 『교육과정과 수업의 기본 원리(Basic Principles of Curriculum and Instruction)』(1949)다. 여기에 제시된 교육과정 개발의 절차는 교육과정을 실제 개발하고자 할 때 따르는 일반적 절차로 받아들여지고 있다. Tyler는 교육과정을 개발하고 수업 계획을 세울 때 반드시 대답해야 하는 네 가지 기본적 질문을 제시하고, 각 질문에 대한 상세한 대답을 제시하고 있다. 그 네 가지 질문은 다음과 같다.

① 학교는 어떤 교육 목표 달성을 위해 노력해야 하는가?
② 소정의 교육 목표 달성을 위해 어떤 교육적 경험이 제공될 수 있는가?
③ 소정의 교육적 경험을 효과적으로 조직하는 방법은 무엇인가?
④ 의도한 교육 목표가 달성되었는지 아닌지를 판단하는 방법은 무엇인가?

Tyler가 제시한 이와 같은 네 가지 질문에 대한 대답은 각 질문에 대한 구체적이고 직접적인 대답이 아니라, 각 질문에 대답을 잘하기 위한 절차 혹은 방법이다. 예컨대, Tyler는 첫째, "교육 목표는 이러이러한 것이다."라고 대답하지 않고, "교육 목표는 이러이러한 절차를 거쳐 정해질 수 있다."라고 대답한다. 또한 둘째 질문에 대해서도 객관적인 절차에 입각하여 교육 목표가 정해지면, 그것에 입각하여 교육적 경험을 선정할 때 고려해야 할 기준이나 요소가 무엇인가를 제시한다. 여기서는 Tyler가 제시한 질문과 그에 대한 대답을 간략히 살펴보고자 한다.

① 학교는 어떤 교육 목표 달성을 위해 노력해야 하는가

교육은 인간의 행동양식을 변화시키는 과정이며, 이때 행동은 외현적인 행위뿐만 아니라 사고나 감정까지 포괄하는 넓은 의미에서의 행동을 의미한다. 그렇다면 교육 목표는 학교가 학생들에게 일으키고자 하는 행동 변화의 종류를 나타내는 것이어야 한다(Tyler, 1949: 5-6). Tyler는 이러한 교육 목표를 결정하는 데 유용한 정보로 활용될 수 있는 자료로서 학습자에 대한 정보, 학교 밖의 당대 사회에 대한 정보, 교과 전문가들의 견해, 철학, 학습심리학의 다섯 가지를 들고 있다.

첫째, 학습자에 대한 정보는 학습자의 필요와 흥미에 대한 실제 조사를 통하여 획득된다.

둘째, 현대사회 생활에 대한 정보를 교육 목표 결정의 원천으로 삼는 것에 대해 다음과 같은 비판이 제기될 수 있다. 예를 들어, 현대사회 생활의 활동들을 규명한다고 해서 그것이 본질적으로 바람직하다는 것을 어떻게 알 수 있는가 혹은 오늘날 성인 생활에 필요한 지식이나 기능은 학생이 성인이 되었을 때는 낡은 것이 될 수도 있지 않은가 등의 비판이다. 그러나 이러한 비판은 타당하지 않다. 왜냐하면 현대사회 생활에 대한 연구 결과만을 토대로 교육 목표를 결정하는 것이 아니라 그것은 교육 목표를 결정하는 여러가지 원천 중 하나일 뿐이기 때문이다.

셋째, 대학 교육이 아닌 초 · 중등교육의 교육 목표를 결정하는 데 도움을 얻기 위해 각 교과 전문가의 견해를 묻고자 할 때, 그들에게 제기되어야 할 질문은 "대학에서 여러분의 교과를 전공할 학생들이 초 · 중등학교를 다니는 동안 그 교과에 대해 어떤 기본적인 교육을 받아야 하는가?"가 아니라, "여러분의 교과는 여러분의 교과 분야에서 전문가가 되지 않을 학생들의 교육에 무엇을 기여할 수 있는가?"(Tyler, 1949: 26)다.

넷째, 철학은 앞에서 말한 학습자에 대한 정보, 학교 밖의 당대 사회에 대한 정보, 교과 전문가들의 견해로부터 도출된 교육 목표들 중에서 상호 모순된 목표들을 골라내어 교육 목표들이 일관성을 가지도록 하는 데 도움이 된다. 이러한 작업을 하는 데 도움이 되는 철학적 질문의 예를 들면 다음과 같다. 교육받은 사람은 기존의 사회질서를 그대로 받아들이고 사회에 적응을 잘하는 사람인가, 아니면 자신이 살고 있는 사회를 개선하고자 노력하는 사람인가? 다시 말하면, 학교는 학생으로 하여금 기존의 사회에 잘 적응할 수 있도록 교육시켜야 하는가, 아니면 사회를 개선하고자 하는 의지를 길러 주어야 하는가?(Tyler, 1949: 35) 사회적 계층 구분에 따른 차별화된 교육을 실시해야 하는가, 아니면 계층 차이와 상관없이 모든 학생에게 적합한 공통 교육을 실시해야 하는가? 공립학교 교육은 일반 교양 교육에 초점을 두어야 하는가, 아니면 특수 직업교육에 초점을 두어야 하는가?(Tyler, 1949: 36) 민주주의라는 용어는 단지 정치적인 용어로 해석되어야 하는가, 아니면 가정, 학교, 사회의 정치, 경제 분야 모두에 적용되는 생활방식을 지칭하는 용어로 받아들여야 하는가?(Tyler, 1949: 37)

다섯째, 교육 목표는 교육을 통하여 달성되는 결과다. 학습심리학적 지식은 학습자에 대한 정보, 학교 밖의 당대 사회에 대한 정보, 교과 전문가들의 견해로부터 도출된 교육 목표가 과연 의도적인 교육을 통해 달성될 수 있는 것인지를 분별하는 데 도움을 준다. 또한 학습심리학적 지식은 교육적으로 달성 가능한 교육 목표를 연령별·학년별로 배치하는 것, 교육 목표를 달성하는 데 요구되는 시간의 길이와 교육적 노력이 가장 효과적으로 작용되는 연령 수준에 대한 아이디어를 제공한다(Tyler, 1949: 38).

② 소정의 교육 목표 달성을 위해 어떤 교육적 경험이 제공될 수 있는가

일단 교육 목표가 설정되면 학생이 그 교육 목표에 도달하도록 학생에게 어떤 학습경험들을 제공할 것인가를 결정해야 한다. Tyler가 말하는 학습경험이란 어느 한 교과목의 내용이나 교사의 지도 활동과 같은 것이 아니고, 학습자와 그를 둘러싸고 있는 환경 속의 여러 외적 조건 사이에서 벌어지는 상호작용을 의미한다. 이와 같은 학습경험에 대한 정의를 통해 Tyler는 학습경험의 계획자로서 교사가 해야 할 일은 학생의 능동적 경향을 파악하고 학생에게 작용하는 환경 조건을 계획, 조작하여 학생이 원하는 경험을 적기에 할 수 있도록 도와주는 것임을 강조한다.

③ 소정의 교육적 경험을 효과적으로 조직하는 방법은 무엇인가

Tyler에 따르면, 교육과정을 조직할 때 우리가 고려해야 할 측면이 두 가지가 있는데, 그것은 수직적 조직과 수평적 조직이다. 수직적 조직은 학습 내용들 간의 종적 관계를 고려하여 시간적 순서에 따라 순차적으로 배열 조직하는 것이고, 수평적 조직은 학습 내용의 어느 한 영역과 다른 영역 사이의 횡적 관계를 고려하여 나란히 배열 조직하는 것이다. Tyler는 학습경험의 효과적인 수평적·수직적 조직을 위해 반드시 고려하여야 할 세 가지 기준을 제시하고 있는데, 그것은 계속성, 계열성, 통합성이다.

④ 의도한 교육 목표가 달성되었는지 아닌지를 판단하는 방법은 무엇인가

Tyler는 교육의 전체 과정 속에서 평가의 역할과 기능을 강조한다. 그는 평가를 교육과정이나 수업 프로그램이 시행됨으로써 본래 의도한 교육 목표가 어느 정도나 실현되었는지를 재어 보고 판단하는 작용으로 보았다. 평가의 준거는 교육 목표이며, 평가를 통해 밝혀야 할 사항은 교육 목표의 달성도다. 이런 식으로 규정하는 평가의 개념 속에는 두 가지 중요한 사실이 내포되어 있다. 첫째, 교육에서 추구하는 것은 교육 목표의 실현이며, 그것은 학습자의 행동 변화로 나타날 것이기 때문에 학생의 행동을 평가 대상으로 삼아야 한다는 것이다. 둘째, 단 한 번의 평가로 학생의 행동 변화를 확인할 수 없으므로 일정 기간 내에 적어도 두 번 이상의 평가 작업이 필요하다는 점이다. 즉, 프로그램이 시작되는 초기와 어느 정도 시간이 경과된 후기에 각각 평가를 실시해서 그 결과를 비교해 보아야 한다는 것이다.

흔히 우리는 평가 방법으로 지필 검사만을 생각하지만, Tyler는 필요에 따라서 작품 평가, 질문지, 관찰 기록, 면접 등을 평가의 방법으로 사용할 것을 권하고 있다. 그러나 이러한 도구들은 다른 사람이 사용하더라도 같은 결과가 나올 수 있도록 객관적으로 마련된 것이어야 한다. Tyler는 이러한 평가의 결과로 얻어진 정보는 학교 프로그램의 특징과 문제점을 파악하고, 보다 나은 개선안을 만드는 일에 적극 활용되어야 한다고 강조한다. 이러한 Tyler의 교육과정 개발 모형을 그림으로 나타내면 다음과 같다.

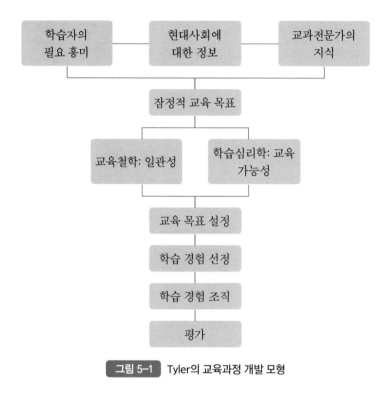

그림 5-1 Tyler의 교육과정 개발 모형

(2) Walker의 자연주의적 모형 : 숙의 모형

Walker는 Tyler의 전통적 모형, 즉 절차 모형은 교육과정 개발의 실제적인 특징을 잘 드러내지 못한다고 지적하면서 교육과정 개발에서 실제 관찰된 현상을 기반으로 플랫폼과 숙의, 그리고 설계라는 세 가지 요소를 기반으로 하는 자연주의적 모형을 제안하였다(Walker, 1971).

[그림 5-2]에서 모형의 첫째 절차인 플랫폼은 실제로 교육과정 개발은 진공 상태에서 시작하지 않음을 생각하여 제안된 절차다. 즉, 교육과정 개발을 하려고 모인 전문가들은 처음부터 합의된 목표를 가지고 모이는 것은 아니다. 그들은 각기 교육적으로 무엇이 가능하고 무엇이 바람직한지에 대한 가치와 믿음 체계를 가지고 있으며 이들이 가진 비전을 실현시키기 위해 자신들이 가진 가치와 믿음 체계를 드러낸다. 이러한 과정을 통해 공통된 기반을 모색하게 된다. 공통

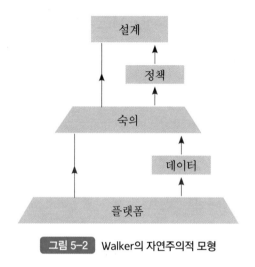

그림 5-2   Walker의 자연주의적 모형

된 기반은 다양한 개념, 이론, 목적(교육적으로 바람직하다고 생각하는 것) 모두를 포함하며 교육과정 개발자들은 숙의를 시작하기 이전에 실제로 커다란 믿음을 공유해야 한다.

　모형의 둘째 절차는 숙의이며 Walker는 Schwab의 숙의에 대한 주장을 참조하였다. Schwab(1978)은 당시 교육과정 연구의 이론화 경향에 대해 근본적인 문제 제기를 하면서 교육적 실제, 즉 문제가 발생하는 교실 상황에서 교사, 학생, 교과, 환경과의 상호작용을 숙고하여 실제적인 교육과정이 만들어져야 함을 주장하였다. 숙의는 이 모형의 핵심 개념이며 교육의 목적과 수단 및 각 수단이 가져올 결과까지 고려하면서 풍부한 데이터에 기초하여 가능한 한 다양한 대안에 대해 논쟁과 토론을 통하여 숙의해야 한다고 제안하였다. 단, 이때 단 하나의 옳은 대안이 존재하는 것은 아니며 가장 최선의 대안을 선택하는 것이라고 주장하였다.

　모형의 셋째 절차인 설계는 선택한 대안을 구체화하는 단계이며 이 단계에서도 수많은 결정이 이루어진다. 또 이 설계 과정은 숙의 단계에서 대안을 고려할 때에도 이루어질 수 있다. 즉, 숙의 단계에서도 다양한 또는 가능한 설계에 대해 논의하면서 대안을 결정할 수도 있다는 것이다.

　　Walker는 이러한 자연주의적 모형이 더 정교하게 연구되어야 한다고 주장하면서 교육과정 개발자들의 플랫폼에 대한 연구(서로 다른 과목의 개발자들은 서로 다른 플랫폼을 갖는지, 현대 교육과정 플랫폼에 어떤 공통적인 요소가 존재하는지 등), 실제 숙의의 과정(교육과정 개발 그룹이 결정을 내릴 때 얼마나 많은 대안을 조사하는지, 결정을 할 때 어떤 데이터를 사용하는지), 교육과정 설계와 그 효과성(서로 다른 교육과정 설계를 사용한 물리 코스의 학생의 성취 정도와 그 특성) 등에 대해 연구해야 한다고 하였다.

　　Walker의 모형은 Tyler의 모형보다는 덜 선형적이고 개발 참여자들의 의견이 타협되고 조정되는 과정이 강조되며(박현주, 2005), Tyler 모형의 출발점이 목표라면 Walker 모형의 출발점은 집단 구성원이 공유하는 개념, 이론, 목표가 된다. 또 플랫폼, 숙의, 설계를 개발의 단계로 삼고 있다는 점에서 절차 모형이라고 할 수 있다.

　　그러나 실제 개발과정에서 다양한 교육관계자, 즉 전문가나 교사, 학생의 플랫폼이 자연스럽게 공동의 기반이 되기란 어려운 일이다. 또한 숙의 과정에서 참여자들의 보이지 않는 위계, 의사소통의 통제 등으로 참여자들의 참여 범위가 제한된다면 충분한 숙의는 이루어질 수 없다. 즉, 교육과정 개발 과정이나 의사결정 과정에 정책적인 문제나 편협한 가치가 개입된다면 참여자들의 숙의를 통한 교육과정 개발이 올바르게 이루어질 수 있을지는 의문이다(이귀윤, 1996).

2) 비체계적 접근

(1) Doll의 교육과정 매트릭스

　　Doll(1993)은 저서인 『교육과정에 대한 포스트모던적 관점(A Post-Modern Perspectives on Curriculum)』에서 목표 설정에서 평가에 이르는 Tyler의 모형은 '닫힌 계(界)'인 기계론적 모형에 토대를 둔다고 지적하면서 자신은 '열린 계(界)'를 지향한다고 기술하고 있다. 열린 계란 안정성을 지향하는 닫힌 계와는 대조적으로 실제 세계에서는 오류와 분열 등이 일어나며 닫힌 계에서 일어나는 지식의 전달이 아닌 창의적이고 상호작용적인 지식의 변용을 지향하고 이를 지원한다.

Doll은 이러한 열린 계 안에서의 교육과정의 구성적이며 비선형적인 특성과 개방적이고 비결정주의적 구성을 강조하기 위해 교육과정 개발이라는 용어 대신 교육과정 매트릭스 구성이라는 용어를 사용했다. 구성주의적 교육과정은 참여자들의 행동과 상호작용을 통해 발현되는 교육과정이며 이러한 교육과정은 광범위하고 일반적인 관점을 제외하고는 미리 정해지지 않는다는 것이다. 그러나 광범위하고 일반적인 관점에 따라 일정한 계획을 준비하였다고 하더라도 이는 반드시 따라야 할 기준이 아니며 상호작용에 의해 변경이 가능한 계획이라고 주장한다.

따라서 Tyler가 중요하게 여겼던 목표의 설정과 관련하여 교육과정 구성에서 수업 이전에 목표를 정하고 교사와 학생의 대화를 고려하지 않는 기계론적 교육과정보다는 대화와 반성에 초점을 둔 교육과정 구성을 지향한다. 즉, 교사와 학생을 포함한 우리는 타인과 대화를 하고, 대화한 것을 반성하며 우리 자신과 타인, 그리고 우리 자신과 텍스트와 대화를 하면서 학습과 이해가 이루어지는 과정을 중시여기는 것이다. 즉, 광범위하고 일반적인 관점하에 미리 계획을 세웠다고 하더라도 교사와 학생 및 텍스트와의 상호작용 중에 오류 및 분열 등에 의해 새로운 의미를 갖게 되며 이러한 의미는 지식의 변용을 가져오게 한다는 것이다.

또한 Tyler의 논리에서처럼 평가는 학생들이 경험한 이후에 목표와 관련하여 무엇을 개인적으로 생성했는지 완전한 최종 산물을 파악하고 끝내는 것이 아니라 풍부함, 회귀, 관계, 엄격을 축으로 교육과정을 과정(process)의 생성이 유지되는 방식으로 보는 것이 필요하다고 주장하였다. 이러한 네 가지 요소에 대해 설명하면 다음과 같다.

풍부함

풍부함(richness)은 깊이, 여러 의미의 층, 다양한 해석 등을 의미한다. 교육과정에는 '적당한 정도'의 불확정성(indeterminacy), 혼돈(chaos), 불평형

(disequilibrium), 생생한 경험(lived experience) 등이 포함될 필요가 있다. 단, '적당한 정도'는 미리 계획하기 어렵고 학생, 교사, 텍스트 간에 계속적으로 타협해야 할 문제이며, 타협하기 어려운 것은 교육과정 안에 학생들에게 혼돈을 가져오는 내용이 포함되어야 한다는 것이다. Doll은 기존의 학교에서 가르치는 교과목도 교사의 성찰을 통하여 자체적으로 그 내용상 풍부한 의미와 해석을 추출할 수 있다고 주장한다.

회귀

'다시 일어난다'는 회귀(recursion)는 생각이 계속 되풀이된다는 인간의 능력에 주로 초점을 두는 것이며, 회귀는 우리가 환경, 타인, 문화와의 반성적 상호작용을 통해서 자아의식을 만들어 내는 방법이다. 회귀적 반성은 변용적 교육과정의 핵심이다. 회귀를 중요시하고 이용하는 교육과정에는 고정된 시작과 끝이 없다. 반복은 더 이상 앞으로 나아가지 않고 닫혀 있음을 기반으로 하나 회귀는 무언가를 발견적으로 조직, 결합, 탐구, 활용하는 능력을 개발하는 데 목적이 있다. 반복과 회귀 사이의 기능적 차이는 반성(reflection)이 각각에서 작용하는 역할에 있다고 한다. 반복에서 반성은 인간의 사고를 중단시켜 버리는 부정적 역할을 하지만, 회귀에서 반성은 우리의 사고나 행위에서 어느 정도 거리를 두게 하고 타인이 한 것을 보고 비평하며 대화하도록 하는 긍정적 역할을 한다. 또한 이 과정 중에 대화는 매우 중요하며 교육과정 매트릭스의 구성 과정 중 대화에 의해 형성된 반성이 없다면 회귀는 변용적이 아니라 피상적이 되고 이는 반성적 회귀보다는 단순 반복이 된다.

관계

관계(relations)는 교사와 학생, 그리고 다양한 텍스트와의 관계를 말하며 이들의 관계, 즉 상호작용은 항상 변화한다. Doll의 관점에서 보면 현재는 과거를 재창조하지 않고(현재가 과거의 영향을 받기는 하지만), 현재는 미래를 결정하지 않으며(미래에 영향을 주긴 하지만) 항상 변화해 나간다. 한 학기의 수업에서도 초기의 교사, 학생, 텍스트와의 관계는 마지막의 이들의 관계와는 차이가 있으며 이러한 관계는 계획에 의해 변화되는 것이 아니라 이들 간의 상호작용에 바탕을 둔 관계, 우연적인 관계에 의해서 변화된다고 주장한다. 또 이러한 변화는 양적 변화가 아니라 질적 변화의 특성을 갖는다. 교사는 우연성을 인정하고 이러한 관계가 한 학기 과정 동안에 긍정적이고 공동으로 발전되기를 희망하면서 학생들의 지식이 변용되기를 바라게 된다. 구체적으로 학기 초에 학생들이 기술한 글들을 같은 주제로 다시 써 보게 하는 경우, 한 학기 동안 습득된 통찰력으로 글의 내용이 극적으로 향상될 수 있다. 교과서를 사용하는 경우에도 그 내용을 그대로 따르는 것이 아니라 각 장 마다 만약~이라면(what~if)이라는 상상적 토대를 세우고 이를 토대로 다시 성찰해 보는 기회를 갖도록 하는 것이 중요하고 이 성찰에는 그 내용과 자신을 관련시키기 위해(relate-it-to-yourself) 실제적인 경험을 강조하도록 한다.

엄밀함

　엄밀함(rigor)은 변용적 교육과정이 자유분방한 상대주의(rampant relativism)나 감상적 유아론(solipsism)에 빠지는 것을 방지한다. 즉, 변용적 교육과정이 너무 낭만적(romantic)이라고 받아들여지는 것을 방지하는 개념이다. 여기서 엄밀함은 모더니즘에서 말하는 주관성의 배제나 정확한 측정을 의미하는 것은 아니며 포스트모더니즘의 관점에서 불확정성과 해석의 개방성을 기반으로 한다. 불확정성과 관련하여 엄밀함은 어느 하나의 아이디어를 너무 이르게 최종적으로 올바르다 결론짓지 말고 모든 아이디어들을 다양하게 조합하라는 것이다. 여기서 엄밀함은 의도적으로 다른 대안, 관계, 연결을 찾는 것을 의미한다. 해석의 개방성과 관련하여 엄밀함이란 모든 해석은 일정한 숨겨진 가정에 토대를 두고 있음을 인식할 필요가 있다는 것이다. 엄밀함은 이러한 가정을 찾으려는 의식적 노력들을 의미하며 이러한 과정을 기반으로 할 때, 의미 있고 변용적인 대화가 가능하게 된다. 결과적으로 엄밀함을 반영한 교육과정 매트릭스의 목표는 학생들이 교사의 담화나 교과서의 내용을 그대로 수용하기보다는 그 안에 포함된 불확정성을 인식하고 이들과의 상호작용을 통해서 스스로 다양한 해석을 잘 발전시키도록 하는 데 있다.

2. 교육과정 개발의 수준

무엇을 왜 가르칠 것인가를 결정하는 일은 학생 개인을 기준으로 볼 때 가장 멀리에서부터 가장 가까운 곳에 이르기까지 다양한 수준에서 이루어질 수 있다. 학생에서 가장 멀리 떨어진 수준은 국가이며 그다음은 지역, 그다음은 단위 학교이다. 학생에게 가장 가까운 수준은 교사이며, 교사 수준의 교육과정은 주로 수업 계획이나 단원 계획을 의미한다. 국가나 사회의 수준에서 교육과정 개발에 주로 참여하는 주체는 교육 관련 국가 기관(예: 교육부, 시 · 도 교육청 및 교육지원청, 국책 연구소, 교육과정 위원회 등)에 있는 관료, 행정가, 교육과정 전문가이며, 학교 수준에서 교육과정 개발에 참여하는 주체는 학교장과 교사, 행정가, 학부모, 학생이다. 교사 수준의 교육과정은 교사 개인이 만드는 수업 계획 및 지도안을 가리킨다.

교육과정 개발의 수준에 따라 개발의 방법 및 주체는 달라진다. 국가 수준의 교육과정 개발은 모든 학교에 적용될 기준, 목적, 목표가 설정되고 그것을 가르치는 데 필요한 교과서나 기타 교수 자료 들이 개발되는 것이다. 일반적으로 국가 수준의 교육과정 목적이나 목표가 정치가나 전문가 집단에 의해 결정되는 경향이 크긴 하지만 최근에 이르러 참여 집단을 좀 더 다양화하고 있는 것도 사실이다. 이 수준의 교육과정 개발에 참여하는 사람들은 정치가나 행정가를 제외하면 교육과정 전문가나 교과 전문가다. 교육과정 전문가나 교과 전문가는 교과 교육학회나 전문 학술지 등을 참조하고, 교사를 대표하는 교원 집단, 교과서 출판사, 기타 다른 사람들의 자문을 참조하여 교육과정을 개발한다. 우리나라의 경우 국가 수준의 교육과정은 문서로 결정, 고시한 전국 공통의 일반적인 기준이다. 이는 교육 목표, 교육 내용, 교육 방법과 운영, 교육 평가 등에 대한 국가 수준의 기준 및 기본 지침이 되며, 학교 교육의 질적 제고의 수단인 동시에 법적 구속력을 갖는다.

지역 수준의 교육과정은 국가 수준의 교육과정(교육과정 목적이나 목표, 기준)을 각 지역 수준에서 어떻게 구체화시킬 것인가를 고려하여 이루어진다. 지역 수준의 교육과정 개발은 각 지역의 정치 경제적 여건, 역사, 지역 특성 등을 고려하여 각 지역의 교육과정 전문가, 교과 전문가, 대표 교사 들에 의해 이루어진다. 우리나라의 경우 각 시·도의 지역적 특수성과 필요, 요구, 교육 기반, 여건 등의 제 요인을 조사·분석하고, 전국 공통의 일반적 기준인 국가 수준 교육과정을 조정하고 보완하여 개발된다. 즉, 우리와 같이 중앙집권적인 교육과정 개발 체제 내에서 지역 수준의 교육과정을 개발한다는 것은 이러한 지역 여건에 부응한다는 적합성의 측면과 국가 수준 교육과정의 효율적 운영이라는 측면을 동시에 고려하고 있다.

학교 수준의 교육과정 개발은 가장 구체적인 수준의 교육과정으로, 해당 학교의 전체 교사, 행정가, 학부모, 학생 등이 참여하여 이루어지며, 수업 전략 및 수업 자료 개발 등에 초점을 맞추어 이루어진다. 또한 국가나 지역 수준에서 설정된 목적이나 목표에 부합하면서도 해당 학교의 학생들 각자에게 맞는 교육과정을 개발하는 데 초점을 둔다. 국가 수준의 교육과정, 교과서, 공적인 기준, 외부의 기준을 참고하지만, 학생의 요구나 필요를 신중히 고려한다. 우리나라의 경우 학교 교육과정의 개발 범위는 국가 교육과정에 규정되어 있으므로 학교에서는 국가에서 위임된 범위 내에서의 교육과정 수정 및 개발을 할 수 있다. 또 국가 교육과정 안에 학교 수준에 적합한 교육과정 목표 및 내용을 모두 담기는 불가능하다. 예를 들어, 모든 학생이 컴퓨터를 잘 다룰 줄 아는 학교와 그렇지 못한 학교에서 구체적인 교육과정 실행 계획은 다를 수밖에 없다. 따라서 학생 수준과 요구에 따라 각기 다른 교육과정 계획을 수립해야 한다. 이렇듯 국가 교육과정에서 일일이 기술하기 어려운 내용을 당해 학교에서 학교 여건에 적합하게 현실적 계획을 세우는 것이 학교 교육과정이다. 한편, 우리나라의 경우는 앞서 기술하였듯이 학교 교육과정의 개발 범위가 국가 교육과정에 규정되어 있으나 실제로 국가 교육과정에 이러한 범위가 규정되어 있지 않을 수도 있으며 이는 학교에 교육과정 개발의 자유가 전적으로 주어지는 경우다.

이렇게 교육과정 개발은 국가 수준 및 지역 수준, 학교 수준에서 이루어질 수 있으며 만일 모든 교육과정을 전적으로 국가 수준에서 개발한다고 하는 경우와 이와 반대로 전적으로 학교 수준에서 개발한다고 하는 경우 각기 장단점이 있을 수 있다.

먼저, 중앙 즉 교육부 등에서 전적으로 교육과정을 개발하는 경우 장점과 단점은 다음과 같다. 장점으로는, 첫째, 전국적인 학교 수준의 유지와 질 관리가 가능하고, 둘째, 학교 단위에서의 개발 노력, 재정, 시간을 줄일 수 있으며, 셋째, 교육의 지속성과 계속성이 유지되고, 넷째, 전국적으로 우수성이 인정되는 교육과정 전문가와 교과 전문가 등이 참여함으로써 전문성이 높은 교육과정을 개발할 수 있다는 것이다. 단점으로는, 첫째, 교사는 국가 교육과정을 이행하는 단순한 전달자로 간주하게 되고, 둘째, 학교 교육의 획일화를 가져오게 되며, 셋째, 기본적으로 국가 수준의 교육과정은 학교 수준에서의 시행 전략이 충분히 제시되기 어려우며, 넷째, 중앙의 의도가 학교 교육으로 이행될 때 왜곡이 일어날 수 있다는 점 등이 지적된다.

한편, 학교 주도로 교육과정을 개발하는 경우의 장점과 단점은 다음과 같다. 장점으로는, 첫째, 학교에서 교육과정을 개발함으로써 학교의 자율성이 증대되고, 둘째, 학교와 주변 환경과의 적극적인 상호작용이 증가하며, 셋째, 해당 학교에 가장 적합한 교육과정을 개발할 수 있고, 넷째, 교사의 전문성이 증대된다는 점을 들 수 있다. 단점은 중앙집중적 교육과정 개발의 장점 대부분이 학교 주도 교육과정 개발의 단점이 되는데, 첫째, 전국적인 학교 수준의 유지와 질관리가 어려워지고, 둘째, 학교 교육과정을 새롭게 개발하기 위한 재정 및 시간, 노력이 많이 들어 교사의 부담이 가중되며, 셋째, 학교 마다 교육과정이 달라 학생이 이동하는 경우 교육의 지속성과 계속성이 유지되기 어려우며, 넷째, 국가 수준의 교육과정보다 해당 교육과정의 전문적 질을 담보하기 어렵다는 점이다.

국가, 지역, 학교 중 어느 수준의 교육과정이 중요시되는가 하는 것은 나라마다 다르다. 중앙집중적인 교육과정 체제를 가지는 우리나라나 일본, 프랑스 같은 나라는 국가 수준의 교육과정이 매우 중요시되며 그렇기 때문에 중앙(예: 교육부)에 결정적인 권한이 있다. 그러나 미국은 지역이나 학교 수준의 교육과정이 무엇보다 중요시되는데 이러한 경향은 주마다 조금씩 다르다. 그러나 어느 국가든 현재 나타나고 있는 공통적인 추세는 국가 수준의 교육과정을 학교 현장에 적용하여 학교 수준의 교육과정을 개발하는 교사의 역할이 무엇보다 중요시되고 있다는 점이다. 이것은 어떤 교육과정이든 교사의 노력 없이는 성공적인 운영이 불가능하기 때문이다.

3. 교육과정 개발 수준 관련 교육과정의 개념

앞서 기술한 교육과정 개발의 수준은 국가, 지역, 학교 및 교사로 이어지면서 실제 교수 대상인 학습자와 긴밀한 관련을 맺게 된다. 이는 일반적으로 공식적 교육과정(official curriculum)으로 불릴 수 있다. 즉, 이것은 공식적으로 기술된 교육과정이라 할 수 있으며, 드러내서 기술된 교육계획하에 교사가 실제 수업을 시행하기 이전에 구체적 방향을 제시해 주며, 학생을 평가하기 위한 기반을 제시하기도 하고, 행정가에게는 학교 또는 교사의 실행과 결과에 대해 책임을 지게 하는 토대를 제시하기도 한다.

그러나 교육과정은 그 밖에 다층의 교육과정이 존재할 수 있으며, 여기에는 전개된 교육과정, 잠재적 교육과정, 영 교육과정 등이 포함된다. 이러한 교육과정의 개념은 교육과정 개발과는 직접적으로 연관되지 않지만 교육과정 개발 시 중요하게 고려해야 할 사항이다.[1]

---

1) 전개된 교육과정, 잠재적 교육과정, 영 교육과정에 대한 설명은 Posner(2004: 12-14)의 내용을 참조한 것이다.

전개된 교육과정(operational curriculum)은 실제로 교실에서 행해지는 교사의 교수 행위와 관련되는 것이며, 교사가 교육과정 문서를 바탕으로 실제로 수업에 포함시켜 강조하는 내용, 즉 교사가 가르치는 것을 의미한다. 교사는 여기에 자신의 지식, 신념, 태도 등을 포함시키고 학생과 직접적으로 상호작용하는 과정을 포함시키므로 학생은 실제로 이 교육과정에 더 크게 영향을 받는다. 실제 전개되는 교육과정에서 비판적 사고의 학습을 사실 기억에 초점을 둔 수업으로 전락시킬 수도 있고, 자신이 매우 지원적 관점에서 수업을 한다고 사고하면서도 실제로는 학생 통제적 기술을 많이 활용할 수도 있다.

잠재적 교육과정(hidden curriculum)은 '학교에서는 공식적으로 의도하지는 않았으나 학생이 겪게 되는 경험'으로 공식적 교육과정보다 학생에게 장기적이고 깊은 영향을 미칠 수 있는 교육과정이다. 학교는 제도적 기관이기 때문에 일련의 가치와 규범을 구현하고 있으며, 이러한 상황에서 잠재적 교육과정이 주는 메시지는 이러한 일련의 가치와 규범의 일방적 주입의 부당성과 관련된다. 예를 들어, 성 역할, 어떤 계층의 학생이 성공할 수 있는가, 누가 누구를 위한 의사 결정을 할 수 있는가, 어떤 종류의 지식이 합당하다고 생각되는 것인가 등과 관련하여 교육과정에 잠재되어 있는 기존의 가치와 규범에 대한 재성찰이 필요하다. 이러한 잠재적 교육과정의 연구 결과를 고려하여 교육과정을 개발할 때에는 교육과정의 내용에 편견적인 내용, 즉 성 편견, 인종 편견, 계층 편견적인 내용이 있지 않은가에 대해 비판적으로 분석해 보아야 한다.

영(零) 교육과정(null curriculum)은 공식적 교육과정의 이면이라고 할 수 있는데, '의도적으로 교육과정 계획에서 배제되는 교육 내용'을 의미한다. 학교에서는 왜 어떤 과목은 가르치고 어떤 과목은 가르치지 않는 것일까 등의 의문에서 시작될 수 있으며, 학교교육이 토대로 하는 기본 가정을 인식하는 데 도움을 주는 개념이자 교육과정 개발 시 끊임없이 되짚어 보아야 할 사항이라고 할 수 있다.

1. 교육과정 개발의 비체계적 접근은 체계적 접근에 비해 절차적인 단계가 없어 실제로 교육과정 개발에 어떻게 적용해야 하는지 매우 곤란하다고 일컬어진다. 그럼에도 불구하고 Doll의 교육과정 매트릭스가 교육과정 개발에 주는 시사점에 대해 토론해 보자.

2. 중앙 집중식 교육과정 개발과 학교 중심 교육과정 개발 중 어느 쪽이 바람직하다고 생각하는가? 절충을 해야 한다면 어느 측면에서 어떻게 절충을 해야 한다고 생각하는가?

3. 잠재적 교육과정과 영 교육과정의 실제 사례를 생각해 보고, 이것이 교육과정이나 교육의 과정에 어떻게 반영될 수 있는지 생각해 보자.

4. 우리나라의 경우 제6차 교육과정 이후부터 지역이나 학교의 교육과정 편성 · 운영의 자율성을 확대하고 있는 추세로 나아가고 있는데, 외국의 경우에는 최근 그 반대의 경향을 띠는 나라들이 나타나고 있다. 학교 혹은 지역 중심의 교육과정 개발 체제에서 점차 중앙집중식 교육과정 개발 체제로 전환하고 있는 외국의 사례를 찾아보고 그러한 변화를 추구하는 해당 국가의 사회적 · 문화적 · 정치적 이유를 찾아보자.

참고문헌

박현주. (2005). 교육과정 개발의 모형과 실제. 교육과학사.

이귀윤. (1996). 교육과정 연구. 교육과학사.

한혜정 역. (2011). 교육과정의 현대적 쟁점[*Issues in curriculum: A selection of chapters from past NSSE yearbooks*]. M. Early & K. Rehage 편저. 교육과학사. (원저는 1999년에 출판).

Bobbitt, J. F. (1918). *The curriculum*. Houghton Mifflin Company.

Doll, W. E. (1993). *A post-modern perspectives on curriculum*. Teachers College Press.

McNeil, J. (1996). *Curriculum: A comprehensive introduction* (5th ed.). HarperCollins College Publishers.

Posner, G. J. (2004). *Analyzing the curriculum* (3rd ed.). McGraw Hill.

Tyler, R. W. (1949). *Basic principles of curriculum and instruction*. The University of Chicago Press.

Schwab, J. (1978). The Practical: A Language for Curriculum. In I. Westbury & N. J. Wilkof(Eds.) *Science, curriculum, and liberal education: selected essays*(pp. 287–321). University of Chicago Press.

Walker, D. (1971). A Naturalistic Model for Curriculum Development. *The School Review, 80*(1), 51–65.

교육 목적과 목표 설정 및 진술

교육과정을 개발할 때 가장 먼저 해야 할 일은 교육과정의 목적과 목표를 설정하는 일이다. 교육과정의 목적과 목표는 교육 내용, 교수 방법, 교육평가의 방향을 결정하기 때문에 교육과정 개발 과정에서 목적과 목표를 설정하는 첫 단계는 굉장히 중요하다. 교육과정의 목적과 목표를 설정하는 일은 가치 판단이 수반되는 매우 섬세한 작업이다. 다양한 집단이나 개개인의 철학적 입장을 명료화하고 교육이 어디에 가치를 두고 이루어져야 하는가에 대한 그들의 의견을 수렴하는 과정이 필요하기 때문이다. 이것은 몇몇의 개인이 모인 작은 교육기관에서부터 단위 학교, 더 나아가 국가 전체의 교육을 위한 교육 목적 및 목표 설정에 모두 필요한 과정이다. 이 장에서는 교육과정의 목적과 목표를 설정하고 그것을 교육과정 문서에 진술하는 방법에 대해 살펴보고자 한다.

1. 교육 목적과 목표 설정에 필요한 자료

1) 자료의 종류

교육과정의 목적과 목표 설정은 객관적인 자료에 근거하여 이루어져야 한다. 물론 교육과정의 목적과 목표는 객관적인 자료에서 직접적으로 도출되는 것이 아니며, 여기에는 교육과정 개발과 관계된 사람들의 지성, 안목, 가치관, 태도, 신념 등이 중요한 요소로 작용한다(Saylor, Alexander, & Lewis, 1981: 183). 교육과정의 목적과 목표를 설정하는 데에서 객관적으로 신뢰할 수 있는 자료와 현명한 판단은 분리될 수 없는 두 요소이며, 이 두 가지 중 어느 하나가 결여된다면 교육과정의 목적과 목표 설정은 제대로 이루어질 수 없다. 그러나 현명한 판단은 신뢰할 수 있는 객관적 자료를 바탕으로 이루어져야 하므로 교육과정의 목적과 목표 설정을 위해 일차적으로 필요한 것은 객관적인 자료라고 할 수 있다.

교육과정의 목적과 목표 설정을 위해 필요한 객관적 자료는 일반적으로 학습자에 대한 정보, 사회에 대한 정보 그리고 지식(교과)에 대한 정보로 구분된다. 여기서는 이러한 세 가지 유형의 자료들이 어떤 성격을 가지는지 그리고 이러한 자료들은 어떻게 수집될 수 있는지를 알아보고자 한다.

(1) 학습자에 대한 정보

학습자에 대한 정보는 인지 발달 이론, 도덕성 발달 이론, 정서 발달 이론, 인구 통계학적 자료, 학생 생활기록부 등 다양한 자료를 통해 수집될 수 있다. 그러나 교육과정을 개발할 때 무엇보다 중요하게 고려되어야 할 정보는 학습자 개인의 요구나 필요에 대한 분석 자료다. 학습자의 요구는 실제 생활의 모든 영역에 대한 조사를 통해 수집될 수 있으며, 학습자의 요구를 실제 생활의 모든 영역에서 조사하기 위해서는 모종의 개념적 틀이 필요하다. 예컨대, 학습자의 필요는 생활의 영역을 ① 건강, ② 가까운 사람들과의 비공식적 관계(가족, 친지, 친구 등),

③ 학교나 지역사회에서 맺는 공식적 관계, ④ 소비생활, ⑤ 직업 생활, ⑥ 여가 생활(Tyler, 1949: 9) 등으로 구분하여 조사할 수 있다.

학습자의 필요는 육체적 유형, 사회심리적 유형 및 교육적 유형[1]으로 구분할 수도 있다. 학습자의 육체적 필요는 운동, 휴식, 영양, 건강 등과 관련된다. 특히 사춘기 학생은 성교육 그리고 흡연, 알코올과 약물이 신체에 미치는 영향에 대한 교육이 필요하다. 교육과정은 학습자로 하여금 성장 단계별로 자신의 육체적 필요가 무엇인지를 이해할 수 있는 기회를 제공해야 한다. 학습자의 사회심리적 필요는 애정, 수용, 인정, 소속감, 성취, 안정감 등을 가리킨다. 이러한 필요를 사회심리적이라고 부르는 것은 인간의 심리는 사회적 요소와 분리될 수 없기 때문이다. 예컨대, 자아 존중감은 순전히 심리학적 필요만이 아니다. 그것은 다른 사람과의 관계 속에서, 다른 사람의 영향에 의해 형성된다(Oliva, 2005). 교육과정 개발자는 학생의 사회심리적 요구가 무엇인지를 파악하여 그러한 요구를 충족시켜 줄 수 있는 교육과정을 개발해야 한다. 특히 영재 아동, 정서장애 아동, 성적 부진 아동, 신체장애 아동 등 소수 학생들의 사회심리적 요구도 교육과정에 반영되도록 해야 한다.

교육과정 개발자가 교육과정을 개발할 때 가장 많이 고려하는 학습자의 요구는 교육적 유형의 요구다. 다른 유형의 요구도 그러하지만, 교육적 요구는 사회가 변화함에 따라 많은 변화를 겪는다. 역사적으로 볼 때, 교육적 요구는 고전적이고 종교적인 교육에서 직업적이고 세속적인 교육을 강조하는 쪽으로 변화되어 왔다. 교육적 유형의 학습자의 요구는 일반적으로 국가나 사회의 차원에서의 요구와 무관하지도 않고 무관할 수도 없지만, 그러한 차원에서 요구되는 것과 별도로 학습자가 개인적 차원에서 무엇을 배우고 싶어 하는가를 조사하여 교육

---

1) 학습자의 필요를 이와 같이 유형별로 구분하는 것은 P. F. Oliva. (2005)를 참고하였다. Oliva. (2005)는 이 세 가지 유형 이외에 R. J. Havighurst의 발달과업적 필요를 말하지만, 발달과업적 필요는 단순히 학습자의 필요로만 분류되기 어려운 측면이 있다.

과정 개발에 반영할 필요가 있다.

(2) 사회에 대한 정보

교육과정을 개발할 때 실제 가장 중요하게 고려되는 정보는 사회에 대한 정보다. 학습자에 대한 정보와 마찬가지로 사회에 대한 정보도 사회의 요구를 직접 조사함으로써 수집될 수 있다. Tyler는 사회의 요구에 대한 조사를 위해 현대사회생활을, 예컨대 ① 건강, ② 가족, ③ 여가, ④ 직업, ⑤ 종교, ⑥ 소비생활, ⑦ 시민 생활(Tyler, 1949: 20) 등으로 구분할 필요가 있다고 말하고 있다. 이러한 영역 구분은 연구의 맥락에 따라 달라질 수 있으며, 연구의 종류도 사회적 · 경제적 · 지리적 조건에 대한 연구, 직업의 다양성을 알기 위한 직업 분석, 개인 행위의 다양한 유형을 알기 위한 행위 분석 등 다양하게 나타날 수 있다.

사회의 요구는 국가, 지역 및 학교 차원으로 구분되어 조사될 수 있다. 국가 차원의 요구는 국가 전체에 걸쳐 원칙상 모든 사람이 공감하는 요구를 말한다. 예컨대, 사고 능력의 함양, 기본적인 학습 능력(읽기, 쓰기, 셈하기 등)의 숙달, 대학 진학이나 취업 준비, 교양 등을 말한다. 이러한 국가 차원의 요구 중에는 그 중요성 면에서 경중이 있을 수 있다. 지역 차원의 요구는 지역 특성에 맞는 요구를 가리킨다. 예컨대, 직업 준비는 국가 차원의 보편적인 요구이지만, 지역에 따라 특정 직업에 대한 준비의 요구가 있을 수 있다. 학교 차원의 요구는 해당 학교의 학생 구성원의 특성에 따라 달라질 수 있다. 학생들의 기초학력 수준이 낮은 학교는 기초학력을 향상시키기 위한 요구가 높을 것이며, 과학이나 예술 중점학교 등은 특정 교과에 대한 요구가 높을 것이다.

실제 사회의 요구를 기반으로 하여 교육과정을 개발하고자 한 최초의 시도는 H. Spencer에서 찾을 수 있다(Oliva, 2005: 201). Spencer는 교육학계에서 「가장 가치 있는 지식은 어떤 지식인가?(What Knowledge Is of Most Worth?)」(1859)라는 논문의 저자로 잘 알려져 있는데, 이 논문의 제목은 교육과정과 관련하여 제기될 수 있는 질문 중에서 가장 핵심적인 질문이 되었다. Spencer는 이 논문에서 인간의 삶을 구성하는 활동들을 그 중요도에 따라 다음과 같이 단계적으로 구분하여 제시하고 있다.

① 자기 보존과 직접적으로 관련된 활동
② 자기 보존과 간접적으로 관련되지만 삶에서 필수적인 활동
③ 자녀의 양육과 교육을 위한 활동
④ 적절한 사회적·정치적 관계를 유지하기 위한 활동
⑤ 삶의 여가를 구성하는 취미 활동이나 정서 활동 등의 다양한 활동

사회의 요구를 조사하여 교육 목표를 설정하는 보다 체계적인 예는 Bobbitt(1918)에서 찾을 수 있다. 그에 따르면, 학교는 아동이 성인 세계에 적응할 수 있도록 준비시키는 기관이므로, 교육과정은 아동이 성인의 세계에서 접하게 될 과제를 적절히 수행할 수 있도록 준비시키기 위해 아주 명확하고 구체적으로 구성되어야 한다. 따라서 교육과정 개발자는 학교에서 학생에게 무엇을 가르칠 것인가를 결정하기 위해 먼저 이상적인 성인의 세계를 분석하고 이를 기초로 아동에게 가르칠 구체적인 것을 목표화해야 한다. Bobbitt이 말하는 교육 목표를 설정하는 첫째 단계는 모든 아동이 습득해야만 하는 책임감 또는 활동의 영역을 확인하는 것이다. 이를 위해 그는 교양 있고 잘 교육받은 2,700명의 성인을 조사하였는데, 이 중 1,500명은 시카고 대학교에서 Bobbitt의 교육과정 강의를 들은 사람이었고 나머지는 그가 조언자로 활동했던 로스앤젤레스 시의 교직원들이었다. 이 조사에서 그는 아동에게 가르쳐야 할 열 가지 경험을 확인하였는데, 이 중 맨 마지막을 제외한 아홉 가지는 학교에서 가르쳐야 한다고 생각하였다. 그가 찾아낸 열 가지 경험은 다음과 같다.

• 언어 활동
• 건강 활동
• 시민 활동
• 일반적 사회 활동

- 여가 활동
- 건전한 정신 관리 활동
- 종교 활동
- 부모 활동
- 비전문화된 또는 비직업적인 활동
- 자신의 소명에 따른 노동

이와 같이 학교가 책임지고 가르쳐야 할 성인의 중요한 생활 영역이 일단 확인되면, 이런 특성을 학생들이 가지도록 하기 위해 학교에서 학생들에게 시킬 구체적 활동을 결정하여 교육 목표를 설정한다.

국가 차원의 요구는 다양한 지역, 계층, 직업, 연령의 사람들에 대한 의견을 실제 조사함으로써 밝혀질 수 있다. 국가 차원에서 보편적으로 필요로 하는 요구가 무엇인가를 실제 조사하여 국가 차원의 교육과정 개발에 반영하고자 한 시도로 우리나라에서 이루어진 예는 2007년에 처음 수행되었던 국가 교육과정 포럼이다. 2007년 국가 교육과정 포럼은 '국가 교육과정의 기본 구조에 대한 근본적인 반성 및 대안 탐색'(허경철, 손민호, 2007)이라는 대주제를 중심으로 '고등학교 교육과정과 대학입시와의 관계 분석'(김재춘, 한혜정, 2007), '미래 사회에 필요한 핵심역량과 학교 교육과정과의 관계'(소경희 외, 2007), '학교 교육과정 체제 구조에 관한 연구'(김대현, 박소영, 이은화, 2007), '학교 교육과정과 창의성 교육과의 관계'(이용환, 이정화, 2007)라는 네 가지 핵심 소주제를 설정하고, 각 소주제별로 각계각층의 다양한 의견을 수렴하기 위한 패널 토의 및 세미나를 개최하였다.

이러한 국가 교육과정 포럼은 2008년에서 2009년에 걸쳐 여러 차례 시행되었고 국가 교육과정 포럼을 통해서 수렴된 의견은 2009 개정 교육과정에 반영되었다. 또한 2014년과 2015년에는 국가 교육과정 포럼을 전문가 포럼과 현장교원 포럼으로 나누어 총 16회 시행하였고, 이러한 과정을 통하여 수렴된 다양한 의견을 2015 개정 교육과정에 반영하였다. 2015 개정 교육과정 이후 이루어진 2022 개정 교육과정은 국가 차원의 의견 수렴이 교육과정 전문가나 현장 교원뿐

만 아니라 학생, 학부모, 일반 시민으로까지 대상을 확대하여 이루어졌다.[2]

현대사회는 세계화 시대인 만큼 사회에 대한 정보는 한 국가의 내적 차원의 정보만 의미하지 않는다. 국가, 지역 및 학교 차원의 요구는 해당 국가의 국경을 넘어서는 세계 차원의 요구에 영향을 받으며, 세계의 주요 선진국들의 교육적 요구가 곧 국가 차원의 교육적 요구를 많은 부분 결정하기도 한다. 따라서 세계화 시대의 교육과정 개발은 세계 주요 국가들의 교육적 동향을 고려하여 이루어져야 한다. 우리나라에서 교육과정 개정 때마다 외국 주요 선진국의 교육과정 개혁 사례를 분석하는 작업이 선행되는 것도 바로 이러한 필요에서 비롯되는 것이다.

(3) 지식(교과)에 대한 정보

교육과정의 목적과 목표를 설정하는 일은 학교에서 배우고 가르치는 교과를 어떤 방향으로 가르칠 것인가의 문제와 밀접한 관련을 가지므로 각 교과 전문가(학자나 교사)의 요구나 견해에 대한 분석을 필요로 한다.

Tyler는 현재 우리가 교육과정의 목적과 목표를 설정하기 위해 교과 전문가의 견해를 얻고자 할 때 매우 유용한 관점을 제시해 주고 있다. Tyler에 따르면, 초·중등교육의 교육 목표를 결정하는 데 도움을 얻기 위해 각 교과 전문가의 견해를 묻고자 할 때 그들에게 제기되어야 할 질문은 "대학에서 여러분의 교과를 전공할 학생들이 초·중등학교를 다니는 동안 그 교과에 대해 어떤 기본적인 교육을 받아야 하는가?"가 아니라, "여러분의 교과는 여러분의 교과 분야에서 전문가가 되지 않을 학생들의 교육에 무엇을 기여할 수 있는가?"(Tyler, 1949: 26)다.

Tyler에 따르면, 이러한 질문에 대하여 교과 전문가는 다음의 두 가지 방식으로 대답할 수 있다. 하나는 교과와 관련된 고유한 기능에 따라 대답하는 것이고, 다른 하나는 교과의 고유한 기능과 관련되지 않지만 일반적으로 가치 있다고 생

---

[2] 2022 개정 교육과정의 의견 수렴 체제에 대해서는 제10장에서 자세히 살펴본다.

각되는 다른 교육적 기능에 대해 해당 교과가 기여하는 바를 들어 대답하는 것이다. 예컨대, "과학은 이용 가능한 물질과 에너지 자원들에 대한 이해, 물질과 에너지가 획득되고 활용되는 방법에 대한 이해를 학생에게 가르침으로써 천연자원의 이용과 보존에 기여할 수 있다."(Tyler, 1949: 30)라는 대답은 과학의 고유한 기능을 바탕으로 일반 학생들의 교육에 과학이 기여하는 바를 설명하는 예다. 이와 달리 "과학은 반성적 사고, 창조적 사고, 심미적 감상, 인내심 등의 여러 인성적 특성을 발달시키는 데 도움을 줄 수 있다."(Tyler, 1949: 32)라는 대답은 과학의 고유한 기능과는 관련은 없지만 일반적으로 가치 있다고 생각되는 교육적 기능에 대해 해당 교과가 기여하는 바를 들어 대답하는 예다.

교과 지식을 통해 무엇을 가르칠 것인가에 대한 정보는 국내 교과 전문가들의 요구나 견해에 대한 조사 이외에 국외 주요 선진국의 교육과정 개혁 사례를 통해서도 수집될 수 있다. 교과 교육과 관련하여 주목할 만한 것은 국외 많은 국가가 '역량 중심 교육과정(competence-based curriculum)'을 설계하여 가르치고 있다는 사실이다. OECD(Organization for Economic Co-operation and Development)가 'DeSeCo(Definition and Selection of Key Competencies)' 프로젝트(OECD, 2005)를 통해 현대사회를 살아가는 학습자들에게 필요한 핵심역량(Core/Key competency)을 규명하고자 시도한 이후, 뉴질랜드, 영국, 캐나다, 호주 등의 나라는 초·중등학교 교육과정을 이러한 핵심역량을 중심으로 설계하여 가르치고 있다.

핵심역량이라는 개념은 다양한 종류의 역량들 가운데 삶의 여러 영역에 걸쳐 필요하거나 혹은 여러 영역에 걸쳐 전이가 가능한 역량을 가리키기 위하여 도입된 용어다. 보다 구체적으로 OECD 보고서에 따르면, 핵심역량이란 '개인의 성공적인 생활과 행복한 사회를 유지하기 위해 삶의 여러 영역에 공통적으로 적용될 뿐 아니라, 모든 개인 누구에게나 중요한 역량'(OECD, 2005: 4)을 의미한다. 이 정의에 따르면 소수의 특정인에게만 중요하거나 필요한 역량은 핵심역량이라고 보기 어렵다. 핵심역량이란 개인의 행복과 사회의 발전을 위해 모든 사람이 기본적으로 갖추어야 하며, 삶의 다양한 영역에서 중요하게 사용될 수 있는 역량에 해당하는 것이다. 이러한 핵심역량들은 인지적 기능, 태도, 동기, 정서와 기타 여러 사회적 특징들로 구성된 복합체다(이광우 외, 2009: 15).

우리나라의 경우도 2000년 이후 지식 기반 사회에 필요한 국민의 지적 역량과 학습 역량이 국가 경쟁력의 원천임을 인식하고 이에 대한 육성의 필요성이 강조되었으며, 이와 관련된 연구가 2007년부터 2009년까지 3년 동안 한국교육과정평가원에 의해 수행되었다. 2007년부터 2008년까지 2년 동안 미래 사회 한국인에게 필요한 핵심역량이 무엇인지를 규명하는 연구가 이루어졌으며(윤현진 외, 2007; 이광우 외, 2008), 2009년에는 이전 2년간의 연구를 통해 설정된 핵심역량을 기르는 데 적합한 초·중등학교 교육과정 설계 방안을 탐색하는 연구가 이루어졌다(이광우 외, 2009). 핵심역량에 대한 연구는 이후에도 이근호 외(2012; 2013), 박순경 외(2014), 김경자 외(2015) 등 지속적으로 이루어졌으며 이러한 연구 결과는 2015 개정 교육과정 총론 문서에 반영되었다. 최근 OECD는 DeSeCo 프로젝트의 미비점을 보완하여 'Education 2030'(OECD, 2018) 프로젝트를 발표하였고 이러한 변화를 고려하여 이루어진 것이 2022 개정 교육과정이다.[3]

2) 자료 수집 방법

교육과정의 목적 및 목표 설정은 아무것도 없는 진공상태에서 시작되지 않는다. 이것은 기존의 교육과정이 있고 그것을 수정·보완하기 위한 목적에서 시작된다. 따라서 교육과정 목적 및 목표 설정을 위해 필요한 자료 수집도 기존의 교육과정의 분석에서 시작하여 기존의 교육과정에 반영되어 있는 학습자, 사회 및 교과 요구 중에서 불필요한 것은 무엇인지, 반영되어 있지 않은 요구는 무엇인지 등을 파악하기 위해 수행되는 경우가 많다. 이와 달리 새로운 교육 목적 및 목표를 설정해 놓고 그것을 뒷받침하기 위한 근거로 요구 조사가 이루어질 수도

3) 역량 교육과 우리나라 국가 교육과정 개정에 대해서는 제11장에서 자세히 살펴본다.

있다. 요구 조사는 교육과정이 개발되기 이전 단계에만 수행되는 것이 아니다. 이는 어느 특정 시기에만 국한하여 이루어지는 것이 아니라 교육과정이 개발되어 실행된 이후에도 수행될 수 있다. 요구 조사는 모든 교육과정 개발의 차원에서 필요한 것은 아니다. 국가, 지역, 학교 차원 등 차원에 따라 요구조사의 규모가 달라진다. 교육과정 개발의 차원에 따라 학습자, 사회, 지식의 세 가지 요구 조사가 모두 필요할 수도 있고 그렇지 않을 수도 있다. 예컨대, 학교 차원에서는 교사, 학습자 및 학부모의 요구 조사가 실시되는 경우가 많다.

요구 조사 방법으로 가장 많이 사용되는 것은 설문 조사다. 학습자, 사회 및 교과 전문가의 요구에 대한 설문 조사를 하기 위해서는 설문 문항을 개발해야 하는데, 설문 문항을 어떤 관점, 어떤 문항으로 구성할 것인가는 교육과정 개발에 참여하는 사람들 사이의 협의나 브레인스토밍을 통해 대략적인 틀이 마련될 수 있다. 그 밖에 면담, 자문 협의회, 포럼, 토론회 등의 방법으로 수집될 수 있다.

2. 교육 목적, 교육 목표, 세부 목표 설정 및 진술

1) 교육 목적, 교육 목표, 세부 목표의 위계

학습자, 사회 및 지식에 관한 정보를 기반으로 하여 교육과정의 포괄적 방향, 즉 교육 목적이 결정되면 이러한 교육 목적은 다시 구체적인 능력으로 명료화되어야 한다. 포괄적이고 일반적인 수준의 교육 목적만으로는 실제 교육이 이루어질 수 없기 때문이다. 실제 교육을 하기 위해서 포괄적이고 일반적인 수준의 교육 목적은 몇 가지 구체적인 능력으로 해석되어야 한다. 이와 같이 교육 목적을 몇 가지 구체적 능력으로 명시화한 것이 교육 목표다. 각 교육 목표는 더욱 구체적인 목표로 명료화되는데, 이것을 세부 목표로 부른다. 이와 같이 "무엇을 가르칠 것인가?"에 대한 대답은 교육과정에 몇 단계의 구체화 과정을 거쳐 진술된다. 교육과정에 진술된 교육 목적, 교육 목표, 세부 목표는 교육 내용을 선정하고 조

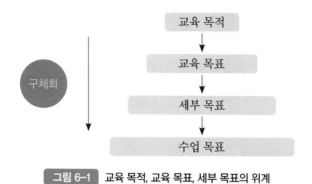

그림 6-1 교육 목적, 교육 목표, 세부 목표의 위계

직하는 기준으로 작용한다. 구체화의 순서로 말하자면, '교육 목적 → 교육 목표 → 세부 목표'의 순이라고 할 수 있다. 이와 같이 "무엇을 가르칠 것인가?"에 대한 대답을 구체성의 위계로 진술해 놓는 것은 교사로 하여금 무엇을 가르칠 것인가에 대한 생각을 보다 명료하게 하도록 하기 위해서다. 자신이 무엇을 가르치고 있는가를 포괄적인 수준부터 세부적인 수준에 이르기까지 명료하게 인식하고 가르치는 것과 목적이나 목표에 대한 정확한 인식 없이 주어진 교육 내용을 맹목적으로 가르치는 것 사이에는 교육의 효과 면에서 많은 차이를 가져올 것이다.

'목적'은 영어로 'purpose'나 'aim'에 해당하는 것으로, 해당 교육과정이 의도하는 바람직한 결과를 가장 포괄적으로 기술해 놓은 것을 가리킨다. 교육 목적은 미래의 성취나 행위를 위해 구체적으로 계획된 행동에 형태와 방향을 제공하는 일종의 일반적 진술을 말한다(장인실 외 공역, 2007: 431). 이러한 목적을 구체화시킨 것이 목표(goal)와 세부 목표(objective)다. 교육 목표는 "특정 교육과정이나 과목과 관련하여 학습자는 무엇을 배우는가?"라는 질문에 대해 교육 목적보다 더 구체적으로 대답해 놓은 것으로서 의도된 구체적인 목적지를 제시한다. 세부 목표는 교육 목표보다 더 가시적인 성과를 말한다. 교육 목표는 구체적인 학습을 명시하지 않는 반면, 세부 목표는 교육과정을 경험한 결과로서 학생에게 바라는 성과를 특정 학습 내용으로 언급한 것을 말한다. 예컨대, 교육 목적을 "민주사회의 능력 있는 시민을 양성한다."로 하면, 이러한 교육 목적을 구체화시킨 교육 목표의 하나는 "민주적 절차에 적극적으로 참여할 수 있다."가 될 수 있

교육 목적: 민주사회의 능력 있는 시민을 양성한다.

↓

교육 목표: 민주적 절차에 적극적으로 참여할 수 있다.

↓

세부 목표: 대통령 선거 절차에 대한 질문에 바르게 대답할 수 있다.

그림 6-2   **교육 목적, 교육 목표, 세부 목표의 위계적 진술의 예**

다. 이러한 교육 목표는 '대통령 선거 절차에 대한 질문에 바르게 대답할 수 있다.'라는 세부 목표로 구체화될 수 있다([그림 6-2] 참조).

교육 목적은 한 문장 또는 여러 문장으로 기술될 수도 있고, 구나 단어로 기술될 수도 있다. 교육 목적을 기술하는 여러 가지 유형의 예를 나타내면 다음과 같다.

사례 1

1. 자아실현
2. 인간관계
3. 경제적 효율성
4. 시민적 책임

사례 2

1. 경제적 세계에서 지혜롭고 생산적인 참여자가 되기 위해 필요한 적절한 기술, 이해, 태도
2. 건강과 건강한 체격
3. 민주주의 사회에서의 시민의 권리와 의무를 이해하고 지역사회 구성원뿐만 아니라, 국가, 세계의 시민으로서 필요한 권리와 의무의 이해
4. 개인과 사회를 위한 가정의 중요성을 이해하고, 성공적인 가정생활에 도움이 되는 조건들의 이해
5. 상품과 서비스를 현명하게 구입하고 사용할 수 있는 지식과 소비자로서 그들 행위에서 비롯되는 경제적 결과에 대한 이해

6. 과학의 방법, 인간 생활에 미치는 과학의 영향, 세계와 인류의 본성에 관한 중요한 과학적 사실에 대한 이해

7. 문학, 예술, 음악, 자연의 미를 감상할 줄 아는 능력의 개발

8. 여가 시간의 이용과 여가 시간을 현명하게 보낼 수 있는 예산 짜기와 사회적으로 유용한 활동과 개인에게도 만족을 주는 활동과의 균형 유지

9. 다른 사람에 대한 존경, 논리적 가치와 원리에 대한 통찰, 다른 사람과 협력하여 일할 수 있는 능력

10. 합리적으로 자신의 생각을 분명하게 표현하고 이해하면서 읽고 들을 수 있는 능력의 신장

2) 세부 목표 진술을 위한 안내

교육 목적, 교육 목표, 세부 목표 중에서 가장 명확하게 진술되어야 할 것은 세부 목표다. 논리적인 진술의 순서는 '교육 목적 → 교육 목표 → 세부 목표'의 순이지만, 실제로는 세부 목표를 먼저 진술한 후 그것을 일반화시켜 교육 목표를 진술하고 그다음으로 세부 목표와 교육 목표를 포괄하는 교육 목적을 진술할 수도 있다. 세부 목표는 실제 가르칠 내용과 가장 가깝게 연결되어 있는 것으로서, 이것을 가장 명확하게 이해하는 것이 수업의 성패를 결정한다고 볼 수 있다. 그렇기 때문에 서양의 교육과정 연구 분야에서는 세부 목표의 진술을 안내하는 다양한 이론이 여러 학자에 의해 제시되었다. 여기서는 이러한 여러 이론을 살펴보고자 한다.

여기서 제시하는 세부 목표 진술과 관련된 이론들은 기계적으로 따라야 할 지침이 아니라 참고해야 할 내용들이다. 즉, 교육과정을 개발할 때 교육 목적, 교육 목표, 세부 목표를 단계적으로 진술하는 것은 반드시 따라야 할 규칙이 아니라, 무엇을 가르칠 것인가에 대한 사고를 명료화하기 위한 하나의 수단임을 명심할 필요가 있다. 여기에서는 단계를 교육 목적, 교육 목표, 세부 목표의 세 단계로 제시하고 있지만, 상황에 따라서는 여기에 한 단계를 더 설정하여 제시할

수도 있고 한 단계를 생략하고 두 단계로 제시할 수도 있다. 용어도 교육 목적, 교육 목표, 세부 목표가 아니라, 교육 목적, 일반적 목표, 명세적 목표로 칭할 수도 있고, 목적 대신 성격이나 철학이라는 용어를 사용할 수도 있다. 교육 목적이나 교육 목표가 무엇이며 그것을 어떻게 진술할 것인가를 고민하는 것은 무엇을 가르칠 것인가에 대한 생각을 명료화하기 위한 것이라는 점을 인식하는 것이 무엇보다 중요하다.

(1) 세부 목표의 이원적 진술

Tyler(1949)는 학생의 변화를 지칭하는 방식으로 세부 목표를 진술할 것을 제안한다. 그에 따르면, 학생에게 개발되어야 할 행동과 그 행동이 수행되는 내용이나 생활 영역 두 가지 모두를 명료화하여 세부 목표를 진술해야 한다. 이러한 제안은 흔히 '내용+행동의 이원적(二元的) 진술'로 불린다. 이러한 '내용+행동의 이원적 진술'의 예를 제시하면 다음과 같다.

예

- 사회과학 연구과제에 대해(내용) 분명하고 잘 조직된 보고서를 작성하기(행동)
- 영양에 관계된 질문에 대한(내용) 신뢰성 있는 정보 원천에 익숙해지기(행동)
- 학생은 20세기 후기 문학을 다룬 영어 작문에 대해(내용) 한 단락을 쓸 수 있다(행동).

R. F. Mager(1984)는 이것보다 더 상세히 진술할 것을 제안한다. '내용+행동'의 기술할 뿐만 아니라 여기에 '세부 목표를 달성하기 위해 학습자에게 부과된 조건'과 '최소한의 숙달 수준'을 덧붙여서 진술해야 한다는 것이다. 구체적인 예를 제시하면 다음과 같다.

예

- 에너지에 관한 단원(내용)을 학습한 뒤, 학생은 과목에 대한 100문항의 선다형 시험에서(조건) 1시간 안에 75문항에(숙달 수준) 정확하게 응답해야 한다(행동).

- 곱셈과 관련된 연습 문제(내용)가 주어졌을 때, 학생들은 세 자리 숫자의 곱셈 문제(조건)를 1분에 한 문제당 80%의 정확도(숙달 수준)를 가지고 풀 수 있다(행동).

    세부 목표에 사용되는 용어들은 애매모호한 일반성을 띠어서는 안 되기 때문에 되도록 구체적 의미로 규정되어야 함이 강조된다. 예컨대, 비판적 사고, 사회적 태도, 감상, 감수성 등의 용어는 세부 목표 진술로 사용하기에는 애매모호하다. 만약 비판적 사고를 목표로 삼고 싶으면 비판적 사고를 구체화시켜 '귀납적 사고+연역적 사고+논리적 사고'로 진술해야 한다(Tyler, 1949: 67-69). 명확하고 분명한 목표를 강조하는 사람들이 세부 목표로서 피해야 한다고 보는 진술 용어는 다음과 같은 동사들이다(김재춘 외, 2005: 160-161).

인식하다(appreciate)   배운다(learn)

이해한다(comprehend, understand)   깨닫는다(realize)

안다(know)   좋아한다(like)

    이에 반해 세부 목표 진술에 사용될 용어는 대체적으로 다음과 같은 용어들이다. 주로 행위 동사를 사용하여 진술할 것을 권장한다.

설계한다(design)   비교한다(compare)

재구성한다(reconstruct)   번역한다(translate)

선택한다(choose)   쓴다(write)

식별한다(discriminate)   편집한다(edit)

구분한다(distinguish)   인용한다(cite)

열거한다(list)   배열한다(arrange)

계산한다(compute)   그래프를 그린다(graph)

이러한 행동적 목표는 구체적이기 때문에 교사에게 매우 유용한 도구일 수 있다. 즉, 행동적 목표는 무엇을 가르쳐야 하는지, 어떤 수업 방법과 평가가 사용되어야 하는지에 대한 분명한 방향을 제시해 주고, 학부모와 학생과의 분명한 의사소통을 가능하게 해 준다는 장점이 있다. 그러나 이러한 행동적 목표에 대한 우려도 많이 제기된다. 행동적 목표의 문제점으로는 다음과 같은 것들이 제기된다.

- 수업을 통해 기대되는 결과를 제한된 수의 목표로 구체화하는 것은 가능하지 않다.
- 의도하지 않은 결과는 사전에 구체화된 목표로 진술될 수 없다.
- 단지 몇 개의 목표를 구체화하는 것은 교수에서 동등하게 중요한 다른 영역을 배제할 수 있다.
- 행동적 수업 목표가 어떤 교과 영역(예: 수학, 과학)에서는 도움이 되지만 다른 교과 영역(예: 미술, 문학)에서는 그렇지 않다.

행동적 목표의 이러한 난점에 따라 측정 가능하고 가시적인 목표는 행동적 목표로 기술하고 정확하게 행동으로 기술될 수 없는 목표는 비행동적 목표로 기술될 수 있다(장인실 외 공역, 2007: 442-444). 행동적 목표로 기술하느냐 혹은 비행동적 목표로 기술하느냐의 문제는 그 자체로 중요한 문제가 아니라, 무엇을 가르칠 것인가에 대한 사고를 명확하게 함으로써 학생을 잘 가르치고자 하는 것이 중요하다는 점을 명심하여 본말이 전도되지 않도록 해야 한다.

J. G. Saylor, W. M. Alexander 그리고 A. J. Lewis. (1981)는 세부 목표를 '이원적'으로 제시하는 독특한 방식을 제안하고 있다. 그들에 따르면, 일반적으로 말하는 현대사회 교육은 각 개인으로 하여금 자신의 잠재력을 최대한 실현하도록 하는 것과 한 사회의 유능한 일원이 되도록 하는 것의 두 가지 이중적 목적을 가진다. 이 두 가지 이중적 목적은 상호 연결되어 있다. 이러한 교육 목적은 각 개인으로 하여금 '특정 행위'를 수행하는 것과 '특정 성향'을 발달시키도록 함으

표 6-1 | Saylor, Alexander와 Lewis의 세부 목표 제시의 예

교육 목표: 각 개인으로 하여금 자기주도적 학습자가 되도록 한다.		
	학습해야 할 행동(능력)	발달시켜야 할 성향
세부 목표	읽기	학습에 대한 자신감
	쓰기	학습에 대한 흥미
	컴퓨터	읽기에 대한 흥미
	정보 분석 및 종합 능력	학습의 가치에 대한 이해
	문제 해결 능력	자기 통제감

참조: Saylor, Alexander, & Lewis (1981).

로써 달성 가능하다. 그러므로 교육과정을 계획하는 첫 단계는 다음과 같은 두 가지 질문에 대답하는 것을 가리킨다. 각 개인은 자신의 잠재력을 최대한 실현하고 한 사회의 유능한 일원이 되기 위해 ① 무엇인가를 할 수 있어야 하고, ② 어떤 어떠한 인간이 되어야 한다. 따라서 세부 목표는 이러한 두 가지 이중적 영역으로 구분하여 제시되어야 한다. 예컨대, 교육 목표를 "각 개인으로 하여금 자기주도적 학습자가 되도록 한다."로 설정하였을 때, 이러한 교육 목표에 대한 세부 목표는 〈표 6-1〉과 같이 능력과 성향으로 구분하여 제시된다. 여기에서 학습해야 할 행동은 과업적인 성격을 가지지만, 발달시켜야 할 성향은 과업적인 성격을 가지지 않는다.

(2) 교육 목표분류학

세부 목표를 결정할 때 인간의 능력을 몇 가지 영역(domain)으로 구분하여 설정하면 편리하다. 세부 목표 설정 영역 분류와 관련하여 가장 잘 알려진 것은 1956년 B. Bloom이 개발한 분류학이다. Bloom은 교육과정에서 교육 목표를 명료화하는 데 도움이 되도록 하기 위해 인간의 능력을 인지적·정서적·심리운동적 영역으로 구분하고 각 영역을 다시 여러 가지 세부 능력으로 구분하여 제시하였다. 이것은 흔히 '교육 목표분류학(Taxonomy of Educational Objectives)'으로 불린다.

여기서는 세 가지 영역의 분류 체계 중에서 이때까지 교육 목표 설정이나 교육평가에서 많이 활용되어 온 인지적 영역의 분류에 대해 살펴보기로 한다. Bloom은 인지적 영역의 학습을 여섯 개의 중요 능력으로 유목화한다. 각각의 상위 능력은 하위 능력을 포섭한다. 여섯 개의 능력은 지식, 이해, 적용, 분석, 종합 및 평가다. 〈표 6-2〉는 각 능력의 의미와 예를 보여 준다.

이러한 Bloom의 인지적 영역의 분류표에 대한 보완은 다양한 학자에 의하여 이루어졌는데, 여기서는 그중 한 가지 보완 사례로서 L. W. Anderson과 D. R. Krathwohl (2001)의 분류표를 살펴보기로 한다. Anderson과 Krathwohl은 Bloom의 분류표가 지나치게 평면적이라고 여기고, 인지 능력을 '인지 유형+지식의 종류'로 이차원적 설정을 제안한다. 즉, 인지 능력은 Bloom이 제시한 것처

표 6-2 Bloom의 인지적 영역의 세부 능력

능력	의미	사례
지식	사실이나 범주, 방법, 이론들과 같은 내용들을 기억하고 회상해 내는 능력	학생은 아시아에 있는 가장 높은 산맥의 이름을 말할 수 있다.
이해	개념이나 원리에 대한 이해 능력	기하학적인 개념을 말로 했을 때, 학생은 정확한 기하학적 형태를 그릴 수 있다. 주어진 문장을 다른 문장으로 바꾸어 쓸 수 있다.
적용	이미 알고 있는 개념이나 원리를 익숙하지 않은 새로운 사태에 적용하는 능력	공기 함유량이 컨테이너에 미치는 영향을 예측할 수 있다.
분석	전체를 부분으로 나누어 생각하는 능력	제1차 세계대전의 원인을 경제적·사회적·정치적 요인으로 분리하여 살펴볼 수 있다.
종합	부분들을 새로운 전체로 묶어서 생각하는 능력	제1차 세계대전의 여러 원인을 종합하여 전쟁의 원인을 한마디로 표현할 수 있다.
평가	어떤 주어진 사태에 대하여 적절한 준거와 기준을 이용하여 질적 혹은 양적으로 판단을 내리는 능력	타인의 발표 내용에 대하여 깊이, 타당성, 증거, 일관성 등을 바탕으로 비판적인 검토를 할 수 있다.

참조: Bloom (1956).

럼 지식, 이해, 적용, 분석, 종합 및 평가로만 구분되는 것이 아니라, 동일한 이해 수준의 능력이라도 어떤 내용에 대한 이해인가에 따라서 능력이 달라질 수 있다는 것이다. 그리하여 그들은 인지 유형을 기억,[4] 이해, 적용, 분석, 평가, 창조로 구분하고 지식의 종류는 사실적, 개념적, 절차적, 메타적 지식으로 구분하였는데, 각각을 교차시켜 생각하면 논리적으로 인지 능력은 〈표 6-3〉과 같이 24개의 유형으로 구분될 수 있다.

표 6-3 **Anderson과 Krathwohl의 분류표**

지식의 종류	인지 과정 유형					
	1. 기억	2. 이해	3. 적용	4. 분석	5. 평가	6. 창조
A. 사실적 지식						
B. 개념적 지식						
C. 절차적 지식						
D. 메타적 지식						

참조: Anderson & Krathwohl (2001).

그들에 따르면, 각각 지식의 종류와 인지 유형은 다시 세부적으로 구분될 수 있다. 예컨대, '사실적 지식'은 '한 학문의 기본 개념 및 연구 방법에 익숙해지기 위해 반드시 알아야 할 기본 요소에 대한 지식'으로서 이것은 용어에 대한 지식과 주제에 대한 지식으로 다시 구분될 수 있다. 인지 유형 중 '기억'은 '지식을 장시간 머릿속에 보유하는 것'을 의미하며, 이것은 다시 인지와 재생으로 구분된다. 이러한 지식의 종류와 세부 영역 그리고 인지 과정 유형의 종류와 세부 영역을 각각 표로 제시하면 〈표 6-4〉〈표 6-5〉와 같다.

---

[4] Bloom의 분류에서 첫 수준의 인지 능력을 가리키는 '지식'이라는 용어는 '기억'으로 수정된다.

[그림 6-3]은 이러한 Anderson과 Krathwohl(2001)의 분류 체계에 입각하여 세부 목표를 설정하는 예를 나타낸다.

이러한 분류표는 우리가 세부 목표를 설정하고 진술할 때 참고할 만한 것이지 반드시 이것에 입각해서 세부 목표를 설정하고 진술해야 하는 것은 아니다. 또한 이러한 분류표에 없는 것도 얼마든지 세부 목표로 설정될 수 있다. 다만 이한 분류표는 교육이 길러 주고자 하는 능력이 무엇인가를 세부적으로 구분하여 언어로 명확하게 진술해 놓음으로써 우리의 사고를 명확하게 하는 데 유용하다.

표 6-4 **지식의 종류와 세부 영역**

지식의 종류	정의	세부 영역	예시
A. 사실적 지식	• 한 학문의 기본 개념 및 연구 방법에 익숙해지기 위하여 반드시 알아야 할 기본 요소에 대한 지식	A-1 용어	어휘, 음표
		A-2 주제	천연자원, 정보의 원천
B. 개념적 지식	• 학문의 구조 속에서 기본 요소들 간의 관계에 대한 지식	B-1 구분과 범주화	지질학적 시대, 기업 경영의 유형
		B-2 원리와 일반화	피타고라스 정리, 수요와 공급의 법칙
		B-3 이론, 모형, 구조	진화론, 의회의 구조
C. 절차적 지식	• 특정 학문과 관련된 연구 방법 및 기술 활용 기준에 대한 지식 • 개념과 정보를 수집·처리하여 새로운 지식 창출을 가능하게 하는 지식	C-1 원리 및 기술	수채화 기법, 인수분해 원리
		C-2 연구 방법	면담 방법, 설문조사 방법, 과학실험 방법
		C-3 연구 방법 적용	뉴턴 법칙 적용 기준, 사업 비용 정산 방법 적용 기준
D. 메타적 지식	• 특정 학문적 지식을 떠난 인지 과정 그 자체와 자기 인식에 대한 지식	D-1 전략적 지식	전체 구조를 단번에 파악하는 것, 발견 학습 방법
		D-2 맥락적 지식	다양한 맥락, 다양한 과업에 맞는 인지적 요구를 분별하는 것
		D-3 자기 지식	에세이를 비판하는 것과 에세이를 쓰는 것의 차이를 아는 것, 자신의 인지적 수준을 아는 것

참조: Anderson & Krathwohl (2001).

표 6-5 **인지 과정 유형과 세부 영역**

인지 과정 유형	정의	세부 영역	예시
1. 기억	지식을 장시간 머릿속에 보유하는 것	1-1 인지	여러 날짜 중 특정 역사적 사건의 날짜를 알아보는 것
		1-2 재생	역사적 사건의 날짜를 정확히 말하는 것
2. 이해	구두, 문자, 그림 등으로 된 내용을 의미 있게 구성하는 것	2-1 해석	말이나 글을 알기 쉽게 바꾸어 말하는 것
		2-2 예시	미술 사조의 예를 드는 것
		2-3 분류	다양한 정신병적 현상을 각각의 정신병 항목으로 분류하는 것
		2-4 요약	책의 내용을 간단하게 요약하는 것
		2-5 추론	여러 언어 용례를 종합하여 그 안의 문법적 규칙을 찾아내는 것
		2-6 비교	역사적 사건을 현재의 상황과 비교하는 것
		2-7 설명	특정 역사적 사건의 원인을 설명하는 것
3. 적용	원리나 절차를 주어진 상황에서 실행하거나 활용하는 것	3-1 실행	나눗셈을 직접 해 보는 것
		3-2 적용	뉴턴의 제2의 법칙이 어느 상황에 적합한지를 아는 것
4. 분석	전체를 부분 요소로 나누어 요소들 간의 관계, 요소와 전체의 관련을 밝히는 것	4-1 구별	특정 역사적 사건을 설명하는 데 적합한 자료와 적합하지 않은 자료를 구별하는 것
		4-2 조직	역사적 기술 속에 나타난 원인들을 특정 역사적 설명에 유리한 것과 유리하지 않은 것으로 정리하는 것
		4-3 해체	작품 속에 나타난 작가의 관점을 작가의 정치적 성향에 비추어 이해하는 것
5. 평가	기준에 의거하여 판단하는 것	5-1 확인	실험 결과가 관찰된 자료로부터 나온 것인지 확인하는 것
		5-2 판단	두 방법 중에서 주어진 문제를 해결하는 가장 좋은 방법을 판단하는 것
6. 창조	요소들을 결합하여 새로운 패턴이나 구조를 재구성하거나 주어진 문제를 해결하는 것	6-1 설정	관찰된 현상을 설명하기 위한 가설을 설정하는 것
		6-2 계획	주어진 역사적 주제에 맞는 연구 보고서를 계획하는 것
		6-3 창출	특정한 목적을 가지고 동물의 서식지를 만드는 것
		6-4 문제 해결	복잡한 갈등 상황의 해결

참조: Anderson & Krathwohl (2001: 31).

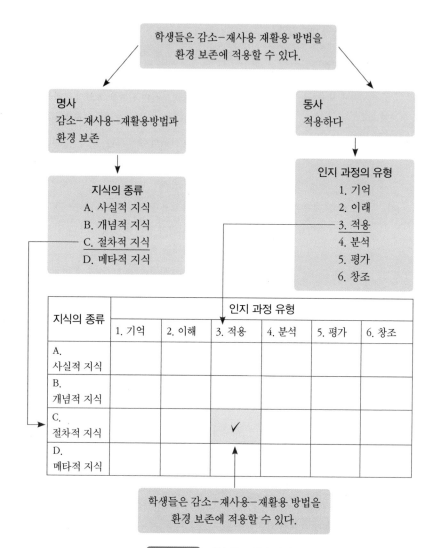

그림 6-3 세부 목표 설정 예시

질문및활동

1. 교육과정을 개발할 때 필요한 정보로서 학습자에 대한 정보, 사회에 대한 정보, 지식에 대한 정보 이외에 다른 어떤 정보가 더 필요한가? 왜 그것이 필요한가?

2. 학습자의 요구를 다음과 같은 세 가지 유형으로 구분할 때 각 유형에 해당하는 필요의 구체적인 예를 한 가지 이상 들어 보자.
   - 육체적 유형
   - 사회심리학적 유형
   - 교육적 유형

3. 사회의 요구를 다음과 같이 여러 차원으로 구분할 때, 각 수준에 해당하는 요구의 구체적인 예를 하나 이상 들어 보자.
   - 세계 차원
   - 국가 차원
   - 지역 차원
   - 학교 차원

4. 세상이 다음과 같이 변화된다면 앞으로 학교에서는 학생들에게 무엇을 가르쳐야 할지를 추론해 보자.
   - 학생들은 도덕적 문제를 권력관계와 물리적 결과의 관점에서 생각한다. 그들은 도덕성을 그들과 무관한, 그들의 통제 밖의 문제로 생각한다.
   - 이제 성인은 서로가 서로에게 의미를 가지는 사람들이 아니다. 그들은 서로가 서로에게 이방인이다. 그들은 사회를 개인보다 큰 것으로 생각하지 않는다.
   - 앞으로 사람들은 직업을 여러 번 바꿀 것이고, 일자리를 찾기가 지금보다 더 어려워질 것이다.

5. 학교의 기능은 무엇인가? 다른 교육기관보다 학교가 더 잘하는 것이 있다면 그것은 무엇인가? 이 질문에 대한 대답을 바탕으로 앞으로 학교에서 가르쳐야 할 것은 무엇이고 가르치지 말아야 할 것은 무엇인지를 제시해 보자.

6. 다음과 같은 교육 목표에 해당하는 세부 목표를 가능한 한 많이 적어 보자.
   - 학생들은 좋은 건강과 체격을 유지해야 한다.
   - 학생들은 쓰기 능력에 숙달해야 한다.
   - 학생들은 성, 종교, 인종의 차이와 상관없이 서로에 대하여 적극적인 태도를 지녀야
     한다.

7. 교육에 관한 영화나 서적을 선택하여 그것을 가르치는 교육과정을 만든다고 할 때 그
   교육과정의 목적 한 가지, 목표 두 가지, 세부 목표 다섯 가지를 기술해 보자.

참고문헌

김경자 외. (2015). 문·이과 통합형 교육과정 총론 시안 개발 연구(총괄). 교육부·국가
   교육과정개정연구위원회.

김대현, 박소영, 이은화. (2007). 교육과정 체제 구조에 관한 연구. 국가 교육과정 포럼보고
   서4. 교육인적자원부.

김재춘, 부재율, 소경희, 채선희. (2005). 예비·현직 교사를 위한 교육과정과 교육평가. 교육
   과학사.

김재춘, 한혜정. (2007). 학교 교육과정과 대학입시의 연계에 관한 연구. 국가 교육과정 포
   럼보고서2. 교육인적자원부.

박순경 외. (2014). 국가 교육과정 총론 개선을 위한 기초 연구. 한국교육과정평가원. 연구보
   고, CRC, 2014-1.

소경희 외. (2007). 미래사회와 학교교육의 과제: 미래사회에 필요한 핵심역량과 학교 교
   육과정의 구성 방향. 국가 교육과정 포럼 보고서3. 교육인적자원부.

윤현진, 김영준, 이광우, 전제철. (2007). 미래 한국인의 핵심역량 증진을 위한 초·중등학교 교
   육과정 비전 연구(I)-핵심역량 준거와 영역 설정을 중심으로. 한국교육과정평가원. 연구보
   고, RRC, 2007-1.

이광우, 민용성, 전제철, 김미영, 김혜진. (2008). 미래 한국인의 핵심역량 증진을 위한 초·중등
   학교 교육과정 비전 연구(II)-핵심역량 영역별 하위 요소 설정을 중심으로. 한국교육과정평가
   원. 연구보고, RRC 2008-7-1.

이광우, 전제철, 허경철, 홍원표, 김문숙. (2009). 미래 한국인의 핵심역량 증진을 위한 초 · 중등학교 교육과정 설계방안 연구. 한국교육과정평가원. 연구보고, RRC 2009-10-1.

이근호, 곽영순, 이승미, 최정순. (2012). 미래 사회 대비 핵심역량 함양을 위한 국가 교육과정 구상. 한국교육과정평가원. 연구보고, RRC 2014-4.

이근호 외. (2013). 미래 핵심역량 계발을 위한 교과 교육과정 탐색−교육과정, 교수 · 학습 및 교육평가 연계를 중심으로. 교육과정평가연구, 1-11.

이용환, 이정화. (2007). 창의력 함양과 초중등학교 교육과정에 관한 연구. 국가 교육과정 포럼보고서5. 교육인적자원부.

장인실 외 공역. (2007). 교육과정[Curriculum: Foundation, Principles, and Issues]. C. Ornstein & F. Hunkins 공저. 학지사. (원저는 2004년에 출판).

허경철, 손민호. (2007). 국가 교육과정의 기본구조에 대한 근본적 반성 및 대안 탐색에 관한 연구. 국가 교육과정 포럼보고서1. 교육인적자원부.

Anderson, L., & Krathwohl, D. (2001). *A Taxonomy for Learning, Teaching, and Assessing: a Revision of Bloom's Taxonomy of Educational Objectives*. Addison Wesley Longman.

Bloom, B. (1956). *Taxonomy of educational objectives handbook1: Cognitive domain*. David McKay Company.

Bobbitt, F. (1918). *The curriculum*. Houghton Mufflin Company.

Mager, R. F. (1984). *Preparing instructional objectives*. Fearon.

OECD (2005). The definition and selection of key competencies: Executive summary. Retrieved from http://www.oecd.org/pisa/35070367.pdf.

OECD (2018). The future of education and skills: Education 2030. Position Paper. Retrieved from https://www.oecd.org/education/2030-project/contact/.

Oliva, P. F. (2005). *Developing the curriculum* (6th ed.). Pearson Education.

Saylor, J. G., Alexander, W. M., & Lewis, A. J. (1981). *Curriculum planning for better teaching and learning* (4th ed.). Holt, Rinehart and Winston.

Spencer, H. (Ed.). (1859). What Knowledge is of most worth? *Education: Intellectual, moral, and physical*. D. Appleton and Co.

Tyler, R. W. (1949). *Basic Principles of Curriculum and Instruction*. The University of Chicago Press.

제**7**장

교육 내용 선정 및 조직

교육 목적과 목표를 설정한 이후에는 그것과 관련된 교육 내용을 선정하게 된다. 예컨대, '창의적 문제 해결력 신장'이 교육 목적으로 설정되고 이어서 교육 목표 및 하위 세부 목표들이 설정되면 이와 관련하여 어떤 내용들을 선정하고 조직해야 하는가를 고려해야 한다. 이 장에서는 교육 목적과 목표 설정 이후에 교육 내용을 선정하는 원리와 선정된 교육 내용의 조직 원리를 살펴보고자 한다.

1. 교육 내용의 선정

1) 일반적 원리

제1부에서 기술한 교육의 네 가지 관점, 즉 자유교육적 관점, 지원적 관점, 관리적 관점 및 해방적 관점에 따라 서로 다른 교육 내용이 선정될 수 있지만 어떤 경우에든 적용될 수 있는 교육 내용 선정의 일반적 원리가 있을 수 있다. Tyler(1949)는 학습경험(learning experience)을 '학습자와 환경의 상호작용 속에서 학생이 능동적인 행동을 통해 경험하는 것'(Tyler, 1949: 72)으로 규정하고, '학

습경험을 선정하는 문제는 주어진 교육 목표를 산출할 가능성이 있는 경험을 선정하는 것이며, 의도된 학습경험을 가능하게 하는 상황을 선정하는 문제'(Tyler, 1949: 73)라고 주장한다. Tyler는 이러한 학습경험을 선정하는 일반적 원리를 다음과 같이 다섯 가지로 제시한다.

첫째, 학생으로 하여금 교육 목표가 함의하는 행동과 내용을 모두 실천할 수 있도록 하는 경험이 선정되어야 한다. 즉, 교육 목표가 문제 해결 능력의 함양이라면, 이러한 목표는 학생에게 문제 해결 기회의 경험이 제공되지 않으면 결코 달성될 수 없다. 따라서 학습경험은 학생이 직접 그 경험을 실천해 볼 수 있는 기회가 제공되도록 설정되어야 한다.

둘째, 학생이 실행함으로써 만족을 얻을 수 있는 학습경험이 선정되어야 한다. 예컨대, 독서에 대한 흥미가 교육 목표라면 학생에게 광범위한 독서의 기회가 제공되어야 하지만, 이러한 기회를 통한 경험이 학생에게 만족감도 줄 수 있어야 한다는 것이다. 만약 그 경험이 불만족스럽다면 교사가 의도한 학습은 발생하지 않을 것이다.

셋째, 학생이 수행할 수 있는 학습경험이 선정되어야 한다. 즉, 학습경험은 학생의 현재의 학업 성취 정도 및 소질에 적합한 것이어야 한다. 교사는 학생에 대한 충분한 정보를 가지고 학생의 현재 지식, 배경 및 사고 수준 등을 파악해서 그들에게 적합한 학습경험을 선정해야 한다.

넷째, 한 가지 교육 목표를 달성하는 데 오로지 한 가지 학습경험만 있는 것이 아니다. 따라서 한 가지 목표에 딱 맞는 학습경험을 선정하는 것이 아니라 그 목표와 관련된 다양한 학습경험을 고려하여 그중에서 학생의 지식이나 사고 능력, 상황에 맞는 경험을 선정해야 한다.

다섯째, 한 가지 학습경험이 의도했던 결과와 다른 여러 가지 결과를 산출하는 경우가 있다. 예를 들어, 학생이 건강에 대한 문제를 풀고 있는 동안에 건강 분야에 대한 정보를 획득할 수 있다. 이러한 결과에는 긍정적인 것도 있지만 부정적인 것도 있을 수 있다. 따라서 학습경험에 대한 선정은 해당 학습경험이 가져올 부정적인 결과도 고려하여 이루어져야 한다.[1]

교육 내용 선정 시 고려해야 할 일반적 원리로서 Tyler가 제시하는 이러한 원리는 교육에 대한 관점과 상관없이 지켜져야 할 원리라고 할 수 있다. 다시 말하면, 자유교육적 관점의 교육에서든, 지원적 관점의 교육에서든 각 관점에 맞는 교육 목적 및 목표를 달성하는 데 필요한 교육 내용의 선정은 이러한 일반적 원리에 따라 이루어져야 한다.

2) 교육 내용 선정의 기준

교육 내용 선정과 관련하여 일반적 원리 외에 어떤 기준에 의거하여 교육 내용을 선정할 것인가를 생각해 볼 수 있다. 무엇인가를 선정한다는 것은 어떤 것은 취하고 어떤 것은 버린다는 것을 의미한다. 이러한 취사선택의 과정에는 의식적인 것이든 비의식적인 것이든 기준이 작용한다. McNeil(1996)은 교육 내용 선정에 작용하는 기준을 철학적, 심리학적, 과학기술적, 정치적, 실용적 기준의 다섯 가지로 구분하여 설명한다.

첫째, '철학적' 기준은 가치판단의 기준을 의미한다. 교육 내용을 선정할 때 그 내용이 가르치거나 배울 가치가 있는 것인가를 묻는다면 이것은 철학적 기준에 의거하여 교육 내용을 선정하고자 하는 것이다. 구체적으로 "내용은 우선 재미있어야 한다."와 "재미는 좀 없더라도 미래의 바람직한 경험으로 이끌어야 한다." "이상적인 것(바람직하고, 아름답고, 훌륭한 것)을 보여 주어야 한다."와 "파괴, 폭력 등을 포함하는 있는 그대로의 삶을 다루어야 한다." "개별 학습자가 공통의 목적을 달성하도록 협동을 강조한다."와 "경쟁을 강조해서 능력 있는 사람이 앞서 나가도록 해야 한다." 등의 상반된 가치 중 바람직하다고 생각하는 측면을 선택할 수 있다. 중요한 것은 자신의 가치가 명료할수록 일관된 가치를 갖는 활동들을 선택할 수 있다는 것이다.

---

1) 교육 내용의 일반적 원리에 때한 Tyler의 설명은 Tyler(1949: 73-76)의 내용을 재구성한 것이다.

둘째, '심리적' 기준에 따라 교육 내용을 선정하는 것은 학생의 학습이 어떻게 가장 잘 일어나도록 할 수 있는가를 바탕으로 교육 내용을 선정하는 것을 가리킨다. 그러나 학생의 학습이 어떻게 가장 잘 일어나도록 할 수 있는가는 사람마다 의견이 분분하다. 어떤 사람은 "교사의 직접적 시범 아래 학습자가 이를 모방할 때 수업이 잘 일어난다."고 하고, 또 다른 사람은 "직접적 교사의 영향을 제거하고 교사는 일종의 자원으로서 학생 스스로 의미를 찾는 것이 중요하다."고 한다. 또는 "단순한 기본적인 패턴을 습득하고 난 후 보다 높은 단계의 의미를 파악하도록 하는 것이 중요하다."고 주장하는 사람이 있는가 하면, "단순한 패턴을 인식하기 이전에 전체의 의미와 구조를 알도록 하는 것이 중요하다."고 하는 사람도 있다. 또 어떤 경우에는 "학생들에게 익숙한 사람들의 사례를 들어 주는 것이 학습의 효과를 증진시킨다."고 하는 사람이 있는가 하면, 그 반대로 어떤 사람은 "학생들에게 익숙하지 않은 낯선 사람들의 사례를 들어 주는 것이 학습의 효과를 증진시킨다."고 여긴다. 어떤 경우가 반드시 옳다 혹은 그르다고 할 수는 없으나, 상황과 내용에 적합하게 적절한 심리적 기준을 선택하는 것은 중요하다.

셋째, '과학기술적' 기준에 의거하여 교육 내용을 선정한다는 것은 외적 행동 결과로 명시화될 수 있고 몇 단계로 나눠서 계열화시킬 수 있는 경험을 선정하는 것을 의미한다. 이러한 기준은 행동주의 심리학의 영향에 의한 것으로서 교육 내용을 과학적으로 잘 분석하여 가르치면 어떤 학생도 주어진 학습 과제를 완전하게 학습할 수 있다는 생각을 바탕으로 하며, 정확한 반응을 일으키고 강화에 의해 효과를 최대화할 수 있도록 학습경험을 선정하는 것을 가리킨다.

넷째, 교육 내용 선정의 '정치적' 기준은 비교적 최근에 대두되기 시작한 기준으로서 인종적·문화적 차이, 성 차이, 장애 유무 등과 관련하여 편견을 심어 주는 교육 내용을 선정해서는 안 된다는 것을 말한다. 최근 주요한 이슈로 떠오르고 있는 다문화 교육의 내용 선정에서도 이러한 '정치적 기준'이 중요하게 고려된다. 구체적으로는 리더십이나 직업 또는 가정 안에서의 역할 등에서 편견적 요소가 있는지, 집단이나 개인의 기여나 성취 등을 제시할 때 인종적·국가적·종교적 차별이 있는지, 인종적·국가적 자료를 제시할 때 그들의 전통이나 삶의 양식 등에 대해 편견이 있는지 등을 고려할 수 있다.

다섯째, 교육 내용을 '실용적' 기준에 의거하여 선정한다는 것은 어떤 교육 내용을 가르치고 배우는 데 드는 경제적 비용을 고려하여 교육 내용을 선정하는 것을 의미한다. 교육과정 정책을 결정하는 입장에서는 이러한 실용적 기준이 교육 내용 선정의 중요한 기준으로 작용하지 않을 수 없다. 예컨대, 교육과정 정책 결정자는 비용이 많이 드는 실험을 통해 과학을 가르치는 것보다 비용이 덜 드는 시범 실험을 하여 가르치는 것을 더 선호할 것이다. 교실 수준에서는 이러한 경제적인 기준 이외에 안정성, 지속성, 적용성 등의 기준이 중요하게 생각되기도 한다.[2]

3) 관점에 따른 기준의 중요도

McNeil이 말하는 교육 내용 선정의 다섯 가지 기준은 교육 내용을 선정하는 상황에서 항상 동일한 비중으로 중요시되는 것은 아니다. 예컨대, 자유교육적 관점을 가지고 있는 사람은 교육 내용을 선정할 때 철학적 기준을 상대적으로 가장 중요하게 생각할 것이다. 자유교육적 관점을 가진 사람은 기본적으로 학문이 목표이자 내용이 되며, 교육 내용 선정의 절차를 제시한다면, ① 인류 문화의 유산인 기본적인 내용 영역(학문)들을 선정하고, ② 이러한 학문의 구조를 탐색하여, ③ 학문의 구조를 가장 잘 탐구할 수 있는 탐구 방법을 선정하고, ④ 내용과 탐구 방법을 서로 연결하는 것이다. 이러한 학문의 구조 습득은 공적 세계에 입문하는 것이자 인간이 만들어 낸 문화유산을 보존하고 전달하는 것을 의미한다.

지원적 관점을 가지고 있는 사람은 상대적으로 철학적 기준보다 심리적 기준을 중요하게 생각할 것이다. 이들은 기본적으로 개별 인간의 성장을 중요시하고 내용보다는 개별 인간의 자연적 성장을 억제하지 않는 환경을 만들어 내는 것이

---

2) 교육 내용 선정의 다섯 가지 기준은 McNeil(1996: 169-175)의 내용을 요약한 것이다.

중요하다고 생각한다. 따라서 교육 내용을 선정하는 가장 일반적인 지침은 학습 환경 및 조건 등에 초점을 두는 것이고, 학습을 위한 가장 좋은 조건을 만들기 위해서는 각 학생의 성장 패턴, 흥미, 특성 같은 조건을 고려하는 것이 중요하다. 이때 이러한 학생의 성장, 흥미, 특성 등은 그 자체로 중요하게 고려되는 것이며, 교육 내용을 가르치기 위해 이러한 특성을 참고하는 것은 아니다.

관리적 관점을 가지고 있는 사람은 과학기술적 기준과 심리적 기준을 중요하게 생각할 것이다. 이들은 목표에 따라 내용을 선정하되, ① 선정된 교육 목표를 달성할 수 있도록 과제 분석을 하며 과제를 수행하기 위해 필요한 지식과 기술을 되도록 구체적으로 열거하고, ② 어떤 학습자를 대상으로 가르칠 것인지 명료화하고 이들에 대한 문화적 배경, 학습 방식, 특성, 흥미 등을 검토하여 학생들에게 적절한 학습 활동을 선정하게 된다.

해방적 관점을 가지고 있는 사람은 정치적 기준을 중요하게 생각할 것이다. 즉, 이들은 학습자가 살고 있는 공적 환경의 질을 향상시키기를 원하며 사회의 변화를 지향한다. 따라서 이들이 생각하는 주요 교육 내용은 사회의 주요 이슈나 문제의 해결이며, 이를 통한 학습경험을 중요하게 생각한다. 즉, 이들은 ① 지역 공동체나 실제 사회와 연계되는 내용, ② 정의를 핵심 가치로 할 수 있는 내용, ③ 효과적인 행동을 취할 수 있는 기회가 주어지는 내용 등을 중요시한다. 이들이 강조하는 행동은 조사나 현장 견학 등이 아니며, 지식을 행동에 옮기는 것, 예를 들어 실제 봉사활동 등의 구체적 행위를 강조한다.

실용적 기준은 교육의 관점과 상관없이 교육 내용 선정과 관련하여 고려되어야 할 기준이라고 할 수 있다.

2. 교육 내용의 조직

교육 목적과 목표를 설정하고 그러한 교육 목적과 목표 달성에 적합한 교육 내용을 선정하였다면 그러한 교육 내용을 어떻게 조직할 것인가의 문제가 남게 된다. 교육과정을 배우는 과정에서 학생의 교육적 경험이 효과적으로 이루어지도록 하기 위해서는 선정된 교육 내용들이 서로 강화되도록 조직되어야 한다. 교육 내용의 조직은 수직적 조직(종적 조직)과 수평적 조직(횡적 조직)으로 구분된다. 예컨대, 초등학교 5학년 국어에서의 경험과 6학년 국어에서의 경험 사이의 관계를 생각한다면 이것은 수직적 조직을 염두에 두는 것이다. 5학년 지리에서의 경험과 5학년 역사에서의 경험 사이의 관계를 생각한다면 이것은 수평적 조직을 생각하는 것이다.

이러한 두 가지 조직의 관계는 학습경험의 누적적인 효과를 결정하는 데 중요하다. 6학년 국어에서의 경험이 5학년 국어에서의 경험을 토대로 하여 이루어진다면 국어 교육은 학년이 올라감에 따라 개념, 기술 및 태도의 계발에서 폭과 깊이를 더할 수 있을 것이다. 5학년 지리에서의 경험이 5학년 역사에서의 경험과 적절하게 관련된다면 그 경험은 서로가 서로를 강화할 것이다. 반면에 수직적으로든 수평적으로든 학생에게 제공된 경험이 서로 관련되지 않거나 혹은 상충되는 것이라면 높은 학습 효과는 기대하기 어려울 것이다.

Tyler(1949: 95)는 학습경험이 효과적으로 조직되어 있는가를 판별하는 기준으로 계속성, 계열성 그리고 통합성을 말한다. 계속성과 계열성이 교육 내용의 수직적 조직과 관련된 기준이라면, 통합성은 교육 내용의 수평적 조직과 관련된 기준이다. 서로 다른 학년의 교육과정이나 동일한 학년의 서로 다른 교과의 교육과정의 요소들이 계속성, 계열성 및 통합성에 따라 조직된 상태는 연계성(articulation)이라는 용어로 통칭된다(이승미, 2010: 61). 예컨대, 유치원 교육과정과 초등학교 1학년 교육과정 사이의 연계성을 분석하는 것은 양자의 교육과정의 요소들의 관계를 계속성, 계열성 및 통합성을 바탕으로 분석한다는 것을 의미한다. 물론 세 가지 기준 중에서 어느 하나나 두 가지 기준에 입각하여 연계성을 분석하는 것도 가능하다.

교육 내용의 수평적 조직과 관련된 개념으로서 통합성 이외에 '범위(scope)'가 있다. 범위는 어느 한 수준이나 시기의 교육과정이 다루는 폭과 깊이를 가리킨다. 예컨대, 8학년 과학 교육과정의 범위는 해당 학년 동안 다루는 과학의 주제나 내용을 가리키며, 여기에는 모든 주제를 폭넓게 선정할 것인가, 아니면 깊이 있는 몇 가지 중요한 주제를 선정할 것인가의 문제가 관련된다. 여기서는 효과적인 교육 내용 조직의 세 가지 기준, 즉 계속성, 계열성, 통합성에 대해 기술한 후, 실제 학교 현장에서 교육내용을 조직하는 방법 중, 백워드 설계와 KDB 설계에 대해 제시하고자 한다.

1) 교육 내용 조직의 기준

(1) 계속성

계속성(continuity)은 교육과정에 들어 있는 중요한 개념이나 기술이 각 학년에 반복적으로 제시되는 것을 말한다. 예컨대, 사회 교과에서 사회 교과 자료를 읽는 기술을 개발하는 것이 중요한 교육 목표라면, 이러한 기술에 대한 연습의 기회가 반복적이고 계속적으로 제공되도록 교육과정이 조직되어야 한다. 과학 교과에서 '향성'이 중요한 개념이라면 이 개념이 과학 교과의 여러 부분에서 계속해서 다루어지도록 조직되어야 한다는 것이다.

(2) 계열성

계열성(sequence)은 계속성을 포함하면서도 그것을 넘어서는 것이다. 즉, 계열성은 교육과정의 중요한 기술이나 개념이 계속해서 반복 학습될 수 있도록 조직해야 하지만, 그와 더불어 해당 기술이나 개념의 폭과 깊이가 더해질 수 있도록 조직해야 한다는 것을 의미한다. 예컨대, 사회 교과 교육과정에서 사회 교과 자료를 읽는 기술을 반복적으로 제시한다면, 점점 더 복잡한 자료를 제공해서 자료를 읽는 기술이 점점 더 깊이 있게 되도록 해야 한다는 것이다. 다시 말하면, 계열성은 경험의 중복이 아니라 동일한 경험이 연속적으로 점점 더 높은 수준의 경험으로 확대되고 깊어지는 것을 말한다. 교육 내용 조직의 계열성을 가장 전형적으로 예시해 주는 것은 우리나라 수학 교육과정의 조직이다. 초등학교의 경우를 예로 들면, 초등학생은 1학년부터 6학년까지 수와 연산, 도형, 측정, 확률과 통계,

표 7-1 초등학교 수학 측정 영역 내용 체계

측정	학년					
	1	2	3	4	5	6
	• 양의 비교 • 시각 읽기	• 시각과 시간 • 길이 • 측정값 나타내기	• 시간 • 길이 • 들이 • 무게	• 각도 • 평면도형의 둘레 • 직사각형과 정사각형의 넓이 • 어림하기(반올림, 올림, 버림) • 수의 범위(이상, 이하, 초과, 미만)	• 평면도형의 넓이 • 무게와 넓이의 여러 가지 단위	• 원주율과 원의 넓이 • 겉넓이와 부피 • 원기둥의 겉넓이와 부피

규칙성과 문제 해결이라는 동일한 영역을 학년이 올라감에 따라 점점 폭을 넓히고 난이도를 높여서 깊이 있게 학습한다. 〈표 7-1〉의 초등학교 1학년에서 6학년까지의 측정 영역의 내용 체계는 계열성을 고려한 조직의 예를 잘 보여 준다.

(3) 통합성

통합성(integration)은 교육과정 계획 내에 포함된 모든 형태의 지식과 경험을 연결하는 것을 말한다. 학습자 개인이 내용을 원자화된 것보다는 통합된 지식으로 이해할 수 있도록 하기 위해 교육과정의 모든 부분과 요소를 밀접하게 관련시킨다는 것은 교육 내용 조직의 기본적인 아이디어다(장인실 외 공역, 2007: 387). 예컨대, 수학에서의 계산 능력은 과학과 사회에서도 마찬가지로 활용될 수 있는 중요한 능력이며, 언어에서의 글쓰기 또한 모든 과목에서 사용될 수 있는 주요 능력이라고 볼 수 있다. 또 개념에 있어서도 '변화'라는 개념은 사회에서 중요한 개념이라고 볼 수 있으며, 과학이나 예술 등의 각각의 학문에서도 변화의 개념을 다룸으로써 변화라는 개념을 다각적으로 이해하고 다양하게 활용할 수 있는 능력을 기를 수 있게 해 준다.

우리나라의 경우 제5차 교육과정부터 통합에 대한 논의가 있어 왔으며, 초등학교 1, 2학년에는 통합 교육과정이 개발·적용되고 있다. 우리의 경우 통합 교육과정은 학년 내의 교과의 통합이며 외국의 학자들은 보다 다양한 통합의 방법을 제안하고 있다. 예를 들어, H. Hayes-Jacobs와 R. Fogarty(1991)는 다음과 같이 다양한 방식으로 통합을 구분하고 있다.[3] 첫째, 연결형(connected)은 한 과목 안에서도 통합이 이루어질 수 있는데, '우리의 이웃'이라 하여 일본 다음에 중국에 대해 가르치거나, 분수와 소수를 연결하여 가르치는 것 등이 초보 단계의 통합이다. 둘째, 둥지형(nested)은 능력과 개념을 연관시켜 학습하는 것인데, '중력'이라는 개념을 학습하면서 동시에 문제 해결력, 발표력 등의 여러 능력을 습득시키고자 하는 것이다. 셋째, 계열형(sequenced)은 여러 과목이 서로 연계되도록 설계하는 것인데, 삼일절에 대해 배우면서(사회) 유관순의 전기(국어)를 읽는 등의 활동을 가리킨다. 넷째, 공유형(shared)은 계열형이 시간적 순서에 초점을 두는 것에 비해 여러 교과의 내용을 좀 더 심도 있게 관련시키려는 것이다. 사회과에서 이집트에 대해 학습한다고 할 때 과학과에서 미라의 원리에 대해 가르치는 등의 활동을 가리킨다. 다섯째, 거미줄형(webbed)은 통합의 방법 중 가장 많이 사용되는 것으로서 각 교과를 주제 중심으로 연결하는 것이다. 예컨대, 교사가 '과학기술: 좋은가 혹은 해로운가'라는 주제를 핵으로 교육과정을 연결시킨다고 할 때 사회에서는 과학기술의 사회적 영향을, 과학에서는 과학기술의 주요 사례를, 미술에서는 컴퓨터 프로그램으로 그림 그리기 등을 하면서 이에 대한 보다 심도 있는 논의를 할 수 있다. 여섯째, 통합형(integrated)은 각 교과의 내용을 살펴보면서 자연스럽게 나타나는 공통적 요소를 통합의 주제로 삼는 것이다. 거미줄형의 주제적 접근이 주제를 정하는 것에서 시작된다면, 통합형은 각 교과의 전문가들의 깊이 있는 논의 끝에 자연스럽게 중요하다고 판단되는 주제로부터

---

3) 이들은 열 가지로 통합의 방법을 제안하고 잇으나, 첫째 분절형(fragmented)은 엄격히 말하여 통합이 아니므로 제외하고, 아홉째 몰입형과 열째 네트워크형은 학습자 내적 통합을 가리키는 것이므로 제외하였다.

시작된다. 과학, 사회, 수학 전문가들이 모여 각 교과에서 다루고 있는 주요 개념들을 논의한 끝에 패턴이나 순환 등의 개념을 공통의 주요 개념으로 끄집어낼 수 있고 이와 관련하여 관련 내용들을 통합할 수 있다.

교육과정에서 이러한 통합성은 교육과정 이론가나 실천가, 교육자의 관심을 가장 많이 받으면서도 가장 논란의 대상이 되는 개념이다. 어떤 사람도 교육 내용이 서로 분리되고 무의미한 방식으로 조직되기를 바라지 않는다. 그렇다고 하여 모든 교과나 학문 간 구분을 무시해도 좋은 것은 아니다. 모든 지식이 통합되는 '총체적 통합'이 이루어지도록 교육 내용을 조직하는 것은 현실적으로 불가능하다. 무엇보다 중요한 것은 우리가 교육과정을 개발할 때 자연과학적 지식과 인문학적 지식의 통합, 교과의 지식과 학생의 삶과의 통합 등과 같이 학교에서 가르치는 지식이 학생의 경험 속에서 의미 있게 통합되도록 교육 내용을 조직하는 것을 염두에 두어야 한다는 사실이다.

2) 학교에서의 교육 내용의 조직

국가 교육과정의 고시 이후, 학교에서 교육과정을 적용하기 위해서는 학교 수준 및 교사 수준에서 학생에게 가르치기 위한 교육 내용 조직(설계)을 하게 된다. 교육 내용 조직을 위한 다양한 설계 방법이 존재하며, 여기서는 백워드 설계(Wiggins & McTighe, 2005)와 KDB 설계(Susan Drake, 2007)를 제시하고자 한다.

(1) 백워드(backward) 설계

일반적으로 우리는 학습 목표를 세우고 목표를 달성하기 위한 학습 활동을 계획하고 실제로 수업을 수행한 후, 평가를 하게 된다(forward 설계). 이와 달리 백워드 설계는 일단 기대하는 학습 결과, 즉 목표를 가장 먼저 확인하기는 하나 이러한 목표 달성을 위한 학습 활동을 계획하기 전에 평가 계획을 먼저 세운다. 좀 더 구체적으로 설명하면 백워드 설계는 일명 이해중심 교육과정 설계(understanding by design)라고도 하며 평가를 통해 학습자의 해당 내용에 대한 충분한 이해의 증거(평가를 고려)를 먼저 생각한 다음, 수업 활동을 그 증거를 중심으로 조직하는 것이다.

이러한 백워드 설계는 3단계로 조직되는데, 1단계는 가르치고자 하는 중요한 내용(바람직한 이해, 본질적 질문, 핵심 개념과 기능 등)을 확인하기(학습 목표 확인하기), 2단계는 학습자들이 중요한 내용을 이해했다는 다양한 증거 결정하기(평가를 위한 수행과제 개발하기), 3단계는 앞서 개발한 평가 수행과제를 성공적으로 이행하는 데 필요한 학습 활동을 설계하는 것이다. Wiggins와 McTighe는 교사들의 백워드 설계를 위해 〈표 7-1〉과 같은 템플릿을 제시하고 있다(Wiggins & McTighe, 2005: 22).

또 Wiggins와 McTighe는 영양에 대한 단원의 사례를 들고 있는데, 예를 들어 단계 1에서 기대하는 학습 결과로 수립된 목표는 "학생들은 영양과 다이어트에 대한 필수적이고 본질적 개념을 이해한다." "학생들은 자신과 타인을 위해 영양소를 이해하고 이를 활용하여 알맞은 식단을 계획할 수 있다." "학생들은 자신들의 식습관 유형과 이를 개선할 수 있는 방법들을 이해한다."이다. 또 이를 위한 바람직한 이해는 "균형 잡힌 식단은 신체와 정신 건강에 기여한다." "나이, 활동 수준, 체중 그리고 건강 전반에 따라 다이어트 요구 조건은 다양하다." 등을 들 수 있다. 이와 관련된 본질적 질문은 "건전한 식사 습관이란 무엇인가?" "한 사람에게 적합한 식단이 다른 사람에게도 적합할 수 있는가?" 등이며, 핵심 지식과 기능의 예로는 '각 식품군에서 음식의 종류와 영양' '영양가를 토대로 식단 분석하기' 등을 들 수 있다. 이러한 단계 1의 분석을 마치면 단계 2로 이어지게 된다. 단계 2는 수용 가능한 증거의 결정(평가 계획)이다. 즉, 학생들이 영양에 대한 내용과 기능을 제대로 습득한 경우 이를 잘 드러낼 수 있는 수행과제를 설정하는 것이다. Wiggins와 McTighe는 저학년에게 영양이 중요하다는 것을 가르칠 삽화가 들어간 브로셔 개발과 자신들의 체험학습을 준비하기 위한 3일간의 식단 짜기를 주요 수행 과제로 제시하고 있다. 단계 3은 이러한 수행과제를 제대로 수행하기 위한 학습 활동을 계획하는 것이다. WHERETO를 고려하여 본질적 질문을 제시한다든가(where), 출발점 질문으로 "너희가 먹는 음식이 여드름의 원인이 될 수 있을까?"(hook) 등으로 수업을 시작할 수 있다(Wiggins & McTighe, 2005: 24-26 참조).

| 표 7-2 | 교사를 위한 설계 템플릿 |

단계 1: 기대하는 학습 결과

수립된 목표:

• 이 설계로 어떤 목표(성취 수준, 프로그램 목표, 학습 결과 등)를 달성할 수 있는가?

　(예시)

　−학생들은 영양과 다이어트에 대한 필수적이고 본질적 개념을 이해한다.

　−학생들은 자신과 타인을 위해 영양소를 이해하고 이를 활용하여 알맞은 식단을 계획할 수 있다.

　−학생들은 자신들의 식습관 유형과 이를 개선할 수 있는 방법들을 이해할 것이다.

바람직한 이해:	본질적 질문:
학생들은 「……」를 이해하게 될 것이다	• 탐구, 이해, 학습 전이를 촉진시키는 도전적 질문
• 주요 아이디어는 무엇인가?	
• 주요 아이디어에 대해 구체적으로 어떤 이해를 해야 하는가?	
• 어떤 오해가 있을 수 있는가?	(예시)
(예시)	−건전한 식사 습관이란 무엇인가?
−균형 잡힌 식단은 신체와 정신 건강에 기여한다.	−한 사람에게 적합한 식단이 다른 사람에게도 적합할 수 있는가?
−나이, 활동 수준, 체중 그리고 건강 전반에 따라 다이어트 요구 조건은 다양하다.	
학생들은 ……을 알게 될 것이다.	학생들은 ……을 할 수 있게 될 것이다.

• 이 단원의 결과로서 학생들은 어떤 핵심 개념과 기능을 얻게 되는가?

　(예시) 각 식품군에서의 음식의 종류와 영양

• 그러한 개념과 기능을 가지고 학생들이 결과적으로 할 수 있는 것은 무엇인가?

　(예시) 영양가를 토대로 식단 분석하기

〈계속〉

단계 2: 증거의 평가	
수행 과제:	다른 증거:
• 어떤 수행 과제를 통해서 학생들은 기대하는 이해를 드러낼 수 있는가?	• 다른 어떤 증거(퀴즈, 테스트, 관찰, 숙제, 저널 등)를 통해 학생들은 기대하는 결과의 성취를 드러낼 수 있는가?
• 어떤 기준으로 이해의 수행 정도를 판단할 수 있는가?	(예시) 식품군의 종류와 영양가에 대한 퀴즈
(예시)	• 학생들은 어떻게 자신들의 학습을 성찰하고 평가할 수 있는가?
−저학년에게 영양이 중요하다는 것을 가르칠 삽화가 들어간 브로셔 개발(적정한 식품 포함)	(예시) 자기 평가에 대한 기준 제시
−자신들의 체험학습을 준비하기 위한 3일간의 식단 짜기(종교와 채식주의자를 위한 별도 식단 준비 포함)	

단계 3: 학습 계획

학습 활동

• 어떤 교수 학습 경험이 학생들이 기대하는 결과를 성취하도록 할 것인가?

• 설계는 다음 사항을 고려해야 할 것이다.

W = 학생들에게 단원이 어디로(where) 향하게 되는지 무엇을(what) 기대하고 있는지 알게 하라.

H = 모든 학생이 주의집중하게 하고(hook) 그들의 흥미를 유지시켜라(hold).

E = 학생들을 준비시키고(equip), 주요 아이디어를 경험시키며(experience), 이슈를 탐구하도록(explore) 하라.

R = 학생들이 이해한 것과 활동 결과를 성찰하고(rethink), 재고할 수 있는(revise) 기회를 제공하라.

E = 학생들이 활동 결과와 그 의미를 평가하도록(evaluate) 하라.

T = 서로 다른 학생들의 요구, 흥미와 능력에 맞추도록(tailored, 개별화) 하라.

O = 효과적인 학습뿐만 아니라 초기 그리고 지속적인 참여를 최대화할 수 있도록 조직하라 (organized).

(2) KDB 설계

KDB 설계는 Susan Drake(2007)가 제안한 모형으로 기본적으로 간학문적 설계를 지향하는 모형이며 기대하는 학습 목표를 수립할 때, 지식(Know), 기능

(Do)과 더불어 인성(Be)을 강조하는 것이 특징이다. 또한 이 설계는 학교 자체적으로 개발한 것이 아닌 중앙에서 개발한 성취기준을 기반으로 교육과정을 개발하기 때문에 성취기준을 기반으로 한 간학문적 교육과정 설계 모형이라고도 한다. 주요 단계를 제시하면 다음과 같다(S. M. Drake, 2007: 119-131 참조).

표 7-3 Drake의 간학문적 교육과정 설계 모형
사전단계: 성취기준 수직적 · 수평적으로 살펴보기
단계 1: 연령에 적합하고 적절한 토픽 또는 주제의 선정
단계 2: 서로 관련되는 성취기준의 추출
단계 3: 탐색망 만들기
단계 4: KDB 우산 만들기
단계 5: 큰 평가 과제(big assessment task) 만들기
단계 6: 큰 질문 결정
단계 7: 큰 질문을 다룰 소단원 개발
단계 8: 소단원별 활동 및 작은 평가 과제, 평가도구 개발

우선 사전 단계로서 교육과정에 제시된 성취기준을 수직적 · 수평적으로 살펴보고 이러한 성취 기준들이 서로 어떻게 연결되는가 혹은 연결될 수 있는가를 분석한다. 이 분석 과정에서 어떤 성취기준을 중심으로 통합할 것인가에 대해 결정한다.

단계 1은 연령에 적합하고 적절한 토픽 또는 주제를 선정한다. 이전 단계에서 통합할 성취 기준을 정했다면 이를 포괄할 수 있는 주제를 선정한다. Drake의 경우 '우화(fables)'를 주제로 선정하였다. 단계 2는 여러 교과 교육과정에서 서로 관련되어 보이면서도 광범위해 보이는 그래서 서로 통합이 잘 이루어질 수 있는 성취기준을 추출한다. 단계 3은 탐색망을 만드는 것인데 가운데 중요 주제를 두고 각 교과 교육과정에서 추출한 성취기준에 포함된 주요 개념과 기능을 배열해 보는 것이다. 예를 들어, 우화를 중심으로 국어에서는 이야기 플롯, 이야기 읽

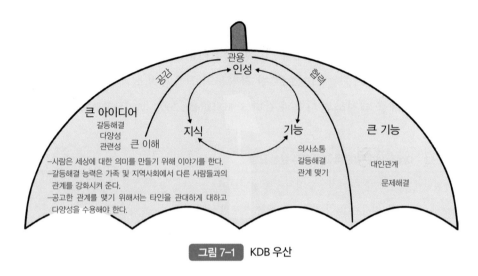

그림 7-1   KDB 우산

기, 역할극 대본 쓰기 등을, 미술에서는 색의 명도, 색의 정서, 인형 만들기, 의상 만들기 등이, 음악에서는 화음, 배경 음악 만들기 등을 배열해 볼 수 있다.

이어서 단계 4는 KDB 우산 만들기이며 매우 중요한 단계다. 이 단계에서 지식(Know), 기능(Do), 인성(Be)을 결정하게 된다. 지식을 결정한다는 것은 단계 2에서 추출한 성취 기준을 토대로 큰 아이디어(big ideas)와 큰 이해(big understanding)를 결정하는 것이고, 기능의 결정에서도 서로 관련되는 중요한 큰 기능(big skills)을, 그리고 개발되는 프로그램에서 중점적으로 키워야 할 주요 인성을 결정한다.

단계 5는 KDB 성취 여부를 드러낼 수 있는 큰 평가 과제를 만드는 단계다. 이는 Wiggins와 McTighe의 백워드 설계 단계 2(증거의 평가)에서 개발하게 되는 수행과제와 유사하다. 즉, 수업 활동을 통해서 학생들이 해당 지식과 기능 및 인성을 습득했을 때 수행할 수 있는 포괄적 수행과제를 만드는 것이다. Drake는 습득한 지식, 기능, 인성을 활용한 연극이 포함된 '전시회 개최'라는 수행과제를 제시하였고 이외에 작사, 작곡, 무대 꾸미기, 희곡 등이 포함된 뮤지컬을 계획하기도 한다. 단계 6은 큰 질문(big question)을 만드는 단계로서 단계 4의 큰 이해를 기반으로 하여 큰 질문을 만들게 된다. 예를 들어, 큰 이해가 "사람들은 세상에

대한 의미를 만들기 위해 이야기를 한다."라고 한다면 이를 기반으로 한 큰 질문
은 "사람들이 이야기를 한다는 것은 왜 중요한가?" "어떻게 다른 사람들과의 관
계를 발전시킬 수 있는가?"가 될 수 있다. 단계 7은 앞서 개발한 큰 질문을 다룰
소단원을 개발하는 것이다. 이 단계를 완성하기 위해서는 성취 기준을 다시 한
번 살펴보고 해당 큰 질문을 다루기 위해서 어떤 성취 기준이 포함되고 관련하
여 어떤 학습 활동이 포함되어야 하는지 결정해야 한다. 단계 8은 마지막 단계로
서 실제 수업 전개와 관련된 학습 활동을 계획하고 관련되는 작은 평가 과제 및
평가 도구를 개발하는 것이다.

백워드 설계와 KDB 설계 모두 국가나 지역 교육과정을 기반으로 한 학교 교
육과정 설계에 유용한 설계 모형이며 교육 내용에 대한 깊이 있는 이해와 더불
어 기능, 더 나아가 KDB 설계에서는 인성까지 강조하고 있다는 점이 특징이다.

3) 관점에 따른 교육 내용 조직

교육 내용의 조직은 실제로 어떤 교육과정적 관점을 갖는가에 따라 달라지게
된다. 각 관점별로 어떻게 교육과정을 조직할 수 있을까에 대해 간단히 고찰해
보면 다음과 같다.

(1) 자유교육적 관점

자유교육적 관점은 기본적으로 학문의 내용을 교육 내용으로 하여 이를 토대
로 구조화를 시도한다. 학문적 구조는 학생의 흥미를 고려하기보다는 교과 내의
관련에 더 주의를 기울이며 따라서 학문에 따라 조직 형태가 다를 수 있다. 역사
는 연대기적으로, 수학과 과학은 논리적 상관성으로, 문학과 작문 등은 문학적
장르에 따라 내용을 구조화할 수 있다.

횡적 조직에도 몇 가지가 존재할 수 있는데, 이는 ① 지리, 수학, 역사, 쓰기 등
과 같은 특정 교과(specific subject), ② 사회, 어학, 자연과학 등과 같은 광역 교과
(broad fields) 등으로 구분할 수 있다. 특정 교과는 우리에게 익숙하고 가장 오래

된 형태이며 가장 많이 받아들여지고 있는 형태다. 이것은 기본적으로 이미 구조를 가지고 있으며 이러한 구조는 학생을 학문에 입문시켜 지식의 발달에 기여하도록 한다. 조직의 원리로서는 '간단한 것에서 복잡한 것으로' '논리적 연계성' '전체에서 부분으로' '사실과 아이디어를 시간 순으로' 등이 활용된다.

광역 교과는 초등학교에서 많이 사용된다. 여기서는 각 학문을 어느 정도 관련되는 개념 중심으로 해석한다. 따라서 언어는 사실 · 문법 · 습자 등이, 수학은 대수 · 기하 · 확률 등이, 사회는 역사 · 사회학 · 심리학 · 인류학 · 경제학 · 지리학 등이 포함된 것으로 간주한다.

일반적으로 이 두 가지를 명확하게 구분하지 않으나, 특정 교과는 주로 고등교육으로 올라갈수록, 광역 교과는 주로 초등교육과 중등교육 초반에 많이 보이는 구분 방식이다.

(2) 지원적 관점

지원적 관점은 기본적으로 학습자에 의해 조직의 계열과 통합이 이루어진다고 생각하며, 교사의 과제는 학습자가 이미 가지고 있는 지식을 재구조화하도록 돕는 것이다. 따라서 교사는 ① 새로운 상황을 고려하면서 학습자의 이전 지식을 일깨우고 그들의 선개념에 민감해야 하며, ② 학습자에게 질문을 장려하고 새롭게 학습된 것을 명료화하도록 도우며, ③ 학습자가 오래된 지식과 새로운 지식을 통합하고 새로운 방법으로 지식을 정교화하고 사용하는 것을 허용해야 한다. 즉, 구조는 학습자가 만들어 내는 것이며, 교사는 이들이 가진 선개념을 토대로 학습경험을 제공해 주어야 하고, 학생이 익히고 만들어 낸 지식을 명료화하는 것을 도와야 한다.

(3) 관리적 관점

관리적 관점에서 교육 내용의 조직은 교육과정 목적 및 목표의 세분화를 강조하고, 이러한 목표를 달성하기 위해 정확하게 통제된 교수 계열을 강조한다. 완전 학습과 같이 학습 과제는 각 부분으로 나뉘고 배열되고, 한 번에 하나씩 가르

쳐진다. 그리고 결과에 의해 다시 합쳐지며, 명확한 결과를 요구한다. 이러한 의
식적인 노력 없이는 학습경험 자체가 고립되고 혼란스러우며 중요한 변화를 만
들어 낼 수 없다고 생각한다.

(4) 해방적 관점

해방적 관점에서는 가장 문제가 된다고 생각하는 이슈를 찾아낸 후에 다음과
같은 조직 원리를 적용하여 구조화할 수 있다. ① 문제의 심층적인 원인과 갈등
을 포함하여 학습자의 실제 생활을 탐구하도록 하고, ② 이슈를 보다 넓은 사회
제도 및 구조와 연관시켜 고찰하게 하며, ③ 이러한 사회적 분석을 할 때 학습자
와 지역사회 및 세계 등을 위해 스스로 가지고 있는 이상과 연관시켜 생각하게
하고, ④ 이상에 가까운 현실을 만들기 위해 책임 있는 활동을 선택하고 실제로
행하도록 한다. 이와 같은 조직 원리를 따른다면, '차별'이라는 주제를 택했을 때
일단 학습자의 실제 생활에 숨어 있는 차별을 분석하게 하고, 이러한 차별의 원
인이 개인적 단점과 무능력에만 초점을 두기보다는 사회 제도 등과 연관하여 분
석하게 한다. 또한 개인이 어떤 가치를 지향하고 있는가에 대해 생각하게 하고,
이러한 이상을 위해 현재 내가 할 수 있는 책임 있는 활동이 무엇일까 생각하게
하며 실제로 행동하게 한다.

교육 내용의 조직 원리는 이외에도 많이 있을 수 있기 때문에, 중요한 것은 해
당 교육과정에 가능한 원리로서 적합한 것을 잠정적으로 결정하여 그것을 시행
해 보고 점검해 봄으로써 그 조직 원리가 계속성, 계열성 및 통합성의 기준을 얼
마나 만족시키는지를 끊임없이 숙고하는 데 있다(Tyler, 1949: 109).

질문및활동

1. 교육 내용 선정의 일반적 원리인 Tyler의 다섯 가지 원리 중에서 가장 중요한 원리는 무엇인가? 왜 그렇게 생각하는가? Tyler가 제시한 다섯 가지 원리 이외에 교육 내용을 선정할 때 고려해야 할 또 다른 원리는 무엇인가?

2. McNeil이 제시하는 다섯 가지 교육 내용 선정 기준 중에서 가장 중요한 기준과 가장 중요하지 않은 기준은 무엇이라고 생각하는가? 왜 그렇다고 생각하는가?

3. 자신의 초·중·고등학교 시절 중 자신에게 가장 의미가 있었던 학습경험 한 가지를 떠올리고 그 학습경험이 다른 학습경험과 어떻게 다른지 그 특징을 기술해 보자. 자신에게 의미가 있었던 학습경험의 특징이 교육 내용 선정에 주는 시사점은 무엇인가?

4. 자신이 초·중·고등학교 시절 중 어느 한 시기에 배웠던 교육 내용을 떠올리고 그것을 Tyler의 교육 내용 선정의 다섯 가지 일반적 원리와 McNeil의 다섯 가지 기준에 따라 평가해 보자.

5. 우리나라 어느 한 학년의 교과 교육과정 하나를 선택하여 모든 학생이 그 교과를 즐겁게 배울 수 있도록 교육 내용이 조직되어 있는지를 계속성, 계열성 및 통합성의 기준에 따라 분석해 보자.

참고문헌

이승미. (2010). 초등학교 1학년과 유치원의 교육과정 연계성 분석. 교육과정연구, 28(2), 59-90.

장인실 외 공역. (2007). 교육과정[*Curriculum: Foundation, principles, and issues*]. C. Ornstein & F. Hunkins 공저. 학지사. (원저는 2004년에 출판).

Hayes-Jacobs, H., & Fogarty, R. (1991). *The mindful school: How to integrate the curricula*. Iri/Skylight Training & Publishing.

McNeil, J. D. (1996). *Curriculum: A comprehensive introduction*. Harper Collins College Publisher.

Susan M. Drake(2007). *Creating Standards-Based Integrated Curriculum* (2nd ed.). Thousand Oaks, Corwin Press.

Wiggins, G., & McTighe, J.(2005). *Understanding by Design* (2nd ed.). ASCD.

Tyler, R. W. (1949). *Basic principles of curriculum and instruction*. The University of Chicago Press.

교육과정 실행

교육과정의 목표가 정해지고 내용이 선정·조직되었다면 이제 개발된 교육과정은 실행되어야 한다. 우리나라의 경우 국가 교육과정이 개발되고 개발된 교육과정은 현장에서 실행된다. 그러나 개발된 교육과정은 개발 주체가 의도한 대로 실행될 수도 있고 또 변형되어 실행될 수도 있다. 최근 우리나라 국가 교육과정은 학교 혹은 교사가 자신들의 상황에 적합하게 교육과정을 재구성하도록 하는 방향을 취하고 있으나 국가에서 고시되는 국가 교육과정을 학교 혹은 교사가 어느 정도 재구성할 수 있는가에 대해서는 여러 가지 이견이 존재한다. 따라서 이 장에서는 국가 교육과정 실행과 관련된 관점과 실행 모형 그리고 이러한 실행의 관점과 제1장에 기술된 교육과정 관점을 연관하여 제시하고자 한다.

1. 교육과정 실행 관점

J. Snyder, F. Bolin과 K. Zumwalt(1992)는 교육과정 실행에 대한 관점을 세 가지로 구분하고 있는데, 이는 충실도 관점, 상호조정적 관점, 생성적 관점이다.[1]

1) 충실도 관점 · 상호 조정적 관점 · 생성적 관점에 대한 이해

충실도 관점에서는 계획된 교육과정이 얼마나 현장에 충실하게 적용되었는지 그리고 적용을 촉진하는 요인과 저해하는 요인이 무엇인지 밝혀내는 것이 주요 초점이 된다. 대부분의 교육과정 실행은 이 관점으로 연구된다. 바람직한 결과는 원래 계획했던 대로 교육과정이 실행되는 것이다.

이러한 관점은 교육과정 지식, 변화, 교사의 역할에 대한 특정한 가정을 토대로 한다. 우선 교육과정 지식은 교실 바깥에서 외부 전문가에 의해 만들어진다. 실행자, 즉 교사의 지식은 이러한 전문가가 참고하는 지식원이 되나 교사가 직접 교육과정을 개발하는 것은 아니다. 일단 개발된 교육과정에 의한 변화는 상부에서 하부로 이어지는, 보다 잘 관리될 수 있는 합리적이고 체계적이며 일직선적인 과정으로 간주하고, 이를 저해하거나 촉진하는 요인을 알면 알수록 이 과정이 순조롭게 진행될 것이라고 가정한다. 이렇게 교육과정이 개발되어 적용되면 적용의 정도를 측정하는 것이 매우 중요해진다. 따라서 교육과정이 제대로 실행되었는가를 평가하기 위해 다양한 평가 도구가 개발되며, 개발된 평가 도구들의 타당성을 확보하는 것이 중요한 과제가 된다.

상호 조정적 관점은 충실도 관점과 생성적 관점의 중간에 위치한다. 교육과정 실행은 교육과정 개발자와 개발된 교육과정을 실제로 학교에서 사용하는 사람 간의 조정 과정이라고 보는 것이다. 즉, 상호조정적 관점에서는 개발자와 실행자 간의 타협과 융통성을 가정한다. 이 관점이 등장한 것은 1980년대에 들어서 교육과정 개혁이 어떻게 성공했는가보다 어떻게 실패했는가에 관심을 두기 시작하면서부터다. 이전의 충실도 모형에서 개혁은 기술 공학적이라고 생각했으나 (개혁에서 제공하는 내용을 배우면서 교사와 학교는 변화한다고 생각) 많은 연구자가

---

1) 교육과정 실행 관점 부분은 Snyder, Bolin과 Zumwalt(1992: 402-433)의 내용을 발췌하여 정리한 것이다.

교육과정 개혁은 직선적으로 상부에서 하부로 적용되는 것이 아니라 협상임을 발견하게 되었고, 이 과정에서 교육과정을 실제로 적용하는 사람들이 그들의 목적에 적합하게 교육과정을 다시 만든다는 것을 발견하게 되었다. 즉, 그들은 '변화는 과정이지 일회적 사건이 아님'을 믿게 되었고(Fullan, 1982), 교육과정 변화를 보다 합리적으로 이해하려고 함에 따라 상호조정적 관점이 등장하게 되었다.

상호조정적 관점의 연구에서는 교육과정 지식을 보다 복잡한, 따라서 당연하게 받아들일 수 없는 사회 체계의 한 단면으로 간주한다. 누가 교육과정 지식을 설정하는가는 개혁이나 변화에 영향을 주는 요인들을 이해하는 데 중요한 요소다. 상호조정적 관점에서 변화 과정은 복잡하고 일직선적이 아니며 예견 가능하지 않은 복잡한 과정이라고 생각하는 경향이 많으며, 이에 따라 비판적 연구자들은 교육과정 적용이 일어나는 사회적 상황을 보다 많이 고려하고 연구한다.

상호조정적 관점에서의 연구 결과로부터 계획된 교육과정의 변화 과정에 대해 더 잘 이해하게 되었고 변화에 영향을 주는 요인에 대해 더 잘 알게 되었다. 이러한 요인들의 사례 중에서 교육과정 자체의 요인으로는 다음을 들 수 있다.

- 변화의 필요와 적절성: 변화의 필요성을 많이 느끼면 느낄수록 실행이 잘 된다.
- 명료성: 실행자가 목적을 이해하고 그 장점이 무엇인지에 대해 알면 알수록 실행이 잘 된다.
- 복잡성: 개혁의 복잡성이 크면 클수록 실행이 어려워진다.
- 프로그램의 질과 실현 가능성: 실행자가 프로그램 자료가 어디에 활용되고 어떻게 쓰이는지 알면 알수록 실행이 잘 된다.

교육과정이 실제로 실행되는 학교의 요인으로는 다음을 들 수 있다.

- 교장의 역할: 교장의 적극적 지원이 있을 경우 잘 실행된다.
- 교사와 교사의 관계: 동료애, 신뢰, 지원, 상호작용, 개방적 의사소통 등이

있을 경우 잘 실행된다.

- 교사의 특성과 성향: 교사에게 효율성에 대한 감각 및 동기 등이 있을 경우
잘 실행된다.

생성적 관점에서는 기본적으로 교사와 학생이 교육과정을 어떻게 만들어 내는가에 초점을 두며, 실제로 실행된 교육과정이 학생들에게 준 영향은 무엇인가에 관심이 있다. 또한 교육과정 지식은 개인의 구성물이라 가정하고 개별화되어 간주되어야 한다고 생각한다. 교육과정 변화는 외부의 기준에 의해 관찰되거나 평가되는 것이 아니고 교사와 학생의 개인적 발달 과정이라고 본다. 따라서 교육과정의 성공적인 실행은 개인 내부에 있으며 변화 과정을 수행한 사람들의 주관적 실재를 이해하고 이를 수용할 것을 요구한다.

따라서 교사는 먼저 교육과정 개발자로서 학생들과 함께 긍정적인 교육적 경험을 구성하는 능력을 갖추어야 하며, 교사와 학생은 교육과정을 만들어 나가면서 지속적으로 성장해야 한다. 외부 교육과정 전문가의 역할은 교육과정을 개발하여 제공하는 사람이 아닌, 교사로 하여금 이러한 역할을 해낼 수 있도록 지원해 주는 사람이어야 한다.

2) 세 가지 관점의 비교

Snyder 등은 세 가지 교육과정 실행 관점을 세 가지 요소, 즉 교육과정의 의미, 교육과정 지식, 교사의 역할을 토대로 다음과 같이 비교하고 있다.

(1) 교육과정의 의미

기본적으로 교육과정은 계획으로서의 교육과정, 실천으로서의 교육과정, 실현으로서의 교육과정, 잠재적 교육과정, 영 교육과정 등의 다양한 의미를 갖는다. 충실도 관점에서 보면, 교육과정은 교사가 적용할 수 있고 또 목적이 달성되었는지 평가가 가능한 구체적인 것이다. 따라서 이 관점에서의 교육과정의 의미

는 계획으로서의 교육과정이다. 즉, 교육과정은 미리 전문가에 의해 정해진 주로 문서 형태의 교육과정으로서 이후 교육과정과 관련된 모든 행위의 기준이 되는 것이라고 볼 수 있다.

상호조정적 관점에서는 기본적으로 외부의 전문가가 만든 계획으로서의 교육과정 의미를 받아들이되 교사에 의해 수정된 실천으로서의 교육과정 의미도 받아들인다. 이 관점에서는 계획된 교육과정이 왜 충분히 계획대로 적용되지 못하는가를 설명하고자 하였고 어떻게 계획된 교육과정이 실천가(학교, 교사 등) 및 상황에 의해 조정되는지 파악하고자 하였다.

생성적 관점에서는 상호조정적 관점에서와 같이 어떻게 교육과정이 특정한 환경에서 만들어지는가뿐만 아니라 그 맥락에 참여한 사람들에게 어떻게 경험되는가에 관심이 있다. 그리하여 교육과정은 개인들의 교육과정에 대한 해석을 의미하게 된다. 따라서 이 관점에서는 교육과정의 의미 중 실현(경험)으로서의 교육과정과 잠재적 교육과정 등을 보다 중요하게 여긴다고 볼 수 있다.

(2) 교육과정 지식

충실도 관점에서 교육과정 지식, 즉 교육과정의 내용은 교육과정을 개발하는 외부 전문가에게 책임이 주어져 있다. 이들은 교육과정 내용에 대해 교사보다 더 전문적 지식을 가지고 있으며, 이들에 의해 개발된 교육과정 지식이 그대로 현장의 교사에 의해 실천되는 것이 바람직하다고 생각하고, 또한 이러한 실천이 얼마나 의도대로 이루어졌는가를 평가하고자 한다.

상호조정적 관점에서도 기본적으로 외부 전문가에 의해 개발된 교육과정을 전제로 한다. 즉, 조정의 대상은 외부에서 개발된 교육과정이다. 교육과정 조정 중에 교사에게 얼마나 많은 수정(adjustment)을 허용하는가는 교육과정 전체 모습이 훼손되지 않는 범위 내에서 가능하다고 할 수 있다. 교육과정은 조정의 과정 중에 상황과 맥락에 의해 다시 만들어지지만 기본적으로 교육과정 지식은 특별한 지식을 가진 전문가에 의해 만들어지는 것이라고 본다.

생성적 관점에서는 교육과정 지식을 결과물로 간주하지 않고 진행 중인 과정으로 본다. 또 외부에서 만들어진 교육과정 문서를 완전히 배제하지는 않지만 그에 전적으로 의존하지 않는다. 외부에서 만들어진 교육과정은 교실에서 가르치고 학습하는 진행 과정 안에 있으면서 교육과정을 만들어 내는 교사들을 위한 자료원이라고 간주된다. 맥락 특수적인 교육과정 지식은 숙의 과정을 거친 실천 과정을 통해 얻어진다. 교사들은 외부에서 만들어진 교육과정을 사용하고 외부의 자극으로부터 도움을 받을 수는 있지만 생성된 교육과정을 만들고 그것에 의미를 부여하는 것은 바로 교사와 학생이다. 따라서 그들은 교육과정 지식의 일차적인 수용자가 아닌 개발자로 간주된다.

(3) 교사의 역할

세 가지 실행의 관점에 따라 교사의 역할도 달라진다. 충실도 관점에서 교사의 역할은 소비자이자 전달자다. 즉, 교육과정의 지시를 따라야만 하고 설계된 대로 교육과정을 적용해야만 하는, 개발된 교육과정에 대한 소비자 중의 하나다. 또 교육과정을 학생에게 전달하는 전달자로서의 교사의 역할은 교육과정의 성공에 매우 중요한데, 의도된 대로 교육과정을 적용하지 않는 한 평가하기도 어려워지기 때문이다. 따라서 교육과정을 의도한 대로 적용하기 위해서는 새 교육과정에 대한 연수가 반드시 필요하고 이를 위해서 주로 위에서 아래로 연계되는 전달 연수가 행해지게 된다.

상호조정적 관점에서 교사는 맥락의 요구에 적합하게 교육과정을 조정해 나간다는 점에서 충실도 관점보다는 그 역할이 능동적이다. 단, 주어진 교육과정에 대해 어느 정도까지의 조정을 허용할 것인가, 즉 교사에게 어느 정도의 재구성권을 주어야 하는가에 대해서는 여러 가지 논쟁이 있으며, 또 재구성의 대상이 교육과정인가 혹은 교과서에만 해당되는 것인가에 대해서도 이견이 있다. 우리나라의 경우 실제로 교사는 교육과정에 대해 상호 조정을 수행하기 어려우며 교과서에 대해서만 상호 조정을 수행하고 있다는 주장도 있다.

생성적 관점에서는 교사가 없다면 이 관점 자체가 존재하지 않으므로 교사가 매우 중요한 역할을 수행하게 된다. 외부에서 만들어진 교육과정을 사용하든 사

용하지 않든 간에 교실 안의 교사는 교육과정을 생성하고 실천한다. 따라서 교
실에서 무엇이 일어났는가에 대한 교사와 학생의 해석과 사고와 믿음의 변화 등
이 교육과정 생성을 연구하는 연구자들의 주요 연구 초점이다.

2. 교육과정 실행 모형

G. J. Posner(2004)는 교육과정 실행 모형을 두 가지로 구분하고 있는데, 하나
는 연구 · 개발 · 확산 모형이고 다른 하나는 협력적 모형이다.

연구 · 개발 · 확산 모형이란 중앙의 연구 · 개발 센터에서 새로운 교육과정을
개발하고 이렇게 개발된 교육과정을 교사에게 체계적으로 확산시켜 나가는 접
근을 말한다. 이 접근 방식은 연구 및 개발 노력을 통하여 새로운 상품이 생산되
고 그 효능이 입증되면 소비 대중에게 자연스럽게 판매 보급되는 식으로, 전문
가가 일단 교사에게 그 교육과정의 장점에 대한 경험적인 증거를 제시하면 교사
는 자연스럽게 협력할 것이라고 믿는다.

이러한 공학적 접근은 학교에서의 교수 행위를 기예로 보는 것이 아니라, 마
치 공장에서 일련의 분업을 통해 생산이 이루어진다고 보는 것과 같이 교육과정
개발 및 적용의 과정도 일련의 분업을 통해 얼마든지 체계화 · 공학화시킬 수 있
다고 본다. 즉, 연구는 교수 및 학습의 원리를 발견하고, 개발은 새로운 교육과
정을 만들어 내며, 확산은 새로운 자료와 교육과정을 실제 이용자인 교사에게
보급해 나가는 것을 의미한다. 이 접근 방식은 우리나라의 교육과정 개발에서도
지배적인 관점이자 실제 수행 절차로 활용되고 있다. 이 모형을 기반으로 한 교
육과정은 다음과 같은 특징을 갖는다.

첫째, 교육과정 개발은 전문가 참여, 현장 적용, 평가, 자료의 수정 등의 일련
의 과정을 거쳐 자료를 완벽하게 만들어 가는 데 초점을 두고 있다. 따라서 일반
적으로 연구를 토대로 교육과정이 개발되면 실험학교에 적용되고 실험학교에서
의 피드백을 거쳐 교육과정이 수정되면 시범학교를 거쳐 확산되어 가는 절차를

밟는다. 둘째, 교육과정의 가치를 증명하기 위해 활용되는 방법은 성취도 검사, 태도 검사 등과 같은 심리 측정학적 접근들이다. 셋째, 교육과정 실행의 평가는 미리 개발자가 정해 둔 준거에 의해 실제 성과가 어느 정도 일치하는가를 확인하는 것이다. 단, 이 모형에 제기되었던 근본적인 문제점은 기본적으로 프로그램 개발자들이 자신들이 개발한 내용들을 실제 실천가인 교사가 비판 없이 수용할 것이라고 가정한다는 것이다.

연구 · 개발 · 확산 모형을 비판해 오는 가운데, 이와는 다른 가정에서 출발한 새로운 교육과정 개발 및 적용 모형이 생겨나기 시작하였다. 이 접근은 '협력적' 인 성격을 띠고 있다. 교사는 전문가가 개발한 교육 상품을 수동적으로 받아들이기만 하는 존재가 아니라, 지역 및 학교, 학생의 요구를 해결할 수 있는 방향으로 교육과정을 변화시켜 가는 능동적인 주체로서 재인식되었다. 교육과정 변화는 연구자와 개발자로부터 교사에 이르는 소위 위에서 아래의 직선적인 계열로 진행되는 것이 아니라, 학교 및 교실 상황에 영향을 주는 동시에 그것들로부터 영향을 받으면서 진행되는 것이다.

교사와 교육과정 개발자가 서로 조화롭게 일을 해 나가지 못하는 근본적 이유에 대해 연구 · 개발 · 확산 모형에서는 교사가 교육과정의 내용을 제대로 이해하지 못해서라고 지적한 반면, 협력적 모형에서는 개발자가 설정한 목표를 교사 자신의 의도하에 그대로 따르지 않아서라고 설명한다. 이 경우 교사와 개발자는 서로 다른 신념 체계로 형성된 이질적인 하위 문화를 지니고 있으므로 오해와 갈등이 불가피해지지만 협력적 모형은 이와 같은 갈등을 직접 거론하여 표면화시킴으로써 불신, 좌절감을 피하려고 노력하였다.

이러한 협력적 모형은 교육과정 실행에 있어 다음과 같은 특징을 지니고 있다. 첫째, 훌륭한 교수 활동을 위해 필요한 대부분의 기능과 지식은 쉽게 객관화하기 어려운 교수 기예에 속하며, 따라서 세분화된 기능의 숙달 및 전달 연수보다는 교사 협의회와 같은 전문가 공동체를 통해 다른 동료 교사들과 함께 활동하는 가운데 가장 잘 학습된다는 점을 강조한다. 둘째, 교육과정 개발 노력의 초점은 지역 및 학교 단위에서 교사들이 동료 교사들과 함께 서로의 교수 활동을 관찰하고 교육적 아이디어를 함께 토론하면서 전문가로서 성장해 갈 수 있도록 돕는 데 있다. 즉, 교사의 자기 성장이 주요 키워드가 된다. 셋째, 표준화·체계화·공식화된 평가 방법보다는 교실 관찰, 면담 등의 질적 평가 방법을 더 선호한다. 평가자는 심리측정학적 방법에 의존하기보다는 오히려 학급의 실제를 보다 집중적으로, 보다 자연스럽게 기술해 줄 수 있는 방법을 더 많이 활용한다. 또한 교사와 학생의 관점에 서서 교육과정을 이해하려고 노력한다.

3. 교육과정 실행과 관련된 지원 유형

교육과정 실행에 대한 교육과정 지원은 다양한 형태로 일어날 수 있으며, 그중의 하나가 장학이다. 우리나라의 경우 장학은 지역 교육지원청의 장학사에 의해 이루어지며 장학의 종류는 매우 다양하다. W. H. Schubert(1986)는 장학을 지시적 장학, 평가적 장학, 자문적 장학, 허용적 장학, 협동적 장학의 다섯 가지로 구분하고 있다.

지시적 장학에서는 학교의 외부에 표준화된 교육 목표와 내용이 있고 학교는 이를 달성해야만 하며 전문적인 장학 체제만이 이러한 학교의 성취를 이끌어 갈 수 있다고 생각한다. 이 입장에서 학교는 오케스트라에 비유될 수 있다. 오케스트라 단원들은 악보를 필요로 하며, 함께 연주할 때 그 연주를 해석하고 지휘하며 판단할 수 있는 지휘자를 필요로 한다. 학교의 교사는 악보와 같이 그들의 노력을 조정하는 교육과정을 필요로 하고 교육과정 관련 장학사는 이 악보를 해석하고 지도하는 지휘자의 역할을 수행한다. 장학사는 교사보다 더 넓은 시각을 소유하며 교육과정 정책의 수행을 조정하고 지휘한다. 그리고 교사가 그러한 교육과정 정책에서 이탈하는지 여부를 통제한다. 비일관성을 의미하는 이탈은 비효율적이고 부조화된 실제를 낳기 때문에 장학사는 학교에 대해 지휘하는, 즉 지도하는 지시적 장학을 수행한다.

평가적 장학은 교사의 능력을 판단 또는 평가하려는 시도를 말한다. 장학사는 교사를 공정히 평가할 수 있는, 임상적으로 진단에 필요한 도구를 가지고 있다고 인정되고, 이러한 평가 도구를 통하여 교사의 외부에 서서 이들의 행동에 대하여 외부적 잣대를 가지고 평가를 수행한다. 학교, 교사가 따라야 할 기준이 외부에 있다는 점 그리고 이를 통제하는 집단도 학교의 외부에 있다는 점에서 지시적 장학과 평가적 장학은 서로 밀접하게 관련된다.

자문적 장학은 그야말로 장학사가 교사에 대해 자문적 역할을 수행하는 것이다. 장학사는 교육과정 연구, 이론, 역사, 설계 그리고 교수 방법들에 대해 교사들이 경험한 것보다 더 풍부한 경험을 가지고 있다고 인정된다. 그들은 교사의 일반적인 교수 행위에 도움을 주고 아이디어도 제공하며 교사의 요구에 따라 유용한 외부 자료들과 자원 인사를 제공하기도 한다. 또한 필요에 따라 교사가 당면한 문제를 제기하고 긴급한 요구들에 대응하며 특정 문제를 다루는 데 도움이 되도록 학교 내에 전문가로 이루어진 팀을 조직할 수 있도록 도움을 주기도 한다. 훌륭한 장학사는 주의 깊은 청취자, 아이디어 창출자, 참여 관찰자 등이 될 수 있어야 한다.

허용적 장학에서는 한 개체로서의 인간은 자신의 욕구에 부응하여 이를 충족하고자 노력한다는 신념하에 자신의 바람이 무엇인지 파악할 수 있도록 배려해야 한다고 주장한다. 아울러 그에 따른 만족이 성장을 가져온다고 본다. 따라서 이들은 교사보다 우월한 전문가임을 강조하지 않으면서 교사가 자신의 결정, 행동, 의미화 그리고 결과들에 대한 책임을 받아들일 수 있도록 돕는 역할을 하게 된다.

협동적 장학에서 협동은 두 가지 의미가 있다. 첫째는 장학 과정에 영향을 받는 사람들은 그 과정에 참여해야 한다는 것이다. 장학의 결과가 자신들에게 영향을 미치기 때문에 여러 사람은 장학에 있어 같은 몫을 가지고 있다고 주장한다. 둘째는 조건과 상황에 따라 가장 적절한 장학을 활용할 수 있어야 한다는 것이다. 따라서 장학사들은 여러 가지의 장학에 정통함으로써 필요에 따라 가장 적절한 장학을 활용할 수 있어야 하며, 이는 접근 방법에 있어서의 협동이라 할 수 있다.

이러한 교육과정 지원, 즉 장학의 유형을 교육과정 실행의 관점과 실행 모형 등과 연계하여 기술하면 다음과 같다. 첫째, 교육과정 실행 관점 중 충실도 관점과 실행 모형 중 연구 · 개발 · 확산 모형 등은 지시적 장학 및 평가적 장학과 관련이 깊다. 즉, 학교 외부에서 개발된 교육과정을 현장에 잘 확산시키기 위해 장학사는 교사를 지시 감독하는 위치에 있고 아울러 평가를 통하여 통제하는 역할을 하게 된다. 둘째, 교육과정 실행 관점 중 상호조정적 관점과 협력적 모형 등은 자문적 장학과 관련이 깊다. 즉, 장학사는 교사가 환경의 맥락과 다양한 요소를 고려하여 교육과정을 수행하여 나갈 때 교사에게 보다 효율적인 교수 방법이나 적절한 적용 방법을 제시하거나 혹은 함께 문제를 해결해 나가면서 교사에게 자문적인 역할을 수행한다. 교사는 이들의 자문을 받아들이거나 자신의 해석을 거쳐 능동적으로 교육과정을 적용해 나가게 된다. 셋째, 교육과정 실행 관점 중 생성적 관점은 허용적 장학과 관련이 깊다. 이때 장학사는 지시적 장학이나 평가적 장학에서와 같이 교사보다 우위에 있거나 전문가적 위치에 있는 것이 아니라 교사들이 지속적으로 반성적 실천을 할 수 있도록 지원하는 위치에 있다. 따라서 이들은 교사의 행동 자체를 변화시키는 것이 아니라 교사가 반성적 사고를 통하여 스스로의 생각을 명확히 하는 것을 돕고, 이를 기반으로 개인적으로 의미 있는 실천의 과정을 지속적으로 영위할 수 있도록 돕는다. 즉, 장학사는 교사로 하여금 결정, 행동, 의미화 그리고 마지막으로 결과들에 대한 책임을 받아들일 수 있도록 지원하는 역할을 하는 것이다.

4. 교육과정 관점과 실행의 관점

1) 자유교육적 관점과 관리적 관점

자유교육적 관점과 관리적 관점은 기본적으로 각기 교육의 목적은 다르지만 교육과정이 학교의 외부에서 전문가에 의해 결정되고 그 교육과정을 학교 현장에 확산시키며 주된 실행 책임은 교사에게 있다는 점에서 유사하다. 또 이러한 교육과정을 실행할 경우 의도했던 바대로 교육과정이 실행되었는가에 관심이 주어진다. 이런 측면에서 자유교육적 관점과 관리적 관점은 충실도 관점 및 연구·개발·확산 모형과 관련 깊다고 볼 수 있다. 즉, 자유교육적 관점 및 관리적 관점에 따라 교육과정이 개발되는 경우, 소위 교육과정 전문가에 의해 교육과정이 개발되고, 실험학교나 시범학교를 통해 개발된 교육과정의 확산을 기하면서 동시에 대규모의 교사 연수가 실시된다. 이러한 교사 연수에서는 소위 전문가가 연수를 담당하며, 때로는 일차로 전달 연수를 받은 전달자가 연계자가 되어 지속적으로 일직선적인 연수, 즉 중앙에서 지역청, 지역청에서 학교로의 연수가 이루어지게 된다. 또한 교육과정이 현장에서 의도했던 대로 얼마나 성공적으로 실현되고 있는가에 대한 평가가 정기적으로 혹은 간헐적으로 이루어지게 되며, 이러한 평가 결과를 토대로 하여 다시 교육과정을 개정하는 절차를 밟게 된다.

2) 지원적 관점과 해방적 관점

지원적 관점과 해방적 관점에서는 교육과정이 학교의 외부에서 결정되기보다는 학교 내부에서 교사와 학생에 의해 결정된다는 입장을 가지고 있다. 이러한 입장에서는 교육과정 개발과 실행 모두 기본적으로 교사에 의해 이루어지므로 학교 외부의 전문가를 가정하는 교육과정 실행의 관점인 충실도 관점 혹은 상호조정적 관점은 존재하기 어렵다. 생성적 관점도 기본적으로 외부에서 개발된 교육과정 존재 자체를 부정하는 것은 아니다. 때로 생성적 관점의 '생성(enactment)'을 연출적 관점이라고 번역하여 기본적으로 희곡은 존재하되 연출자(교사)에 의해 연극의 양상(수업)이 다양해짐을 표현하기도 한다. 엄밀하게 말하면 지원적 관점과 해방적 관점에서는 교육과정 실행이라는 개념 자체가 존재하기 어려울 수도 있다. 그러나 실제로 교육을 실천하는 교사들에게 현실적인 지원을 제공할 필요가 있으며, 이들에게는 교사가 상대적으로 주체적 위치에 있는 허용적 장학이 제공되어야 할 것이다.

5. 교육과정 실행 관련 내용 교육과정 문서상의 진술 방식

일반적으로 개발된 교육과정이 현장에 실행되기 위해서 교육과정 문서상에 교육과정 실행에 대한 안내를 제시하게 된다. 교육과정 문서에 그 실행에 대한 안내를 어떤 방식으로 얼마나 자세하게 제시할 것인가에 대해서는 정해진 답은 없다. 교육과정 개발자들이 자율적으로 심사숙고하여 가장 적합하게 제시하면 된다. 여기서는 우리나라의 교육과정 실행에 대한 사례를 제시하고자 한다.

2022 개정 교육과정 문서의 총론은 다음과 같은 체제로 되어 있고 교육과정의 실행에 대해서는 '학교 교육과정 설계와 운영' '학교급별 교육과정 편성·운영의 기준' 부분에 기술되어 있다.

I. 교육과정 구성의 방향

II. 학교 교육과정 설계와 운영

III. 학교급별 교육과정 편성·운영의 기준

IV. 학교 교육과정 지원

'학교 교육과정 설계와 운영'에는 단위 학교에서의 전반적인 설계의 원칙과 교수·학습 관련 사항, 평가 관련 사항, 모든 학생을 위한 교육기회의 제공 관련 사항이 기술되어 있다. '학교급별 교육과정 편성·운영의 기준'에는 초·중·고 별로 교육과정을 어떻게 편성하고 운영해야 하는가에 대해 기술되어 있다. 2022 개정 교육과정의 '학교 교육과정 설계와 운영'의 일부분을 제시하면 다음과 같다.

II. 학교 교육과정 설계와 운영

1. 설계의 원칙

가. 학교는 이 교육과정을 바탕으로 학교 교육과정을 자율적으로 설계 · 운영하며, 학생의 특성과 학교 여건에 적합한 학습 경험을 제공한다.

　1) 학습자의 발달 수준에 적합한 폭넓고 균형 있는 교육과정을 통해 다양한 영역의 세계를 탐색해 보는 기회를 제공하고, 학습자의 전인적인 성장 · 발달이 가능하도록 학교 교육과정을 설계하여 운영한다.

　2) 학생 실태와 요구, 교원 조직과 교육 시설 · 설비 등 학교 실태, 학부모 의견 및 지역사회 실정 등 학교의 교육 여건과 환경을 종합적으로 고려하여 학습자에게 적합한 학습 경험을 제공한다.

　3) 학교는 학생의 필요와 요구에 따라 학교의 특성을 고려하여 다양한 교육 활동을 설계하여 운영할 수 있다.

　4) 학교 교육 기간을 포함한 평생 학습에 필요한 기초소양과 자기주도 학습 능력을 갖출 수 있도록 지원하며 학습 격차를 줄이도록 노력한다.

　5) 학생들의 자발적인 참여를 원칙으로 하여 학교와 시 · 도 교육청은 학생과 학부모의 요구에 따라 방과 후 활동 또는 방학 중 활동을 운영 · 지원할 수 있다.

　6) 학교는 학교 교육과정의 효율적인 설계와 운영을 위하여 지역사회의 인적, 물적 자원을 계획적으로 활용한다.

　7) 학교는 가정 및 지역과 연계하여 학생이 건전한 생활 태도와 행동 양식을 가지고 학습할 수 있도록 지도한다.

나. 학교 교육과정은 모든 교원이 전문성을 발휘하여 참여하는 민주적인 절차와 과정을 거쳐 설계 · 운영하며, 지속적인 개선을 위해 노력한다.

　1) 교육과정의 합리적 설계와 효율적 운영을 위해 교원, 교육 전문가, 학부모 등이 참여하는 학교 교육과정 위원회를 구성 · 운영하며, 이 위원회는 학교장의 교육과정 운영 및 의사 결정에 관한 자문 역할을 담당한다. 단, 특성화 고등학교와 산업수요 맞춤형 고등학교의 경우에는 산업계 전문가가 참여할 수 있고, 통합교육이 이루어지는 학교의 경우에는 특수교사가 참여할 것을 권장한다.

〈계속〉

2) 학교는 학습 공동체 문화를 조성하고 동학년 모임, 교과별 모임, 현장 연구, 자체 연수 등을 통해서 교사들의 교육 활동 개선이 이루어지도록 한다.

3) 학교는 학교 교육과정 설계 · 운영의 적절성과 효과성 등을 자체 평가하여 문제점과 개선점을 추출하고, 다음 학년도의 교육과정 설계 · 운영에 그 결과를 반영한다.

2. 교수 · 학습(생략)

3. 평가(생략)

4. 모든 학생을 위한 교육 기회의 제공(생략)

참조: 교육부(2022: 8-13).

이와 같은 예시를 보면 한국의 국가 교육과정에 제시된 교육과정 실행 관련 내용들은 포괄적이고 일반적인 수준으로 제시되어 있다. 이에 대해서는 보다 구체적인 지침을 제시하여 학교에서 보다 쉽게 따를 수 있도록 해야 한다는 의견과 현 상태처럼 일반적인 수준으로 제시하고 구체적인 부분은 학교 재량으로 교육과정을 운영하도록 해야 한다는 이견이 있다.

질문 및 활동

1. 만일 당신이 교육과정 연구자라면 충실도 관점, 상호 조정적 관점, 생성적 관점 중 어느 관점에 서서 연구하기를 원하는가? 왜 그러한가?

2. 국가 교육과정의 실행을 촉진하거나 저해하는 요소는 본문에 제시된 내용 이외에 무엇이 있을 수 있는가?

3. 국가 교육과정이 개발, 실행되는 우리나라의 경우 교사의 '교육과정 재구성'은 어떤 의미와 한계를 갖는지 생각해 보자.

4. 교육과정이 현장에 실행되기 위해서 교육과정 문서상에 교육과정 실행에 대한 안내나 기준을 제시하게 된다. 우리나라의 경우 교육과정 실행과 관련된 내용은 총론의 학교 교육과정 편성 · 운영 부분에 제시되어 있다. 제6차 교육과정부터 2022 개정 교육과정까지 총론 문서를 수집하여 다음의 활동을 수행해 보자.

   ① 제6차 교육과정부터 2022 개정 교육과정의 총론을 교육과정 실행의 세 가지 관점을 기준으로 비교 · 분석해 보자.

   ② 제6차 교육과정부터 2022 개정 교육과정의 총론 중 하나를 선택하여 Schubert의 장학의 유형과 관련시켜 논의해 보자. 즉, 어떤 사항이 반드시 지켜져야 하는지, 어떤 사항이 자문적 장학이나 허용적 장학으로 지원해도 되는지 등에 대해 논의해 보자.

   ③ 제6차 교육과정부터 2022 개정 교육과정의 총론 중 하나를 선택하여 교육과정 편성과 운영과 관련된 사항을 자신의 교육과정 관점에 따라 수정한다면 어떻게 수정할 수 있는지 생각해 보자.

   ※ 우리나라 국가 교육과정 총론과 교과 교육과정 문서는 다음의 홈페이지에서 수집 가능함.
   ㅇ 에듀넷 · 티-클리어 https://www.edunet.net/nedu/main/mainForm.do

참고문헌

교육부. (2022). 초 · 중등학교 교육과정 총론. 교육부 고시 제2022-33호[별책1].

Fullan, M. (1982). *The meaning of educational change*. Teachers College Press.

Posner, G. J. (2004). *Analyzing the curriculum*(3rd ed.). McGraw-Hill.

Snyder, J., Bolin, F., & Zumwalt. K.(1992). Curriculum implementation. In P. W. Jackson (Ed.), *Handbook of research on curriculum* (pp. 402-433). Macmillan Publishing Company.

Schubert, W. H. (1986). *Curriculum: perspective, paradigm, and possibility*. Macmillan Publishing Company.

에듀넷 · 티-클리어 https://www.edunet.net/nedu/main/mainForm.do

제9장

교육과정 평가

    교육 목적과 목표 설정 및 진술, 교육 내용 선정 및 조직, 수업 계획에 대한 안내 및 진술이 모두 이루어지면, 교육과정 개발에서 마지막 남은 것은 평가와 관련된 것이다. 이 장에서는 교육과정이 수업에 적용된 결과를 어떻게 평가할 것이며, 그러한 평가에 대한 안내를 교육과정 문서 속에 어떻게 진술하고 있는가에 대해 다루고자 한다. 교육과정과 관련된 평가는 미시적인 평가와 거시적인 평가로 구분될 수 있으며, 이 두 가지 평가는 모두 중요하다. 미시적인 평가는 교사가 수업 시간 중에 수행하는 평가다. 그리고 거시적인 평가는 현재 개발 중인 교육과정이 바람직하게 개발되었는지, 제대로 실행되고 있는지, 교육적 효과는 제대로 나타났는지 등에 대한 평가를 말한다. 여기서는 교육평가에 대한 다양한 관점을 살펴본 다음, 제1부에서 제시한 네 가지 교육적 관점에 따른 평가 방법을 고찰하고, 평가 계획이 실제 교육과정 문서상에 어떻게 진술되어 있는지에 대해 우리나라의 사례를 들어 제시하고자 한다.

1. 다양한 평가 모형

20세기 초 인간의 능력을 측정할 수 있다는 생각을 바탕으로 지능 검사 등 여러 가지 측정 도구가 개발되었고, 이에 따라 측정에 대한 믿음이 확고하게 자리를 잡게 되었다. 1930년대 진보주의 진영에서 이루어졌던 '8년 연구'[1]를 통해, 평가는 단순히 학업 성취를 측정하는 개념에서 목표에 근거한 평가라는 개념으로 새롭게 정립되었다. 목표에 근거한 평가라는 개념은 점차 확장되어 교육과정 전 과정에 대한 평가, 즉 교육과정의 개발, 적용 그리고 평가에 이르기까지의 전 과정에 대한 메타 평가적인 개념으로 발전하였다.

이러한 과정에서 다양한 평가 모형이 제안되었으며, L. J. Cronbach는 이러한 평가 모형들의 특성을 과학적 접근법과 인본주의적 접근법으로 구분하고, 이를 평가의 연속선상에 있는 정반대의 양극단이라고 제시하였다. 과학적 접근법에서는 자연과학자가 사용하던 방법을 주로 활용하며, 객관식 검사를 선호하고, 점수로 나타나는 자료는 통계적으로 분석이 가능하며, 학생 성취도 비교 등에 주로 활용된다. 인본주의적 또는 자연주의적 접근은 양적이라기보다는 질적이다. 평가자는 평가 기간 동안 관찰한 실제적인 사건이나 맥락에 대해 소위 '심층

---

1) '8년 연구'는 1930년 미국 진보주의교육협회 연차 학술대회가 계기가 되어 고등학교와 대학 간의 협약에 의해 시작되었다. 협약의 주요 내용은 고등학교 측에서는 진보주의 교육 관점을 기반으로 자유롭게 교육과정을 운영하되 대학입학 지원자의 학습 관련 자료를 대학에 제시하겠다고 약속한 것이고, 대학 측에서는 고등학교에 요구하던 기존의 교과나 이수 단위 규정을 면제해 주고 고등학교가 제시한 평가 자료를 토대로 시험을 치르지 않고 학생을 선발하고자 한 것이다. 전국적으로 30개의 중등학교와 300개 이상의 대학이 참여하였고, 1933년부터 1941년까지 총 8년간 실시하였다. 이 연구 기간 동안 학생들의 학습 결과를 다각적으로 충실하게 평가하기 위해 새로운 평가 도구 개발의 필요성이 대두되었으며, 약 7년 동안 약 200개 정도의 검사 도구가 개발되었다. 이 중에는 교과에 대한 학업 성취 평가뿐만 아니라 사회적 감수성의 평가, 행동에 대한 평가 등 이전에는 평가되지 않았던 부분에 대한 평가 도구가 개발되었고, 이는 평가 영역의 확장을 가져온 계기가 되었다(Wilford, 1942).

적' 기술을 한다. 평가 대상자와의 면접과 논의에서 얻은 자료들이 평가에 포함되며, 다양한 목소리와 복합적인 현실이 존재하는 이 시대에는 이러한 접근법도 필요하다.

여기서는 대표적인 평가 관련 이론 중 과학적 접근법에 속한다고 할 수 있는 Tyler(1949)의 목표 지향 평가 모형, D. L. Stufflebeam(1971)의 맥락·투입·과정·결과 모두를 평가하는 CIPP 모형과 인본주의적 접근법에 속하는 M. Scriven(1972, 1973)의 탈목표 평가 모형, Eisner(1985)의 비평적 평가 모형, R. E. Stake(1967, 2011)의 반응 평가 모형에 대해 살펴보고자 한다.

1) 목표 지향 평가 모형

목표 지향 평가 모형은 오늘날에도 여전히 지배적으로 사용되는 모형이다. 평가의 과정은 교육 목표가 교육과정 실행 과정에서 얼마만큼 달성되는가를 결정하는 과정으로 정의된다(Tyler, 1949). 목표 지향 평가 모형은 진보주의자들이 8년 연구를 시행하면서 자신들이 세운 목표를 실제로 얼마만큼 이루었는가를 평가하기 위해 개발되었다. 즉, 많은 학교가 교육과정의 목표를 쓰고는 실제로 평가할 때 이를 간과하고 특정 부분의 평가(주로 지적 성취)만을 하거나 혹은 실제로 평가할 것을 하지 않는 경우, 이들의 평가는 목표에 적합하지도 않으며 목표가 성취된 정도를 보여 주지도 못했다고 할 수 있다. 따라서 평가는 목표를 바탕으로 한 평가이어야 하며 동시에 평가자는 학교가 목표와 전달 과정 그리고 결과들이 일치하도록 도와야 한다는 생각에서 시행된 것이다. 단, 목표가 미리 명료하게 정해질 수 없는 경우, 예컨대 자발적이고 창의적인 학습을 지향하는 경우 또는 개개 학생의 각기 특색 있는 경험의 재구조화를 목적으로 하는 경우 목표 지향 평가는 적용하기 어렵다. 인간을 어떤 특정형에 맞추려고 통제하기 때문이다.

2) CIPP 평가 모형

CIPP 모형은 Stufflebeam(1971)이 제안한 것으로, 그는 1960년대 중반에 미국에서 성행하던 체제 이론과 관리 이론의 영향을 받아들여, 교육평가는 교육행정가가 올바른 의사 결정을 내리는 데 필요한 정보를 제공하고 그 결정이 갖는 장점과 단점을 파악할 수 있도록 해 주어야 한다고 주장하였다.

Stufflebeam은 조직 내 의사 결정은 네 가지의 유형에 따라 단계적으로 이루어져야 함을 제안한다. 이 의사 결정 유형은 계획, 구조화, 실행 그리고 결과 단계로 구분된다. 먼저, 계획 단계에서는 조직의 경영 목표를 확인하거나 선정하는 등의 의사 결정(planning decision)이 이루어진다. 다음으로, 구조화 단계에서는 목표 설정에 적합한 절차나 전략을 설계하는 등의 의사 결정(structuring decision)이 이루어진다. 실행 단계에서는 구조화 단계에서 결정된 절차나 전략을 행동으로 옮기는 것과 관련된 의사 결정(implementing decision)이 이루어진다. 마지막으로, 결과 단계에서는 목표가 달성된 정도를 판단하고 의견을 제시하는 의사 결정(recycling decision)이 이루어진다.

평가는 이러한 네 단계에서의 의사 결정을 내리는 데 도움이 되는 정보를 제공하는 기능을 한다. 따라서 네 단계의 의사 결정을 위해 이루어지는 평가 또한 네 가지 유형으로 구분된다. Stufflebeam이 제안한 평가는 상황 평가, 투입 평가, 과정 평가 및 산출 평가로 구성된다. CIPP 모형은 상황 평가(Context evaluation), 투입 평가(Input evaluation), 과정 평가(Process evaluation) 그리고 산출 평가(Product evaluation)의 첫 글자를 따서 만들어진 이름이다.

먼저, 상황 평가는 계획 단계의 의사 결정에 도움이 되는 정보를 제공하기 위한 평가로 주로 구체적인 상황이나 환경적 여건을 파악한다. 다음으로, 투입 평가는 구조화 단계의 의사 결정에 도움을 주기 위한 것으로 현재 어떠한 산물이 투입되고 있고 앞으로는 어떠한 산물이 투입되어야 하는가를 파악한다. 과정 평가는 실행 단계의 의사 결정에 도움을 주기 위한 것으로 구조화 단계에서 수립한 전략이 실행되는 과정에서 고려해야 할 점, 발생 가능한 사건 등을 파악한다.

단계별 의사 결정의 유형	평가 유형
계획 단계의 의사 결정 ←	상황 평가(Context)
↓	
구조화 단계의 의사 결정 ←	투입 평가(Input)
↓	
실행 단계의 의사 결정 ←	과정 평가(Process)
↓	
결과 단계의 의사 결정 ←	산출 평가(Product)

그림 9-1 Stufflebeam의 CIPP 모형

참조: 김재춘, 부재율, 소경희, 채선희(2002: 198).

마지막으로, 산출 평가는 결과 단계에서의 활용을 위한 것으로, 전체 과정을 통해 산출된 결과의 가치를 판단하는 데 도움이 되는 정보를 수집한다([그림 9-1] 참조).

CIPP 모형은 기본적으로 투입과 산출을 기준으로 목표와 결과 간에 논리적 일관성을 유지한다. 그러나 목표가 실현된 정도에만 주요 초점을 두는 것이 아니라 목표 설정부터 설계, 실행 및 결과에 이르기까지 전체 과정의 각 단계에 적절한 평가를 수행할 것을 제안한다. 이러한 평가에 대한 경영적인 접근은 투입과 산출이 비교적 명확하고 구체화된 기업체 등에 유용한 관점이며, 교육 상황에는 적합하지 않다는 이견도 있다. 교육은 투입한 만큼 산출되어 나오는 것이 아니고, 그 효과가 나타나는 시기 또한 즉각적이지 않은 경우가 많기 때문이다. 그러나 조직에서 주요한 의사 결정을 할 때 평가를 통해 신뢰할 수 있는 정보를 수집한 후에 이에 근거하여 최종 의사 결정을 내린다는 경영적 접근의 제안은 교육 현장에서도 관심을 가져야 할 관점이라고 보여진다.

3) 탈목표 평가 모형

Scriven(1972, 1973)은 탈목표 평가(goal-free evaluation)를 주장하였다. 목표 지향적 평가자들이 목적에 관계 있는 평가 도구를 개발하기 위해 교육과정 목표를 분석하고자 했던 반면, 탈목표 평가자들은 평가를 위한 현장 답사 이전에 목표를 알려고 하지 않는다. 탈목표 평가자들은 현장의 교육을 주의 깊게 살피며 광범위한 정보를 모으고 그들이 찾아낸 것을 해석하고 평가한다.

이론적으로 이 입장은 합리적인 것처럼 들리지만 비실제적이라는 지적도 있다. 평가할 수 있는 상황을 파악하는 시간이 많이 걸리고, 가르치고 배울 만한 가치가 있는 것에 대한 각자의 개념에만 의존하게 되기 때문이다.

4) 비평적 평가 모형

Eisner(1985)가 개발한 평가의 한 형태인 비평적 평가 모형(connoisseurship evaluation)은 예술에서 이미지를 얻은 것이다. 회화, 오페라, 연극, 영화 등에 대한 비평가가 되려면 우선 감정가가 되어야 한다. 비평이 정당화되려면 비평하는 현상의 유형에 대해 많은 지식과 경험을 가지고 있어야 한다. 좋은 비평가는 미묘한 특질에 대해 인식하고 감상할 줄 알아야 하며, 이에 대해 저술을 하여 다른 이들이 더 많이 알 수 있도록 도와야 한다. Eisner는 목표 지향 평가나 경영적 평가 등의 과학적 · 기술적 접근을 비판한다. 이러한 평가는 교육 현상을 수량화 · 단순화시킴으로써 개별 현상의 고유성을 무시하며, 미리 설정한 공통된 목표에 과하게 의존하여 현재 발생되는 현상을 경시하는 동시에 교육의 개별화와 인간화를 저해하고 교육의 질적인 측면을 경시하게 된다는 것이다.

Eisner는 자신의 비평적 평가의 입장을 제안하기 위해 우선 감상과 비평을 개념적으로 구분하여 설명한다. '감상'은 사물에 대한 경험을 깨닫고 느끼고 이해하는 개인적(사적) 차원의 행동이지만, '비평'은 자신이 이해한 바를 새로운 시각으로 그 의미와 가치에 대해 판단을 내리는 사회적(공적) 행동이라는 것이다. 또한 그는 비평적 평가에서 평가자는 마치 포도주를 맛보고 질을 판단하는 와인 감정가와 같이 교육 현상을 보고 교육 활동의 질을 판단할 수 있는 교육적 감식안을 지녀야 한다고 한다. 즉, 평가자의 전문성이 평가 결과의 타당성과 합리성을 확보해 주는 가장 중요한 요건이라고 주장하며, 특히 과학적 타당도 대신에 참조적 적절성(referential adequacy)과 구조적 확실성(structural corroboration)을 주장한다. 참조적 적절성은 비평적 관찰과 해석이 경험적으로 근거가 있는지 없는지를 점검함으로써 독자에게 새롭고 더 나은 방법으로 평가된 현상을 경험하게 해 주는 일을 포함한다. 구조적 확실성은 비평의 여러 부분이 일관된 전체로서 서로 적합한지 아닌지를 연구하는 것을 의미한다. 통계적인 설명을 읽는 것보다는 박완서의 소설을 읽음으로써 한국 사회의 변화의 핵심을 더 잘 이해할 수 있듯이, 교육적 비평을 읽은 교육 연구자들은 보고서를 읽는 것보다 교육에 대해 심도 있는 통찰력을 얻게 된다는 것이다. 그러나 교육은 사회과학의 영역이지 예술의 영역은 아니므로 교육정책은 경험적으로 입증될 수 있는 지식에 기초해야 한다는 반론이 있을 수 있으며, 선발을 위한 평가 등 평가 결과가 주요한 의사 결정에 이용되는 경우에는 자칫 평가의 주관성 등이 문제가 될 수 있다.

5) 반응 평가 모형

반응 평가(responsive evaluation)는 Stake(2011)가 평가에 대한 종합 실상 평가를 주장하고 몇 년 후에 제안한 평가 이론이다. 종합 실상 평가에서 그는 교육 활동의 전체적인 모습을 평가할 때 평가를 수행하기 이전에 세운 평가 계획을 바탕으로 자료를 체계적으로 수집할 것을 강조한다. 그러나 몇 년 뒤 제안한 반응 평가에서는 평가를 진행하는 동안 여러 관련 인사와 논의하여 그들의 반응(요구, 제안)에 따라 어떤 정보를 어떤 방법으로 수집·분석할 것인지를 결정하고 관찰한 그대로를 진술할 것을 강조함으로써 평가에 대한 관점의 변화를 보여 준다.

그는 교육 활동이 사전 계획대로만 이루어지는 것이 아니며 매우 역동적이고 복잡한 활동임을 인식하게 되면서 반응적 평가를 통한 평가자와 관련 인사들과의 지속적인 상호작용을 강조하게 되었다. 즉, 절대적이고 객관적인 평가의 목표나 기준을 부인하고 평가자와 관련 인사들이 지속적인 상호작용을 통해 서로의 요구에 반응하며 평가의 과정을 창조해 나가는 데 초점을 둔다고 볼 수 있다. 이들의 보고서에는 전통적인 서면 평가나 토론회, 신문 기사, 영화, 전시물 그리고 적절한 것은 무엇이든지 포함된다. 이러한 반응 평가는 논쟁점과 청중의 관심사에 적합하게 설계된다. 형식적·전통적 과학의 가치를 가정하며 프로그램 개발자에 의해 미리 정해진 프로그램의 취지, 목적, 가정 등을 활용하는 전통적인 평가와는 달리, 반응적 평가는 비공식적이며 다원적 가치 관점을 받아들이고 계속적으로 발전하는 설계의 기초로서 청중의 관심과 문제에 집중한다. 그러나 다른 이상적인 방법들처럼 반응적 평가도 시간과 재정에 제한받지 않는 학교에 적합하며, 과연 누구의 반응을 보아야 할 것인가 하는 것에서 평가 상황에서 영향을 받는 모든 사람을 공평하게 대표하는 이상적인 평가자를 필요로 하지만 이와 같은 인물은 충분하지 않다는 것이 문제다.

2. 교육과정 관점에 따른 평가 방법

대부분의 학교에서는 과학적 접근법을 활용한다. 때로 자신이 자유교육적 관점을 가지고 있다고 생각하는 사람도 객관식 검사만으로 학생을 평가하고, 지원적 관점을 지향한다고 하는 사람도 실제로 학생의 학습 과정을 평가하지 않고 결과만을 평가할 때도 많다. 여기서는 다시 제1부에서 기술한 네 가지 교육과정 관점과 맥을 같이하는 평가 모형에 대해 짚어 보아 자신의 교육과정 관점과 평가 행위에 대한 연관성을 고찰할 수 있는 토대를 제공하고자 한다. 그러나 교육과정 관점과 평가 행위와의 연관성을 고찰한다는 것이 어떤 교육과정 관점을 선호한다고 해서 모든 교육 장면에서 한 가지 평가 방법만을 고수해야만 한다는 것을 의미하는 것은 아니며, 상황과 맥락에 따라 질적 방법과 양적 방법을 적절하게 혼용할 수도 있을 것이다.

1) 자유교육적 관점

자유교육적 관점에 있는 사람들은 양적인 평가보다는 질적인 평가를 보다 선호한다. 그들은 Socrates, Platon 등의 스승이 어떻게 제자들의 발달을 판단하였는지, 어떻게 제자 및 다른 관련자들에게 그 결과를 전달하였는지 등을 기초로 오늘날의 등급화 및 점수화로 대표되는 평가의 경향에 의문을 제기한다. 그리고 오늘날 대부분의 교육 연구자가 너무 과학에만 빠져 있어서 과학 이전 시대의 역사가 얼마나 유용한가를 생각하지 못한다고 비판하면서 고전에는 통찰력 있는 논평이 충분히 있으며 인류가 인류를 어떻게 판단해 왔는지 묘사되어 있다고 주장한다(Schubert, 1986).

이들이 관심을 갖는 평가는 비평적 평가다. 평가는 심미적인 것과 윤리적인 것 모두에 관련되며, 상상력이 풍부한 감지력이 필요하다고 보는 것이다. 또한 대부분의 평가자가 몰두하는 측정에 대한 믿음과 절차적 지식에 대한 숭배보다는 진선미 등 가치에 대한 추구를 해야 하며, 이를 위해서는 보다 더 큰 상상력을 필요로 한다. 그러나 이때 평가자는 잘 교육받아야 하고 상상력이 풍부하며 고도의 통찰력이 있어야 하고 그 학문 영역에 대해서도 깊은 이해력이 있어야 한다.

2) 관리적 관점

일반적으로 기술공학자에게 교육과정 평가는 다음과 같은 두 가지 질문에 대한 답을 추구하는 것을 의미한다. ① 프로그램의 실행 결과가 프로그램의 목적을 어느 정도 달성하였는가, ② 이러한 결과에 기초하여 어떻게 하면 교육과정을 가장 잘 개선할 수 있는가다.

이러한 질문에 답하기 위해 기술공학적 관점을 가진 교육자는 목표 지향 평가나 CIPP 모형을 가장 선호할 것이다. 즉, 이들은 교육과정 프로젝트를, ① 목적, ② 목적을 달성하기 위한 계획의 질, ③ 계획이 수행되는 정도, ④ 결과의 가치 등을 측정함으로써 평가하기 때문이다. 이들은 질적인 분석보다는 양적인 결과로 결과의 가치를 보여 주는 것을 선호한다.

기본적으로 이들은 양적 연구가 질적 연구보다 훨씬 발달되어 있다고 생각한다. 특히 양적 연구 기술은 이들이 생각하는 평가의 요구에 적합하다. 평가는 비용 대비 효율적이어야 하고, 정확해야 하며, 구체적 증거를 제공할 수 있어야 하고, 타당성 있고 신뢰성이 있어야 하는데, 양적 연구는 이 모두에 적합하다. 반면, 질적 연구 방법은 때로 양적 연구 방법에 의해 체계적으로 탐구될 수 있는 가설을 형성하는 데 도움을 줄 수는 있지만 긴 시간이 소요되고, 너무 많은 보고서를 제공하며, 대개 모호하고 부정확하다고 판단된다. 대규모 연구, 공정한 측정 그리고 목표 지향 평가는 의사 결정과 실천에 적합하며, 책무성에 대한 요구를 만족시킨다. 평가의 목적은 논쟁점을 지적하고 자료를 산출하며 결과를 설명하고 정책을 권유하는 것이다. 이러한 사항은 질적 연구로는 할 수 없는 것들이다(Schubert, 1986).

3) 지원적 관점 및 해방적 관점

지원적 관점이나 해방적 관점은 기술공학적 관점에 의한 목표 지향 평가나 CIPP 모형보다는 다원주의적 및 직관적 관점에 선 평가를 선호한다. McNeil(1996)은 이들이 선호하는 모형은 반응 평가, 비평적 평가 모형, 탈목표 평가 등이라고 기술하고 있다.

지원적 관점의 경우, 미리 수립해 놓은 목표를 얼마만큼 달성했는가보다는 학습자의 경험의 성장에 따른 탈목표적인 평가를 더 선호할 것이다. 학습자의 성장을 위해 그에 적합한 새로운 교육 내용을 제시해 주길 원한다면, 이미 선정한 목표만을 터널 비전으로 보고 그에 따라 학생의 능력을 측정하는 것보다는 새롭게 드러내는 능력에 대해 항상 열린 눈으로 판단할 줄 아는 평가가 필요할 것이기 때문이다.

또한 학습자의 능력에 대해서도 포도주 감별사가 포도주에 대해 평가하듯이, 교육적 감식안을 가지고 학습자 및 그를 둘러싼 교육 현상에 대해 비평하는 질적 평가 방법이 적합할 것이다. Eisner(1985)는 평가는 테스트 점수가 아니라 교육적 삶의 풍부한 조각을 찾아내는 것이라고 주장하였고, 중요한 것은 학교에서 무엇이 일어났는지, 주요 사건은 무엇이었는지, 어떻게 그 사건이 강화되었는지, 사람들이 어떻게 행동하였는지, 그러한 사건이 어떻게 학생이 학습하도록 하는지 등에 대해 탐구하는 것이라고 하였다. 이때 중요한 자료는 필름, 비디오테이프, 사진, 교사와 학생 간의 면담 등이다. 이러한 도구는 학교의 다양한 삶의 측면을 드러내는 데 유용하고, 사람들의 상호작용에 중요한 도구가 되며, 학생의 성장을 지속적으로 파악해 낼 수 있는 평가 방법이다.

또한 해방적 관점에서는 앞서 언급한 입장을 지지하되, 평가 과정에서 교육과정 상황과 관련 있는 사람들을 모두 포함시키는 반응 평가 등이 보다 더 잘 활용될 수 있다. 앞서 기술하였듯이, Stake가 주장한 반응 평가에서는 사람들의 필요를 인식하는 민감성이 가장 중요하며, 고객과 참여자가 실제로 프로그램 평가에서 무엇을 원하는가를 발견하는 것이 가장 중요하다고 믿었다. 이에 따르면 실제 평가 상황에서는 교사와 학부모, 행정가, 학습자 등을 모두 포함시켜 기존의 관점에 대한 재검토가 이루어지는데, 이때 모든 관련자는 가치 있는 통찰과 지식을 가진 사람으로 간주되며, 절대적이고 객관적인 평가의 목표나 기준을 따르려고 하기보다는 평가자와 관련 인사들의 지속적인 상호작용하에서 평가의 과정을 창조해 나가는 데 중점을 둔다.

3. 평가의 절차

어떤 교육과정 관점을 가지고 있다고 하더라도 평가자는 평가를 하기 위해 일련의 절차를 계획해야 한다. 이러한 절차는 과학적 접근법에 의존하는 듯이 보이기는 하지만 평가에 대한 인본주의적 접근을 하려고 하더라도 평가되는 교육과정 현상에 초점을 두어야 하며, 객관적이든 주관적이든 정보를 수집하고 이에 대해 판단을 내려야 한다는 점에서 공통적으로 적용할 수 있는 일정한 절차가 있을 수 있다.

학교 현장에서 교사를 평가자로 한 교육평가의 일반적 절차는 다음과 같이 12단계로 제시될 수 있다.[2]

① 평가의 목적 확인

평가를 하고자 할 때 가장 먼저 고려해야 할 것은 '왜 평가를 하는가'라는 평가의 목적을 확인하는 것이다. 이러한 평가의 목적은 평가 내용의 선정, 평가 방법의 결정 등 모든 후속 단계에 영향을 미치게 된다.

② 평가 영역과 내용의 선정

평가의 목적을 달성하는 데 가장 적절한 평가 영역 및 내용을 선정하게 된다. 평가하는 목적에 따라 학생의 인지적 영역을 평가할 것인가 정의적 영역이나 심동적 영역을 평가할 것인가 등을 결정한다.

③ 평가 방법의 결정

평가 영역과 내용을 선정한 이후에는 평가 자료를 수집하기 위해 어떤 방법을 이용할 것인가를 결정한다. 가령 인지적 영역에서 학생이 학습한 지식을 파악하려고 한다면 지필식 검사를 이용할 수 있다. 이때 중요한 것은 평가하려는 내용을 가장 잘 드러내고 변별해 낼 수 있는 방법을 선택하는 것이다.

④ 평가 도구의 선정 및 개발

구체적으로 평가에 사용되는 평가 도구를 선정하거나 개발한다. 교사가 직접 지필 검사를 제작할 수도 있고, 관찰을 통해 학생의 태도를 평가하고자 한다면 관찰표를 제작할 수도 있다.

---

2) 12단계의 내용은 김재춘 외(2002: 231-249)의 내용을 참조한 것이다.

⑤ 평가 시행을 위한 계획 수립

실제 평가를 시행하기 위한 계획으로 평가 대상, 평가 횟수, 평가 시기, 평가 장소 등의 인적 · 물적 자원을 점검하여 사전 계획을 세우는 것이 중요하다.

⑥ 평가 환경의 구축

평가 시행 계획에 따라 실제로 평가할 환경을 구축한다.

⑦ 자료의 수집

평가 시행 계획에 따라 실제 평가를 실시하고 그 결과를 수집한다. 선택형 지필 검사의 경우 OMR 카드로, 논술 등의 경우 질적 자료의 형태로 수집된다.

⑧ 자료의 분석

수집된 자료는 평가 목적에 맞추어 적절한 분석 과정을 거친다. 양적 자료의 경우 측정적 · 통계적 분석을 하고, 질적 자료의 경우 의미 있는 결과를 나타낼 수 있도록 항목 범주화 등을 실시한다.

⑨ 평가 결과에 대한 해석

분석 결과에 대한 해석은 학생 개개인의 특성과 상황을 고려하면서 이루어져야 한다.

⑩ 평가 결과의 보고

평가 결과에 대한 해석을 마치면 이를 적절한 형태로 요약 · 정리하여 필요한 사람에게 보고한다.

⑪ 평가 결과의 활용

초기에 왜 평가를 시작했는가 하는 문제와 직접적으로 관련되고 평가 목적에 의해 활용된다.

⑫ 메타 평가

이러한 모든 평가의 과정에 대해 평가할 수 있다. 즉, 1단계부터 11단계에 이르기까지의 전 과정에 대해 평가를 실시할 수 있다.

4. 교육과정 평가 관련 내용 교육과정 문서상의 진술 방식

이 절에서는 실제적으로 교육과정 문서상에 나타난 평가 관련 내용을 살펴보고자 한다. 교육과정에 학교 교육과정 설계 및 운영에 대한 내용을 진술하는 경우와 마찬가지로, 교육과정에 평가 계획을 어떤 방식으로 얼마나 자세하게 제시할 것인가에 대해서는 정해진 답은 없다. 교육과정 개발자가 자율적으로 심사숙고하여 해당 교육과정의 개발 수준과 교육과정의 목적, 목표 및 내용을 고려하여 가장 적합하다고 생각하는 방식으로 제시하면 된다. 여기서는 2022 개정 교육과정에 포함된 평가 관련 진술을 제시하고자 한다.

2022 개정 교육과정 문서의 총론은 다음과 같은 체제로 되어 있고 평가의 내용은 총론의 학교 교육과정 설계와 운영의 일부분과 각론의 각 교과 교육과정의 평가 부분에 기술되어 있다.

총론

I. 교육과정 구성의 방향

II. **학교 교육과정 설계와 운영**

　1. 설계의 원칙　　　　　　　2. 교수 · 학습

　3. 평가　　　　　　　　　　4. 모든 학생을 위한 교육기회의 제공

III. 학교급별 교육과정 편성 · 운영의 기준

IV. 학교 교육과정 지원

참조: 교육부(2022).

각론

○○과

교육과정 설계의 개요

  1. 성격 및 목표

  2. 내용 체계 및 성취기준

  3. 교수 · 학습 및 평가

참조: 교육부(2022).

총론에 제시된 평가 내용을 제시하면 다음과 같다.

---

3. 평가

가. 평가는 학생 개개인의 교육 목표 도달 정도를 확인하고, 학습의 부족한 부분을 보충하며, 교수 · 학습의 질을 개선하는 데 주안점을 둔다.

  1) 학교는 학생에게 평가 결과에 대한 적절한 정보를 제공하고 추수 지도를 실시하여 학생이 자신의 학습을 지속적으로 성찰하고 개선할 수 있도록 한다.

  2) 학교와 교사는 학생 평가 결과를 활용하여 수업의 질을 지속적으로 개선한다.

나. 학교와 교사는 성취기준에 근거하여 교수 · 학습과 평가 활동이 일관성 있게 이루어지도록 한다.

  1) 학습의 결과만이 아니라 결과에 이르기까지의 학습 과정을 확인하고 환류하여, 학습자의 성공적인 학습과 사고 능력 함양을 지원한다.

  2) 학교는 학생의 인지적 · 정의적 측면에 대한 평가가 균형 있게 이루어질 수 있도록 하며, 학생이 자신의 학습 과정과 결과를 스스로 평가할 수 있는 기회를 제공한다.

  3) 학교는 교과목별 성취기준과 평가기준에 따라 성취수준을 설정하여 교수 · 학습 및 평가 계획에 반영한다.

  4) 학생에게 배울 기회를 주지 않은 내용과 기능은 평가하지 않는다.

〈계속〉

다. 학교는 교과목의 성격과 학습자 특성을 고려하여 적합한 평가 방법을 활용한다.

    1) 수행평가를 내실화하고 서술형과 논술형 평가의 비중을 확대한다.

    2) 정의적, 기능적 측면이나 실험·실습이 중시되는 평가에서는 교과목의 성격을 고려하여 타당하고 합리적인 기준과 척도를 마련하여 평가를 실시한다.

    3) 학교의 여건과 교육활동의 특성을 고려하여 다양한 지능정보기술을 활용함으로써 학생 맞춤형 평가를 활성화한다.

    4) 개별 학생의 발달 수준 및 특성을 고려하여 평가 계획을 조정할 수 있으며, 특수학급 및 일반학급에 재학하고 있는 특수교육 대상 학생을 위해 필요한 경우 평가 방법을 조정할 수 있다.

    5) 창의적 체험활동은 내용과 특성을 고려하여 평가의 주안점을 학교에서 결정하여 평가한다.

참조: 교육부(2022a: 12).

이어서 각론에 제시된 평가 진술을 국어과의 사례를 들어 제시하면 다음과 같다.

3. 교수·학습 및 평가

가. 교수·학습(생략)

나. 평가

(1) 평가의 방향

(가) '국어'의 성취기준을 고려하여 구체적인 평가 요소를 도출하고, 이들 평가 요소에 학습자가 도달한 수준을 정확하게 판단할 수 있도록 지필평가와 수행평가의 방법을 선정한다. 이때 성취기준과 관련하여 지엽적인 지식이나 분절적인 기능을 평가하기보다는 학습자가 실제적인 국어 활동 상황에서 지식과 기능을 통합하여 적용하는 능력을 평가할 수 있도록 평가를 계획하고 운용한다.

(나) 학습자의 수준과 관심사를 고려하여 평가의 난도, 과제 내용 등을 계획하고, 학습자가 평가에 참여하는 동안 흥미와 동기를 가지고 적극적으로 참여할 수 있도록 하며, 교사 주도의 평가 외에도 자기 평가나 동료 평가 등 학습자가 자기주도적으로 자신의 학습 상태를 점검하고 개선할 수 있도록 평가를 계획하고 운용한다.

〈계속〉

(다) '국어'의 성취기준을 고려하여 평가하되, 실제 언어생활 맥락에서 학습한 내용을 적용할 수 있는 역량을 평가할 수 있도록 한다. 또한 인지적 영역 외에도 정의적 영역의 평가가 균형을 이루도록 하여 '국어'의 학습에 대한 흥미, 동기, 효능감 등의 정의적 영역을 체계적으로 점검하고 지원할 수 있도록 평가를 계획하고 운용한다.

(라) 결과 중심의 평가 외에도 수행평가와 형성평가 등 과정 중심의 평가를 적극적으로 활용하여 학습자가 성취기준에 도달해 가는 과정을 평가하고, 학습자가 성장할 수 있는 기회를 제공할 수 있도록 한다. 또한 지필평가나 수행평가 외에도 수업 중 관찰, 대화, 질의응답, 면담 등을 활용하여 학습자의 학습 상태를 점검하고 지원할 수 있도록 평가를 계획하고 운용한다.

(마) 오프라인 수업과 마찬가지로 온라인 수업 상황에서도 다양한 평가 방법을 활용하여 학습자의 '국어' 학습 상태를 효과적으로 진단하고 피드백할 수 있도록 한다. 학습자의 발달 단계에 적합한 학습 플랫폼과 디지털 도구를 활용하여 학습자의 '국어' 성취기준 도달 과정을 상시로 확인하고 학습을 개선하기 위한 적절한 피드백을 제공할 수 있도록 평가를 계획하고 운용한다.

(2) 평가의 방법

(가) 학습자가 '국어'에서 학습한 내용을 실제 언어생활에 적용하는 역량을 평가하기 위해 다양한 방식의 수행평가를 활용할 수 있다(이하 생략).

(나) 학습자가 '국어'의 학습 내용을 깊이 있게 이해하고 탐구하는 능력을 갖추었는지를 평가하기 위해 서·논술형 평가를 활용할 수 있다(이하 생략).

(다) 교사 주도적인 평가 외에도 학습자가 평가의 주체가 되는 자기 평가나 동료 평가를 적극적으로 활용하고, 인지적 영역의 평가와 정의적 영역의 평가가 조화를 이룰 수 있도록 한다(이하 생략).

(라) 상시적이고 누적적인 평가를 통해서 기초학력에 도달하지 못할 가능성이 있는 학습자를 사전에 파악하여 적시에 지원하고, 평가의 과정과 결과에 대한 충분한 피드백을 제공한다(이하 생략).

(마) '국어'를 평가할 때는 영역별로 다음의 사항에 유의한다(이하 생략).

참조: 교육부(2022b: 63-67).

이상에서 제시된 바와 같이, 우리나라 국가 교육과정에 제시된 평가 관련 내용은 총론의 경우 매우 일반적인 내용으로 기술되어 있고, 각론의 경우 총론보다는 구체적이다. 즉, 다양한 수행평가 방식의 활용, 서 · 논술형 평가의 활용, 자기 평가 및 동료 평가, 인지적 영역과 정의적 영역의 평가, 상시적이고 누적적인 평가 등의 평가 방안이 제시되어 있으나 어떤 평가를 어떻게 구체적으로 진행시켜야 하는가에 대한 실질적인 방안은 별도로 창의적인 구안이 필요하다. 이러한 상황도 앞서 교육과정 실행에서 제시한 바대로 교육과정을 어느 정도 상세화하여 제시할 것인가에 대한 논의의 주제가 될 수 있다.

또한 전반적으로 미리 성취기준 등을 고려하여 평가를 계획하고 학생의 도달수준을 명확하게 확인한다는 등의 기술을 보면 국가 교육과정은 평가에 있어서 기술공학적 관점을 따르고 있는 것처럼 보이나, 과정 중심의 평가, 다양한 평가 방법의 평가 등이 제시되어 있음은 지원적 관점이나 자유교육적 관점을 따르고 있다고도 볼 수 있다. 국가 교육과정이라는 특성상 한 가지 관점만을 따르기에는 어려움이 있기도 하겠지만, 어떤 관점들이 어느 정도 어떻게 조화롭게 활용되고 있는지 혹은 상호 모순되는 평가가 사용되고 있는 것은 아닌지 등에 대한 분석이 필요하다.

1. 한 교과의 교과서 내용을 선택하여 그 내용에 대한 학생의 이해를 평가한다면 자유교육적 관점, 지원적 관점, 관리적 관점, 해방적 관점 등 다양한 관점에서 어떻게 평가할 수 있는지 구체적인 평가 방법을 생각해 보자.

2. 교육과정 문서에는 학생 평가와 관련된 안내나 기준이 제시되는 경우도 있다. 우리나라의 경우 총론에는 학생 평가와 관련된 포괄적인 방향이나 원리가, 각론, 즉 교과 교육과정에는 해당 교과와 관련된 학생 평가의 방향 및 방법이 제시된다. 제6차 교육과정부터 2022 개정 교육과정까지 교육과정 문서를 수집하여 다음의 활동을 수행해 보자.

   1) 제6차 교육과정부터 2022 개정 교육과정의 총론에 제시된 평가 관련 내용을 자유교육적 관점, 지원적 관점, 관리적 관점, 해방적 관점에 의거하여 비교·분석해 보자.

   2) 제6차 교육과정부터 2022 개정 교육과정의 교과 교육과정 중 하나를 선택하여 자유교육적 관점, 지원적 관점, 관리적 관점, 해방적 관점에 의거하여 비교·분석해 보자.

   3) 2022 개정 교육과정의 총론에 제시된 평가 관련 내용과 교과 교육과정에 제시된 평가 관련 내용의 연계성 및 일관성 정도를 분석해 보자.

   ※ 우리나라 국가 교육과정 총론과 교과 교육과정 문서는 다음의 홈페이지에서 수집 가능함.
   ○ 에듀넷·티-클리어(https://www.edunet.net/nedu/main/mainForm.do)

참고문헌

교육부. (2022a). 초 · 중등학교 교육과정 총론. 교육부 고시 제2022-33호[별책1].

교육부. (2022b). 국어과 교육과정. 교육부 고시 제2022-33호 [별책 5].

김재춘, 부재율, 소경희, 채선희. (2002). 예비 · 현직교사를 위한 교육과정과 교육평가(개정판). 교육과학사.

Eisner, E. W. (1985). *The educational imagination: On the design and evaluation of school program*. Macmillan.

McNeil, J. D. (1996). *Curriculum: A comprehensive introduction* (5th ed.). Harper Collins College Publishers.

Schubert, W. H. (1986). *Curriculum: Perspective, paradigm, and possibility*. Macmillan Publishing Company.

Scriven, M. (1972). Pros and cons about goal-free evaluation. *Evaluation Comment, 4*.

Scriven, M. (1973). Goal-free evaluation. In R. E. House (Ed.), *School evaluation: The politics and process*. McCutchan.

Stake, R. E. (1967). The countenance of educational evaluation. *Teachers College Record, 68*, 523-540.

Stake, R. E. (2011). Program evaluation, particularly responsive evaluation. *Journal of Multidisciplinary Evaluation, 7*(15), 180-201.

Stufflebeam, D. L. (1971). The relevance of the CIPP evaluation model for educational accountability. *Journal of Research and Development in Education, 1*, 19-25.

Tyler, R. W. (1949). *Basic principles of curriculum and instruction*. The University of Chicago Press.

Wilford, M. A. (1942). *The story of the eight-year study*. Happer & Brothers.

에듀넷 · 티-클리어 https://www.edunet.net/nedu/main/mainForm.do

🔅 제2부 정리 활동

역사적으로 위인으로 알려진 사람들 중에서 한 사람을 선택하여 제2부에서 학습한 백워드 설계에 따라 학교 수준의 교육과정을 개발하는 프로젝트를 다음의 절차에 따라 수행해 보자.

가) 프로젝트 참여 인원 구성

　–총괄 팀장 1명

　–총괄 팀장 아래 팀 구성원은 다양하게 구성 가능함

　　(한 팀에 여러 교과(전공)을 포함시켜 내용 구성에 다양한 교과 관련 의견

　　이 나올 수 있도록 조정)

나) 프로젝트 진행 절차

　–프로젝트 진행 시 첫 단계에서 해야 할 일은 위인을 결정하는 것임.

　–위인 결정 과정 중이나 이후에 고려해야 할 사항은 다음과 같음.

- 어느 학교급, 어느 학년을 대상으로 할 것인가?
- 교육과정(또는 프로그램)의 운영 기간(1년? 한 학기? 두 달? 등) 및 운영 시수 (1주일에 한 시간? 두 시간? 세 시간?)를 어느 정도로 할 것인가?
- 어떤 관점을 가지고 결정된 위인 관련 학습 경험을 가지도록 할 것인가?
- 교육과정(또는 프로그램)을 통해 학생은 무엇을 경험할 것으로 기대하는가?
- 교육과정(또는 프로그램)에 필요한 자료를 어디에서 수집할 것인가?
- 나의 전공 교과 내용 중 어느 내용을 포함시킬 수 있는가?
- 학생들이 이해해야 할 지식의 내용은 무엇인가?
- 학생들이 갖출 수 있는 기능은 무엇인가?
- 학생들이 갖출 수 있는 인성은 무엇인가?
- 결과적으로 학생들이 갖게 될 역량은 무엇인가?
- 교육 내용을 어떤 순서로 조직할 것인가?
- 교수·학습 방법과 교육 평가는 어떻게 해야 하는가?

-총괄 팀장은 모든 단계에서 중립적인 위치에서 모든 팀원들의 의견을 수렴하고 모든 팀원들의 동의를 얻어서 최종안을 도출하는 역할을 수행함.

다) 최종안의 형식

-최종안은 백워드 설계를 참조한 다음과 같은 형식으로 개발함

※ 제7장에 제시된 백워드 설계에 대한 설명을 참조하여 최종안 형식은 상황에 따라 다양한 방식으로 변형 가능

위인 교육과정 명칭		교육과정 운영 기간	
위인 선정의 배경			

교육과정 설계
단계 1: 기대하는 학습 결과

수립된 목표:
• 이 설계로 어떤 목표(성취 수준, 프로그램 목표, 학습 결과 등)를 달성할 수 있는가?

이해: 학생들은 ……를 이해하게 될 것이다 • 주요 아이디어는 무엇인가? • 주요 아이디어에 대해 구체적으로 어떤 이해를 해야 하는가?		본질적 질문: • 탐구, 이해, 학습 전이를 촉진시키는 도전적 질문
• 이 교육과정의 결과로서 학생들은 어떤 핵심 지식과 기능을 얻게 되는가? • 그러한 지식과 기능을 가지고 학생들이 결과적으로 할 수 있는 것은 무엇인가?		

〈계속〉

단계 2: 증거의 평가	
수행 과제: • 어떤 수행 과제를 통해서 학생들은 기대하는 이해를 드러낼 수 있는가?	
다른 증거: • 다른 어떤 증거(퀴즈, 테스트, 관찰, 숙제, 저널 등)를 통해 학생들은 기대하는 결과의 성취를 드러낼 수 있는가?	
단계 3: 학습 계획	
학습 활동 • 어떤 교수 학습 경험이 학생들이 기대하는 결과를 성취하도록 할 것인가? 　-목표를 달성하기 위한 수행과제를 성공적으로 수행할 수 있는 차시별 학습을 계획하기 　-각 차시마다 도입, 전개, 정리의 순으로 수업계획 구성	

※ 최종안 형식은 상황에 따라 변형하여 진행 가능

제3부

우리나라 국가 교육과정 및 교과서

CURRICULUM

제3부에서는 우리나라 국가 교육과정의 개발 체제 및 절차, 국가 교육과정의 내용, 교과서 발행 및 활용 관련 사항에 대해 살펴보고자 한다. 우리나라 국가 교육과정이 어떤 체제로 이루어져 있으며 어떤 절차에 따라 개발되고 어떤 내용으로 구성되어 있는지 살펴보는 것은 앞서 기술한 이론적 관점들을 토대로 우리나라 국가 교육과정에 대한 객관적ㆍ비판적 시야를 갖는 데 도움을 줄 것이다.

제10장에서는 우리나라 국가 교육과정의 의의는 무엇이고 국가 교육과정의 체제는 어떻게 구성되어 있는지, 국가 교육과정 관련 쟁점은 무엇인지를 제시하고자 한다.

제11장에서는 최근의 학교교육에 영향을 미치고 있는 2015 개정 교육과정과 2024년 초등학교부터 적용될 2022 개정 교육과정을 중심으로 국가 교육과정의 구체적 내용을 살펴볼 것이다. 교육과정의 내용은 주로 국가에서 제시하는 내용을 중심으로 기술하였다.

제12장에서는 교과서에 대하여 살펴보고자 한다. 교과서는 교육과정을 교실에서 구체적으로 현실화시키는 주요 수단이며, 교사에게는 교육과정 못지않게 중요한 자료라고 할 수 있다. 교사의 전문성을 높이기 위해 '교과서 중심의 교육'이 아닌, '교육과정 중심의 교육'이 되어야 한다는 주장이 있으나, 교과서는 여전히 학교 현장에서 중요한 위치를 차지하고 있다. 이러한 상황에서 교과서에 대해 이해하는 것은 교육과정을 더 잘 이해하기 위해서도 필요한 일이다.

제10장

우리나라 국가 교육과정의 개요

　우리나라는 오랫동안 중앙집권적인 체제를 유지해 왔으며 교육의 경우도 예외는 아니어서 모든 지역에 공통적으로 적용되는 국가 교육과정을 개발하여 왔다. 1980년대 말에 들어 지방자치에 대한 논의가 활발히 일어나던 시점에 우리도 "자치적 교육과정 정책이란 무엇이며, 그것이 교육 현장에 어떤 의미를 가지는가?" 등에 대한 물음을 시초로 교육과정 결정의 분권화에 대한 논의가 시작되기는 하였으나(진권장, 조영태, 조덕주, 1989), 국가 교육과정은 여전히 존재하며, 국가 교육의 기본 토대 역할을 수행하고 있다. 이는 국가 발전에 중앙집중적 교육과정 개발 및 운영이 어느 정도의 순기능으로 작용해 왔다는 것을 의미한다고 볼 수 있다. 그러나 이제 자율성과 창의성 등의 시대사회적 요구에 따라 교육과정상에도 이러한 내용을 수용할 수 있는 탄력적 변화가 요구되고 있으며, 이러한 교육과정에 대한 시대사회적 요구를 이해하고 각자 스스로 우리 교육과정에 요구되는 변화에 대해 생각해 내기 위해서는 다음과 같은 사항의 이해가 선행되어야 한다. 우선 국가 교육과정이 과연 무엇이냐에 대한 이해가 있어야 하고, 또 국가 교육과정의 체제와 개정 과정에 대한 지식이 있어야 한다. 제11장에 기술될 우리 교육과정의 구체적 개정 내용을 다소 비판적인 시각으로 분석하기 위해서는 우리나라의 교육과정의 최근 경향을 미리 알아 두는 것이 필요하다.

1. 국가 교육과정의 의의

교육과정 개발에는 중앙 집중적 개발 방식과 학교 중심적 개발 방식이 있다. 중앙 집중적 개발은 개발의 주도권이 주로 국가에 있는 것을 말하며, 학교 중심적 개발은 학교 혹은 교사에게 주도권이 있는 것을 말한다. 이 두 가지 방식 모두 장단점은 있으며, 최근 많은 국가에서는 이 두 가지를 절충해서 사용하고 있다. 중앙 집중적이었던 국가는 점차 학교로 권한을 이양하고, 학교 중심적이었던 국가는 국가가 주도하여 교육과정 기준 등을 개발하고 적용하려는 추세에 있다.

우리나라는 해방 이후 국가적 · 사회적 필요 및 변화에 적합하고 우리의 현재 교육 수준을 끌어올린다는 목적하에 국가 주도로 교육과정을 개발하여 왔으나, 제6차 교육과정부터 교육과정 개발의 분권화, 즉 지역이나 학교에 교육과정 개발권을 이양하고 있다. 그러나 이는 어디까지나 국가에서 지정한 영역 내의 개발 또는 수정 권한이므로 대체로 중앙 집중적으로 교육과정이 개발되고 있다고 할 수 있다.

이러한 중앙 집중적 교육과정 체제 내에서 국가 교육과정은 초 · 중등교육의 방향을 제시하는 청사진이자 학교교육 실천의 근간이라고 할 수 있다. 최근에는 그 역할이 강조되어 '학교교육을 통해 학생들에게 어떠한 교육 목표를, 어떤 교육 내용과 방법, 평가를 통하여 성취시킬 것인지를 정해 놓은 공통적 · 일반적 기준'으로서, 각급 학교에서 교육과정이 실질적으로 구현되도록 핵심 기준을 제시하여 지원하고 교육과정의 질을 관리하는 기준의 역할을 하는 것으로 이해되고 있다. 이러한 이해와 더불어 국가 교육과정은 "현재의 교육 활동 수준을 끌어올려 질 높은 교육을 수행하는 데 필요한 사항과 기대와 권고를 표방해야 한다."(홍후조, 2009)고 주장되기도 한다. 이처럼 보다 질 높은 교육을 위해서는 학생들에게 기본적인 학습 기회가 주어져야 하고, 자신의 적성 및 진로에 적합한 학습 기회가 제공되어야 한다. 이 학습 기회와 주로 관계되는 것은 교육과정 문서에 제시된 '교육과정 편제와 시간(학점) 배당'이다. 학교교육을 통해 어떤 목표를 가지고 어떤 교과를 어느 시기에 어느 정도로 학습하게 할 것인가가 바로 여기에 담겨 있기 때문이다. 이렇듯 국가 교육과정은 학교교육의 기준으로서의 법적 지위를 가지고 학교교육의 청사진으로서 역할하며 학교교육의 질을 높이기 위한 기준으로서 작용하지만, 한편으로는 한 국가의 국민이라면 모두 동일한 핵심 기준을 통해 같은 교육 내용을 반드시 이수해야만 한다는 규정으로 이해될 수도 있다.

2. 국가 교육과정의 체제

우리나라 국가 교육과정은 총론과 각론으로 구분되어 개발된다. 총론은 교육과정을 이끄는 전체 방향이 담겨져 있는 부분이며, 각론은 각 과목별 기준을 제시한다. 교육과정 제시 방식은 제1차 교육과정에서는 매우 단순한 모습을 보이다가 점차 양이 많아지면서 복잡한 모습을 갖게 되었다. 구체적으로 제2차 교육과정에는 〈표 10-1〉과 같은 내용들이 기술되어 있었으며, 이를 〈표 10-2〉의 현재 체제와 비교하면 양적 팽창과 더불어 세분화, 복잡성의 증가 방향으로 변화되어 왔음을 알 수 있다.

표 10-1 **제2차 교육과정의 체제**

- 머리말
- 교육과정 개정의 취지
- 교육과정 개정의 요점
- 학교 급별 교육과정
  - 교육과정 시간 배당 기준
  - 교과활동
  - 반공·도덕 생활
  - 특별활동

2015 개정 교육과정 총론과 2022 개정 교육과정의 총론 구성 체제는 〈표 10-2〉와 같다.

먼저 총론은 교육과정의 전반적인 편성과 운영에 관한 사항을 담고 있는 것으로, 주로 교육과정 구성의 전체적인 방향, 학교 급별 교육 목표, 편제와 시간(학

표 10-2 2015 개정 교육과정과 2022 개정 교육과정 총론 구성 체제

2015 개정 교육과정	2022 개정 교육과정
Ⅰ. 교육과정 구성의 방향	Ⅰ. 교육과정 구성의 방향
1. 추구하는 인간상	1. 교육과정 구성의 중점
2. 교육과정의 중점	2. 추구하는 인간상과 핵심역량
3. 학교 급별 교육 목표	3. 학교 급별 교육 목표
Ⅱ. 학교 급별 교육과정 편성 · 운영의 기준	Ⅱ. 학교 교육과정 설계와 운영
1. 기본 사항	1. 설계의 원칙
2. 초등학교	2. 교수 · 학습
가. 편제와 시간 배당 기준	3. 평가
나. 교육과정 편성 · 운영 기준	4. 모든 학생을 위한 교육기회 제공
3. 중학교	
가. 편제와 시간 배당 기준	Ⅲ. 학교 급별 교육과정 편성 · 운영의 기준
나. 교육과정 편성 · 운영 기준	1. 기본 사항
4. 고등학교	2. 초등학교
가. 편제와 단위 배당 기준	3. 중학교
나. 교육과정 편성 · 운영 기준	4. 고등학교
5. 특수한 학교에서의 교육과정 편성 · 운영	5. 특수한 학교
Ⅲ. 학교 교육과정 편성 · 운영	Ⅳ. 학교 교육과정 지원
1. 기본 사항	1. 교육과정의 질 관리
2. 교수학습	2. 학습자 맞춤교육 강화
3. 평가	3. 학교의 교육 환경 조성
4. 모든 학생을 위한 교육기회 제공	
Ⅳ. 학교 교육과정 지원	
1. 국가 수준의 지원	
2. 교육청 수준의 지원	

점) 배당 기준, 교육과정의 편성·운영 지침을 담고 있다.

　각론은 각 교과에 관한 내용으로서 각 교과의 목표 및 내용 등이 기술되어 있다. 각론의 체제도 개정 차시별로 약간의 차이는 있지만, 2015 개정 교육과정과 2022 개정 교육과정에 따른 교과 교육과정은 〈표 10-3〉과 같은 체제로 구성되어 있다.

표 10-3 2015 개정 교과 교육과정과 2022 개정 교과 교육과정 구성 체제

2015 개정 교과 교육과정	2022 개정 교과 교육과정
1. 성격	교육과정 설계의 개요
2. 목표	1. 성격 및 목표
3. 내용 체계 및 성취기준	가. 성격
가. 내용 체계	나. 목표
나. 성취기준	3. 내용 체계 및 성취기준
(1) 영역명	가. 내용 체계
(가) 학습 요소	나. 성취기준
(나) 성취기준 해설	(1) 영역명
(다) 교수·학습 방법 및 유의 사항	(가) 성취기준 해설
(라) 평가 방법 및 유의 사항	(나) 성취기준 적용 시 고려 사항
4. 교수·학습 및 평가의 방향	4. 교수·학습 및 평가
가. 교수·학습 방향	가. 교수·학습
나. 평가 방향	(1) 교수·학습의 방향
	(2) 교수·학습 방법
	나. 평가
	(1) 평가의 방향
	(2) 평가 방법

3. 국가 교육과정 개발 과정 및 절차

우리나라 국가 교육과정 개발 과정은 연구 · 개발형으로 특징지을 수 있다. 즉, 교육과정을 본격적으로 개발하기 이전에 기초 연구를 수행하고 이를 교육과정 개정에 반영하는 형태를 말한다. 일반적으로 기초 연구로는 현행 교육과정의 문제와 쟁점에 대한 기초 연구, 현행 교육과정에 대한 수요자(교사, 학생, 학부모 등)의 요구 조사, 외국 교육과정의 최신 내용 동향, 외국의 교육과정 개발 방식, 교육과정에 대한 국가 사회적인 요구 등 다각적인 연구가 수행되며, 이를 기초로 교육과정 개발이 진행된다.

이러한 연구 · 개발형이 본격적으로 시도된 것은 제4차 교육과정기부터다. 그전에도 문교부 편수관실 주도로 교육과정 개정을 위한 기초 조사를 실시하였으나, 문교부가 '한국교육개발원'이라는 교육과정 전문 연구 기관에 교육과정 개발 업무를 위탁하여 이루어진 것은 제4차 교육과정기부터다.[1] 즉, 제4차 교육과정기와 제5차 교육과정기에는 특정 교육과정 전문 연구 기관이 전담하여 교육과정 개정을 위한 기초 연구부터 새 교육과정의 총론과 각론의 전체적인 틀과 내용을 개발하였다. 그리고 문교부는 교육과정 전문 기관이 개발한 교육과정 개정 시안을 심의하고 수정 · 보완하여 확정 · 고시하는 역할을 하였다. 제6차와 제7차 교육과정 개정도 '연구 · 개발형'이었으나, 전문 연구 기관 주도의 교육과정 개발인 제6차와 제7차와 비교할 때, '교육부 직영의 연구 · 개발형'이라는 특징을 갖는다. 즉, 제6차와 제7차에서는 교육부가 교육과정 개정 전반을 총괄하면서, 기초 연구와 총론, 각론 개발을 담당할 집단이나 기관에 직접 위탁하였고, 그 결과 여러 곳에서 분산 개발하게 되었으며, 이들이 개발한 것을 종합 · 수정 · 확정하였다. 제7차 개정에 이어 2007 개정 교육과정, 2009 개정 교육과정에 이르러서도

---

1) '연구 · 개발형'에 대한 설명은 소경희(2005: 34-36)의 내용을 참조한 것이다.

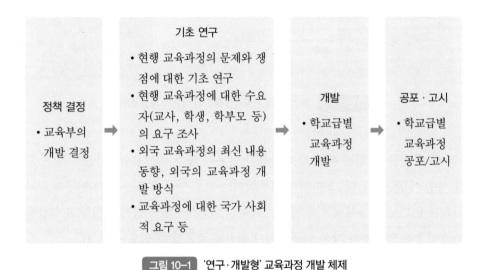

정책 결정	기초 연구	개발	공포 · 고시
• 교육부의 개발 결정	• 현행 교육과정의 문제와 쟁점에 대한 기초 연구 • 현행 교육과정에 대한 수요자(교사, 학생, 학부모 등)의 요구 조사 • 외국 교육과정의 최신 내용 동향, 외국의 교육과정 개발 방식 • 교육과정에 대한 국가 사회적 요구 등	• 학교급별 교육과정 개발	• 학교급별 교육과정 공포/고시

그림 10-1 '연구·개발형' 교육과정 개발 체제

사실상 교육부 주도의 '연구 · 개발형' 교육과정 개정이 이루어졌다고 볼 수 있으며 대체로 연구 · 개발형은 [그림 10-1]과 같은 절차를 갖는다.

이러한 '연구 · 개발형' 교육과정 개발 체제 내에서 총론은 각론에 우선해서 개발되어 왔는데, 총론이 먼저 심의되어 확정되고 난 후, 각론이 심의 · 확정 공포 혹은 고시되어 왔다([그림 10-2] 참조).

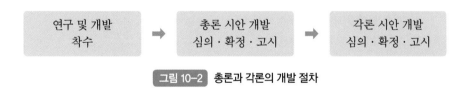

연구 및 개발 착수	총론 시안 개발 심의 · 확정 · 고시	각론 시안 개발 심의 · 확정 · 고시

그림 10-2 총론과 각론의 개발 절차

2015 개정 교육과정은 '연구 · 개발형' 교육과정 개발 체제로 이루어졌으나, 총론이 먼저 확정 · 고시된 이후에 각론이 확정 · 고시되는 기존의 방식과 달리, 총론의 주요 사항이 먼저 발표되고, 그 이후 총론과 각론이 동시에 개발되어 확정 · 고시되었다는 점에서 차별화된다([그림 10-3] 참조). 총론 주요 사항은 총론 전공자와 교과 전공자가 협력하여 마련될 수 있도록 하였다. 〈표 10-4〉나 〈표

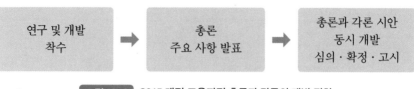

그림 10-3 2015 개정 교육과정 총론과 각론의 개발 절차

10-5〉에서 볼 수 있는 바와 같이 총론과 각론이 확정 · 고시되기 이전에 '총론 주요 사항'이 발표되는데 그 이전에 이루어지는 기초 연구에 총론 관련 연구와 교과 교육과정 연구가 동시에 이루어지는 것이다. 연구 진행 과정에서 합동 워크숍을 통하여 총론 연구진과 각론 연구진이 원활하게 소통할 수 있도록 하였다.

   구체적으로 2015 개정 교육과정의 총론과 각론의 개정 과정을 간략하게 제시하면 〈표 10-4〉와 같다.

표 10-4 2015 개정 교육과정 총론과 각론 개정까지의 과정[2)]

추진 내용	시기
■ 개정 연구 추진	
• 문 · 이과 통합형 교육과정 개발을 위한 기초 연구 추진	
• 총론 및 교과 교육과정 시안 개발을 위한 기초 연구 추진	2013. 7. ~ 2014. 2.
－문 · 이과 통합형 교육과정 총론 시안 개발 연구(총괄)	2014. 3. ~ 2014. 12.
－문 · 이과 통합형 교육과정 구성 방안 연구	
－유 · 초 · 중학교 교육과정 개선 연구	
－교과 교육과정 개발 방향 설정 연구	
－국가 교육과정 질 관리 체제 구축 방안 연구	
－교과 교육과정 재구조화 연구(국어, 수학, 영어, 사회, 역사, 과학)	
■ 총론 주요 사항 발표	2014. 9. 24.

〈계속〉

2) 국가교육과정개정연구위원회(2015: 5-6)

■ 총론 및 각론 시안 개발 연구 추진	
• 교과 교육과정 시안 개발 연구 추진(각론조정연구와 창의적 체험활동 교육과정 개발 연구 포함 22개 과제)	2014. 12. ~ 2015. 11.

• 총론 시안 개발 정책 연구 추진
  −2015 개정 교육과정 총론 시안 개발 연구
  −2015 개정 교육과정 초 · 중학교 현장 안착 방안 연구
  −2015 개정 교육과정 고등학교 교육과정 운영 방안 연구
	2015. 3. ~ 2015. 11.

• 2015 개정 교육과정 의견 수렴 추진 −국가 교육과정 포럼 운영(2년간 총 16회)	2014. 3. ~ 2015. 10.
• 2014년 전문가 포럼 3회, 현장교원 포럼 4회, 합동 포럼 1회	

• 2015년 전문가 포럼 3회, 현장교원 포럼 4회, 합동 포럼 1회
  −시 · 도 교육청 교육과정 전문직 워크숍 운영(2회)
  −시 · 도 교육청 권역별 핵심교원 연수 운영
	2015. 4. ~ 2015. 8.

• 권역별 300명, 총4권역 1,200명 연수 및 의견 수렴	2015. 6. ~ 2015. 7.
■ 총론 및 각론 시안의 타당성 검토	2015. 1. ~ 2015. 7.
• 정책 연구진 합동 워크숍	
• 교과별 전문가 협의회 실시	

• 현장교원 집합 및 온라인 검토
  □ 교과 교육과정 내용 적정성, 교과 간 · 교과 내 중복성 검토
  □ 온라인 서면 검토	

• 공청회 개최	2015. 7. ~ 2015. 9.
■ 총론 및 각론 확정 고시	2015. 9. 23.

2022 개정 교육과정도 2015 개정 교육과정과 마찬가지로 총론의 주요 사항이 먼저 발표되고, 그 이후 총론과 각론이 동시에 개발되어 확정 · 고시되는 방식으로 개발되었다. 2022 개정 교육과정의 총론과 각론의 개정 과정을 간략하게 제시하면 〈표 10−5〉와 같다.

표 10-5) **2022 개정 교육과정 총론과 각론 개정까지의 과정**[3]

추진 내용	시기
■ 개정 연구 추진	

• 총론 및 교과 교육과정 시안 개발을 위한 기초 연구 추진
  −2022 개정 교육과정 총론 주요 사항 설정 연구
  −2022 개정 고등학교 교육과정 개선 연구
  −2022 개정 초·중학교 교육과정 개선 연구
  −2022 개정 교과 교육과정 개발 기준 마련 연구
  −역량 함양 교과 교육과정 재구조화 연구(국어, 수학, 영어, 사회, 과학)
	2021. 4. ~ 2021. 11.

■ 총론 주요 사항 발표	2021. 11. 24.
■ 총론 및 각론 시안 개발 연구 추진	
• 교과 교육과정 시안 개발 연구 추진(각론조정연구와 창의적 체험활동 교육과정 개발 연구 포함 19개 과제)	2021. 12. ~ 2022. 12.

• 총론 시안 개발 정책 연구 추진
  −2022 개정 교육과정 총론 시안 개발 연구
  −2022 개정 교육과정 초·중학교 교육과정 운영 방안 연구
  −2022 개정 교육과정 고등학교 교육과정 운영 방안 연구
	2022. 3. ~ 2022. 12.

• 2022 개정 교육과정 의견 수렴 추진
  −국가 교육과정 개정 추진 위원회 운영(총17회)
  −각론조정위원회 운영(총6회)
  −정책자문위원회 운영(총5회)
  −시·도 교육청 교육과정 전문직 의견 수렴(총3회)
  −교육과정 권역별 핵심교원 연수를 통한 의견 수렴(총4회)
   □ 총4권역 800명 연수 및 의견 수렴
  −학생·학부모 공감&소통 콘서트를 통한 의견 수렴
   □ 총4권역 720명 온·오프라인 토의 및 채팅 참여
  −2022 개정 교육과정을 위한 현장소통 포럼 개최(총4회)
  −국민참여형 의견수렴 온라인 플랫폼 운영
	2021. 4. ~ 2022 11.

〈계속〉

3) 교육부(2021b: 6-7; 2022: 2-3)의 내용을 정리함.

■ 총론 및 각론 시안의 타당성 검토	2022. 4. ~ 2022. 10.
• 정책 연구진 합동 워크숍	
• 교과별 전문가 협의회 실시	
• 현장교원 집합 및 온라인 검토	
□ 교과 교육과정 내용 적정성, 교과 간 · 교과 내 중복성 검토	
□ 온라인 서면 검토	
• 공청회 개최	2022. 9. ~ 2022. 10.
■ 총론 및 각론 확정 고시	2022. 12. 21.

국가 교육과정 개발 추진 체계와 관련하여 2022 개정이 2015 개정과 차별화되는 것은 의견 수렴의 범위가 일반 국민으로까지 확대되었다는 점이다. 이전에는 국가 차원에서 교육과정 전문가 중심으로 초 · 중등학교 교육과정을 연구 · 개발하고, 의견 수렴도 현장 교사나 교육청 관계자를 대상으로 이루어졌다면, 2022 개정에서는 의견 수렴의 대상이 현장 교사나 교육청 관계자뿐만 아니라 학생, 학부모, 교육 분야 이외의 전문가, 일반 시민 등으로 확대되었다.

2022 개정 교육과정에서는 의견 수렴의 대상만 다양해진 것이 아니라 의견 수렴의 주체도 다양해졌다. 이전에는 의견 수렴의 주체가 교육부였다면 2022 개정에서는 교육부 이외에 국가교육회의[4]와 시 · 도교육감협의회를 통해서도 의견 수렴이 활발하게 이루어졌다.

또한 2022 개정에서는 기존의 초 · 중등학교 교육과정의 제정에 관한 사항을 심의하는 기구인 '교육과정심의회' 이외에 다양한 전문가, 학계, 관계기관 등으로 구성된 상시협의체를 통해 교육과정 개발을 위한 논의와 의사결정을 진행하였다. 특히, 교육과정 전문가, 현장 교원, 교원정책 전문가, 공간 및 인공지능 전문가 등 21명으로 구성된 '국가 교육과정 개정추진위원회'를 구성하여 교육과정

---

4) 2022년 9월 27일에 '국가교육위원회'로 공식 출범함.

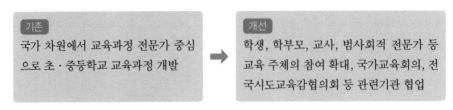

기존	개선
국가 차원에서 교육과정 전문가 중심으로 초·중등학교 교육과정 개발	학생, 학부모, 교사, 범사회적 전문가 등 교육 주체의 참여 확대, 국가교육회의, 전국시도교육감협의회 등 관련기관 협업

그림 10-4 2022 개정 교육과정 개발 추진 체계 개선

참조: 교육부(2021b: 3).

연구와 개발과 관련하여 쟁점을 논의하고, 의견 수렴 결과에 대해 숙의하고 토론하며 중요한 의사결정이 이루어지도록 하였다. 이외에 사회의 다양한 분야 전문가로 구성된 '정책자문위원회'를 두어 교육과정 개발 과정에서 발생하는 현안 등에 대해 다양한 관점을 바탕으로 자문 및 개선점을 제안하도록 하였다. 2015 개정부터 구성된 '각론조정위원회'를 두어 총론과 각론의 유기적 연계를 강화하고 교과 내용 중복을 해소하고 교과 이기주의를 견제할 수 있는 주요 쟁점에 대한 논의가 이루어지도록 하였다. 이러한 2022 개정에서 이루어진 대국민 의견 수렴 과정을 그림으로 제시하면 다음과 같다.

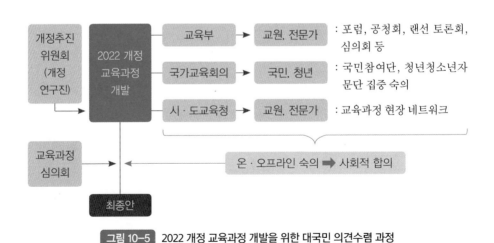

그림 10-5 2022 개정 교육과정 개발을 위한 대국민 의견수렴 과정

참조: 교육부(2021a: 34).

4. 국가 교육과정의 최근 경향: 학교 교육과정 자율화

우리나라의 초ㆍ중등학교 교육과정은 중앙 정부에 의하여 그 기본적인 골격이 결정되는 특징을 지닌다. 국가가 전국의 모든 초ㆍ중등학교에서 가르쳐야 할 교과 및 수업시수를 정해 준다. 이러한 중앙집중적인 교육과정 결정 방식은 학교 교육에 대한 국가의 의지를 관철하고 통일된 기준으로 전국의 학사를 관리할 수 있는 편리함을 가지나 지나친 중앙집중화는 학생의 개인차나 지역의 특수성을 무시하고 보편성과 획일성을 강조할 가능성이 있다. 이에 우리나라에서는 기본적으로 중앙집중적인 교육과정 결정 방식을 유지하면서도 점점 지역 및 학교의 교육과정 결정권을 확대해 주는 방향, 즉 학교 교육과정 자율화의 방향으로 교육과정 정책이 이루어지고 있다.

학교 교육과정 자율화는 국가 수준에서 정해 놓은 교과 및 수업시수의 일부분을 학교가 자율적으로 결정할 수 있도록 하는 것을 의미한다. 이것은 궁극적으로 학생맞춤형 교육을 실현하기 위한 것이다. 학생맞춤형 교육과정은 개별 학생의 성장을 지원하는 교육과정이다. 개별 학생의 성장을 지원하는 것은 학생을 잘 이해하는 학교의 몫이다. 교사가 학생에 대한 이해를 바탕으로 학생에게 가장 적절한 학습 경험을 설계하는 전문성을 충분히 발휘할 수 있도록 하기 위해서는 학교 교육과정의 자율성이 확대되어야 한다. 우리나라에서 이러한 학교 교육과정 자율화의 경향이 시작된 것은 제6차 교육과정부터 시범적으로 도입된 '재량활동'이다. 재량활동은 제6차 교육과정에서 초등학교 3~6학년에 주당 1시간씩 시범적으로 운영되었으며, 제7차 교육과정에서는 10학년까지 확대되어 초등학교 주당 2시간, 중학교 주당 4시간, 고등학교 1학년 주당 6시간으로 운영되었다.

제7차 교육과정에서 재량활동은 '교과 재량활동'과 '창의적 재량활동'으로 구분된다. 교과 재량활동에서는 공통 기본 교과의 심화ㆍ보충이나 중등학교의 선택과목을 학습할 수 있으며, 창의적 재량활동에서는 학교의 독특한 교육적 필요, 학생의 요구에 따른 범교과 학습과 자기 주도적 학습을 할 수 있다(교육부, 1997). 국가 교육과정에 제시된 이러한 내용 영역은 재량활동 시간에 할 수 있는 활동의 성격을 암시할 뿐, 구체적인 활동내용을 제시하지 않는다. 특히 창의적 재량활동에 관한 규정은 매우 모호하다. 따라서 단위 학교에서는 재량활동의 각 영역에 배당된 시간 범위 내에서 무엇을 해야 할지를 자율적으로 선택하고, 이를 위한 프로그램을 스스로 만들어야 한다. 각 학교급별 재량활동의 시수, 활용 방안을 제시하면 다음과 같다.

표 10-6 제7차 교육과정 재량활동의 학교급별 시간 편제 및 내용

영역 학교급	교과 재량활동		창의적 재량활동	
	공통 기본 교과의 심화·보충학습	선택 과목 학습	범교과 학습	자기주도적 학습
초등학교(68시간)	• 매 학년 0~68시간(주당 평균 2시간) 배정 • 주로 창의적 재량활동에 활용할 것을 권장함			
중학교(136시간)	• 102시간 활용(주당 평균 3시간) • 선택과목5) 학습에 일정 시간을 우선 활용하고 나머지 시간은 기본 교과 심화·보충 학습에 활용할 것을 권장함		• 34시간 활용(주당 평균 1시간)	
고등학교(12단위)	• 4~6단위	• 4~6단위	• 2단위(주당 평균 1시간)	

이러한 학교 교육과정 자율화 경향은 2009 개정 교육과정에서 더욱 두드러지게 나타났다. 우선 2009 개정 교육과정에서는 기존의 학년별, 교과별 수업 시수 배정에서 벗어나 학년군별 총 수업시수를 배정함으로써 교과 및 학교의 특성을 고려하여 단위 학교에서 자율적 편성·운영이 가능하도록 하였다. 〈표 10-7〉

---

5) 중학교에서 재량활동 시간에 공부할 수 있는 선택과목으로는 한문, 컴퓨터, 환경, 생활외국어(독일어, 프랑스어, 스페인어, 중국어, 일본어, 러시아어, 아랍어)가 있다.

표 10-7   **2009 개정 교육과정 학년군의 구분**

초등학교			중학교	고등학교
1~2학년	3~4학년	5~6학년	7~9학년	10~12학년

과 같이, 초등학교는 1~2학년, 3~4학년, 5~6학년으로, 중학교는 7~9학년으로, 고등학교는 10~12학년으로 묶여 총 수업시수가 배정되었다.

그다음으로 2009 개정 교육과정에서는 종래의 수업 시수의 성격을 '연간 최소 수업 시수'에서 증감이 가능한 '기준 시수'로 전환하여 각 학교로 하여금 교과 수업 시수를 자율적으로 증감하여 편성 · 운영하도록 하였다. 수업 시수의 증감 범위는 학교의 특성, 학생 · 교사 · 학부모의 요구를 고려하여 각 교과(군)별로 20% 범위 내에서 증감이 가능하도록 하였다. 2009 개정 교육과정 이전에는 국가 교육과정 총론에 제시된 교과별 시수를 모든 학교에서 동일하게 준수하였으므로 교육과정 편성이 학교 간 차이가 없었다면, 2009 개정 교육과정의 교과(군)별 20% 범위 내 증감 지침으로 인하여 학교마다 다양한 교육과정 편성이 가능하게 되었다.

특히 고등학교 교육과정과 관련하여 고등학교 3년을 선택 교육과정 체제로 전환하고 교과 영역별 필수 이수 단위를 설정하고 총 이수 단위 중 필수 이수 단위를 제외한 나머지 단위를 모두 '학교자율과정'으로 설정하여 각 교과(군)에 따른 과목의 이수 시기와 단위를 학교 자율적으로 편성 · 운영할 수 있게 하였다. 2007 개정과 2009 개정의 고등학교(일반고) 교육과정 단위 배당 기준 비교를 제시하면 〈표 10-8〉과 같다.

2009 개정 교육과정에서 이루어진 이러한 학교 교육과정의 자율화를 위한 다양한 조치들은 2015 개정에서 그대로 유지되었고 2022 개정에서는 더 적극적인 방안이 마련되었다. 즉, 2022 개정에서는 학교 교육과정 자율성 확대를 위하여 기존에 교과(군) 내에서만 교과(군)별 20% 내 시수 증감이 가능하도록 한 것을 2022 개정 교육과정에서는 창의적 체험활동까지 포함하여 교과(군)별 및 창의적 체험활동 20% 내 시수 증감이 가능하다. 또한 학교 교육과정 자율성 확대를

표 10-8   2007 개정과 2009 개정의 고등학교(일반고) 교육과정 단위 배당 기준 비교

2007 개정

구분	학교 / 학년	10	11-12
교과	국어	8	선택과목
	도덕	2	
	사회	사회 6 / 역사 6	
	수학	8	
	과학	8	
	기술·가정	6	
	체육	4	
	음악	2	
	미술	2	
	외국어(영어)	8	
재량활동		6	
특별활동		4	(8)
연간 총 수업시간 수		70	140

2009 개정

구분	교과영역	교과(군)	필수 이수 단위 교과(군)	필수 이수 단위 교과영역	학교 자율과정
교과(군)	기초	국어	15	45	학생의 적성과 진로를 고려하여 편성
		수학	15		
		영어	15		
	탐구	사회(역사/도덕 포함)	15	35	
		과학	15		
	체육·예술	체육	10	20	
		예술(음악/미술)	10		
	생활·교양	기술·가정/제2외국어/한문/교양	16	16	
소계			116		64
창의적 체험활동			24		
총 이수 단위			204		

위하여 2022 개정 교육과정에서 새롭게 도입된 방안은 학교 자율시간 확보 방안이다. 초·중학교에서 기존에 연간 34주를 기준으로 수업시수를 운영한 것을 한 학기 17주 기준 수업시수 중 1회를 자율적으로 운영하여 다양한 학교장 개설과목 신설, 지역 연계 특색 프로그램 운영 등이 가능하다. 2022 개정의 학교 자율시간 확보 및 운영 방안을 2015 개정과 비교하여 제시하면 [그림 10-6]과 같다.

2015 개정	2022 개정
• 교과(군)별 증감 범위 활용 • 연간 34주를 기준으로 한 수업시수 운영 • 중학교는 학교장 개설 선택과목 개발 · 운영 가능(초등학교는 선택과목이 없음) 　☞ 학교 특색 및 지역과 연계한 과목 및 활동 운영 시간 확보 어려움	• 교과(군) 및 창의적 체험활동 증감 범위 활용 • 한 학기 17주 기준 수업시수를 탄력적으로 운영할 수 있도록 수업량 유연화 활용 　☞ 한학기 17주 수업 → 16회(수업)+1회(자율운영) 　※ 매 학년별 최대 68시간 확보 가능 • 초등학교, 중학교 선택과목 개발 · 운영 가능

그림 10-6 학교 자율시간 확보 및 운영 방안

참조: 교육부(2021b: 20).

이상에서 살펴본 제6차 교육과정에서부터 2022 개정 교육과정까지 이루어진 학교 교육과정 자율화 방안을 종합하여 제시하면 〈표 10-9〉와 같다.

표 10-9 교육과정 개정 시기별 학교 교육과정 자율화 방안

개정 교육과정	제6차	제7차~2007 개정	2009 개정~ 2015 개정	2022 개정
학교 교육과정 자율화 방안	• 학교 재량 시간 시범 도입	• 재량활동 도입(교과 재량, 창의적 재량)	• 학년군 도입 • 교과(군)별 20% 수업시수(단위) 증감 허용 • 고등학교 학교 자율 과정 도입	• 교과(군) 및 창의적 체험활동 시수 20% 증감 허용 • 학교 자율시간 도입(초 · 중학교)

질문및활동

1. 우리나라 국가 교육과정은 총론과 각론으로 구분되어 각각 다른 연구진에 의하여 개발 된다. 총론 개발 연구진은 교육과정 전공자로 구성되고, 각론 개발 연구진은 교과별 교 과교육 전공자로 구성된다. 이러한 과정에서 총론 측 의견과 각론 측 의견이 상충되는 경우가 발생하기도 한다. 다음과 같은 총론과 각론의 의견이 상충되는 사례에 대해 논 의해 보자.

총론 측 의견	각론 측 의견
이번 국가 교육과정 개정의 중요한 방향 은 창의적 문제해결력 계발과 바람직한 인성 함양입니다. 이러한 총론의 방향이 모든 교과 교육과정에 반영될 수 있도록 해야 합니다.	각 교과에는 교과 고유의 개념과 기능이 있 고, 교과 교육과정은 이러한 교과 고유의 내용 을 중심으로 개발되어야 합니다. 창의적 문제 해결력이나 인성은 이러한 교과 고유의 내용 을 가르치고 배우는 동안 자연스럽게 길러지 는 것이므로 교과 교육과정을 개발할 때 총론 의 방향을 별도로 신경 쓸 필요는 없습니다.

2. 국가 교육과정 개발 과정에서는 다양한 의견 수렴 과정이 수반된다. 의견 수렴 방식과 관련하여 2022 개정이 그 이전 개정과 차별화되는 것은 의견 수렴의 대상이 일반 국민 으로까지 확대되었다는 것이다. 이와 같이 의견 수렴 대상을 확대하는 것에 대한 찬반 의견 사례를 참고하여 국가 교육과정 개정 시 의견 수렴 대상은 어디까지 확대하면 좋 을지에 대해 논의해 보자.

찬성	반대
우리나라에서 교육은 국민의 최대 관심사 이므로 교육과정 개정에 대한 의견 수렴은 모든 국민을 대상으로 해야 한다. 의견 수 렴이 교육 분야에 한정된다면 모든 국민이 만족할 수 있는 방향으로 교육과정 개정이 이루어지기 어렵다.	교육과정 개정에 대한 의견 수렴 대상은 교 사, 교육청 관계자, 교육 또는 교과교육 전 문가에 한정할 필요가 있다. 더 확대하여 학생과 학부모까지, 더 나아가 일반 국민에 게까지 확대하는 것은 바람직하지 않다.

3. 제6차 교육과정부터 2022 개정 교육과정에 이르기까지 우리나라는 학교 교육과정의 자율성을 '점진적으로' 확대하는 기조를 유지하고 있는데 그것은 학교 교육과정의 자율성을 확대하는 것과 관련하여 장점도 있지만 단점도 존재하기 때문일 것이다. 다음의 인용문은 2009 개정 교육과정의 학교 교육과정 자율화 방안에 대한 교사 의견을 정리한 내용이다. 이러한 교사의 의견을 참고하여 학교 교육과정 자율화 방안의 장점과 단점은 무엇인지, 장점은 살리고 단점은 예방하는 방안은 무엇인지 논의해 보자.

> 학교 현장에서 생각하는 자율화는 국가의 간섭으로부터 벗어나 학교가 원하는 방향대로 교육과정을 설계하는 것인데, 20% 범위 내에서의 증감 등과 같은 조항이 오히려 자율화의 발목을 잡고 있다. 달리 말하면, 현 교육과정은 자율화를 표방하면서도 정작 자율화를 향한 실질적인 노력은 제한하는 모순을 안고 있는 것이다. 이런 이유에서 국가 교육과정은 말 그대로 '미니멈 스탠다드'로 가서 규제를 최소화하거나, '증감이 20%가 아니라 40%까지 확대되어야'한다(홍원표, 2011: 36).

참고문헌

교육부. (1997). 교육과정.

교육인적자원부. (2007). 교육과정.

교육과학기술부. (2009). 교육과정.

교육부. (2021a). 국민과 함께 미래 교육과정을 이야기하다. 2022 개정 교육과정 추진 계획 발표 . 보도자료(2021. 4. 20.).

교육부. (2021b). '2022 개정 교육과정' 총론 주요 사항 발표: 더 나은 미래, 모두를 위한 교육. 보도자료(2021. 11. 24.).

교육부. (2022). 2022 개정 초 · 중등학교 및 특수교육 교육과정 확정 · 발표: 배움의 즐거움을 일깨우는 미래교육으로의 전환. 보도자료(2022. 12. 22.).

국가교육과정개정연구위원회. (2015). 2015 개정 교육과정 총론 시안 1차 공청회 자료집.

진권장, 조영태, 조덕주. (1989). 지방자치제 실시에 대비한 교육과정 정책 연구. 교육개발, 67, 73-77.

홍원표. (2011). 우상과 실상: 교육과정 자율화 정책의 모순된 결과와 해결방안 탐색. 교육과정연구, 29(2), 23-43.

홍후조. (2009). 2009 개정 교육과정에서 핵심 쟁점 분석. 한국교육과정학회 추계학술대회 자료집, 47-79.

우리나라 국가 교육과정의 변천

현재 우리나라의 초·중등교육은 교육법에 의거하여 운영하도록 되어 있다. 「초·중등교육법」 제23조는 초·중등학교의 교육과정을 교육부 장관이 정하도록 규정하고 있다. 그리하여 초·중등학교의 교육과정은 교육부가 결정해서 문서로 고시한 '교육과정'에 따라 편성·운영되고 있다. 이와 같이 우리나라는 '국가 수준의 교육과정'이 문서로 존재하며, 고등학교 이하 각급 학교의 교육과정은 바로 이러한 국가 수준 문서에 따라 운영되고 있다고 할 수 있다. 따라서 우리나라 교육과정의 전체적인 흐름을 파악하는 데에서 가장 기초가 되는 것은 국가 수준에서 고시된 문서인 '교육과정'을 검토하는 일이다.

앞 장에서 살펴보았듯이, 우리나라 교육과정은 총론과 각론으로 구분하여 개발되어 있다. 우리나라는 8·15 광복 이후 열한 번에 걸쳐 고시된 교육부의 교육과정 문서를 가지고 있다. 우리나라는 교육과정이 개정되면 법령으로 고시되고 몇 년 후에 학교에 적용된다. 즉, 고시 연도와 적용 연도가 다르다. 2015 개정 이전까지는 총론이 먼저 고시되고 다음 연도에 그것에 따른 각론, 즉 교과 교육과정이 개발되어 고시되었으나, 2015 개정부터는 총론과 각론이 동시에 개발되어 고시되었다. 광복 이후부터 지금까지 이루어진 개정 교육과정의 고시 연도를 표로 나타내면 〈표 11-1〉과 같다.

표 11-1 교육과정 개정 차시와 고시 연도

차시	제1차	제2차	제3차	제4차	제5차	제6차	제7차	2007 개정	2009 개정	2015 개정	2022 개정
고시년도	1954	1963	1973	1981	1987	1992	1997	2007	2009	2015	2022

　　개정 교육과정의 적용은 초등학교 1학년부터 고등학년 3학년까지 한꺼번에 적용되는 것이 아니라 학년별로 연차적으로 적용된다. 교과 교육과정은 모든 학년, 모든 과목을 동시에 개발할 수 있으나, 개발 기간 및 국정 · 검정 · 인정 과정을 고려하는 교과서는 모든 학년, 모든 과목을 동시에 적용하는 것이 어렵기 때문이다. 여기서는 우리나라 국가 교육과정의 변천 과정을 총론 문서 중심으로 자세히 살펴보되, 최근에 이루어진 2015 개정과 2022 개정의 총론을 중심으로 살펴본다.

　　2015 개정 교육과정과 2022 개정 교육과정은 역량 교육과 고교학점제 도입이라는 공통분모를 가지고 있다. 2015 개정 교육과정은 국가 수준의 교육과정을 역량 교육의 관점에서 설계한 우리나라 최초의 시도이며 2022 개정 교육과정도 이러한 기조를 이어받아 설계되었다. 고교학점제는 2018년에 연구학교 운영을 통하여 시범적으로 도입되기 시작하여 2024년까지 단계적으로 운영되다가 2025년 전면 도입을 앞두고 있다. 2022 개정 교육과정은 이러한 고교학점제의 전면 도입을 위하여 설계된 교육과정이다. 2015 개정 교육과정은 처음부터 고교학점제를 위해 설계되지는 않았으나 적용 과정에서 고교학점제의 단계적 적용을 위해 2022년 1월에 일부 개정되었다. 이하에서는 이러한 2015 개정 교육과정과 2022 개정 교육과정의 두 가지 공통분모에 대해서 먼저 살펴본 후 각 개정 교육과정의 주요 내용을 살펴보고자 한다.

1. 역량 교육과 고교학점제의 도입

1) 역량 교육의 도입

역량 교육은 교과 이외의 다른 것을 가르치는 교육이 아니라 교과를 가르치되 새로운 방향으로 가르치는 교육을 가리킨다. 기존의 교과 교육이 학문의 구분에 따라 구획되어 있는 다양한 교과 지식을 가르치는 데에 초점이 있다면, 역량 교육은 삶을 살아가는 데에 필요한 능력(역량)이 무엇인가를 먼저 설정하고 교과 교육을 통하여 그러한 능력(역량)을 기르는 데에 초점을 두는 교육이다. 전자의 관점에서 설계된 교육과정을 '학문중심 교육과정'이라고 한다면, 후자의 관점에서 설계된 교육과정은 '역량중심 교육과정'이라고 할 수 있다. 역량중심 교육과정이라는 용어를 사용할 때 그것이 교과 이외의 다른 것을 가르치는 교육으로 오해되거나, 교과를 역량으로 대체하는 것으로 오해될 소지가 있으므로 주의가 필요하다. 역량은 교과를 대체하는 교육내용 수준의 개념이 아니라 교과 교육의 방향성을 가리키는 교육 목표 수준의 개념이다(한혜정, 2020: 143).

그렇다면 교육 목표로서의 역량은 어떻게 정해지는 것일까? 국가 수준의 교육과정을 역량중심 교육과정으로 설계하고자 할 때, 어떤 역량을 목표로 설정할지, 어떤 방식으로 교육과정을 설계할지에 대해서는 국가마다 다르다. 우선, 어떤 역량을 목표로 설정할 것인지에 대해서는 국가·사회적인 합의가 필요하다. 우리나라의 경우, 삶을 살아가는 데에 필요한 다양한 역량 중에서 미래사회를 살아가기 위해 필요한 보편적이고 일반적인 능력으로 국가·사회적으로 합의된 역량을 '핵심역량'으로 명명하고, 2015 개정 교육과정에 '자기관리 역량, 지식정보처리 역량, 창의적 사고 역량, 심미적 감성 역량, 의사소통 역량, 공동체 역량'(교육부, 2015b: 2) 등 6개의 핵심역량을 제시하였다. 2022 개정 교육과정에서는 이러한 6개의 핵심역량 중 의사소통 역량을 협력적 소통 역량으로 수정하여 '자기관리 역량, 지식정보처리 역량, 창의적 사고 역량, 심미적 감성 역량, 협력적

소통 역량, 공동체 역량'(교육부, 2022b: 6)이 제시되었다.

교과 교육을 어떻게 하면 이러한 핵심역량을 기르도록 할 수 있을까? 그것은 교과 내용을 그 자체로만 가르치지 않고 삶과 연계하여 가르칠 때 가능하다. 따라서 역량중심 교육과정에서는 삶과 연계된 주제 중심으로 교과 간 통합교육이 강조된다. 2022 개정 교육과정 총론에 제시된 "교과 교육에서 깊이 있는 학습을 통해 역량을 함양할 수 있도록 교과 간 연계와 통합, 학생의 삶과 연계된 학습, 학습에 대한 성찰 등을 강화한다."(교육부, 2022b: 5)는 교육과정 구성의 중점은 바로 이 점을 지적하고 있는 것이다.

교과 내용을 삶과 연계하여 가르침으로써 핵심역량을 함양하도록 하기 위해서는 교과 교육과정의 설계 방식도 달라져야 한다. 학문중심 교육과정은 교과 내용에 초점을 두고 그것의 논리적 구조에 따라 교육과정이 설계되지만, 역량중심 교육과정은 학습자의 역량 발달에 초점이 있기 때문에 교과의 내용을 학습한 이후 학습자의 마음에 구성될 일반화된 지식이나 능력에 초점을 두고 설계된다. 즉, 교과에서 배운 내용이나 능력이 교과 맥락을 떠나 다양한 삶의 맥락에서도 발휘되도록 하기 위해서 교과 내용은 교과의 구체적인 내용만이 아니라 그것을 학습함으로써 학습자의 마음에 구성되는 '빅 아이디어' 중심으로 구성할 필요가 있다. 왜냐하면 교과의 구체적인 지식이나 정보보다는 그것을 포괄하는 일반적인 아이디어(빅 아이디어)가 구체적인 지식과 정보보다 적용 맥락이 넓기 때문이다(한혜정 외, 2022: 118). 이에 따라 2015 개정 교육과정 이전의 교과 교육과정 내용 체계는 학습 주제의 나열로 되어 있다면 역량 교육이 도입된 2015 개정 교과 교육과정의 내용 체계는 '핵심 개념'이나 '일반화된 지식' 중심으로, 2022 개정 교육과정은 '핵심 아이디어' 중심으로 구성되었다.

학문중심 교육과정은 교과 내용 중 지식에 초점을 두고 설계되지만 역량중심 교육과정은 지식뿐만 아니라 과정이나 기능, 가치 및 태도를 종합적으로 고려하여 설계된다. 역량은 인지적 측면뿐만 아니라 정서적, 의지적 측면 등 모든 측면이 종합된 총체적인 능력이기 때문이다. 이에 따라 2015 개정 교과 교육과정의 내용 체계는 핵심개념이나 일반화된 아이디어, 내용 요소, 기능으로 구성하고,

2022 개정 교과 교육과정의 내용 체계는 핵심 아이디어와 내용 요소로 구성하되, 내용 요소를 지식·이해, 과정·기능, 가치·태도로 구분하여 제시한 것이다. 또한 역량중심 교육과정에서는 학습자의 자기주도성이 무엇보다 강조된다. 역량중심 교육과정에서 역량의 발달은 학습자의 자기주도성이 전제되어야 가능하기 때문이다. 2015 개정 교육과정 총론에 제시된 "교과 특성에 맞는 다양한 학생 참여형 수업을 활성화하여 자기주도적 학습 능력을 기르고 학습의 즐거움을 경험하도록 한다."(교육부, 2015b: 3), 2022 개정 교육과정 총론에 제시된 "다양한 학생참여형 수업을 활성화하고, 문제 해결 및 사고의 과정을 중시하는 평가를 통해 학습의 질을 개선한다."(교육부, 2022b: 5)는 교육과정 구성의 중점은 바로 이 점을 지적하고 있는 것이다.

이와 같이 2022 개정 교과 교육과정은 역량중심 교육과정의 특징을 기반으로 하여 개발되었다. 역량중심 교육과정은 특징은 다음과 같이 네 가지로 정리할 수 있다. 첫째, 역량 함양을 위한 교과 교육은 교과에서 배운 내용이나 능력이 교과 맥락을 떠나 다양한 삶의 맥락에서도 발휘되도록 하는 데에 그 목적이 있으므로 교과 교육과정의 내용은 빅 아이디어 중심으로 구조화될 필요가 있다. 둘째, 역량 함양을 위해서는 교과 교육과정이 학생의 성장에 초점을 두고 지식, 기능, 가치 및 태도 등을 총체적으로 고려하여 설계될 필요가 있다. 셋째, 역량 함양을 위한 교과 교육과정은 학년(군)에 따른 역량의 발달 수준이 드러나도록 설계될 필요가 있다. 넷째, 역량 함양을 위한 교육과정에는 역량 함양이라는 목표를 중심으로 내용 체계, 성취기준, 교수·학습 및 평가의 연계성 및 일관성이 확보되어야 한다(한혜정 외, 2022: 31-32).

역량 교육의 도입에 따른 교과 교육과정 내용 체계의 변화를 사회과 교육과정의 사례를 들어 2009 개정, 2015 개정, 2022 개정을 비교하면 다음과 같다. 우선, 〈표 11-2〉는 2009 개정 사회과 교육과정의 내용 체계이다. 초등학교 1학년에서 중학교 3학년까지의 내용 체계가 하나의 표로 정리되어 있고, 소제목으로 나열되어 있어서 사회 교과 학습에서 초점을 두어야 할 빅 아이디어가 무엇인지 드러나 있지 않다.

표 11-2 **2009 개정 사회과 교육과정**

학년	지리 영역	일반 사회 영역	역사 영역
초등학교 3~4 학년	• 우리가 살아가는 곳 • 달라지는 생활 모습 • 촌락의 형성과 주민 생활 • 민주주의와 주민 자치	• 이동과 소통하기 • 우리 지역, 다른 지역 • 경제 생활과 바람직한 선택 • 지역 사회의 발전	• 사람들이 모이는 곳 • 도시의 발달과 주민 생활 • 다양한 삶의 모습들 • 사회 변화와 우리 생활
초등학교 5~6 학년	• 살기 좋은 우리 국토 • 환경과 조화를 이루는 국토 • 우리 이웃 나라의 환경과 생활 모습 • 세계 여러 나라의 환경과 생활 모습	• 우리 경제의 성장 • 우리나라의 민주 정치 • 우리 사회의 과제와 문화의 발전 • 정보화, 세계화 속의 우리	• 우리 역사의 시작과 발전 • 세계와 활발하게 교류한 고려 • 유교 문화가 발달한 조선 • 조선 사회의 새로운 움직임 • 근대 국가 수립을 위한 노력과 민족 운동 • 대한민국의 발전과 오늘의 우리

학년	지리 영역	일반 사회 영역
중학교 1~3 학년	• 내가 사는 세계 • 인간 거주에 유리한 지역 • 극한 지역에서의 생활 • 자연으로 떠나는 여행 • 자연재해와 인간 생활 • 인구 변화와 인구 문제 • 도시 발달과 도시 문제 • 문화의 다양성과 세계화 • 글로벌 경제와 지역 변화 • 세계화 시대의 지역화 전략 • 자원의 개발과 이용 • 환경 문제와 지속 가능한 환경 • 우리나라의 영토 • 통일 한국과 세계 시민의 역할	• 개인과 사회생활 • 문화의 이해와 창조 • 사회의 변동과 발전 • 정치 생활과 민주주의 • 정치 과정과 시민 참여 • 경제 생활의 이해 • 시장 경제의 이해 • 일상생활과 법 • 인권 보장과 법 • 헌법과 국가 기관 • 국민 경제와 경제 성장 • 국제 경제와 세계화 • 국제 사회와 국제 정치 • 현대 사회와 사회 문제

참조: 교육부(2012: 6).

〈표 11-3〉은 2015 개정 사회과 교육과정 중 '자연환경과 인간생활' 영역의 내용 체계이다. 핵심 개념인 기후 환경, 지형 환경, 자연-인간 상호작용은 주제에 가깝지만 일반화된 지식은 비교적 영역의 빅 아이디어를 제시하고 있다. 이 점에서 2015 개정 사회과 교과 교육과정은 2009 개정 사회과 교육과정의 내용 체계보다는 역량 중심 교육과정으로서 발전된 형태를 띠고 있다고 볼 수 있다. 다만, 영역 학습에 필요한 기능으로 제시된 도출하기, 활용하기, 구성하기 등은 행위 동사로만 되어 있어서 수업에서 이러한 기능을 어떻게 적용할지 판단하기 어렵다.

표 11-3 **2015 개정 사회과 교육과정**

영역	핵심 개념	일반화된 지식	내용 요소			기능
			초등학교		중학교	
			3-4학년	5-6학년	1-3학년	
자연 환경과 인간 생활	기후 환경	지표상에는 다양한 기후 특성이 나타나며, 기후 환경은 특정 지역의 생활양식에 중요하게 작용한다.		• 국토의 기후 환경 • 세계의 기후 특성과 인간 생활 간 관계	• 기후 지역 • 열대 우림 기후 지역 • 온대 기후 지역 • 기후 환경 극복 • 자연재해 지역	도출하기 활용하기 구성하기 의사 소통 하기 그리기 해석하기 도식화하기 공감하기
	지형 환경	지표상에는 다양한 지형 환경이 나타나며, 지형 환경은 특정 지역의 생활양식에 중요하게 작용한다.		• 국토의 지형 환경	• 산지지형 • 해안지형 • 우리나라 지형경관	

참조: 교육부(2015c: 7).

표 11-4 **2022 개정 사회과 교육과정**

핵심 아이디어	• 지표상에는 다양한 기후 특성이 나타나며, 기후 환경은 특정 지역의 생활양식에 중요하게 작용한다. • 우리나라와 세계 각지에 다양한 지형 경관이 나타나고, 해당 지역의 인문환경과 인간생활에 중요한 영향을 미친다. • 인간은 자연환경에 의존하고 적응하며, 자연환경을 변형시키기도 한다.		
범주	**내용 요소**		
	초등학교		**중학교**
	3~4학년	**5~6학년**	**1~3학년**
지식·이해 — 기후환경	• 우리 지역의 기온과 강수량 • 사례 지역의 기후환경	• 우리나라의 계절별 기후 • 세계의 기후	• 우리나라의 계절별, 지역별 기후 특성과 변화 양상 • 세계 각 지역의 기후 특성
지식·이해 — 지형환경	• 사례 지역의 지형환경	• 우리나라의 지형 • 세계의 지형	• 우리나라 주요 지형의 위치와 특성, 지형 경관 • 세계 각 지역의 지형 특성
지식·이해 — 자연-인간의 상호작용	• 이용과 개발에 따른 환경 변화	• 다양한 자연환경과 인간 생활 • 기후변화 • 자연재해	• 기후변화에 대한 지역별 대응 노력 • 자연재해의 지리적 특성과 대응 노력
과정·기능	• 자료를 바탕으로 다양한 자연환경과 생활 모습 조사하기 • 자료를 바탕으로 우리나라의 계절별 기후 특징 탐구하기 (후략)		• 지도상에서 세계와 우리나라의 주요 자연환경 요소의 위치 파악하기 • 다양한 지리 정보와 매체를 활용하여 지리적 시각화하기 (후략)
가치·태도	• 개발과 보전에 대한 균형 있는 관점 • 자연환경에 대한 감수성 (후략)		• 세계와 우리나라의 자연경관에 대한 호기심과 소중히 여기는 태도 • 자연환경 보호 활동의 참여 및 실천 (후략)

참조: 교육부(2022d: 9).

A. 참조:

※ 용어 해설(출처: 2022 개정 교과 교육과정 '일러두기')
1. 영역: 교과(목)의 성격에 따라 기반 학문의 하위 영역이나 학습 내용을 구성하는 일차 조직자
2. 핵심 아이디어: 영역을 아우르면서 해당 영역의 학습을 통해 일반화할 수 있는 내용을 핵심적으로 진술한 것
3. 지식·이해: 교과(목) 및 학년(군)별로 해당 영역에서 알고 이해해야 할 내용
4. 과정·기능: 교과 고유의 사고 및 탐구 과정 또는 기능
5. 가치·태도: 교과 활동을 통해서 기를 수 있는 고유한 가치와 태도

이러한 2015 개정 교과 교육과정 내용 체계의 문제점을 해결하고자 2022 개정 교과 교육과정에서는 영역별로 '핵심 아이디어'를 설정하여 핵심 아이디어를 중심으로 교육 내용을 구조화하였다. 기능은 해당 영역에서 필요한 교과 고유의 사고나 탐구 과정으로 제시하였고, 가치 · 태도의 측면을 반영하여 내용 체계를 제시하였다. 〈표 11-4〉는 2022 개정 사회과 교육과정 '자연환경과 인간생활' 영역의 내용 체계다.

우리나라 교육과정 연구에서 역량 교육에 대한 담론이 활발하게 진행된 것은 OECD가 'DeSeCo(Definition and Selection for Competence: Theoretical and Conceptual Foundation) 프로젝트'(OECD, 2005)를 발표하면서부터라고 할 수 있다. 이 보고서에서 OECD는 개인적 차원의 삶과 사회적 차원에서 현대인들이 성공하는 데 필요한 역량을 '특정 맥락의 복잡한 요구를, 지식과 인지적 · 실천적 기능뿐만 아니라 태도 · 감정 · 가치 · 동기 등과 같은 사회적 · 행동적 요소를 가동시킴으로써 성공적으로 충족시키는 능력'으로 정의하고(OECD, 2005: 5), 핵심역량의 범주를 세 가지로 구분하고 각 범주에 해당하는 핵심역량을 각각 3개씩 제시하여 총 9개의 핵심역량을 제시하였다. 이것을 제시하면 〈표 11-5〉와 같다.

표 11-5 OECD DeSeCo 프로젝트에 제시된 핵심역량

범주	핵심역량
1. 도구를 상호작용적으로 활용하는 능력	1-1. 언어, 상징, 텍스트를 상호작용적으로 활용하는 능력 1-2. 지식과 정보를 상호작용적으로 활용하는 능력 1-3. 기술을 상호작용적으로 활용하는 능력
2. 사회적 이질집단에서 상호작용하기	2-1. 다른 사람들과 관계를 잘 하는 능력 2-2. 협동하는 능력 2-3. 갈등을 관리하고 해결하는 능력
3. 자율적으로 행동하기	3-1. 넓은 시각을 가지고 행동하는 능력 3-2. 인생 계획과 개인적 과업을 설정하고 실행하는 능력 3-3. 자신의 권리와 이익을 주장하고 한계와 필요를 인정하는 능력

참조: OECD(2005: 10-15).

이러한 OECD의 DeSeCo 프로젝트는 학교교육에 역량 교육을 도입하게 된 발판을 만들었지만, 역량이 그 자체로 함양할 수 있는 것처럼 모호하게 설명함으로써 역량을 어떻게 함양할 수 있는지, 역량 교육이 교과 교육을 대체하는 것은 아닌지 등 불필요한 논란을 불러일으키는 경향이 있다. 이에, OECD는 역량 교육에 대한 보다 구체적이고 실천적인 접근이 필요하다는 문제의식에서 'Education 2030'(OECD, 2018) 프로젝트를 통하여 미래 교육의 큰 방향을 '개인과 사회의 잘 삶'으로 설정하고 2030년에 성인이 될 학생들이 갖추어야 할 역량을 새롭게 규정하였다. Education 2030 프로젝트에서는 DeSeCo 프로젝트의 역량 개념을 수용하면서 '역량'의 개념을 '복잡한 요구를 충족시키기 위한 지식, 기능, 태도와 가치를 동원하는 능력'으로 정리하였다(OECD, 2018: 5). Education 2030 프로젝트에서도 DeSeCo 프로젝트와 마찬가지로, 역량이 추구하는 바가 개인과 사회 모두를 위한 것이어야 함을 제시한다. 그러나 이 프로젝트에서는 DeSeCo 프로젝트가 사용했던 '성공(success)'이라는 표현 대신 '잘 삶(well-being)'이라는 표현을 사용하였다. DeSeCo 프로젝트에서는 주목하지 않았던 '학생 행위주체성(student agency)'을 강조하고 이러한 행위주체성과 관련하여 역량을 '변혁적 역량'으로 명명하고 변혁적 역량으로서 '새로운 가치 창출하기' '긴장과 딜레마 조정하기' '책임감 갖기' 등 세 가지를 제시한다. 이상에서 설명한 OECD의 DeSeCo 프로젝트와 Education 2030 프로젝트에 제시된 역량 교육의 의미와 특징을 비교하여 제시하면 [그림 11-1]과 같다.

구분	DeSeCo 프로젝트	Education 2030 프로젝트
역량의 목표	개인과 사회의 '성공(success)'	개인과 사회의 '잘 삶(well-being)'
역량의 정의	특정 맥락의 복잡한 요구를, 지식과 인지적·실천적 기능뿐만 아니라 태도·감정·가치·동기 등과 같은 사회적·행동적 요소를 가동시킴으로써 성공적으로 충족시키는 능력	복잡한 요구를 충족시키기 위한 지식, 기능, 태도와 가치를 동원하는 능력 • 지식: 학문적, 간학문적, 인식론적, 절차적 • 기능: 인지적·메타인지적, 사회적·정서적, 신체적·실천적 • 태도와 가치: 개인적, 지역적, 사회적, 글로벌적
역량의 특징	'핵심(key)' 역량 －경제적 활동에 중요한 역할을 하고, 개인적이고 사회적 유익을 야기할 수 있는 것 －특정 분야만이 아니라 삶의 광범위한 맥락에 걸쳐 적용될 수 있는 것 －모든 개인에게 중요한 것	'변혁적(transformative)' 역량 －학생들이 삶의 모든 영역에서 적극적인 참여를 통해 더 나은 방향으로 영향을 미치려는 책임의식 －학생들이 혁신적이고 책임감 있으며 의식적인 사람이 되는 데에 필요한 것
역량의 범주	• 여러 도구들을 상호작용적으로 사용하기 • 이질적인 집단에서 상호작용하기 • 자율적으로 행동하기	• 새로운 가치 창출하기 • 긴장과 딜레마 조정하기 • 책임감 갖기
역량의 핵심	성찰(reflectiveness)	학생 행위주체성(student agency)

그림 11-1 DeSeCo 프로젝트와 Education 2030 프로젝트 비교

참조: 이상은, 소경희(2019: 150).

Education 2030 프로젝트에서는 DeSeCo 프로젝트와 달리 학생들의 변혁적 역량을 발달시키기 위해 강조될 필요가 있는 '지식' '기능' '태도와 가치'의 종류를 체계적으로 밝히고 있다. 이것을 정리하면 〈표 11-6〉과 같다.

또한 Education 2030 프로젝트는 역량중심 교육과정 설계 원리를 〈표 11-7〉과 같이 7개로 제시하고 있다.

표 11-6 역량중심 교육과정 설계를 위한 교육내용

범주	유형	의미
1. 지식	학문적 지식	특정 학문들의 기초 개념에 대한 이해
	간학문적 지식	실생활의 문제, 현상, 이슈들을 서로 다른 여러 학문을 통해서 바라볼 수 있는 능력
	인식론적 지식	학문에 대한 지식, 즉 해당 학문의 학자처럼 사고하는 방법에 대한 지식
	절차적 지식	목표를 성취하기 위하여 취하는 일련의 단계나 행위와 관련된 것
2. 기능	인지적 · 메타인지적 기능	언어, 수, 추론, 획득한 지식 등을 사용할 수 있게 하는 일련의 사고 전략(예: 비판적 사고, 창의적 사고, 학습에 대한 학습, 자기 절제 등)
	사회적 · 정서적 기능	공감력, 자기효능감, 협동심 등
	신체적 · 실천적 기능	신체적 도구, 조작, 기능 등을 사용할 수 있는 일련의 능력(예: 새로운 정보와 통신 장비 활용 능력)
3. 태도와 가치	지식과 기능의 습득과 활용을 매개하는 것(예: 동기, 신뢰, 다양성에 대한 존중, 덕)	

참조: OECD(2018: 5).

표 11-7 역량중심 교육과정 설계 원리

범주	원리
학생의 행위 주체성 (student agency)	학생의 동기를 불러일으킬 수 있는 내용으로 구성하고 선수 지식, 기능, 태도와 가치가 드러나도록 구성
엄격(rigour)	도전적이고 심층학습과 성찰이 가능한 주제로 구성
초점(focus)	심층 학습이 가능하도록 각 학년별 학습 주제의 양을 최소화
일관성(coherence)	학문의 논리 및 발달단계에 따라 계열적으로 구성
연계(alignment)	교육과정, 교수학습, 평가가 연계되도록 설계하고 양적으로 측정하기 어려운 학습 결과나 행위에 대해 평가할 수 있는 새로운 평가 방법 개발

〈계속〉

전이가능성 (transferability)	전이가가 높은 지식, 기능, 태도와 가치로 구성
선택(choice)	주제와 프로젝트에 대한 학생의 선택권을 확대하고 충분한 정보를 제공하여 학생 스스로 학습 주제나 프로젝트를 제안하는 기회 제공

참조: OECD(2018: 6-7).

2) 고교학점제의 도입

2017년 문재인 정부의 국정과제로 제시된 고교학점제는 2018년부터 연구학교 운영(교육부, 2017)을 시작으로 우리나라 고등학교에 도입되었다. 우리나라 고등학교에 고교학점제가 도입된다는 것은 고등학교 교육과정 편성·운영이 대학과 동일한 방식으로, 즉 학생 각자가 원하는 과목을 선택하여 이수하고 정해진 졸업학점을 채우면 졸업하는 방식으로 변화된다는 것을 의미한다. 고등학교에 이러한 고교학점제가 도입되기 위해서는 교육과정뿐만 아니라 수업 및 평가 방법, 교·강사의 지원, 학교 공간 조성, 대입제도 개선 등 고등학교 교육 전반에 대한 종합적인 혁신이 필요하다.

교육부는 고교학점제의 전면 도입 시기를 2025년으로 결정하고 2018년부터 2019년까지 고교학점제 연구학교 운영 결과와 고교학점제 도입을 위한 교육과정, 수업 및 평가, 이수기준, 학사운영, 졸업제도 등과 관련한 다양한 연구 결과를 기반으로 '고교학점제 종합 추진계획'을 마련하여 발표하였다(교육부, 2021a). 여기에서 고교학점제는 '학생이 기초 소양과 기본 학력을 바탕으로 진로·적성에 따라 과목을 선택하고, 이수기준에 도달한 과목에 대해 학점을 취득·누적하여 졸업하는 제도'(교육부, 2021a: 13)로 정의되고 학점제형 교육과정, 학사제도, 평가제도 관련 사항, 진로 및 학업설계 지도 체계화, 수강신청 시스템 구축, 학교 간 공동교육과정 활성화, 학교 밖 교육 학점 인정, 학교 공간 조성 지원 등 고교학점제 도입을 위한 방안이 종합적으로 제시되어 있다.

고교학점제 도입은 우리나라 고등학교 교육의 전반을 변화시키지만, 무엇보다 중요한 변화는 학사제도와 평가제도의 변화다. 우선, 학사제도의 경우 현재 고등학교에서는 각 학년 과정 수업일수의 2/3 이상을 출석하면 진급과 졸업이 가능하나, 2025학년도 신입생부터는 학점 기반의 졸업제도가 도입되어 학생이 과목을 이수하여 학점을 취득하기 위해서는 과목출석률(수업횟수의 2/3 이상)과 학업성취율(40% 이상)을 충족해야 하며, 3년간 누적 학점이 192학점 이상이 되어야 고등학교를 졸업할 수 있다. 학교에서는 학생의 미이수 예방에 중점을 두고 교육과정을 운영하되, 미이수가 발생한 경우에는 보충이수를 통해 학점을 취득하도록 하여, 최소 학업성취수준에 도달하지 못한 학생에 대한 책임교육을 강화해야 한다.

〈현행〉

성취율	성취도
90% 이상	A
80% 이상~90% 미만	B
70% 이상~80% 미만	C
60% 이상~70% 미만	D
60% 미만	E

〈향후(2025학년도~)〉

성취율	성취도
90% 이상	A
80% 이상~90% 미만	B
70% 이상~80% 미만	C
60% 이상~70% 미만	D
40% 미만	I*

↑ 이수
↓ 미이수

[* 미이수 과목에 통상 F학점을 부여하나, 단어의 의미(Fail)를 고려하여 I(Incomplete) 사용]

그림 11-2 **고교학점제에 따른 과목 이수 기준의 변화**

참조: 교육부(2021a: 6).

또한 고교학점제의 도입은 9등급 상대평가로 이루어지는 현행 내신평가 제도의 변화를 반드시 필요로 한다. 9등급 상대평가 방식을 절대평가 방식으로 전환하지 않는다면 고교학점제가 시행되더라도 학생들은 자신의 적성과 흥미에 따라 과목을 선택하는 것이 아니라 내신 등급을 잘 받을 수 있는 과목을 선택하여 이수하려고 할 것이기 때문이다. 고교학점제 종합 추진계획에는 2025학년도 1학년부터 공통 과목은 9등급 상대평가를 유지하고 선택과목은 절대평가(성취평가

제)를 실시하는 방안이 제시되어 있다.

[현행(2019~)]	
교과	성적 산출
공통과목 일반선택과목	성취도(A, B, C, D, E), 석차등급 병기
진로선택과목	성취도(A, B, C) 표기

[향후(2025~)]	
교과	성적 산출
공통과목	성취도(A, B, C, D, E, I), 석차등급 병기
선택과목 (일반/융합/진로)	성취도(A, B, C, D, E, I) 표기

그림 11-3 고교 내신성적 산출 방식의 변화(보통교과)

참조: 교육부(2021a: 7).

　고교학점제는 2015 개정 교육과정의 적용과 함께 추진되었지만 사실상 2015 개정 교육과정은 고교학점제를 염두에 두고 이루어진 교육과정이 아니다. 2025년 고교학점제의 전면 적용을 위하여 2022 개정 교육과정이 이루어졌지만 2025년에 갑자기 고교학점제를 적용할 경우 학교 현장에 혼란을 가져올 수 있으므로 [그림 11-4]와 같이 고교학점제 단계적 이행안을 마련하여 점진적으로 학교 현장이 고교학점제에 적응할 수 있도록 하였다. 즉, 2025년 고교학점제 전면 도입을 앞둔 2023~2024년 2년간은 수업량 적정화(204단위→192학점), 공통 과목 중 국어 · 수학 · 영어에 대한 최소 학업성취기준 보장 지도 등을 적용해 2025년 미이수제 · 성취평가제(선택과목) 도입을 준비하였고(교육부, 2021c: 5), 이를 위하여 2022년 1월에 2015 개정 교육과정을 일부 수정 · 고시하였다(교육부, 2022e).

	기반 마련	운영체제 전환	제도의 단계적 적용		고교학점제 전면 적용
	~2021년	2022년	2023년	2024년	2025년~
수업량 기준	단위	단위 (특성화고: 학점)	학점		학점
총 이수 학점	1~3학년 204단위	1학년 204단위	1학년 192학점	1학년 192학점	1학년 192학점
		2학년 204단위	2학년 204단위	2학년 192학점	2학년 192학점
		3학년 204단위	3학년 204단위	3학년 204단위	3학년 192학점
연구 · 선도 학교 비중	55.9%	84%	95%	100%	고교학점제 안정적 운영
책임교육	준거 개발	교원 연수 시도 · 학교 준비	공통과목(국어, 수학, 영어) 최소 학업성취수준 보장 지도		전 과목 미이수제 도입
평가 제도		진로선택과목 성취평가제 (공통, 일반선택 9등급 병기)			모든 선택과목 성취평가제 (공통과목 9등급 병기)

그림 11-4 일반고 고교학점제 단계적 이행안

참조: 교육부(2021b: 5).

2. 2015 개정 교육과정

2015 개정 교육과정은 "학교교육을 통해 모든 학생이 인문·사회·과학기술에 대한 기초 소양을 함양하여 인문학적 상상력과 과학기술 창조력을 갖춘 창의융합형 인재로 성장할 수 있도록 교육을 근본적으로 개혁하는 데에"(교육부, 2014: 1) 그 근본 취지를 두고 있다. 제7차 교육과정 이후부터 우리나라 고등학교 교육과정에는 인문 과정과 자연 과정(문과와 이과)이 구분되어 있지 않다. 그럼에도 고등학교 교육과정 편성·운영이 인문 과정과 자연 과정으로 구분되어 이루어지고 대학수학능력시험 체제는 두 과정의 구분을 전제로 시행되기 때문에 인문 과정의 학생들은 과학 교과에 대한 공부를, 자연 과정의 학생들은 사회 교과에 대한 공부를 소홀히 하게 되는 지식 편식 현상이 심각한 문제점으로 대두되었다. 2015 개정 교육과정은 이러한 문제를 개선하기 위하여 시작되었다. 학생들의 과정 구분에 따른 지식 편식을 막고 균형 있는 지식 습득을 보장하기 위해 2015 개정 교육과정에서 구상된 방안은 국어, 수학, 영어, 사회, 과학 교과에서 모든 학생이 고등학교 단계에서 반드시 배워야 할 내용으로 구성된 '공통 과목'을 개발하여 모든 고등학교 학생이 배우도록 한 것이다. 기존 교육과정 개정과 달리, 2015 개정 교육과정은 교육과정 총론과 교과 교육과정이 동시에 개발되어 2015년 9월 23일에 확정·고시되었다(교육부, 2015b). 2015 개정 교육과정

표 11-8 ｜ 2015 개정 교육과정 총론의 연차적 적용 일정

연도	적용 학년		
	초등학교	중학교	고등학교
2017년	1, 2학년		
2018년	1, 2, 3, 4학년	1학년	1학년
2019년	1, 2, 3, 4, 5, 6학년	1, 2학년	1, 2학년
2020년		1, 2, 3학년	1, 2, 3학년

* 밑줄은 당해 연도에 새로 적용되는 학년을 가리킨다.

은 초 · 중 · 고 학교 현장에 2017년부터 연차적으로 적용되고 있다.

1) 주요 개정 내용[1)]

(1) 미래 사회가 요구하는 핵심역량을 갖춘 '창의융합형 인재'상 제시

2015 개정 교육과정은 2009 개정 교육과정이 추구하는 인간상을 기초로 미래 사회가 요구하는 핵심역량을 갖춘 창의융합형 인재를 다음과 같이 정의하고 있다(교육부, 2015a: 3).

창의융합형 인재

인문학적 상상력, 과학기술 창조력을 갖추고 바른 인성을 겸비하여 새로운 지식을 창조하고 다양한 지식을 융합하여 새로운 가치를 창출할 수 있는 사람

이러한 인재상을 구체적으로 구현하기 위해 창의융합형 인재가 갖추어야 할

표 11-9 2015 개정 교육과정 총론에 제시된 핵심역량

핵심역량	의미
자기관리 역량	자아 정체성과 자신감을 가지고 자신의 삶과 진로에 필요한 기초 능력과 자질을 갖추어 자기주도적으로 살아갈 수 있는 능력
지식정보처리 역량	문제를 합리적으로 해결하기 위하여 다양한 영역의 지식과 정보를 처리하고 활용할 수 있는 능력
창의적 사고 역량	폭넓은 기초 지식을 바탕으로 다양한 전문 분야의 지식, 기술, 경험을 융합적으로 활용하여 새로운 것을 창출하는 능력

〈계속〉

---

1) 주요 개정 내용은 교육부(2014, 2015a)의 내용을 요약 정리하였다.

심미적 감성 역량	인간에 대한 공감적 이해와 문화적 감수성을 바탕으로 삶의 의미와 가치를 발견하고 향유하는 능력
의사소통 역량	다양한 상황에서 자신의 생각과 감정을 효과적으로 표현하고 다른 사람의 의견을 경청하며 존중하는 능력
공동체 역량	지역·국가·세계 공동체의 구성원에게 요구되는 가치와 태도를 가지고 공동체 발전에 적극적으로 참여하는 능력

참조: 교육부(2015b: 2).

핵심역량으로서 다음과 같이 '자기관리 역량' '지식정보처리 역량' '창의적 사고 역량' '심미적 감성 역량' '의사소통 역량' '공동체 역량'을 제시하였다.

(2) 인문·사회·과학기술에 관한 기초 소양 교육 강화

인문·사회·과학기술에 관한 기초 소양 교육을 강화하기 위하여 초·중등 교과 교육과정을 개편하여 인문학적 소양을 비롯한 기초 소양 함양 교육을 강화하였다. 특히 기초 소양 함양을 위해 고등학교에 문·이과 구분 없이 모든 학생

표 11-10 통합사회 구성 체계

학교급	영역	핵심 개념	대단원명	비고
고등학교	삶의 이해와 환경	행복	인간, 사회, 환경과 행복	인간·사회·세계를 바라보는 시각 및 자연환경·생활공간과 삶의 연관성 탐색
		자연환경	자연환경과 인간	
		생활공간	생활공간과 사회	
	인간과 공동체	인권	인권 보장과 헌법	인간의 삶에 영향을 주는 공동체 문제 해결 방안 모색
		시장	시장경제와 금융	
		정의	정의와 사회 불평등	
	사회 변화와 공존	문화	문화와 다양성	인간과 삶에 영향을 주는 글로벌 요인과 그로 인한 문제점과 해결 방안 탐구
		세계화	세계화와 평화	
		지속가능한 삶	미래와 지속가능한 삶	

참조: 교육부(2015a: 24).

이 배우는 '공통 과목'을 도입하고, 통합적 사고력을 키우는 '통합 사회'와 '통합 과학'을 신설하였다.

통합 사회 교육과정은 학생들이 삶 속에서 중요하게 다루어야 하는 9개의 주제(행복, 자연환경, 생활공간, 인권, 시장, 정의, 문화, 세계화, 지속가능한 삶)를 선정하고, 학생들로 하여금 각각의 주제에 대해 시간적 · 공간적 · 사회적 · 윤리적 측면에서 다각도로 사고할 수 있도록 개발하였다.

통합 과학 교육과정은 자연현상에 대한 핵심 개념(물질의 규칙성, 시스템과 상호 작용, 변화와 다양성, 환경과 에너지)을 중심으로 분과 학문적 지식 수준을 넘어 다양한 형태의 통합을 통한 융복합적 사고력 신장이 가능하도록 개발되었다.

표 11-11) **통합과학 구성 체계**

학교급	영역	핵심 질문	핵심 개념	비고
고등 학교	물질과 규칙성	자연은 무엇으로 이루어져 있고, 어떤 규칙성을 갖는가?	물질의 규칙성과 결합	어디서 왔으며
			자연의 구성 물질	
	시스템과 상호작용	인류는 자연의 시스템을 어떻게 이해하고 있는가?	역학적 시스템	어떻게 구성되어 있으며
			지구 시스템	
			생명 시스템	
	변화와 다양성	인류는 자연의 변화를 어떻게 이용하고 있는가?	화학변화	어떻게 유지되고
			생물 다양성과 유지	
	환경과 에너지	인류는 환경과 에너지 문제를 어떻게 대처하고 있는가?	생태계와 환경	어떻게 환경에 적응하고 살아가는가
			발전과 신재생에너지	

참조: 교육부(2015a: 25).

(3) 예술 · 체육 교육 활성화를 통한 인성 교육 강화

예술 · 체육 교육 활성화를 통한 인성 교육을 강화하기 위하여 연극 교육을 활성화하는 방안을 마련하였다. 초등학교의 경우 5 · 6 학년군 국어과에 연극 대단원을 개설하여 연극 체험 기회를 확대하고, 중학교의 경우 국어과에 연극 단원

을 신설하고 창의적 체험활동에서 연극을 체계적으로 지도하도록 하였다. 고등
학교에서는 예술 교과 선택 과목에 '연극' 과목을 개설하여 종합 예술로서의 연
극을 활성화하는 방안을 마련하였다.

(4) 소프트웨어(SW) 교육 강화

소프트웨어(SW) 교육 강화 방안으로서 초등학교에서는 정보 관련 교과(실과)
에서 기존 ICT 활용 중심의 정보 단원을 SW 기초 소양 중심의 대단원으로 구성
하여 17시간 이상 확보하고 저작권 보호 등 정보 윤리 내용을 포함하도록 하였
다. 중학교에서는 '과학/기술·가정' 교과군을 '과학/기술·가정/정보' 교과군으
로 개편하고 선택 교과 시간 배당 기준에서 34시간을 감축하여 '과학/기술·가
정/정보' 교과군 시간 배당 기준을 34시간 증배하였다. 고등학교에서는 '정보' 과
목을 일반 선택 과목으로 전환하고 SW 중심으로 내용을 개편하였다.

(5) 안전 교육 강화

안전 교육을 강화하기 위하여 초등학교에서는 1~2학년 수업 시수를 1시간
늘려 창의적 체험활동 시간을 활용해 체험 중심의 '안전한 생활'을 편성·운영하
도록 하였다. 초등학교 3학년에서 고등학교 3학년까지는 심폐소생술(CPR) 교육
을 강화하고, 성교육, 식품 안전 교육 등 실생활에서 필요한 안전 교육을 위해 체
육, 기술·가정, 과학, 보건 등 관련 교과에 안전 단원을 신설하고, 창의적 체험
활동에서 체험 중심의 안전 교육을 실시하도록 하였다.

(6) 중학교 자유학기 편성·운영 근거 마련

중학교 교육에 자유학기제가 2016년 전면 실시됨에 따라 중학교 '교육과정 편
성·운영 기준'에 다음과 같은 자유학기제 교육과정 운영 지침을 제시하였다.
2015 개정 교육과정의 중학교 적용은 2018년부터이지만, 자유학기제 교육과정
운영 지침은 2016년 3월 1일부터 적용할 수 있도록 하였다.

9) 학교는 학생들이 자신의 적성과 미래에 대해 탐색하고, 학습의 즐거움을 경험하여 스스로 공부하는 자기주도적 학습 능력과 태도를 기를 수 있도록 자유학기를 운영한다.

　가) 중학교 과정 중 한 학기는 자유학기로 운영한다.

　나) 자유학기에는 해당 학기의 교과 및 창의적 체험활동을 자유학기의 취지에 부합하도록 편성 · 운영한다.

　다) 자유학기에는 지역사회와 연계하여 진로 탐색 활동, 주제 선택 활동, 동아리 활동, 예술 · 체육 활동 등 다양한 체험 중심의 자유학기 활동을 운영한다.

　라) 자유학기에는 협동 학습, 토의 · 토론 학습, 프로젝트 학습 등 학생 참여형 수업을 강화한다.

　마) 자유학기에는 중간 · 기말고사 등 일제식 지필 평가는 실시하지 않으며, 학생의 학습과 성장을 지원하는 과정 중심의 평가를 실시한다.

　바) 자유학기에는 학교 내외의 다양한 자원을 활용하여 진로 탐색 및 설계를 지원한다.

　사) 학교는 자유학기의 운영 취지가 타 학기 · 학년에도 연계될 수 있도록 노력한다.

참조: 교육부(2015b: 10-11).

(7) 범교과 학습 주제 개선

2009 개정 교육과정에서 39개로 제시되었던 범교과 학습 주제를 10개로 범주화하여 제시하고 교과와 창의적 체험활동 등 교육 활동 전반에 걸쳐 통합적으로 다루도록 하였다.

표 11-12 **2015 개정 교육과정의 범교과 학습 주제**

개정시기	범교과서 학습 주제
2015 개정 교육과정	안전 · 건강 교육, 인성 교육, 진로 교육, 민주 시민 교육, 인권 교육, 다문화 교육, 통일 교육, 독도 교육, 경제 · 금융 교육, 환경 · 지속가능발전 교육

2) 학교 급별 교육과정 편제와 시간(단위) 배당

(1) 초등학교

표 11-13 초등학교 교육과정 편제와 시간 배당

구분		1~2학년	3~4학년	5~6학년
교과(군)	국어	국어 448	408	408
	사회/도덕		272	272
	수학	수학 256	272	272
	과학/실과	바른 생활 128	204	340
	체육		204	204
	예술(음악/미술)	슬기로운 생활 192	272	272
	영어	즐거운 생활 384	136	204
소계		1,408	1,768	1,972
창의적 체험활동		336 / 안전한 생활 (64)*	204	204
학년군별 총 수업 시간 수		1,744	1,972	2,176

① 이 표에서 1시간 수업은 40분을 원칙으로 하되, 기후 및 계절, 학생의 발달 정도, 학습 내용의 성격, 학교 실정 등을 고려하여 탄력적으로 편성·운영할 수 있다.
② 학년군 및 교과(군)별 시간 배당은 연간 34주를 기준으로 한 2년간의 기준 수업 시수를 나타낸 것이다.
③ 학년군별 총 수업 시간 수는 최소 수업 시수를 나타낸 것이다.
④ 실과의 수업 시간은 5~6학년 과학/실과의 수업 시수에만 포함된 것이다.
* 1~2학년 수업 시수를 1시간 늘리면 68시간이나 입학 초기 한 달의 4시간을 감하였기 때문에 64시간이 되었다.
참조: 교육부(2015b: 7).

안전 교육을 강화하기 위하여 1~2학년 수업 시수를 1시간 늘려 창의적 체험 활동 시간을 활용해 체험 중심의 '안전한 생활'을 편성·운영하도록 한 점을 제외하면, 2015 개정 교육과정의 초등학교 교육과정 편성·운영 기준은 2009 개정 교육과정과 크게 달라지지 않았다.

(2) 중학교

표 11-14 중학교 교육과정 편제와 시간 배당

구분		1~3학년
교 과 (군)	국어	442
	사회(역사 포함)/도덕	510
	수학	374
	과학/기술 · 가정/정보	680
	체육	272
	예술(음악/미술)	272
	영어	340
	선택*	170
	소계	3,060
창의적 체험활동		306
총 수업 시간 수		3,366

① 이 표에서 1시간 수업은 45분을 원칙으로 하되, 기후 및 계절, 학생의 발달 정도, 학습 내용의 성격, 학교 실정 등을 고려하여 탄력적으로 편성 · 운영할 수 있다.
② 학년군 및 교과(군)별 시간 배당은 연간 34주를 기준으로 한 3년간의 기준 수업 시수를 나타낸 것이다.
③ 총 수업 시간 수는 3년간의 최소 수업 시수를 나타낸 것이다.
④ 정보 과목은 34시간을 기준으로 편성 · 운영한다.
* 중학교 선택 교과목은 한문, 정보, 환경, 생활 외국어(독일어, 프랑스어, 스페인어, 중국어, 일본어, 러시아어, 아랍어), 보건, 진로와 직업 등이다.
참조: 교육부(2015b: 9).

중학교 교육에 자유학기제가 2016년 전면 실시됨에 따라 중학교 '교육과정 편성 · 운영 기준'에 자유학기제 교육과정 운영 지침을 신설한 점을 제외하면, 2015 개정 교육과정의 중학교 교육과정 편성 · 운영 기준은 2009 개정 교육과정과 크게 달라지지 않았다.

(3) 고등학교

표 11-15 **고등학교 교육과정 편제와 단위 배당**

	교과 영역	교과(군)	공통 과목(단위)	필수 이수 단위	자율 편성 단위
교과(군)	기초	국어	국어(8)	10	학생의 적성과 진로를 고려하여 편성
		수학	수학(8)	10	
		영어	영어(8)	10	
		한국사	한국사(6)	6	
	탐구	사회 (역사/도덕 포함)	통합사회(8)	10	
		과학	통합과학(8) 과학탐구실험(2)	12	
	체육 · 예술	체육		10	
		예술		10	
	생활 · 교양	기술 · 가정/ 제2외국어/ 한문/교양		16	
소계				94	86
창의적 체험활동				24(408시간)	
총 이수 단위				204	

① 1단위는 50분을 기준으로 하여 17회를 이수하는 수업량이다.

② 1시간의 수업은 50분을 원칙으로 하되, 기후 및 계절, 학생의 발달 정도, 학습 내용의 성격, 학교 실정 등을 고려하여 탄력적으로 편성 · 운영할 수 있다.

③ 공통 과목은 2단위 범위 내에서 감하여 편성 · 운영할 수 있다. 단, 한국사는 6단위 이상 이수하되 2개 학기 이상 편성하도록 한다.

④ 과학탐구실험은 이수 단위 증감 없이 편성 · 운영하는 것을 원칙으로 하되, 과학 계열, 체육 계열, 예술 계열 고등학교의 경우 학교 실정에 따라 탄력적으로 운영할 수 있다.

⑤ 필수 이수 단위의 단위 수는 해당 교과(군)의 '최소 이수 단위'로 공통 과목 단위 수를 포함한다. 특수 목적 고등학교와 자율형 사립 고등학교의 경우 예술 교과(군)는 5단위 이상, 생활 · 교양 영역은 12단 위 이상 이수할 것을 권장한다.

⑥ 기초 교과 영역 이수 단위 총합은 교과 총 이수 단위의 50%를 초과하지 않도록 한다.

⑦ 창의적 체험활동의 단위는 최소 이수 단위이며 ( ) 안의 숫자는 이수 단위를 이수 시간 수로 환산한 것 이다.

⑧ 총 이수 단위 수는 고등학교 3년간 이수해야 할 '최소 이수 단위'를 의미한다.

참조: 교육부(2015b: 13).

다음에는 대학 진학계 고등학교에 속하는 일반 고등학교, 특수 목적 고등학교 (마이스터고 제외), 자율 고등학교의 교육과정의 단위 배당 기준표와 교육과정 편성·운영 관련 사항을 제시하고자 한다.

2015 개정 고등학교 교육과정의 가장 중요한 특징은 고등학교 3년간의 선택 교육과정의 기조를 유지하면서 학생들의 기초 소양 함양과 기초 학력을 보장하기 위하여 모든 학생이 배워야 하는 공통 과목을 신설하였다는 점이다. 공통 과목은 국어, 수학, 영어, 한국사, 통합사회, 통합과학(과학탐구실험 포함)이다. 한국사와 과학탐구실험을 제외한 모든 공통 과목은 8단위이며 2단위 범위 내에서 감하여 편성·운영할 수 있도록 하였다.

교과 총 필수 이수 단위는 2009 개정 교육과정의 86단위에서 94단위로 증가한 반면, 자율 편성 단위(2009 개정 교육과정에서 '학교 자율 과정'이라는 용어는 2015 개정 교육과정에서는 '자율 편성 단위'로 변경되었음)는 94단위에서 86단위로 축소되었다. "기초 영역 교과 이수 단위 총합은 교과 총 이수 단위의 50%를 초과하지 않도록 한다."는 2009 개정 교육과정의 규정은 그대로 유지되지만, 2015 개정 교육과정에서는 기초 영역의 교과로 국어, 수학, 영어 이외에 한국사(6단위)가 포함되어 국어, 수학, 영어는 총 84단위를 초과하여 편성·운영할 수 없게 된 점도 큰 변화다(2015 개정 교육과정에서 이 규정은 자율형 사립 고등학교에도 적용되도록 함).

이러한 2015 개정 고등학교 교육과정은 2025년 고교학점제 전면 도입 이전 시기인 2023~2024년 고교학점제의 단계적 도입을 위하여 2022년 1월에 일부 개정되었다. 그 주요 개정 내용은 '단위'라는 용어를 '학점'으로 변경하고 총 이수 학점을 204에서 192학점으로 축소하였다. 축소된 12학점은 자율 편성 학점에서 6학점(86→80)과 창의적 체험활동 학점에서 6학점(24→18)을 각각 축소하였다. 이와 같이 변경된 고등학교 교육과정의 학점 배당 기준표를 제시하면 다음과 같다.

표 11-16 고등학교 교육과정 편제와 학점 배당

교과 영역		교과(군)	공통 과목(학점)	필수 이수 학점	자율 편성 학점
교과(군)	기초	국어	국어(8)	10	학생의 적성과 진로를 고려하여 편성
		수학	수학(8)	10	
		영어	영어(8)	10	
		한국사	한국사(6)	6	
	탐구	사회 (역사/도덕 포함)	통합사회(8)	10	
		과학	통합과학(8) 과학탐구실험(2)	12	
	체육 · 예술	체육		10	
		예술		10	
	생활 · 교양	기술 · 가정/ 제2외국어/ 한문/교양		16	
소계				94	80
창의적 체험활동				18(306시간)	
총 이수 학점				192	

① 1학점은 50분을 기준으로 하여 17회를 이수하는 수업량이다. 단, 1회는 학교가 자율적으로 운영할 수 있다.

② 1시간의 수업은 50분을 원칙으로 하되, 기후 및 계절, 학생의 발달 정도, 학습 내용의 성격, 학교 실정 등을 고려하여 탄력적으로 편성 · 운영할 수 있다.

③ 공통 과목은 2학점 범위 내에서 감하여 편성 · 운영할 수 있다. 단, 한국사는 6학점 이상 이수하되 2개 학기 이상 편성하도록 한다.

④ 과학탐구실험은 이수 학점 증감 없이 편성 · 운영하는 것을 원칙으로 하되, 과학 계열, 체육 계열, 예술 계열 고등학교의 경우 학교 실정에 따라 탄력적으로 운영할 수 있다.

⑤ 필수 이수 학점의 학점 수는 해당 교과(군)의 '최소 이수 학점'으로 공통 과목 학점 수를 포함한다. 특수 목적 고등학교와 자율형 사립 고등학교의 경우 예술 교과(군)는 5학점 이상, 생활 · 교양 영역은 12학 점 이상 이수할 것을 권장한다.

⑥ 기초 교과 영역 학점 단위 총합은 교과 총 이수 학점의 50%를 초과하지 않도록 한다.

⑦ 창의적 체험활동의 학점은 최소 이수 학점이며 ( ) 안의 숫자는 이수 학점을 이수 시간 수로 환산한 것이다.

⑧ 총 이수 학점 수는 고등학교 3년간 이수해야 할 '최소 이수 학점'을 의미한다.

참조: 교육부(2022e: 15).

고등학교 교과는 보통 교과와 전문 교과로 구분된다. 보통 교과의 영역은 기초, 탐구, 체육·예술, 생활·교양으로 구성되며, 교과(군)는 국어, 수학, 영어, 한국사, 사회(역사/도덕 포함), 과학, 체육, 예술, 기술·가정/제2외국어/한문/교양으로 구분된다. 2015 개정 교육과정에서는 2009 개정 교육과정과 달리 보통 교과에 공통 과목을 신설하여 모든 학생에게 이수하도록 하였다. 공통 과목은 국어, 수학, 영어, 한국사, 통합사회, 통합과학(과학탐구실험 포함)이다. 선택 과목은 일반 선택 과목과 진로 선택 과목으로 구분된다. 일반 선택 과목은 고등학교 단계에서 필요한 각 교과별 학문의 기본적 이해를 바탕으로 한 과목이며, 진로 선택 과목은 교과 융합 학습, 진로 안내 학습, 교과별 심화학습, 실생활 체험 학습 등이 가능한 과목이다.

전문 교과는 전문 교과 I과 전문 교과 II로 구분된다. 전문 교과 I은 특수 목적 고등학교인 과학, 체육, 예술, 외국어, 국제 계열 고등학교 학생들이 이수하는 과목이며,[2] 전문 교과 II는 특성화 고등학교와 산업수요 맞춤형 고등학교(마이스터고) 학생들이 이수하는 과목으로서 2015 개정 교육과정에서는 국가직무능력표준에 따라 개발되었다. 다음에는 보통 교과의 선택 과목과 전문 교과 I의 편제표를 제시하고자 한다.

---

2) 2009 개정 교육과정에서 특수 목적 고등학교 선택 교과목은 보통 교과의 심화 과목에 편제되어 있었으나, 2015 개정 교육과정에서는 이것을 보통 교과에 분리하여 전문 교과로 재배치하였다.

표 11-17 보통 교과의 선택 과목

교과 영역	교과(군)	공통 과목	선택 과목	
			일반 선택	진로 선택
기초	국어	국어	화법과 작문, 독서, 언어와 매체, 문학	실용 국어, 심화 국어, 고전 읽기
	수학	수학	수학 I, 수학 II, 미적분, 확률과 통계	실용 수학, 기하, 경제 수학, 수학과제 탐구
	영어	영어	영어 회화, 영어 I, 영어 독해와 작문, 영어 II	실용 영어, 영어권 문화, 진로 영어, 영미 문학 읽기
	한국사	한국사		
탐구	사회(역사/도덕 포함)	통합사회	한국지리, 세계지리, 세계사, 동아시아사, 경제, 정치와 법, 사회·문화, 생활과 윤리, 윤리와 사상	여행지리, 사회문제 탐구, 고전과 윤리
	과학	통합과학 과학탐구실험	물리학 I, 화학 I, 생명과학 I, 지구과학 I	물리학 II, 화학 II, 생명과학 II, 지구과학 II, 과학사, 생활과 과학, 융합과학
체육·예술	체육		체육, 운동과 건강	스포츠 생활, 체육 탐구
	예술		음악, 미술, 연극	음악 연주, 음악 감상과 비평 미술 창작, 미술 감상과 비평
생활·교양	기술·가정		기술·가정, 정보	농업 생명 과학, 공학 일반, 창의 경영, 해양 문화와 기술, 가정과학, 지식 재산 일반
	제2외국어		독일어 I 프랑스어 I 스페인어 I 중국어 I / 일본어 I 러시아어 I 아랍어 I 베트남어 I	독일어 II 프랑스어 II 스페인어 II 중국어 II / 일본어 II 러시아어 II 아랍어 II 베트남어 II
	한문		한문 I	한문 II
	교양		철학, 논리학, 심리학, 교육학, 종교학, 진로와 직업, 보건, 환경, 실용 경제, 논술	

① 선택 과목의 기본 단위 수는 5단위다.

② 교양 교과목을 제외한 일반 선택 과목은 2단위 범위 내에서 증감하여 편성·운영할 수 있다.

③ 교양 교과목과 진로 선택 과목은 3단위 범위 내에서 증감하여 편성·운영할 수 있다.

④ 체육 교과는 매 학기 편성하도록 한다. 단, 특성화 고등학교와 산업수요 맞춤형 고등학교의 경우 현장 실습이 있는 학년에는 탄력적으로 운영할 수 있다.

참조: 교육부(2015b: 15).

특수 목적 고등학교 전문 교과 I의 편제표를 제시하면 다음과 같다.

표 11-18 전문 교과 I 편제표

교과(군)	과목			
과학 계열	심화 수학 I	심화 수학 II	고급 수학 I	고급 수학 II
	고급 물리학	고급 화학	고급 생명과학	고급 지구과학
	물리학 실험	화학 실험	생명과학 실험	지구과학 실험
	정보과학	융합과학 탐구	과학과제 연구	생태와 환경
체육 계열	스포츠 개론	체육과 진로 탐구	체육 지도법	육상 운동
	체조 운동	수상 운동	개인 · 대인 운동	단체 운동
	체육 전공 실기 기초	체육 전공 실기 심화	체육 전공 실기 응용	
	스포츠 경기 체력	스포츠 경기 실습	스포츠 경기 분석	
예술 계열	음악 이론	음악사	시창 · 청음	음악 전공 실기
	합창	합주	공연 실습	
	미술 이론	미술사	드로잉	평면 조형
	입체 조형	매체 미술	미술 전공 실기	
	무용의 이해	무용과 몸	무용 기초 실기	무용 전공 실기
	무용 음악 실습	안무	무용과 매체	무용 감상과 비평
	문예 창작 입문	문학 개론	문장론	문학과 매체
	고전문학 감상	현대문학 감상	시 창작	소설 창작
	극 창작			
	연극의 이해	연기	무대기술	연극 제작 실습
	연극 감상과 비평	영화의 이해	영화기술	시나리오
	영화 제작 실습	영화 감상과 비평		
	사진의 이해	기초 촬영	암실 실기	중급 촬영
	사진 표현 기법	영상 제작의 이해	사진 영상 편집	사진 감상과 비평

〈계속〉

외국어 계열	심화 영어 회화 I 심화 영어 독해 I 전공 기초 독일어 독일어 독해와 작문 II 전공 기초 프랑스어 프랑스어 독해와 작문 II 전공 기초 스페인어 스페인어 독해와 작문 II 전공 기초 중국어 중국어 독해와 작문 II 전공 기초 일본어 일본어 독해와 작문 II 전공 기초 러시아어 러시아어 독해와 작문 II 전공 기초 아랍어 아랍어 독해와 작문 II 전공 기초 베트남어 베트남어 독해와 작문 II	심화 영어 회화 II 심화 영어 독해 II 독일어 회화 I 독일어권 문화 프랑스어 회화 I 프랑스어권 문화 스페인어 회화 I 스페인어권 문화 중국어 회화 I 중국 문화 일본어 회화 I 일본 문화 러시아어 회화 I 러시아 문화 아랍어 회화 I 아랍 문화 베트남어 회화 I 베트남 문화	심화 영어 I 심화 영어 작문 I 독일어 회화 II 프랑스어 회화 II 스페인어 회화 II 중국어 회화 II 일본어 회화 II 러시아어 회화 II 아랍어 회화 II 베트남어 회화 II	심화 영어 II 심화 영어 작문 II 독일어 독해와 작문 I 프랑스어 독해와 작문 I 스페인어 독해와 작문 I 중국어 독해와 작문 I 일본어 독해와 작문 I 러시아어 독해와 작문 I 아랍어 독해와 작문 I 베트남어 독해와 작문 I
국제 계열	국제 정치 한국 사회의 이해 현대 세계의 변화	국제 경제 비교 문화 사회 탐구 방법	국제법 세계 문제와 미래 사회 사회과제 연구	지역 이해 국제 관계와 국제기구

① 전문 교과 I 과목의 이수 단위는 시 · 도 교육감이 정한다.
② 국제 계열 고등학교에서 이수하는 외국어 과목은 외국어 계열 과목에서 선택하여 이수한다.
참조: 교육부(2015b: 16).

3. 2022 개정 교육과정

2022 개정 교육과정은 미래 사회가 요구하는 핵심역량을 갖춘 '포용성과 창의성을 갖춘 주도적인 사람으로 성장 지원'을 비전으로 제시하였다. 추구하는 인간상으로는 학생의 주도성, 책임감, 적극적 태도 등을 강조하여 2015 개정 교육과정의 '자주적인 사람'을 '자기주도적인 사람'으로 개선하고 우리 교육이 지향해야 할 가치와 교과교육 방향 및 성격을 기초로 미래 사회변화에 대응할 수 있는 역량으로 '협력적 소통 역량'을 강조하여 제시하였다(교육부, 2022a: 4).

고교학점제 도입에 대한 앞의 설명에 제시된 바와 같이, 2022 개정 교육과정은 2025년 우리나라 고등학교 교육에 고교학점제를 전면 도입하기 위하여 이루어진 것이다. 고교학점제의 도입은 비단 고등학교 교육의 변화만을 의미하지 않는다. 그것은 학생맞춤형 교육을 실현하는 구체적인 과제인 만큼 초등학교와 중학교 교육에도 영향을 미친다. 따라서 2022 개정 교육과정은 학생맞춤형 교육의 실현이라는 이상을 실현하는 데에 필요한 고등학교 교육과정뿐만 아니라 초등학교와 중학교 교육과정도 다각도로 개선되었다. 이러한 2022 개정 교육과정은 2024년부터 초등학교 1~2학년, 2025년부터 중·고등학교에 연차적으로 적용될 예정이다.

표 11-19 **2022 개정 교육과정의 연차적 적용 일정**

연도	적용 학년		
	초등학교	중학교	고등학교
2024년	1, 2학년		
2025년	1, 2, 3, 4학년	1학년	1학년
2026년	1, 2, 3, 4, 5, 6학년	1, 2학년	1, 2학년
2027년		1, 2, 3학년	1, 2, 3학년

*밑줄은 당해연도 새로 적용되는 학년을 가리킴.

1) 주요 개정 내용[3]

(1) '포용성과 창의성을 갖춘 주도적인 사람으로 성장 지원' 비전 제시

2022 개정 교육과정은 미래 사회가 요구하는 핵심역량을 갖춘 '포용성과 창의성을 갖춘 주도적인 사람으로 성장 지원'을 비전으로 제시하였다.

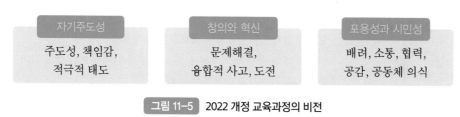

그림 11-5 2022 개정 교육과정의 비전

참조: 교육부(2022a: 4).

홍익인간이라는 교육 이념과 '모든 국민으로 하여금 인격을 도야하고 자주적 생활 능력과 민주 시민으로서 필요한 자질을 갖추어 인간다운 삶을 영위하고 민주 국가의 발전과 인류 공영의 이상을 실현할 수 있도록 한다.'는 교육 목적이 제시되었다. 추구하는 인간상으로는 '자기주도적인 사람, 창의적인 사람, 교양있는 사람, 더불어 사는 사람'(교육부, 2022b: 5)이 제시되었다. 이러한 인간상을 구현하기 위하여 교과 교육과 창의적 체험활동을 포함한 학교교육 전 과정을 통해 중점적으로 기르고자 하는 핵심역량으로 '자기관리 역량, 지식정보처리 역량, 창의적 사고 역량, 심미적 감성 역량, 협력적 소통 역량, 공동체 역량'이 제시되었다.

---

3) 주요 개정 내용은 교육부(2021c, 2022a, 2022b)와 한혜정(2022)의 내용을 요약 · 정리하였다.

2022 개정 교육과정 총론에 제시된 핵심역량

핵심역량	의미
자기관리 역량	자아정체성과 자신감을 가지고 자신의 삶과 진로를 스스로 설계하며 이에 필요한 기초 능력과 자질을 갖추어 자기주도적으로 살아갈 수 있는 능력
지식정보처리 역량	문제를 합리적으로 해결하기 위하여 다양한 영역의 지식과 정보를 깊이 있게 이해하고 비판적으로 탐구하며 활용할 수 있는 능력
창의적 사고 역량	폭넓은 기초 지식을 바탕으로 다양한 전문 분야의 지식, 기술, 경험을 융합적으로 활용하여 새로운 것을 창출하는 능력
심미적 감성 역량	인간에 대한 공감적 이해와 문화적 감수성을 바탕으로 삶의 의미와 가치를 성찰하고 향유하는 능력
협력적 소통 역량	다른 사람의 관점을 존중하고 경청하는 가운데 자신의 생각과 감정을 효과적으로 표현하며 상호협력적인 관계에서 공동의 목적을 구현하는 능력
공동체 역량	지역 · 국가 · 세계 공동체의 구성원에게 요구되는 개방적 · 포용적 가치와 태도로 지속 가능한 인류 공동체 발전에 적극적이고 책임감 있게 참여하는 능력

참조: 교육부(2022b: 6).

(2) 언어, 수리, 디지털 소양 등 기초소양 강조

미래 사회에 대응할 수 있는 능력과 기초 소양 및 자신의 학습과 삶에 대한 주도성을 강화하기 위해 여러 교과를 학습하는 데 기반이 되는 언어, 수리, 디지털 소양 등의 기초소양이 교육 전반에서 강조되었다. 특히 모든 교과 교육을 통해 디지털 기초 소양을 함양하도록 하였다. 초등학교의 경우 실과와 학교 자율시간 등을 활용하여 34시간 이상 편성, 중학교의 경우 정보 교과 시간과 학교 자율시간 등을 활용하여 68시간 이상 편성하도록 하였고, 고등학교 선택과목으로 '데이터 과학'이나 '소프트웨어와 생활'을 신설하였다(교육부, 2022a: 13).

표 11-21 | **2022 개정 교육과정에 제시된 기초소양**

기초소양		개념(안)
언어 소양		언어를 중심으로 다양한 기호, 양식, 매체 등을 활용한 텍스트를 대상, 목적, 맥락에 맞게 이해하고, 생산·공유, 사용하여 문제를 해결하고 공동체 구성원과 소통하고 참여하는 능력
수리 소양		다양한 상황에서 수리적 정보와 표현 및 사고 방법을 이해, 해석, 사용하여 문제해결, 추론, 의사소통하는 능력
디지털 소양		디지털 지식과 기술에 대한 이해와 윤리의식을 바탕으로, 정보를 수집·분석하고 비판적으로 이해·평가하여 새로운 정보와 지식을 생산·활용하는 능력

참조: 교육부(2021c: 13).

(3) 학습자의 삶과 성장을 지원하는 교육과정

2022 개정 교육과정에서는 학생 하나하나의 성장에 초점을 맞추는 학생맞춤형 교육이 더욱 강조된다. 그동안 학생맞춤형 교육 방안에 대한 고민은 주로 특정 학교급이나 학년의 교육과정 및 교수·학습 관점에서 이루어져 왔지만, 2022 개정 교육과정에서는 관점의 층위를 높여 학교급 간 연계의 관점에서 새롭게 접근하였다. 학생의 성장이 지속적으로 이어지도록 하기 위해서는 무엇보다 학교급 전환 시기의 연계가 중요하다. 그 구체적인 방안은 상급 학교로 진학하기 직전 학년의 마지막 학기(초6, 중3, 고3 2학기) 중 일부 기간을 활용하여 학교급별 연계 및 진로 교육을 강화하는 '진로연계학기' 운영이다.

진로연계학기는 학생 성장의 연속선상에서 학교급 간 교과 내용과 연계된 진로 설계, 학습 방법 및 생활 적응 등을 위한 것으로서 교과 및 창의적 체험활동 시간을 활용하여 운영된다. 예컨대, 초등학교 1학년 입학초기는 유치원 누리과정과 연계하여 초등학교의 물리적 환경과 시스템 등 변화를 이해하고 적용할 수 있도록 지원하고, 중학교의 경우에는 중학교 단계 기초학력 보장을 위한 교과 수업 및 고등학교 교육과정 이해, 과목 선택 연습 희망 진로 구체화 등 학업 설계 준비를 지원한다. 진로연계학기 운영의 예시를 그림으로 제시하면 [그림 11-6]과 같다.

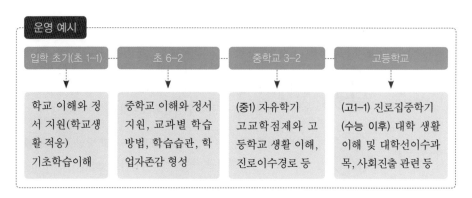

그림 11-6   진로연계학기 운영 예시

참조: 교육부(2021c: 26).

(4) 지역 · 학교 교육과정 자율성 확대 및 책임교육 구현

학생 맞춤형 교육과정은 학생 하나하나의 성장을 지원하는 교육과정이다. 학생 하나하나의 성장을 지원하는 것은 학생의 특성과 학생을 둘러싼 환경을 잘 이해하는 지역과 학교의 몫이다. 교사가 학생에 대한 이해를 바탕으로 학생에게 가장 적절한 학습 경험을 설계하는 전문성을 충분히 발휘할 수 있도록 지역 및 학교 교육과정의 자율성이 확대되어야 한다.

학교 교육과정 자율성 확대를 위하여 기존에 교과(군) 내에서만 교과(군)별 20% 내 시수 증감이 가능하도록 한 것을 2022 개정 교육과정에서는 창의적 체험활동까지 포함하여 교과(군)별 및 창의적 체험활동 20% 내 시수 증감이 가능하다. 학교 교육과정 자율성 확대를 위하여 2022 개정 교육과정에서 새롭게 도입된 방안은 학교자율시간 확보 방안이다. 초 · 중학교에서 기존에 연간 34주를 기준으로 수업시수를 운영한 것을 한 학기 17주 기준 수업시수 중 1회를 자율적으로 운영하여 다양한 학교장 개설과목 신설, 지역 연계 특색 프로그램 운영 등이 가능하다. 학교 자율시간 확보 및 운영 방안을 현재와 비교하여 그림으로 제시하면 [그림 11-7]과 같다.

2015 개정	2022 개정

• 교과(군)별 증감 범위 활용
• 연간 34주를 기준으로 한 수업시수 운영
• 중학교는 학교장 개설 선택과목 개발·운영 가능(초등학교는 선택과목이 없음)
  ☞ 학교 특색 및 지역과 연계한 과목 및 활동 운영 시간 확보 어려움
	• 교과(군) 및 창의적 체험활동 증감 범위 활용
	• 한 학기 17주 기준 수업시수를 탄력적으로 운영할 수 있도록 수업량 유연화 활용
	  ☞ 한 학기 17주 수업 → 16회(수업)+1회(자율운영)
	※ 매 학년별 최대 68시간 확보 가능
	• 초등학교, 중학교 선택과목 개발·운영 가능

그림 11-7   학교자율시간 확보 및 운영 방안

참조: 교육부(2021c: 20).

2) 학교 급별 교육과정 편제와 시간(학점) 배당

(1) 초등학교

초등학교 1학년 입학 초기 적응활동을 통합교과(바른생활, 슬기로운생활, 즐거

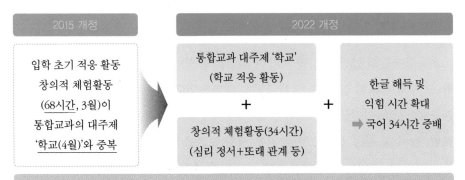

그림 11-8   초등 1학년 입학 초기 적응 활동(3월) 편성·운영 개선안

참조: 교육부(2021c: 22).

운생활)와 창의적 체험활동 시간으로 내용을 체계화하고, 기초 문해력 강화 및
한글 해득 교육을 위한 국어 34시간을 증배하였다.

초등학교 1~2학년의 안전교육은 64시간을 유지하되, 통합교과와 연계하여
재구조화하고, 교과와 창의적 체험활동을 통해 학생 발달 수준에 맞는 체험·실
습형 안전교육이 이루어지도록 개선하였다. 초등학교 3학년 이후에는 안전 관
련 교과에 다중 밀집 환경의 안전 수칙 내용 포함 및 위기 상황 대처 능력 함양
사항을 포함하여 체험 위주의 안전교육이 활성화되도록 개선하였다.

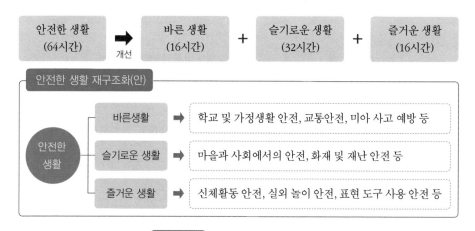

그림 11-9 초등학교 안전교육 개선안

참조: 교육부(2021c: 22).

초등학생들의 발달 특성에 적합한 실질적 움직임 기회 제공을 위해 '즐거운 생
활' 교과에 실내외 놀이 및 신체활동을 강화하였다[즐거운 생활 재구성(현행 80시
간→ 128시간)+안전한 생활 시수 중 일부(16시간) 증배=즐거운 생활 내 144시간 확보].
표현, 놀이 및 활동 중심으로 즐거운 생활 교과를 재구조화하되, 충분한 신체활
동을 제공할 수 있도록 성취기준 및 성취기준 해설에 반영하였다.

표 11-22 **초등학교 교육과정 편제와 시간 배당**

구분		1~2학년	3~4학년	5~6학년
교과 (군)	국어	국어 482	408	408
	사회/도덕		272	272
	수학	수학 256	272	272
	과학/실과	바른 생활 144	204	340
	체육		204	204
	예술(음악/미술)	슬기로운 생활 224	272	272
	영어	즐거운 생활 400	136	204
	소계	1,506	1,768	1,972
창의적 체험활동		238	204	204
학년군별 총 수업 시간 수		1,744	1,972	2,176

① 1시간의 수업은 40분을 원칙으로 하되, 기후 및 계절, 학생의 발달 정도, 학습 내용의 성격, 학교 실정 등을 고려하여 탄력적으로 편성·운영할 수 있다.

② 학년군의 교과(군)별 및 창의적 체험활동 시간 배당은 연간 34주를 기준으로 2년간의 기준 수업 시수를 나타낸 것이다.

③ 학년군별 총 수업 시간 수는 최소 수업 시수를 나타낸 것이다.

④ 실과의 수업 시간은 5~6학년 과학/실과의 수업 시수에만 포함된다.

⑤ 정보교육은 실과의 정보영역 시수와 학교자율시간 등을 활용하여 34시간 이상 편성·운영한다.

참조: 교육부(2022b: 17).

(2) 중학교

중학교의 경우 자유학기 운영 시기 및 방법 등을 지역·학교 상황에 맞게 운영하고 창의적 체험활동과의 중복을 최소화할 수 있도록 하였다. 기존 4개 영역(주제 선택, 진로 탐색, 예술·체육, 동아리 활동)을 2개 영역(주제 선택, 진로 탐색)으로 통합하고 170시간 운영을 102시간으로 축소하였다.

구분	2015 개정	2022 개정	
		자유학기	진로연계학기
시기	• 1학년 자율적으로 자유학기(학년)제 운영	• 1학년 중 적용학기 자율적 선택	• 3학년 2학기
운영	• 주제 선택, 진로 탐색, 예술 · 체육, 동아리활동 (4개 영역 필수) • 자유학기 170시간 • 자유학년 221시간	• 주제 선택 및 진로 탐색 활동(2개) ※학생 참여 중심 수업 및 과정 중심 평가 등 수업 혁신 강화 • 102시간 운영	• 교과별 진로 단원 신설+창의적 체험활동 진로 활동 • 학교자율시간을 활용하여 진로 관련 선택 과목 운영 가능

그림 11-10 중학교 자유학기제 운영 개선안

참조: 교육부(2021c: 24).

학교스포츠클럽 활동은 동아리 활동으로 매 학기 운영하되 의무 편성 시간을 축소하였다(기존: 3년간 총 136시간, 연간 34~68시간→개선: 3년간 총 102시간, 연간 34시간).

표 11-23 중학교 교육과정 편제와 시간 배당

구분		1~3학년
교과 (군)	국어	442
	사회(역사 포함)/도덕	510
	수학	374
	과학/기술 · 가정/정보	680
	체육	272
	예술(음악/미술)	272
	영어	340
	선택	170
	소계	3,060
창의적 체험활동		306
총 수업 시간 수		3,366

① 1시간 수업은 45분을 원칙으로 하되, 기후 및 계절, 학생의 발달 정도, 학습 내용의 성격, 학교 실정 등을 고려하여 탄력적으로 편성 · 운영할 수 있다.

② 교과(군)별 및 창의적 체험활동 시간 배당은 연간 34주를 기준으로 3년간의 기준 수업 시수를 나타낸 것이다.

③ 총 수업 시간 수는 3년간의 최소 수업 시수를 나타낸 것이다.

④ 정보는 정보 수업 시수와 학교자율시간 등을 활용하여 68시간 이상 편성 · 운영한다.

참조: 교육부(2022b: 20).

(3) 고등학교

고등학교 교육과정은 '학점 기반 선택 교육과정'으로 명시하고, 고등학생들이 자신의 진로 · 적성에 맞게 학습하고 자기 주도적 학습 능력과 미래 성장 잠재력을 키울 수 있도록 고교학점제 전면 도입 및 안착을 지원하기 위하여 수업량을 적정화하였다[1학점 수업량을 50분 기준 17(16+1)회에서 16회로 전환].

| 구분 | 현행 (단계적 이행) | | 2022 개정 |
	'21~'22	'23~'24	'25~
수업량 기준	단위	학점	학점
1학점 수업량	50분 17(16+1)회	50분 17(16+1)회	50분 16회*
총 이수 학점	204단위	192학점	192학점
교과 · 창의적 체험활동 비중	교과 180 창의적 체험활동 24	교과 174 창의적 체험활동 18	교과 174 창의적 체험활동 18

그림 11-11 고등학교 학사 운영 체제의 변화

참조: 교육부(2021c: 28)

학점 배당 기준과 관련하여 고교학점제 도입을 고려하여 필수 이수 학점을 조정(94단위→84학점)하고 자율 이수학점 이수 범위를 확대하였다(86단위→90학점). 단, 학교 교육과정 편성 · 운영상 주로 필수 이수 학점으로 운영하는 한국사, 체육 · 예술 및 생활 · 교양 영역은 현행 수준으로 필수 이수 학점을 유지하였다.

표 11-24 일반 고등학교와 특수 목적 고등학교(산업수요 맞춤형 고등학교 제외) 학점 배당 기준

교과(군)	공통 과목	필수 이수 학점	자율 이수 학점
국어	공통국어1, 공통국어2	8	학생의 적성과 진로를 고려하여 편성
수학	공통수학1, 공통수학2	8	
영어	공통영어1, 공통영어2	8	
사회 (역사/도덕 포함)	한국사1, 한국사2	6	
	통합사회1, 통합사회2	8	
과학	통합과학1, 통합과학2 과학탐구실험1, 과학탐구실험2	10	
체육		10	
예술		10	
기술 · 가정/정보/ 제2외국어/ 한문/교양		16	
소계		84	90
창의적 체험활동		18(288시간)	
총 이수 학점		192	

① 1학점은 50분을 기준으로 하여 16회를 이수하는 수업량이다.

② 1시간의 수업은 50분을 원칙으로 하되, 기후 및 계절, 학생의 발달 정도, 학습 내용의 성격, 학교 실정 등을 고려하여 탄력적으로 편성 · 운영할 수 있다.

③ 공통 과목의 기본 학점은 4학점이며, 1학점 범위 내에서 감하여 편성 · 운영할 수 있다. 단, 한국사1, 2의 기본 학점은 3학점이며 감하여 편성 · 운영할 수 없다.

④ 과학탐구실험1, 2의 기본 학점은 1학점이며 증감 없이 편성 · 운영하는 것을 원칙으로 한다. 단, 과학, 체육, 예술 계열 고등학교의 경우 학교 실정에 따라 탄력적으로 운영할 수 있다.

⑤ 필수 이수 학점 수는 해당 교과(군)의 최소 이수 학점이다. 특수 목적 고등학교의 경우 예술 교과(군)는 5학점 이상, 기술 · 가정/정보/제2외국어/한문/교양 교과(군)는 12학점 이상 이수하도록 한다.

⑥ 국어, 수학, 영어 교과의 이수 학점 총합은 81학점을 초과하지 않도록 하며, 교과 이수 학점이 174학점을 초과하는 경우에는 초과 이수 학점의 50%를 넘지 않도록 한다.

⑦ 창의적 체험활동의 학점 수는 최소 이수 학점이며 ( ) 안의 숫자는 이수 학점을 시간 수로 환산한 것이다.

⑧ 총 이수 학점 수는 고등학교 졸업을 위해 3년간 이수해야 할 최소 이수 학점을 의미한다.

참조: 교육부(2022b: 24).

한 학기에 과목 이수와 학점 취득을 완결될 수 있도록 재구조화하고 과목별 기본이수 학점 및 증감범위가 조정되었다(현행 5±2/3단위→4±1학점). 과목별 기본학점을 축소(5단위→4학점)하고 이수 학점 증감의 폭을 ±1로 조정하여 다양한 선택과목 개설 및 교육과정 편성의 유연성을 확보하였다. 체육, 예술 및 교양 교과는 교육과정 편성 · 운영을 고려하여 기본이수 학점을 3±1학점으로 조정하였다. 다양한 교과에 대한 균형 학습이 이루어지도록, 국어 · 영어 · 수학 교과 총 이수 학점이 81학점을 초과하지 않도록 규정하였다.

편제와 관련하여 현행 교과 영역은 삭제되고 교과(군)체제로 개선되었다. 고교 단계 공통소양 함양을 위하여 공통과목은 유지하고, 일반 선택과목 수를 적정화하고 진로 선택과목을 다양하게 재구조화하였으며 융합 선택과목을 신설하였다. 전문 교과 I은 보통교과로 통합하여 재구조화하고 일반고 학생들도 진로와 적성에 따라 선택이 가능하도록 하였다.

〈2015 개정〉

교과	과목
보통	공통 과목
	일반선택 과목
	진로선택 과목

〈2022 개정〉

교과	공통과목	선택과목		
		일반 선택	진로 선택	융합 선택
보통	기초소양 및 기본학력 함양, 학문의 기본 이해 내용 과목 (학생 수준에 따른 대체 이수과목 포함)	교과별 학문 영역 내의 주요 학습내용 이해 및 탐구를 위한 과목	교과별 심화 학습 및 진로 관련 과목	교과내 · 교과간 주제 융합과목, 실생활 체험 및 응용을 위한 과목

그림 11-12 고등학교 편제의 변화

참조: 교육부(2021c: 29).

보통 교과의 공통 과목과 선택 과목을 제시하면 다음과 같다.

표 11-25 **보통교과의 공통 과목과 선택 과목**

교과(군)	공통 과목	선택 과목		
		일반 선택	진로 선택	융합 선택
국어	공통국어1 공통국어2	화법과 언어, 독서와 작문, 문학	주제 탐구 독서, 문학과 영상, 직무 의사소통	독서 토론과 글쓰기, 매체 의사소통, 언어생활 탐구
수학	공통수학1 공통수학2 기본수학1 기본수학2	대수, 미적분 I, 확률과 통계	기하, 미적분 II, 경제 수학, 인공지능 수학, 직무 수학	수학과 문화, 실용 통계, 수학과제 탐구
영어	공통영어1 공통영어2 기본영어1 기본영어2	영어I, 영어II, 영어 독해와 작문	영미 문학 읽기, 영어 발표와 토론, 심화 영어, 심화 영어 독해와 작문, 직무 영어	실생활 영어 회화, 미디어 영어, 세계 문화와 영어
사회 (역사/ 도덕 포함)	한국사1 한국사2 통합사회1 통합사회2	세계시민과 지리, 세계사, 사회와 문화, 현대사회와 윤리	한국지리 탐구, 도시의 미래 탐구, 동아시아 역사 기행, 정치, 법과 사회, 경제, 윤리와 사상, 인문학과 윤리, 국제 관계의 이해	여행지리, 역사로 탐구하는 현대 세계, 사회문제 탐구, 금융과 경제생활, 윤리문제 탐구, 기후변화와 지속가능한 세계
과학	통합과학1 통합과학2 과학탐구실험1 과학탐구실험2	물리학, 화학, 생명과학, 지구과학	역학과 에너지, 전자기와 양자, 물질과 에너지, 화학 반응의 세계, 세포와 물질대사, 생물의 유전, 지구시스템과학, 행성우주과학	과학의 역사와 문화, 기후변화와 환경생태, 융합과학 탐구
체육		체육1, 체육2	운동과 건강, 스포츠 문화*, 스포츠 과학*	스포츠 생활1, 스포츠 생활2

〈계속〉

예술		음악, 미술, 연극	음악 연주와 창작, 음악 감상과 비평, 미술 창작, 미술 감상과 비평	음악과 미디어, 미술과 매체
기술· 가정/ 정보		기술·가정	로봇과 공학세계, 생활과학 탐구	창의 공학 설계, 지식 재산 일반, 생애 설계와 자립*, 아동발달과 부모
		정보	인공지능 기초, 데이터 과학	소프트웨어와 생활
제2외국어/ 한문		독일어, 프랑스어, 스페인어, 중국어, 일본어, 러시아어, 아랍어, 베트남어	독일어 회화, 프랑스어 회화, 스페인어 회화, 중국어 회화, 일본어 회화, 러시아어 회화, 아랍어 회화, 베트남어 회화, 심화 독일어, 심화 프랑스어, 심화 스페인어, 심화 중국어, 심화 일본어, 심화 러시아어, 심화 아랍어, 심화 베트남어	독일어권 문화, 프랑스어권 문화, 스페인어권 문화, 중국 문화, 일본 문화, 러시아 문화, 아랍 문화, 베트남 문화
		한문	한문 고전 읽기	언어생활과 한자
교양		진로와 직업, 생태와 환경	인간과 철학, 논리와 사고, 인간과 심리, 교육의 이해, 삶과 종교, 보건	인간과 경제활동, 논술

① 선택 과목의 기본 학점은 4학점이다. 단, 체육, 예술, 교양 교과(군)의 기본 학점은 3학점이다.

② 선택 과목은 1학점 범위 내에서 증감하여 편성·운영할 수 있다.

③ * 표시한 과목의 기본 학점은 2학점이며, 1학점 범위 내에서 감하여 편성·운영할 수 있다.

④ 체육 교과는 매 학기 이수하도록 한다. 단, 특성화 고등학교와 산업수요 맞춤형 고등학교의 경우, 현장 실습이 있는 학년에는 탄력적으로 운영할 수 있다.

참조: 교육부(2022b: 26-27).

특수목적 고등학교의 선택 과목을 제시하면 다음과 같다.

표 11-26 **특수목적 고등학교의 선택 과목**

계열	교과 (군)	선택 과목				
		진로 선택				융합 선택
과학 계열	수학	전문 수학 고급 미적분	이산 수학	고급 기하	고급 대수	
	과학	고급 물리학 과학과제 연구	고급 화학	고급 생명과학	고급 지구과학	물리학 실험 화학 실험 생명과학 실험 지구과학 실험
	정보	정보과학				
체육 계열	체육	스포츠 개론 기초 체육 전공 실기 스포츠 경기 기술	육상 심화 체육 전공 실기 스포츠 경기 분석	체조 고급 체육 전공 실기	수상 스포츠 스포츠 경기 체력	스포츠 교육 스포츠 생리의학 스포츠 행정 및 경영
예술 계열	예술	음악 이론 합창 · 합주 미술 이론 조형 탐구 무용의 이해 안무 문예 창작의 이해 소설 창작 연극과 몸 연극 제작 실습 편집 · 사운드 사진의 이해 사진 감상과 비평	음악사 음악 공연 실습 드로잉 무용과 몸 무용 제작 실습 문장론 극 창작 연극과 말 연극 감상과 비평 영화 제작 실습 사진 촬영	시창 · 청음 미술사 무용 기초 실기 무용 감상과 비평 문학 감상과 비평 연기 영화의 이해 영화 감상과 비평 사진 표현 기법	음악 전공 실기 미술 전공 실기 무용 전공 실기 시 창작 무대 미술과 기술 촬영 · 조명 영상 제작의 이해	음악과 문화 미술 매체 탐구 미술과 사회 무용과 매체 문학과 매체 연극과 삶 영화와 삶 사진과 삶

① 특수목적 고등학교 선택 과목은 과학, 체육, 예술 계열에 관한 과목으로 한다.
② 특수목적 고등학교 선택 과목의 기본 학점 및 증감 범위는 시 · 도 교육감이 정한다.
참조: 교육부(2022b: 28).

(4) 창의적 체험활동

2022 개정 교육과정에서 창의적 체험활동은 학생의 전인적인 성장과 자율성에 보다 초점을 두고, 학생의 자기주도성과 학생 선택활동을 확대하기 위해 자율·자치 활동, 동아리 활동, 진로 활동으로 영역을 재구조화하였다. '자율·자치 활동'은 공동체 중심의 학교(학급) 단위 활동 중심으로, '동아리 활동'과 '진로 활동'은 학생 주도성 및 선택 중심의 개별 활동으로 내용을 체계화하였다.

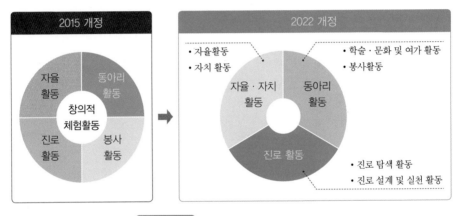

그림 11-13 **창의적 체험활동 영역 개선안**

(※ 기존 '봉사활동'은 창의적 체험활동의 동아리 활동 영역에 편성되어 있으며, 그 성격 및 취지상 창의적 체험활동 내의 모든 영역의 활동과 탄력적으로 연계하여 실효성 있게 운영할 수 있도록 개선)

참조: 교육부(2022c: 12).

질문 및 활동

1. 2015 개정과 2022 개정 교육과정의 총론상의 변화를 학교 급별로 구분하여 정리해 보자.

2. 제6차 교육과정부터 2022 개정 교육과정까지의 총론 문서를 수집한 후 다음의 관점 중 한 가지를 선택하여 교육과정의 변화 과정 및 경향을 분석해 보자.
   - 교육 목적 및 학교 급별 교육 목표의 변천
   - 초등학교 1, 2학년 통합 교과의 변천
   - 교과외 활동의 변천
   - 고등학교 선택 과목의 변천
   - 교과 및 과목의 폐지 및 신설, 과목명 변경

3. 역량중심 교육과정의 특징이 다음과 같다면 이러한 역량중심 교육과정은 제1부에서 학습한 교육과정에 대한 네 가지 관점인 자유교육적 관점, 지원적 관점, 관리적 관점, 해방적 관점에 비추어 어떻게 규정할 수 있는지 논의해 보자.

> 역량중심 교육과정 특징은 다음과 같이 네 가지로 정리할 수 있다. 첫째, 역량 함양을 위한 교과 교육은 교과에서 배운 내용이나 능력이 교과 맥락을 떠나 다양한 삶의 맥락에서도 발휘되도록 하는 데에 그 목적이 있으므로 교과 교육과정의 내용은 빅 아이디어 중심으로 구조화될 필요가 있다. 둘째, 역량 함양을 위해서는 교과 교육과정이 학생의 성장에 초점을 두고 지식, 기능, 가치 및 태도 등을 총체적으로 고려하여 설계될 필요가 있다. 셋째, 역량 함양을 위한 교과 교육과정은 학년(군)에 따른 역량의 발달 수준이 드러나도록 설계될 필요가 있다. 넷째, 역량 함양을 위한 교육과정에는 역량 함양이라는 목표를 중심으로 내용 체계, 성취기준, 교수 · 학습 및 평가의 연계성 및 일관성이 확보되어야 한다(한혜정 외, 2022: 31-32).

※ 우리나라 국가 교육과정 총론과 교과 교육과정 문서는 다음의 홈페이지에서 수집 가능함.
○ 에듀넷 · 티-클리어 https://www.edunet.net/nedu/main/mainForm.do

참고문헌

교육부. (2012). 사회과 교육과정. 교육부 고시 제 2012-14호[별책7]

교육부. (2014). 2015 문·이과 통합형 교육과정 총론 주요 사항[시안]. 보도자료(2014. 9. 24.).

교육부. (2015a). 2015 개정 교육과정 총론 및 각론 확정·발표. 보도자료(2015. 9. 23.).

교육부. (2015b). 초·중등학교 교육과정. 교육부 고시 제2015-74호.

교육부. (2015c). 사회과 교육과정. 교육부 고시 제2015-74호 [별책7]

교육부. (2017). 교육과정 다양화로 고교 교육 혁신을 시작한다: 고교학점제 추진 방향 및 연구학교 운영 계획 발표. 보도자료(2017. 11. 27.).

교육부. (2021a). 포용과 성장의 고교교육 구현을 위한 고교학점제 종합 추진계획. 보도자료(2021. 2. 17.).

교육부. (2021b). 2025년 일반계고 학점제 전면 적용을 위한 고교학점제 단계적 이행 계획 발표. 보도자료(2021. 8. 23.).

교육부. (2021c). '2022 개정 교육과정' 총론 주요 사항 발표: 더 나은 미래, 모두를 위한 교육. 보도자료(2021. 11. 24.).

교육부. (2022a). 2022 개정 초·중등학교 및 특수교육 교육과정 확정·발표: 배움의 즐거움을 일깨우는 미래교육으로의 전환. 보도자료(2022. 12. 22.).

교육부. (2022b). 초·중등학교 교육과정 총론. 교육부 고시 제2022-33호[별책1].

교육부. (2022c). 「2022 개정 교육과정 질의·응답 자료」(2022. 12. 22.).

교육부. (2022d). 사회과 교육과정. 교육부 고시 제2022-33호[별책7].

교육부. (2022e). 초·중등학교 교육과정 일부개정. 교육부 고시 제2022-2호.

이상은, 소경희. (2019). 미래지향적 교육과정 설계를 위한 OECD 역량교육의 틀 변화 동향 분석: 'Education 2030'을 중심으로. 교육과정연구, 37(1), 139-164.

한혜정. (2020). P. H. Hirst의 전기와 후기 논의에 대한 재고찰을 통한 교과 지식과 역량의 관계 탐색. 교육과정연구, 38(3), 131-155.

한혜정. (2022). 2022 개정 총론 주요 사항. 교육광장, Vol. 80(2022 여름호). 한국교육과정평가원.

한혜정 외. (2022). 2022 개정 교육과정 각론 조정 연구(I). 한국교육과정평가원 연구보고 CRC 2022-5.

OECD. (2005). The definition and selection of key competencies: Executive summary. Retrieved from http://www.oecd.org/pisa/35070367.pdf

OECD. (2018). The future of education and skills: Education 2030. Position Paper. Retrieved from https://www.oecd.org/education/2030-project/contact/

에듀넷 · 티-클리어 https://www.edunet.net/nedu/main/mainForm.do

제**12**장

교과서 발행 및 활용

교육과정이 학교교육의 기본 설계도(함수곤, 2000: 2)라고 한다면, 교과서는 그 설계도에 맞게 학교교육이라는 건물을 지을 때 사용하는 가장 중요한 건축 자재에 해당한다고 볼 수 있다. 근래에 이르러 '교과서 중심의 교육'이 아닌 '교육과정 중심의 교육'이 이루어져야 한다는 목소리가 높지만 그럼에도 교과서는 학교교육에서 교육과정 못지않게, 때로는 교육과정보다 더 많은 비중을 차지하고 있음을 부인하기 어렵다. 교과서가 학교교육에서 활용되는 바람직한 정도와 방식, 교육과정과 교과서의 연계에 대해서 생각해 보는 것은 교육과정과 교과서 모두를 이해하는 데 필요한 일이라고 할 수 있다. 이 장에서는 교과서에 대한 심층적인 이해를 위한 기초 작업으로서 우리나라 교과용도서 발행과 관련된 내용을 간략히 살펴볼 것이다.

1. 교과서 발행 제도 개요

'교과용도서에 관한 규정'(대통령령 제32547호, 2022. 3. 22.) 제2조(정의)의 내용을 중심으로 교과서 관련 용어와 교과서 발행 제도에 대하여 간략히 살펴본다.

1) 교과서 관련 용어 정리

교과서 관련 용어에 대해서는 교과용도서에 관한 규정 제1장 총칙 제2조(정의)에 다음과 같이 규정되어 있다.

- '교과용도서'라 함은 교과서 및 지도서를 말한다.
- '교과서'라 함은 학교에서 학생들의 교육을 위하여 사용되는 학생용 서책 · 음반 · 영상 및 전자저작물 등을 말한다.
- '지도서'라 함은 학교에서 학생들의 교육을 위하여 사용되는 교사용의 서책 · 음반 · 영상 및 전자저작물 등을 말한다.
- '국정도서'라 함은 교육부가 저작권을 가진 교과용도서를 말한다.
- '검정도서'라 함은 교육부 장관의 검정을 받은 교과용도서를 말한다.
- '인정도서'라 함은 국정도서 · 검정도서가 없는 경우 또는 이를 사용하기 곤란하거나 보충할 필요가 있는 경우에 사용하기 위하여 교육부 장관의 인정을 받은 교과용도서를 말한다.
- '개편'이라 함은 교육과정의 전면개정 또는 부분개정이나 그 밖의 사유로 인하여 교과용도서의 총 쪽수(음반 · 영상 · 전자저작물 등의 경우에는 총 수록 내용)의 2분의 1을 넘는 내용을 변경하는 것을 말한다.
- '수정'이라 함은 교육과정의 부분개정이나 그 밖의 사유로 인하여 교과용도서의 문구 · 문장 · 통계 · 삽화 등을 교정 · 증감 · 변경하는 것으로서 개편의 범위에 이르지 아니하는 것을 말한다.

2) 교과서 발행 제도

교과서 발행 제도는 교과서 편찬 과정에 대한 국가의 관여 방식과 교과서 사용의 필수 여부에 따라 국정 제도, 검정 제도, 인정 제도, 자유발행 제도로 구분된다.

'국정 제도(government-issued textbook system)'는 교과서 사용이 필수인 교과(목)의 교과서를 국가가 직접 제작·발행하고 학교가 의무적으로 사용하는 체제로서, 교과서 편찬 계획 및 연구·개발 및 공급을 국가가 관장한다. 교과서 채택이 의무적으로 이루어지는 만큼 별도의 기준은 없다. 국정 제도를 근간으로 하는 우리나라는 교육부가 교과서의 저작권을 가지며, 국정 교과용도서의 연구·개발은 교육부가 공모를 통해 선정한 기관에서 이루어진다. 이러한 국정 제도의 장점은 교육 수준과 내용을 국가가 체계적으로 관리하기 쉽고 발행 비용이 저렴하다는 장점이 있지만, 교육을 획일화시킬 가능성이 있다는 단점이 있다. 편찬 계획과 위탁처 결정 및 심의회 구성은 국가가 결정한다. 하지만 연구·개발은 민간이 한다는 점에서 국정제라고 해도 국가가 완전히 통제하는 것은 아니다.

'검정 제도(textbook authorization system)'는 국가가 교과서 제작에 '간접적으로' 관여하는 제도로서 국가가 제시한 '편찬상의 유의점'에 따라 집필하여 검정 심사에 합격한 경우에만 교과서로 발행될 수 있다는 점에서 교과서 집필과 발행에 국가가 간접적으로 개입하는 체제다. 이것은 민간이 국가의 편찬상의 유의점과 검정 기준에 근거하여 교과서를 연구·개발·제작하여 사후에 권위를 가진 국가의 기관(현재 '한국교육과정평가원')의 심사를 받고 적정한 기준에 합격하여 통과되면 교과서를 발행할 수 있는 제도다.

'인정 제도(textbook adoption system)'는 민간이 제작·발행한 교과서에 대해 국가의 교육부가 인정한 후 학교에서 선택하도록 하는 제도다. 이미 발행되어 유통 중인 교재 중에서도 교육부의 인정을 받으면 교과서에 결정적인 문제가 없는 한 사용이 허용된다. 우리나라도 인정도서가 점점 확대되는 추세에 있다. 우리나라의 인정 제도는 검정 제도와 유사한 제도로서 인정 심사도 검정 심사와

표 12-1 **교과서 발행 제도의 구분**

구분		국가의 관여 방식		
		관여		비관여
		직접 관여	간접 관여	
교과서 사용의	필수	국정제	검정제	
필수 여부	임의		인정제	자유발행제

출처: 이병욱, 강연흥, 조혜숙(2009: 12).

유사한 과정을 거쳐 이루어진다. 대부분의 인정 업무는 시·도 교육감에게 위임
된다.

'자유발행 제도(free issue system)'는 일반 출판물의 출판 원칙을 교과서 발행에
적용한 것으로서 국가가 교과서 저작, 발행 및 채택에 거의 관여하지 않는 제도
다. 민간 저작자는 국가의 교육과정과 자신의 학문 체계, 학교의 요구 등을 바탕
으로 교과서를 저술하여 국가의 공식적인 심의를 받지 않고 발행할 수 있다. 물론
저작자는 교육과정을 준수해야 하기 때문에 완전한 자유방임적인 것은 아니다.

이러한 교과서 발행 제도 중 어느 한 제도만 채택하는 나라는 없으며 한 나라
에 여러 가지 제도가 공존하고 있는 것이 전 세계적인 추세다. 우리나라의 경우
국정 제도, 검정 제도, 인정 제도가 공존하고 있다.

2. 우리나라 교과용도서 발행 체제 현황[1]

우리나라 학교에서의 교과용도서 사용은 "학교에서는 국가가 저작권을 가지
고 있거나 교육부장관이 검정하거나 인정한 교과용도서를 사용하여야 한다."는

---

[1] 우리나라 교과용도서 발행 체제 현황과 관련된 내용은 안종욱 외(2020: 53-93) 연구의 내용을 참
고·요약하여 작성하였다.

「초·중등교육법」[법률 제19096호, 2022. 12. 27.] 제29조 제①항에 따른다. 이것은 곧 국정도서, 검정도서, 인정도서 내에서 교과용도서를 사용해야 하는 것을 의미하며, 세 유형 모두 정도의 차이는 있지만 편찬 및 발행과 관련하여 국가가 많은 권한과 영향력을 가지고 있다는 점에서 우리나라 교과용도서 정책은 국가 주도와 관리를 근간으로 하고 있다.

국가 주도와 관리하에서 이루어지는 교과용도서 정책은 그동안 우리나라 교육의 질을 일정 수준 유지하는 데에 큰 기여를 하였지만, 또 한편으로는 교육 현장의 자율성과 다양성을 도모하는 데에 제약이 되고 결과적으로는 교수·학습 활동을 획일화시키는 부작용을 초래할 가능성이 있다. 이러한 우려로 인하여 우리나라도 학교 현장에서 국가 교육과정을 다양하게 해석하고 창의적으로 적용할 수 있도록 교과서 다양화가 필요하다는 진단에 따라 '교과용도서 다양화 및 자유발행제 추진 계획'(교육부, 2018b)을 수립하여 발표하였다. 여기에는 초등학교 국정도서를 검정도서로 일부 전환, 검정도서 심사제도의 규제 완화를 통한 다양하고 창의적인 교과서 개발 지원, 자유발행제 도입·추진 등의 내용이 포함되어 있다.

최근 우리나라 교과용도서 발행체제에서 이루어진 큰 변화는 디지털교과서를 개발하여 학교 현장에 보급하고 있다는 점이다(교육부, 2016). 2015 개정 교육과정에 따른 초·중등학교 교과 중에서 초등학교와 중학교의 사회, 과학, 영어 교과, 고등학교 영어 교과의 일부 과목은 서책형교과서와 함께 디지털교과서가 개발되어 현장에 보급되어 적용되고 있다.

이하에서는 이러한 우리나라 교과용도서 발행 체제의 현황 및 변화에 대해 국정 제도, 검정 제도, 인정 제도로 구분하여 살펴본다.

1) 국정 제도 현황

(1) 국정도서 편찬 및 개발

국정도서는 국가가 직접 개발하여 저작권을 갖는 도서를 말한다. 교육과정 고시와 교과용도서 구분 고시에 따라 국정도서를 개발할 경우 교육부는 국정도서 개발과 관련된 모든 내용을 포함하는 '국정도서 개발 기본 계획'을 수립하고 교과서를 개발하는 위탁 기관을 선정한다. 선정된 위탁 기관에서는 교과서 개발에 필요한 기초 연구를 수행한다. 국정도서 개발에는 교육부, 위탁 기관, 연구ㆍ집필진, 편집ㆍ삽화진, 현장적합성 검토 연구학교 및 교사 연구회, 발행사 등이 참여한다. 먼저 현장 검토본 교과서를 개발하여 현장 적합성 검토 연구학교에 적용하고 검토된 문제점을 수정ㆍ보완하여 정본 교과서를 개발하는 과정을 거친다. 이와 같이 국정도서의 개발ㆍ편찬은 아래 그림과 같이 '계획 및 위탁→연구 및 집필→심의 및 수정→생산 및 공급'의 과정으로 이루어진다(안종욱 외, 2020: 54).

계획ㆍ위탁	연구ㆍ집필	심의ㆍ수정	생산ㆍ공급
• 교육과정 고시 • 교과용도서 개발 기본 계획 수립 • 교과용도서 편찬ㆍ발행 기본 계획 수립 • 교과용도서 편찬ㆍ연구 개발 기관 선정ㆍ위탁	• 교과용도서 개발 기초 연구 • 심의 위원 선정, 위촉, 집필 세목 작성, 심의 • 원고 집필, 사진ㆍ삽화 제작 • 원고 집필, 사진ㆍ삽화 수정ㆍ보완	• 원고본 접수, 심의, 수정ㆍ보완 • 개고본 접수, 검토, 조판 의뢰 • 현장검토본 접수, 현장 검토, 수정ㆍ보완 • 현장검토본 심의, 수정ㆍ보완, 결재본 제작 의뢰	• 결재본 접수 및 결재 • 생산 지시 • 인쇄, 제본, 발행 • 공급, 수령

그림 12-1 국정도서 개발ㆍ편찬 절차

참고: 김국현 외(2016: 3) (안종욱 외, 2020: 55에서 재인용).

(2) 국정도서 발행 현황

2015 개정 교육과정에 따르면 국정 제도는 중·고등학교에는 적용되지 않고 초등학교에만 적용된다. 2015 개정 교육과정에 따른 초등학교 교과용도서 국·검정 구분(교육부, 2015a)에는 초등 1~2학년 6개 교과(국어, 수학, 바른 생활, 슬기로운 생활, 즐거운 생활, 안전한 생활), 초등 3~4학년과 5~6학년의 5개 교과(국어, 도덕, 수학, 사회, 과학)가 국정도서로 구분되었다. 다양하고 창의적인 교과서 발행을 통해 교육과정 자율화를 지원하고 경쟁을 통한 교과서 질을 높이고 교사와 학생의 선택권을 보장하기 위하여 초등 1~2학년 전교과와 초등 3~6학년 국어와 도덕 교과만 현행 국정 도서를 유지하고 다른 교과는 모두 검정 도서로 전환하였다(교육부, 2018).

2022 개정 교육과정에 따른 초등학교 국정도서 구분도 이러한 기조를 그대로 유지하고, 초등 1~2학년 전교과와 초등 3~6학년 국어와 도덕 교과만 현행 국정 도서를 유지하였다.

학년군	현행	개선(안)
초등 1~2	6개 교과목 모두 국정	현행 유지
초등 3~4	국정: 국어, 도덕, 수학, 사회, 과학 검정: 체육, 음악, 미술, 영어	국정: 국어, 도덕(현행유지) 검정: 현행 + 수학, 사회, 과학
초등 5~6	국정: 국어, 도덕, 수학, 사회, 과학 검정: 체육, 음악, 미술, 영어, 실과	국정: 국어, 도덕(현행 유지) 검정: 현행 + 수학, 사회, 과학
비고(총계)	국정: 16과목, 검정: 9과목	국정: 10과목, 검정: 15과목

그림 12-2 국정도서의 검정도서 전환(안)

참고: 교육부(2018: 4).

표 12-2 **2022 개정 교육과정에 따른 초등학교 국정 도서 구분**

교과(군)	교과서		
	1~2학년	3~4학년	5~6학년
바른 생활	교과서 ①~⑫		
슬기로운 생활	【12책】		
즐거운 생활			
국어	국어 1-1, 1-2, 2-1, 2-2 국어활동 1-1, 1-2, 2-1, 2-2 【8책】	국어 3-1, 3-2, 4-1, 4-2 국어활동 3-1, 3-2, 4-1, 4-2 【8책】	국어 5-1, 5-2, 6-1, 6-2 【4책】
사회/도덕		도덕 3, 4 【2책】	도덕 5, 6 【2책】
수학	수학 1-1, 1-2, 2-1, 2-2 수학익힘 1-1, 1-2, 2-1, 2-2 【8책】		
총계	28책	10책	6책
	44책		

참고: 교육부(2022).

2) 검정 제도 현황

검정도서는 교육부장관의 검정을 받은 교과용도서다. 검정 제도 현황은 서책형 교과서와 디지털교과서로 구분하여 살펴본다.

(1) 서책형 교과서

새 교육과정이 고시되면 교육부장관은 적어도 해당 검정도서의 최초 사용 학년도가 시작되기 1년 6개월 이전까지 검정할 교과용도서의 종류, 신청자의 자격, 신청 기간, 검정 기준, 편찬상의 유의점, 심사본의 제출 부수, 검정 수수료 및 그 납부 방법, 그 밖에 검정에 필요한 사항을 공고하도록 규정하고 있다(안종욱 외, 2020: 59). 2015 개정 교육과정의 경우, 2015 개정 초·중등학교 교육과정이 고시된 이후 '초등학교 교과용도서 국·검정 구분'(교육부, 2015a), '중·고등학교 교과용도서 국·검·인정 구분'(교육부, 2015b)이 발표되고 '2015 개정 교육과정에 따른 교과 교육과정 적용을 위한 검정 심사 기본 계획'(교육부, 2015c)이 수립되어 이에 따른 교과용도서 검정 심사가 2017년부터 시작되었다(교육부, 2015b).

2022 개정 초·중등학교 교육과정이 2022년 12월 고시됨에 따라 '2022 개정 교육과정에 따른 교과용도서 구분'(교육부, 2022)이 발표되고 '2022 개정 교육과정에 따른 교과 교육과정 적용을 위한 검정 심사 기본 계획'(교육부, 2023)이 수립되어 이에 따른 교과용도서 검정 심사가 2024년부터 이루어진다. 2022 개정 교육과정에 따른 초·중등학교 검정도서 구분을 제시하면 다음과 같다.

표 12-3 | 2022 개정 교육과정에 따른 초등학교 검정도서 구분

교과(군)	교과서	
	3~4학년	5~6학년
사회/도덕	사회 3-1, 3-2, 4-1, 4-2 【4책】	사회 5-1, 5-2, 6-1, 6-2 사회 부도 5~6 【5책】
수학	수학 3-1, 3-2, 4-1, 4-2 수학익힘 3-1, 3-2, 4-1, 4-2 【8책】	수학 5-1, 5-2, 6-1, 6-2 수학익힘 5-1, 5-2, 6-1, 6-2 【8책】
과학/실과	과학 3-1, 3-2, 4-1, 4-2 실험관찰 3-1, 3-2, 4-1, 4-2 【8책】	과학 5-1, 5-2, 6-1, 6-2 실험관찰 5-1, 5-2, 6-1, 6-2 【8책】
		실과 5, 6 【2책】

〈계속〉

체육	체육 3, 4 【2책】	체육 5, 6 【2책】
예술 (음악/미술)	음악 3, 4 【2책】	음악 5, 6 【2책】
	미술 3, 4 【2책】	미술 5, 6 【2책】
영어	영어 3, 4 【2책】	영어 5, 6 【2책】
총계	28책	31책
	59책	

참고: 교육부(2022).

표 12-4 **2022 개정 교육과정에 따른 중학교 검정도서 구분**

교과(군)	교과서	
	1~3학년	
국어	국어 1-1, 1-2, 2-1, 2-2, 3-1, 3-2	【6책】
사회(역사 포함)/도덕	사회 ①, ② 사회 부도 역사 ①, ② 역사 부도	【6책】
	도덕 ①, ②	【2책】
수학	수학 1, 2, 3	【3책】
과학/기술 · 가정/정보	과학 1, 2, 3	【3책】
영어	영어 1, 2, 3	【3책】
총계	23책	

참고: 교육부(2022).

표 12-5 2022 개정 교육과정에 따른 고등학교 검정도서 구분

교과(군)	교과서			
	공통 과목		일반 선택	
국어	공통국어 1 공통국어 2	【2책】	화법과 언어 독서와 작문 문학	【3책】
수학	공통수학 1 공통수학 2	【2책】	대수 미적분 I 확률과 통계	【3책】
영어	공통영어 1 공통영어 2	【2책】	영어 I 영어 II 영어 독해와 작문	【3책】
사회 (역사/도덕 포함)	한국사 1 한국사 2 통합사회 1 통합사회 2	【4책】	세계시민과 지리 세계사 사회와 문화 현대사회와 윤리	【4책】
과학	통합과학 1 통합과학 2 과학탐구실험 1 과학탐구실험 2	【4책】	물리학 화학 생명과학 지구과학	【4책】
총계	14책		17책	
	31책			

참고: 교육부(2022).

교과용도서 검정 심사 절차의 근거는 현행 '교과용도서에 관한 규정'(대통령령 제32547호, 2022. 3. 22.)에 제시되어 있는 제9조~제11조라고 할 수 있다. 제9조는 "① 검정 심사는 기초조사와 본심사로 구분하여 실시한다. ② 기초조사는 대상도서의 내용 오류, 표기·표현 오류 등을 조사한다. ③ 본심사는 제7조 제①항 4호의 검정 기준에 따라 교과용도서로서의 적합성 여부를 심사한다. ④ 교육부장관은 제③항에 따른 본심사 과정에서 필요한 경우 국립국어원 등 전문 기관에 감수

를 요청할 수 있다."의 네 가지 항목을 규정하고 있다. 이러한 규정에 따른 검정 심사 절차를 그림으로 나타내면 다음과 같다.

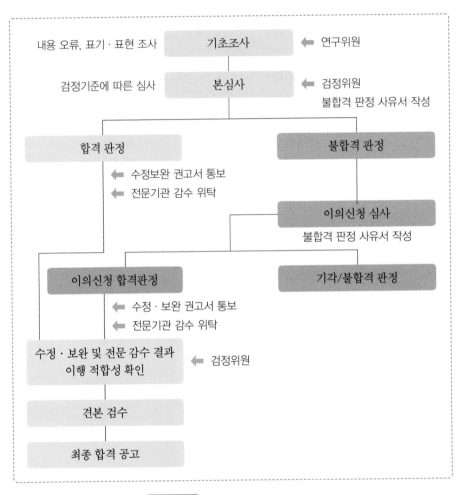

그림 12-3 교과용도서 검정 심사 절차

참고: 안종옥 외(2020: 64).

(2) 디지털교과서

디지털교과서는 기존 교과 내용(서책형 교과서)에 용어 사전(교과 내용 중 수업에 참고할 수 있는 핵심적이고 중요한 용어에 대한 설명), 멀티미디어 자료, 실감형 콘텐츠(가상의 디지털 콘텐츠를 실제의 물체처럼 조작할 수 있게 만든 디지털 콘텐츠), 평가 문항, 보충 · 심화 학습 등 풍부한 학습 자료와 학습 지원 및 관리 기능이 추가되어 에듀넷 · 티—클리어(https://www.edunet.net/nedu/main/mainForm.do) 등 외부자료와 연계가 가능한 학생용 교과서다. 디지털교과서는 에듀넷 · 티—클리어를 통해 제공되며 회원가입 후 뷰어 설치를 통해 해당 교과서를 내려받아 사용한다(교육부, 2018a: 6).

디지털교과서는 2015 개정 교육과정부터 초등학교 3학년~중학교 3학년의 사회, 과학, 영어 교과와 고등학교 영어, 교과에 개발되어 학교 현장에 보급되었다(교육부, 2018a). 디지털교과서는 서책형 교과서와 동등한 지위를 부여받기 때문에 서책형 교과서와 유사한 절차로 개발 · 심사가 이루어진다. 2015 개정 교육과정의 경우 디지털교과서가 개발되는 교과는 모두 검정 도서이므로 디지털교과서도 검정 심사 대상이다. 2015 개정 교육과정에 따른 디지털교과서 개발 및 적용은 다음과 같은 절차로 이루어졌다.

표 12-6 · 2015 개정 교육과정에 따른 디지털교과서 개발 및 적용 일정

학년(군) \ 학년도	2017	2018	2019	2020	2021
초등 3~4(사회/과학/영어)	개발	적용	→	→	→
초등 5~6(사회/과학/영어)	–	개발	적용	→	→
중 1(사회/과학/영어)	개발	적용	→	→	→
중 2(사회/과학/영어)	–	개발	적용	→	→
중 3(사회/과학/영어)	–	–	개발	적용	→
고등학교(영어/영어회화/영어 I/영어독해와작문)	개발	적용	→	→	→
영어 II	–	개발	적용		

참고: 안종욱 외(2020: 67).

2022 개정 교육과정에 따른 디지털교과서에 대한 검정은 별도의 계획에 따라 추진될 예정이다.

(3) 검정 심사 기준

우리나라 교과용도서 편찬 및 채택은 일정한 기준에 의거하여 이루어진다. 교육과정 개정이 이루어지면 그에 따른 교과용도서 편찬 방향이 설정되고 모든 교과에 공통으로 적용되는 공통 편찬상의 유의점과 공통 검정기준이 설정된다. 이하에서는 2022 개정 교육과정에 따른 검정 심사 기준을 중심으로 교과용도서 검정 심사 기준을 살펴본다.

2022 개정 교육과정에 따른 교과용도서 편찬 방향은 목표, 기본 방향, 주요 내용으로 구분하여 제시되어 있다. 또한 공통 편찬상의 유의점은 헌법 이념과 가치의 존중, 교육의 중립성 유지, 교육과정의 구현 및 목표 진술, 내용의 선정 및 조직, 교과용도서 편찬 관련 법령의 준수, 표기와 인용의 정확성, 기타 사항 등으로 구분하여 제시되어 있다. 이러한 공통 기준을 제시하면 다음과 같다.[2]

Ⅰ. 교과용도서 편찬 방향

1. 목표

미래 변화에 대응하는 학습자 중심의 교과용도서 개발 및 보급을 통해, 자기주도성·창의와 혁신·포용과 시민성을 갖춘 인재 육성

---

[2] 이하 2022 개정 교육과정에 따른 교과용도서 편찬 방향과 공통 편찬상의 유의점은 교육부, 한국교육과정평가원(2023: 6-11)의 내용을 발췌하여 수록하였음.

2. 기본 방향

미래 변화에 대응하는 창의적이고 혁신적인 인재 육성에 적합하며, 학습자의 자기주도성과 소통·협력을 이끄는 교과용도서 개발

- 교육과정을 충실히 구현하는 교과용도서
- 미래 사회가 요구하는 핵심역량을 갖춘 창의적·혁신적 인재 육성에 적합한 교과용도서
- 실생활 맥락에서 학습자의 삶과 성장을 지원하고, 자기주도적 학습이 용이한 참신하고 질 높은 교과용도서

3. 주요 내용

가. 교육과정을 충실히 구현하는 교과용도서 편찬

(1) 추구하는 인간상

- 전인적 성장을 바탕으로 자아 정체성을 확립하고 자신의 진로와 삶을 스스로 개척하는 자기주도적인 사람
- 폭넓은 기초 능력을 바탕으로 진취적 발상과 도전을 통해 새로운 가치를 창출하는 창의적인 사람
- 문화적 소양과 다원적 가치에 대한 이해를 바탕으로 인류 문화를 향유하고 발전시키는 교양 있는 사람
- 공동체 의식을 바탕으로 다양성을 이해하고 서로 존중하며 세계와 소통하는 민주시민으로서 배려와 나눔, 협력을 실천하는 더불어 사는 사람

(2) 교과 교육과정의 구현

- 교과의 성격과 목표, 내용 체계와 성취기준을 충실하게 구현
- 교과의 특성을 반영하여 다양한 교수·학습 및 평가 적용
- 학생의 발달 단계를 고려하여 내용 수준과 학습량 적정화
- 교과 교육과정 내용을 바탕으로 학습의 개별화가 가능한 학습 자료 제공
- 학생의 능력과 적성, 진로를 고려하여 교육 내용과 교수·학습 방법을 다양화

나. 미래 사회가 요구하는 핵심역량을 갖춘 창의적 · 혁신적 인재 육성에 적합한 교과용도
   서 편찬

(1) 미래 사회가 요구하는 핵심역량과 기초 소양 함양이 가능하도록 편찬
   • 배려, 소통, 협력, 존중, 공동체 의식 등을 중심으로 포용성과 시민성을 기를 수 있도록
     개발
   • 공감적 이해, 문화적 감수성 등을 바탕으로 삶의 의미와 방향을 탐색하고 심미적 감성
     을 기를 수 있도록 개발
   • 디지털 전환, 기후 · 생태환경 변화 등의 미래 사회 변화에 대응하는 능력과 소양 함양
     이 가능하도록 개발

(2) 창의적 · 혁신적으로 사고하고 행동하는 인재를 육성할 수 있도록 편찬
   • 비판적 사고력과 문제 해결력 등 지식정보처리 역량을 함양할 수 있는 교육 내용 제시
   • 학습의 과정, 융합적인 사고, 문제 해결 과정을 중시하는 다양한 교수 · 학습 활동 및
     평가 제시
   • 범교과 학습 주제를 관련 교과목과 연계하여 다양하고 창의적인 경험을 제공하도록
     개발

다. 실생활 맥락에서 학습자의 삶과 성장을 지원하며 자기주도적 학습이 용이한 참신하고
   질 높은 교과용도서 편찬

(1) 일상생활과 연계되어 학습자의 삶과 성장을 지원할 수 있도록 편찬
   • 생활 경험을 반영한 내용 구성으로 학생의 흥미와 동기를 유발하도록 개발
   • 학생의 삶과 성장을 지원하고 실생활에 응용할 수 있도록 실용성 및 유용성을 고려하여
     개발
   • 다양한 현상과 사례, 직간접적 체험을 중심으로 진로와 적성을 탐색할 수 있도록 개발

(2) 이해하기 쉽고 재미 있으며 학생의 자기주도적 학습을 지원하도록 편찬
   • 교과의 핵심적이며 필수적인 교육 내용을 중심으로 자기주도적 학습이 가능하도록
     개발

- 학생들이 스스로 학습하고 과제를 해결할 수 있는 다양한 교수 · 학습 활동 및 평가 제시
- 다양하고 참신한 디자인과 구성을 통해 학생들이 이해하기 쉽도록 개발

Ⅱ. 공통 편찬상의 유의점

1. 헌법 이념과 가치의 존중
- 교육 내용은 헌법의 이념과 가치 및 기본원리를 준수해야 한다.
- 대한민국의 정통성과 국가 체제, 대한민국의 자유민주적 기본 질서와 이에 입각한 평화 통일 정책을 부정하거나 왜곡 · 비방하는 내용이 담기지 않아야 한다.
- 대한민국의 영토가 한반도와 그 부속 도서임을 부정하거나 왜곡 · 비방하는 내용이 담기지 않아야 한다.
- 대한민국의 국가 상징을 부정하거나 왜곡 · 비방하는 내용이 담기지 않아야 한다.

2. 교육의 중립성 유지
- 교육 내용은 교육 본래의 목적에 따라 그 기능을 다하고, 정치적 · 파당적 또는 개인적 편견을 전파하기 위한 방편으로 이용되지 않도록 공정하고 교육적으로 다루어야 한다.
- 교육 내용은 특정 국가, 인종, 민족, 정당, 종교, 인물, 기관, 상품 등을 선전하거나 비방해서는 아니 되며, 남녀의 역할, 장애, 직업 등에 대한 편견이 없도록 하여야 한다.
- 사회적 약자를 비방하거나 품위를 손상하는 내용, 편견을 조장하는 내용이 담기지 않도록 한다.

3. 교육과정의 구현 및 목표 진술
- 교육과정에 제시된 인간상, 구성의 중점, 교육 목표를 충실히 구현하여야 한다.
- 해당 교과 학습을 통하여 학생이 궁극적으로 달성하여야 할 학습 목표를 학습자 관점에서 진술하여야 한다.
- 구체적인 하위 목표는 학생이 학습 후 도달해야 할 성취기준을 중심으로 진술하여야 한다.

4. 내용의 선정 및 조직

- 교육 내용은 해당 교과 교육과정의 성격과 목표, 내용 체계 및 성취기준, 교수ㆍ학습 및 평가 등에 제시된 사항을 충실히 반영하여 선정한다.
- 교육 내용은 수준과 범위, 학습량 등의 적정화를 고려하여 선정한다.
- 학습자의 흥미와 관심을 유발하고 일상생활과 연계되거나 실생활에 적용하기 용이한 주제, 제재, 소재 등을 선정한다.
- 교육 내용은 진로연계교육 활성화를 고려하여 진로에 대한 학습자의 동기 및 능동적인 학습 참여를 유도할 수 있도록 선정한다.
- 교육 내용은 해당 교과의 교육과정 시간 또는 학점 배당 기준에 맞추어 조직하되, 초ㆍ중학교의 경우 학교자율시간 운영에 활용될 수 있음을 고려한다.
- 교육 내용은 학습자가 창의성을 함양할 수 있도록 참신한 주제, 제재, 소재를 활용하여 구성한다.
- 학습 목표와 내용, 교수ㆍ학습 활동과 방법은 학년 간, 학기 간의 계열성과 교과 간의 관련성을 고려하여 조직하되, 지나친 학습 내용의 중복이나 내용 전개상의 논리적인 비약이 없도록 유의한다.
- 교과서의 단원은 교수ㆍ학습 과정을 고려하여 교과의 특성과 단원의 성격에 적합하게 구성한다.
- 교과서의 단원은 학습자가 자기주도적으로 학습할 수 있도록 구성하며, 학습 목표에 따라 계획, 조절, 점검, 성찰할 수 있는 학습 활동 등으로 조직한다.

5. 교과용도서 편찬 관련 법령의 준수

- 「교육기본법」「초ㆍ중등교육법」 및 동법 시행령, 교과용도서에 관한 규정 등 교과용도서 편찬 관련 법령을 준수하여야 한다.
- 저작권, 산업재산권 등 지식재산권과 관련하여, 저작권자의 표시와 같은 최신의 관련 법령을 따른다.

6. 표기와 인용의 정확성

- 주요 개념은 관련 학계에서 통설로 인정하는 것이어야 한다.

- 사진, 삽화, 통계, 도표 및 각종 자료 등은 공신력 있는 최근의 것으로서 교과 내용에 적절한 것을 선정하고, 인용한 모든 자료는 출처를 명확히 밝힌다.
- 교과용도서의 표기 · 표현은 최신 어문 규정 및 '표준국어대사전(국립국어원)'에 따르는 것을 원칙으로 한다. 최신 어문 규정 및 '표준국어대사전(국립국어원)'에 없는 표기 · 표현은 편수 자료를 따른다.
- 통계 도표, 지도 등의 자료는 공신력 있는 기관에서 발행하는 것을 활용하되, 자료 간에 차이가 있는 경우 해당 도서 내에서는 하나의 자료를 선택하여 일관되게 적용되도록 한다.
- 계량 단위 등은 「국가표준기본법」 등 관련 법규에 따르는 것을 원칙으로 한다.
- 의미의 정확한 전달을 위하여 교육 목적상 필요한 경우 괄호 안에 한자나 외국 문자를 병기할 수 있다.

7. 기타 사항

- 연계 도서의 경우 교육 내용이 서로 유기적으로 구성되도록 교과용도서를 개발한다.
- 판형, 지질, 색도 등 외형 체제는 교과별 특성을 고려하여 자율적으로 구성하되, 본문 용지는 기존 교과서 용지(75g±3g)로 한정한다. 교과 내용과 부합되는 양질의 사진 · 삽화를 사용하고 다양한 편집 디자인 기법을 활용하여 학습 동기를 유발하고 흥미를 높이도록 한다.
- 미술, 사회과 부도, 지리 부도, 역사 부도 과목의 본문 용지는 S/W 120g/m²를 사용할 수 있으며, 활동지나 부록으로 사용하는 용지는 자율적으로 정할 수 있다.
- (일반)교과목의 활동지나 부록의 활용은 최소화하되, 교과 및 학년 특성을 고려한다.
- 멀티미디어, 인터넷 웹 주소 등을 활용할 경우 관련 법규를 준수하여 다양하게 활용하되, 공공 기관이나 단체에서 개설한 웹 사이트 등을 활용한다.
- 집필진과의 대화 통로를 마련할 수 있도록 집필자 실명제를 시행하고, 집필자 명단을 제시하는 것을 원칙으로 한다.

이러한 공통 편찬상의 유의점은 국정에서 인정까지 모든 교과용도서 편찬에 적용되며 이 중에서 헌법 이념과 가치의 존중, 교육의 중립성 유지, 지식재산권 관련 내용은 교과용도서와 관련된 교육의 중립성과 국가 정체성 등 민감한 문제를 판단하는 공통 검정 기준으로 제시된다. 공통 검정 기준의 심사 항목 중 1개 항목이라도 '있음'으로 판정되는 도서는 불합격으로 판정된다. 2022 개정 교육 과정에 따른 공통 검정기준을 제시하면 다음과 같다.

표 12-7 2022 개정 교육과정에 따른 공통 검정기준

심사 영역	심사 관점
I. 헌법 이념과 가치의 존중	1. 대한민국의 정통성과 국가 체제를 부정하거나 왜곡·비방하는 내용이 있는가?
	2. 대한민국의 자유민주적 기본 질서와 이에 입각한 평화 통일 정책을 부정하거나 왜곡·비방하는 내용이 있는가?
	3. 대한민국의 영토가 한반도와 그 부속 도서임을 부정하거나 왜곡·비방하는 내용이 있으며, 특별한 이유 없이 '독도' 표시와 '동해' 용어 표기가 되어 있지 않은 내용이 있는가?
	4. 대한민국의 국가 상징인 태극기, 애국가 등을 부정하거나 왜곡·비방하는 내용이 있으며, 바르지 않게 제시한 내용이 있는가?
	5. 성별·종교 또는 사회적 신분에 의하여 정치적·경제적·사회적·문화적 생활의 모든 영역에 있어서 차별을 조장하는 내용이 있는가?
II. 교육의 중립성 유지	6. 정치적·파당적·개인적 편견을 전파하기 위한 방편으로 이용된 내용이 있는가?
	7. 특정 국가, 인종, 민족, 정당, 종교, 인물, 상품, 기관 등에 대해 부당하게 선전·우대하거나, 왜곡·비방하는 내용이 있으며, 남녀의 역할, 장애, 직업 등에 대한 편견을 조장하는 내용이 있는가?
III. 지식재산권의 존중	8. 타인의 공표되지 아니한 저작물을 표절 또는 모작하거나, 타인의 공표된 저작물을 현저하게 표절 또는 모작한 내용이 있는가?

참조: 교육부, 한국교육과정평가원(2023: 12).

검정 심사에서 합격이 되려면 공통 검정기준의 모든 심사 영역에서 '없음'으로 결정되고, 교과 기준 심사에서 소정의 점수 이상을 받아야 한다. 교과목별 검정 기준은 다음과 같은 공통 심사 영역 및 심사 항목을 중심으로 교과의 특성에 따라 세부 기준이 마련된다. 교과목별 검정 기준(예시)를 제시하면 다음과 같다.

표 12-8　2022 개정 교육과정에 따른 교과목별 검정기준(예시)

심사 영역	심사 항목
Ⅰ. 교육과정의 준수	1. 교육과정에 제시된 '성격'과 '목표'를 충실히 반영하였는가? 2. 교육과정에 제시된 '내용 체계'와 '성취기준'을 충실히 반영하였는가? 3. 교육과정에 제시된 '교수 · 학습'을 충실히 반영하였는가? 4. 교육과정에 제시된 '평가'를 충실히 반영하였는가?
Ⅱ. 내용의 선정 및 조직	5. 내용의 수준과 범위 및 학습량이 적절한가? 6. 내용 요소 간 위계가 있고, 연계성을 가지고 있는가? 7. 일상생활과 연계되어 흥미와 관심을 유발할 수 있도록 다양한 주제, 제재, 소재 등을 선정하였는가? 8. 학생들이 배운 내용을 다양한 방식으로 일상생활에 적용함으로써 역량 및 기초 소양 함양이 가능하도록 학습 내용을 조직하였는가? 9. 학생의 자기주도적 학습을 촉진할 수 있도록 학습 내용을 선정 및 조직하였는가? 10. 단원의 전개 및 구성 체제가 학습에 효과적인가?
Ⅲ. 내용의 정확성 및 공정성	11. 사실, 개념, 용어, 이론 등은 객관적이고 정확한가? 12. 평가 문항의 질문과 답에 오류는 없는가? 13. 사진, 삽화, 통계, 도표 및 각종 자료 등은 공신력 있는 최근의 것으로서 출처를 분명히 제시하고 있으며, 해당 내용에 대한 설명으로 적합한가? 14. 한글, 한자, 로마자, 인명, 지명, 각종 용어, 통계, 도표, 지도, 계량 단위 등의 표기가 정확하며, 편찬상의 유의점에 제시된 기준을 충실히 따랐는가? 15. 문법 오류, 부적절한 어휘 등 표현상의 오류가 없고 정확한가? 16. 특정 지역, 국가, 인종, 민족, 문화, 계층, 성, 종교, 직업, 집단, 인물, 기관, 상품 등을 비방 · 왜곡 또는 옹호하지 않았으며, 집필자 개인의 편견 없이 공정하게 기술하였는가?
Ⅳ. 학습 활동 및 평가 지원	17. 학습 활동 및 평가 과제는 교과 내용과 유기적으로 연계되어 있는가? 18. 학습 활동 및 평가 과제가 학생의 수준에 적절하며, 수행이 가능한가? 19. 학생의 역량 및 기초 소양 함양이 가능하도록 다양한 학습 활동 및 평가 과제를 제시하였는가? 20. 학습의 과정을 중시하고 학생의 참여와 성장을 지원하는 학습 활동 및 평가 과제를 제시하였는가?

참조: 교육부, 한국교육과정평가원(2023: 13).

심사 영역 내 심사 항목의 가중치, 배점, 심사 관점은 교과목별 특성에 따라 결정되는데 중학교 국어와 사회 교과를 예시로 제시하면 다음과 같다.

표 12-9 | 2022 개정 교육과정에 따른 중학교 국어 검정기준

심사 영역	심사 항목	영역별 배점
I. 교육과정의 준수	1. 교육과정에 제시된 '성격'과 '목표'를 충실히 반영하였는가?	15
	2. 교육과정에 제시된 '내용 체계'와 '성취기준'을 충실히 반영하였는가?	
	3. 교육과정에 제시된 '교수·학습'과 '평가'를 충실히 반영하였는가?	
II. 내용의 선정 및 조직	4. 교육과정 내용 체계와 성취기준을 고려하여 단원의 수와 각 단원의 학습 분량을 적정하게 구성하였으며, 통합이 가능한 부분은 통합을 지향하여 학습의 효율성을 높이도록 구성하였는가?	35
	5. 학습 목표는 명확하며, 목표에 적합한 내용, 주요 개념과 원리, 자료 등을 선정하여 체계적으로 제시하였는가?	
	6. 학습자의 발달 단계를 고려하여 학습 내용을 선정하였으며, 학습 내용의 수준과 범위를 적정화하였는가?	
	7. 학습자의 자기주도적 학습과 능동적 참여가 가능하도록 내용을 선정하고 조직하였는가?	
	8. 일상생활과 연계하여 학습자의 흥미와 관심을 유발할 수 있도록 다양한 주제, 제재, 소재 등을 선정하였는가?	
	9. 제재는 융복합적 사고를 촉진할 수 있도록 주제, 장르, 시대 등을 고려하였으며, 특정 시대, 지역, 분야, 작가(특정 성 포함) 등에 편중되지 않도록 균형 있게 선정하였는가?	
	10. 교과서 편찬상의 유의점을 준수하여 내용을 선정하고 조직하였는가?	

〈계속〉

심사 영역	심사 항목	영역별 배점
Ⅲ. 내용의 정확성 및 공정성	11. 사실, 개념, 이론, 용어 등은 정확하고 공정하며, 그 의미를 학습자가 이해하기 쉽게 기술하였는가?	15
	12. 사진, 삽화, 통계, 도표 및 각종 자료 등은 공신력 있는 최근의 것으로서 출처를 분명히 제시하였으며, 저작권을 위배하지 않았는가?	
	13. 한글, 한자, 로마자, 인명, 지명, 용어, 통계, 도표, 지도, 계량 단위 등의 표기는 정확하며, 편찬상의 유의점에 제시된 기준을 따랐는가?	
	14. 맞춤법 오류 및 비문 등의 문법 오류가 없도록 정확하게 기술하며 어휘를 적절하게 사용하였는가?	
Ⅳ. 학습 활동 및 평가 지원	15. 학습 목표와 내용에 적합하며 다양하고 효과적인 학습 활동과 평가를 구성하였는가?	35
	16. 학습 활동은 실생활 및 다양한 분야와 연계되어 깊이 있는 학습이 가능하도록 구성하였는가?	
	17. 학생의 참여와 협력을 강화하며 성장을 도모하는 학습 활동 및 평가를 구성하였는가?	
합계		100

참조: 교육부, 한국교육과정평가원(2023: 93).

표 12–10 중학교 사회 검정기준

심사 영역	심사 항목	영역별 배점
Ⅰ. 교육과정의 준수	1. 교육과정에 제시된 '성격'과 '목표'를 충실히 반영하였는가?	20
	2. 교육과정에 제시된 '내용 체계'와 '성취기준'을 충실히 반영하였는가?	
	3. 교육과정에 제시된 '교수·학습'을 충실히 반영하였는가?	
	4. 교육과정에 제시된 '평가'를 충실히 반영하였는가?	

〈계속〉

II. 내용의 선정 및 조직	5. 내용의 수준과 범위가 적합하며, 전체 및 내용 요소별 학습량이 적정한가?	25
	6. 내용 요소 간 위계가 있고, 초등 및 고등학교 교과 내용과의 연계성을 고려하여 구성하였는가?	
	7. 일상생활과 연계되어 흥미와 관심을 유발할 수 있도록 다양한 주제, 제재, 소재 등을 선정하였는가?	
	8. 학생들이 배운 내용을 다양한 방식으로 일상생활에 적용함으로써 역량 함양이 가능하도록 학습 내용을 조직하였는가?	
	9. 학생의 자기 주도적 학습이 촉진될 수 있도록 학습 내용을 선정 및 조직하였는가?	
	10. 단원의 전개 및 구성 체제가 학습에 효과적인가?	
III. 내용의 정확성 및 공정성	11. 사실, 개념, 원리, 이론 등은 적합하고 정확하며 통설화된 것인가?	30
	12. 평가 문항의 질문과 답에 오류는 없는가?	
	13. 지도, 사진, 삽화, 통계, 도표 및 각종 자료 등은 공신력 있는 최근의 것으로서 출처를 분명히 제시하고 있으며, 해당 내용에 적합한가?	
	14. 한글, 한자, 로마자, 인명, 지명, 각종 용어, 통계, 도표, 지도, 계량 단위 등의 표기가 정확하며, 편찬상의 유의점에 제시된 기준을 충실히 따랐는가?	
	15. 문법 오류, 부적절한 어휘 등 표현상의 오류가 없고 정확한가?	
	16. 특정 지역, 국가, 인종, 민족, 문화, 계층, 성, 종교, 직업, 집단, 인물, 기관, 상품, 국적, 연령, 장애 등을 비방·왜곡 또는 옹호하지 않으며, 집필자의 주관적 편견을 배제하고 사회적·윤리적 논란에 유의하여 기술하였는가?	

〈계속〉

IV. 학습 활동 및 평가 지원	17. 학습 활동 및 평가 과제는 교과 내용과 유기적으로 연계되어 있는가?	25
	18. 학습 활동 및 평가 과제가 학생의 수준에 적절하며, 수행이 가능한가?	
	19. 학생의 역량 함양이 가능하도록 다양한 학습 활동 및 평가 과제를 제시하였는가?	
	20. 학습의 과정을 중시하고 학생의 참여와 성장을 지원하는 학습 활동 및 평가 과제를 제시하였는가?	
합계		100

참조: 교육부, 한국교육과정평가원(2023: 98).

3) 인정 제도 현황

인정도서는 초·중등학교에서 사용되는 교과용도서 중 국가가 저작권을 가지고 있거나 교육부장관이 검정한 교과용도서 이외에 교육부장관이 인정한 도서를 가리킨다. 인정도서는 국정도서, 검정도서와 같이 교과용도서로의 지위를 보유하고 있으나 국정도서나 검정도서가 없거나 충분하지 않다고 판단되는 경우에 한하여 교육부장관의 인정 과정을 거치도록 하고 있다. 그동안 우리나라는 국정 및 검정 제도가 갖는 한계점을 보완하기 위하여 인정 제도를 점차 확대하는 정책을 수립해 왔다. 아래 표를 보면 국정도서의 비율은 점점 줄어들고 인정도서의 비율이 점점 확대되는 경향을 확인할 수 있다.

표 12-11　**교육과정기별 국·검·인정 교과용도서 현황**

구분	국정	검정	인정	계
2007 개정 교육과정	334(39%)	138(16%)	392(45%)	864(100%)
2009 개정 교육과정	141(19.8%)	61(8.5%)	511(71.7%)	713(100%)
2015 개정 교육과정	133(13.2%)	112(11.1%)	761(75.6%)	1,006(100%)

참고: 교육부(2018b: 2).

인정도서는 구분 고시에 따라 교육부장관이 정하는 '고시 과목'과 '고시 외 과목'으로 나누어지며, 교과용도서로 사용하기 위해서는 시·도 교육청별로 규정된 인정 기준과 절차에 따라 인정도서를 신청하여 승인을 받아야 한다. 고시 과목의 인정도서는 별도의 사전 절차가 없이 학교장, 저작자, 발행자 등이 학교의 교육과정에 부합하는 교과용도서를 개발하거나 이미 출원된 도서를 사용하기 위하여 인정 신청을 해야 한다. 고시 외 과목의 인정도서는 학교장이 인정도서 신청의 주체가 되므로, 학교 교육과정에 부합하는 교과용도서를 신청하기 위한 과정, 즉 학교인정도서추천위원회와 학교운영위원회 심의와 같은 절차를 거쳐야 한다(안종욱 외, 2022: 72). 2022 개정 교육과정에 따른 교육부장관이 정하는 인정도서 목록을 제시하면 다음과 같다.

표 12-12 │ 2022 개정 교육과정에 따른 중학교 인정도서 구분

교과(군)	교과서	
	1~3학년	
과학/기술·가정/정보	기술·가정 ①, ②	【2책】
	정보	【1책】
체육	체육 ①, ②	【2책】
예술(음악/미술)	음악 ①, ②	【2책】
	미술 ①, ②	【2책】
선택	한문	【1책】
	환경	【1책】
	생활 독일어(전자저작물 포함) 생활 프랑스어(전자저작물 포함) 생활 스페인어(전자저작물 포함) 생활 중국어(전자저작물 포함) 생활 일본어(전자저작물 포함) 생활 러시아어(전자저작물 포함) 생활 아랍어(전자저작물 포함) 생활 베트남어(전자저작물 포함)	【8책】
	보건	【1책】
	진로와 직업	【1책】
총계	21책	

참고: 교육부(2022).

표 12–13　2022 개정 교육과정에 따른 고등학교 보통 교과 인정도서 구분

교과(군)	교과서			
	공통 과목	일반 선택	진로 선택	융합 선택
국어			주제 탐구 독서 문학과 영상 직무 의사소통 【3책】	독서 토론과 글쓰기 매체 의사소통 언어생활 탐구 【3책】
수학	기본수학 1 기본수학 2 【2책】		기하 미적분 II 경제 수학 인공지능 수학 직무 수학 【5책】	수학과 문화 실용 통계 【2책】
영어	기본영어 1 기본영어 2 【2책】		영어 발표와 토론 심화 영어 심화 영어 독해와 작문 직무 영어 【4책】	실생활 영어 회화 미디어 영어 세계 문화와 영어 【3책】
사회(역사/ 도덕 포함)			한국지리 탐구 도시의 미래 탐구 동아시아 역사 기행 정치 법과 사회 경제 윤리와 사상 인문학과 윤리 국제 관계의 이해 【9책】	여행지리 역사로 탐구하는 현대 세계 사회문제 탐구 금융과 경제생활 윤리문제 탐구 기후변화와 지속가능한 세계 【6책】
과학			역학과 에너지 전자기와 양자 물질과 에너지 화학 반응의 세계 세포와 물질대사 생물의 유전 지구시스템과학 행성우주과학 【8책】	과학의 역사와 문화 기후변화와 환경생태 【2책】

〈계속〉

체육		체육 1 체육 2 【2책】	운동과 건강 스포츠 문화 스포츠 과학 【3책】	스포츠 생활 1 스포츠 생활 2 【2책】
예술		음악 미술 연극 【3책】	음악 연주와 창작 음악 감상과 비평 미술 창작 미술 감상과 비평 【4책】	음악과 미디어 미술과 매체
기술· 가정/정보		기술·가정 【1책】	로봇과 공학세계 생활과학 탐구 【2책】	창의 공학 설계 지식 재산 일반 생애 설계와 자립 아동발달과 부모 【4책】
		정보 【1책】	인공지능 기초 데이터 과학 【2책】	소프트웨어와 생활 【1책】
제2외국어/ 한문		독일어 프랑스어 스페인어 중국어 일본어 러시아어 아랍어 베트남어 【8책】	독일어 회화 프랑스어 회화 스페인어 회화 중국어 회화 일본어 회화 러시아어 회화 아랍어 회화 베트남어 회화 심화 독일어 심화 프랑스어 심화 스페인어 심화 중국어 심화 일본어 심화 러시아어 심화 아랍어 심화 베트남어 【16책】	독일어권 문화 프랑스어권 문화 스페인어권 문화 중국 문화 일본 문화 러시아 문화 아랍 문화 베트남 문화 【8책】

〈계속〉

		한문　　【1책】	한문 고전 읽기　　【1책】	언어생활과 한자　　【1책】
교양		진로와 직업 생태와 환경　　【2책】	인간과 철학 논리와 사고 인간과 심리 교육의 이해 삶과 종교 보건　　【6책】	인간과 경제활동 논술　　【2책】

참고: 교육부(2022).

　　교과서의 다양성, 창의성 확대를 위해 우리나라에서도 자유발행제를 시도하고 있다. 물론 그것은 교과용도서의 편찬 및 발행에 국가가 전혀 개입하지 않는 자유발행제가 아니라 인정도서의 심사 절차를 완화함으로써 교과서 집필진이 학교 현장의 수요에 맞게 자유롭게 교과서를 개발 및 공급할 수 있도록 하는 '점진적 자유발행 형태의 인정제도'(안종욱 외, 2020: 81)를 가리킨다. 인정도서 승인 시 공통기준 준수 여부만 확인하거나 기준 완화(심사본 접수 시 집필진이 작성한 자체평가서 제출, 교과별 기준 준수 여부 확인 생략)를 통해 인정 심의 과정을 간소화하는 것이다(교육부, 2018b: 7). 2022 개정 교육과정의 경우, 특수목적고 과목 교과서가 여기에 해당한다.

표 12-14 **2022 개정 교육과정에 따른 교육부장관이 별도로 정하는 인정도서 구분**[3]

교과(군)		교과서	
		진로 선택	융합 선택
과학 계열	수학	전문 수학 이산 수학 고급 기하 고급 대수 고급 미적분 【5책】	
	과학	고급 물리학 고급 화학 고급 생명과학 고급 지구과학 【4책】	물리학 실험 화학 실험 생명과학 실험 지구과학 실험 【4책】
	정보	정보과학 【1책】	
체육 계열	체육	스포츠 개론 육상 체조 수상 스포츠 스포츠 경기 체력 스포츠 경기 분석 【6책】	스포츠 교육 스포츠 생리의학 스포츠 행정 및 경영 【3책】

〈계속〉

3) 인정을 신청할 때 '인정도서 자체검증결과서'를 제출하는 과목

예술 계열	예술	음악 이론 음악사 시창 · 청음 미술 이론 미술사 무용의 이해 무용과 몸 무용 감상과 비평 문예 창작의 이해 문학 감상과 비평 연극과 몸 연극과 말 연기 연극 감상과 비평 영화의 이해 영화 감상과 비평 사진의 이해 【17책】	음악과 문화 미술과 사회 무용과 매체 연극과 삶 영화와 삶 사진과 삶 【6책】
총계		33책	13책
		46책	

참고: 교육부(2022).

3. 교과서 활용 제도[4)]

교과서를 학생에게 제공하는 방식은 크게 두 가지로 구분된다. 하나는 국가나 학교가 학생에게 교과서를 제공하여 개인이 교과서를 소유하여 활용하게 하는 방식이고, 다른 하나는 학생에게 교과서를 빌려 주어 일정 기간 사용한 다음 반납하게 하는 방식이다. 전자가 '교과서 급여제'라고 한다면, 후자는 '교과서 대여제'라고 볼 수 있다. 아시아 문화권에서는 대체로 교과서 급여제를 시행하고 있는 반면에 서구 문화권에서는 교과서 대여제를 시행하고 있다.

1) 교과서 급여제

교과서 급여제는 개인이 교과서를 자신만의 것으로 '소유'하도록 한다는 특징을 지닌다. 일단 교과서가 학생에게 제공되면, 교과서는 학생의 개인적이고 사적인 소유물이 된다. 우리나라 초등학교와 중학교에서는 학생들에게 교과서를 무상으로 급여한다. 따라서 학생들은 매 학기 또는 매 학년 교과서를 무상으로 공급받아 자신의 것으로 소유할 수 있다. 교과서가 자신의 것이기 때문에 학생의 교과서 활용의 자유는 최대한 보장되고, 학기나 학년이 끝나면서 교과서를 다 배운 뒤에는 개인이 자유로이 처분할 수 있다.

교과서의 개인 소유를 인정하는 교과서 급여제는 다음과 같은 장점이 있다. 첫째, 교과서의 활용이 자유롭다. 교과서가 개인의 소유물이기 때문에 학생이 학습 장소와 학습 시기에 구애받지 않고 교과서를 자유로이 활용할 수 있다. 더 나아가 사유물로서 교과서에 메모, 밑줄, 색칠 등을 자유롭게 할 수 있다. 둘째,

---

4) 교과서 활용제에 대한 설명은 김재춘, 한혜정, 박상철(2010: 6-9)을 부분적으로 표현만 수정하여 발췌한 것이다.

매 학기 또는 매 학년마다 새 교과서를 지급받는다는 장점이 있다. 모든 학생이 매번 새 교과서를 지급받기 때문에 일단은 위생적이고, 매 학기 또는 매 학년마다 새 교과서에 대한 기대감과 신선감을 가지고 학업에 새로 임할 수 있다. 셋째, 교과서를 공급하는 측면에서 교과서 관리가 용이하다. 일단 개인에게 지급한 교과서는 개인의 소유물이기 때문에 학교는 매번 새 교과서를 학생에게 나누어 주기만 하면 된다. 학기 말이나 학년 말에 교과서를 다시 수거하고, 교과서의 재활용 가능 여부에 따라 분류하거나, 부족한 교과서를 파악하여 주문하고, 낡은 교과서를 수선하는 등의 번거로운 일을 수행하지 않아도 된다.

하지만 교과서 급여제는 다음과 같은 단점도 지닌다. 첫째, 질 좋은 교과서를 개발하는 데 한계가 있다. 매번 모든 학생에게 방대한 수량의 교과서를 개인 소유로 지급해야 하기 때문에 교과서의 외형 체제나 내용 체제를 개선하고자 할 경우 막대한 비용이 들어간다. 이러한 일회성의 소모품적 교과서 제작 체제에서는 교과서 내용 체제나 구조의 개선, 판형, 인쇄, 지질 등의 외형 체제 개선을 통해 교과서 질을 향상시키는 것이 쉽지 않다. 왜냐하면 일회성 교과서 제작에 막대한 비용을 들이는 것은 합리적인 정책 행위로 보기에는 어렵기 때문이다. 둘째, 모든 교과서를 1회(한 학기 또는 1년)만 사용하고 버리기 때문에 막대한 자원의 낭비라는 문제가 있다.

2) 교과서 대여제

교과서 대여제란 교과서를 학생 개인의 소유물로 제공하지 않고, 학생에게 일정 기간 활용할 수 있게 빌려준 다음 반납하게 하는 제도다. 교과서를 개인의 소유물로 인정하기보다는 공동으로 활용하는 공유물로 간주하는 것이다. 교과서가 공유물이기 때문에 여러 해에 걸쳐 또는 여러 학생이 공동으로 사용할 수 있다.

교과서 대여제를 실시하는 나라(미국, 캐나다, 독일, 프랑스 등)의 경우를 살펴보면, 교과서 대여에 서로 다른 두 가지 방식이 있음을 알 수 있다. 첫째, 교과서를 학생에게 대여하여 1년간 관리하면서 사용한 다음 반납하게 하는 방식이다. 둘째, 교과서를 교과 교실 등에 비치하여 학생들이 해당 수업 시간 동안에 교과서를 빌려 활용하도록 하는 방식이다. 전자는 학년 말에 교과서를 반납해야 하지만 그 전에는 자신이 교과서를 직접 관리하면서 자유로이 활용한다는 점에서 '장기적인' 대여제라고 볼 수 있는 반면, 후자는 학교나 교사가 교과서를 관리하고 있다가 수업 시간 동안 잠시 학생에게 빌려준다는 점에서 '단기적인' 대여제라고 볼 수 있다. 장기적이든 단기적이든 모두 교과서를 학생에게 빌려준다는 점에서 '대여제'임은 분명하지만, 장기적인 대여제는 비록 빌린 교과서이지만 일정한 기간 동안 혼자서 관리하고 사용한다는 점에서 문자 그대로 또는 좁은 의미의 '대여제'라고 볼 수 있다면, 단기적인 대여제는 교과 교실 등에 비치된 교과서를 해당 교실에 찾아와 수업하는 학생들이 수업 때마다 교과서를 잠시 빌려 사용하기 때문에 하나의 교과서를 여러 명의 학생들이 번갈아 가며 공동으로 사용한다는 점에서 '교과서 공용제'라고 볼 수도 있다. 요컨대 교과서 대여제는 학생이 교과서를 일정 기간 대여받아 관리하면서 활용하는 좁은 의미의 '교과서 대여제'와 학생이 수업시간 동안에만 교과교실에 비치된 교과서를 빌려 사용하는 '교과서 공용제'로 구분될 수 있다. 이 두 방안의 교과서 대여 및 반납 방식은 서로 다르지만 모두 학생이 교과서를 빌려 쓰고 반납해야 한다는 점에서 모두 넓은 의미의 교과서 대여제에 속한다고 볼 수 있다.

교과서 대여제의 장점은 다음과 같다. 첫째, 교과서를 한 번 사용하고 폐기하기보다는 수년 동안 선후배가 대를 이어 공동으로 사용하기 때문에 더 좋은 교과서를 개발할 수 있는 가능성이 있다. 달리 표현하면, 좋은 교과서를 만드는 데 많은 비용이 들더라도 한 번 구입한 교과서를 여러 해 동안 사용할 수 있기 때문에 적은 비용으로도 좋은 교과서를 구입하여 활용할 수 있다. 둘째, 교과서를 여러 해 걸쳐 사용하기 때문에 자연스럽게 질 좋은 교과서를 개발하게 된다. 표지, 지질, 제본 등의 외형 체제뿐만 아니라 삽화, 사진, 색도, 디자인 등에도 세심한 주의를 기울이게 되면서 교과서의 고급화가 자연스럽게 이루어질 수 있다.

교과서 대여제 또한 단점을 지니는데, 대여제의 단점은 앞에서 살펴본 교과서 급여제의 장점을 뒤집어 놓은 것과 같다. 첫째, 교과서 활용에 제한이 따른다.

교과서가 사유물이 아니기 때문에 책에 자유롭게 메모하거나 밑줄이나 색칠 등을 할 수가 없다. 그리고 학교에 교과서를 보관해야 하는 경우 학생이 교과서를 사용할 수 있는 장소나 시간이 제한을 받기도 한다. 둘째, 대여제 체제에서는 대부분의 학생이 헌 교과서를 사용해야 하기 때문에 이에 따른 문제가 발생한다. 헌 교과서이므로 위생적인 면에서도 문제가 생길 수 있으며, 타인이 사용하였던 헌 교과서를 다시 사용해야 하기 때문에 새 학기나 새 학년에 새 교과서에 대한 기대감이 떨어진다. 셋째, 교과서를 여러 해 걸쳐 사용해야 하기에 표지, 지질, 제본 등의 외형 체제뿐만 아니라 삽화, 사진, 색도, 디자인 등에도 세심한 주의를 기울이게 되면서 교과서의 고급화가 이루어지기 때문에 교과서 가격이 비싸진다. 넷째, 교과서 관리를 위한 추가적인 행정력이 요청되는데, 교과서 수거, 교과서 상태에 따른 분류, 교과서 수선 등의 업무가 그것이다.

질문 및 활동

1. 근래에 학교교육은 '교과서 중심의 교육'이 아닌 '교육과정 중심의 교육'이 되어야 한다는 목소리가 높아지고 있다. 교과서 중심으로 가르치는 것은 어떻게 가르치는 것이며, 교육과정 중심으로 가르치는 것은 어떻게 가르치는 것인가? 어느 정도, 어떤 방식으로 교과서에 의존하여 가르치면 '교과서 중심의 교육'이 되는 것인가? 교육과정 중심의 교육은 왜 바람직하고, 교과서 중심의 교육은 왜 바람직하지 않다고 하는지에 대하여 각자의 생각을 말해 보자.

2. 자신이 생각하고 있는 좋은 교과서를 구상해 보고 2022 개정 교육과정에 따른 검정 심사 기준을 참고하여 교과서 심사 기준을 개발해 보자.

3. 어느 한 교과서의 한 부분(단원)을 선택하여 그 부분을 학생들에게 가르친다면 어떤 보조 자료(디지털 콘텐츠 포함)를 사용할지 생각해 보고 보조 자료를 개발할 계획을 세워 보자.

4. 교과서 대여제를 실시한다면 학교에서 교과서 관리상에 구체적으로 어떤 문제점이 생길지 생각해 보고 각 문제점에 대한 해결 방안을 모색해 보자.

참고문헌

교육부. (2015a). 초등학교 교과용도서 국·검정 구분(교육부 고시 제2015-76호).

교육부. (2015b). 중·고등학교 교과용도서 국·검·인정 구분(교육부 고시 제2015-78호).

교육부. (2015c). 2015 개정 교육과정에 따른 교과 교육과정 적용을 위한 검정 심사 기본 계획(2015. 11. 23.).

교육부. (2016). 2015 개정 교육과정에 따른 초·중등학교 디지털교과서 국·검정 구분 고시. 보도자료(2016. 8. 26.).

교육부. (2018a). 미래교육의 첫발, 디지털교과서와 소프트웨어교육의 실시(2018. 4. 2.).

교육부. (2018b). 교과용도서 다양화 및 자유발행제 추진 계획(안). 보도자료(2018. 12.).

교육부. (2022). 초·중등학교 교육과정 개정(교육부 고시 제2022-33호, 2022.12.22.)에 따른 교과용도서 구분(교육부 고시 제2022-35호).

교육부. (2023). 2022 개정 교육과정에 따른 초·중등학교 교과용도서 검정심사 기본계획 (2023. 1.).

교육부, 한국교육과정평가원. (2015). 2015 개정 교육과정에 따른 교과용도서 개발을 위한 편찬상의 유의점 및 검정기준.

교육부, 한국교육과정평가원. (2023). 2022 개정 교육과정에 따른 검정도서 개발을 위한 편찬상의 유의점 및 검정기준.

김국현, 은지용, 박보람, 문경호, 이동욱. (2016). 초등학교 교과용도서 개발 및 현장적합성 검토방식 개선 연구. 교육부.

김재춘, 한혜정, 박상철. (2010). 교과서 활용성 제고 방안 연구: 교과서 대여제를 중심으로. 교육과학기술부.

안종욱, 이용백, 김덕근, 김광규, 임윤진, 정연준, 차경미. (2020). 교과용도서 발행체제의 재구조화 연구. 한국교육과정평가원 연구보고 RRT 2020-1.

이병욱, 강연흥, 조혜숙. (2009). 전문교과 인정도서 개발 방식 개선 방안. 한국교과서연 구재단.

함수곤. (2000). 교육과정과 교과서. 대한교과서주식회사.

교과용도서에 관한 규정(2020). 대통령령 제32547호(2022. 3. 22.).

「초·중등교육법」[법률 제19096호, 2022. 12. 27.] 제29조 제①항

에듀넷·티-클리어 https://www.edunet.net/nedu/main/mainForm.do

💡 제3부 정리 활동

1. 고등학교 교육과정 총 이수 학점 축소 프로젝트

고교학점제는 학생이 자신의 희망에 따라 과목을 선택하여 이수하고 이수한 학점의 총합이 졸업기준을 충족하면 졸업하는 제도이다. 이러한 고교학점제가 시행되면 학급 단위의 시간표 편성이 아닌 학생 개인별 수업 시간표가 구성된다. 대학교에서처럼 학생들이 자신이 선택한 과목의 수업이 이루어지는 교실을 찾아가서 수업을 듣게 되고 이러한 학생 개인별 시간표 운영을 위해서는 시간적 여유가 필요하다.

이러한 개인별 시간표 운영을 위해서는 총 이수 학점의 적정화가 필요하다. 2015 개정에서 2022 개정까지 고등학교 총 이수 학점 축소는 다음의 두 단계에 걸쳐 이루어졌다. 1단계로, 2015 개정 교육과정 적용 중에 고등학교 졸업 이수 학점을 204학점에서 192학점으로 12학점을 축소하였다. 이때, 교과 총 이수 학점에서 6학점, 창의적 체험활동에서 6학점을 각각 축소하였다. 교과 총 이수 학점의 경우 필수 이수 학점 94학점은 그대로 두고 자율 편성 학점에서 6학점을 축소하였다. 2단계로, 2022 개정 교육과정에서는 교과 총 필수 이수 학점을 10학점 줄여서 자율 이수 학점을 10학점 증대하였다. 이 과정을 표로 제시하면 다음과 같다.

표 1) 2015개정에서 2022 개정까지 고등학교 총 이수 학점 축소 과정

※음영은 변화된 부분

구분			1단계				2단계	
			2015 개정 (2015. 9. 23. 고시)		2015 개정 (2022. 1. 17. 개정)		2022 개정	
①	교과 총 이수 학점	교과 총 필수 이수 학점	94	180	94	174	84	174
		자율 이수 학점	86		80		90	
②	창의적 체험활동 이수 학점		24		18		18	
①+②	총 이수 학점		204		192		192	

또한 2단계에서는 교과 총 필수 이수 학점을 10학점 축소하기 위해서 국어, 수학, 영어, 사회, 과학의 필수 이수 학점을 동일한 비율로 줄이고 한국사와 체육, 음악, 미술 등 그 이외의 다른 교과의 필수 이수 학점은 줄이지 않았다. 이것을 표로 제시하면 다음과 같다.

표 2 2015 개정(2022. 1. 17. 개정)에서 2022 개정까지 학점 배당 기준의 변화

2015 개정(2022. 1. 17. 개정)				2022 개정			
교과 영역	교과(군)	공통과목 (학점)	필수 이수 학점	교과 영역	공통과목 (학점)	필수 이수 학점
기초	국어	국어(8)	10	국어	공통국어(8)	8
	수학	수학(8)	10	수학	공통수학(8)	8
	영어	영어(8)	10	영어	공통영어(8)	8
	한국사	한국사(6)	6	사회 (역사/도덕 포함)	한국사(6)	6
탐구	사회 (역사/도덕 포함)	통합사회(8)	10		통합사회(8)	8
	과학	통합과학(8) 과학 탐구실험(2)	12	과학	통합과학(8) 과학탐구실험(2)	10
체육 예술	체육		10	체육		10
	예술(음악/미술)		10	예술 (음악/미술)		10
생활 교양	기술 · 가정/ 제2외국어/한문/ 교양		16	기술 · 가정/ 정보/제2외국어/ 한문/교양		16
소계			94	소계		84
자율 편성 학점			80	자율 이수 학점		90
창의적 체험활동			18 (306시간)	창의적 체험활동		18 (288시간)
총 이수 학점			192	총 이수 학점		192

1) 2015 개정에서 2022 개정에 이르기까지 고등학교 총 이수 학점을 줄이는 과정에서 나타날 수 있는 쟁점과 그에 따른 찬반의견을 제시하면 다음과 같다. 이러한 찬반의견을 참고하여 고등학교 총 이수 학점을 줄이는 방식의 적절성에 대해 논의해 보자.

표 3 | 총 이수 학점 축소 관련 쟁점 및 찬반의견(예시)

단계	쟁점	찬성	반대
1	총 이수 학점을 204학점에서 192학점으로 축소하기 위하여 교과 총 이수학점에서 6학점, 창의적 체험활동에서 6학점을 축소한 것이 적절한가?	−교과 활동과 창의적 체험활동의 총 이수학점에서 동일하게 6학점씩 줄이는 것이 적절하다.	−교과 활동과 창의적 체험활동의 총 이수학점 비율을 고려할 때 교과 활동의 이수 학점을 더 많이 줄여야 한다.
2	교과 총 이수 학점에서 필수 이수 학점을 10학점 줄이고 (94→84) 자율 이수 학점을 4학점 늘리는(86→90) 방식이 적절한가?	−고교학점제에서는 학생의 과목 선택권을 확대해주어야 하므로 필수 이수 학점을 줄이고 자율 이수 학점을 늘리는 것이 적절하다.	−고교학점제라고 해도 균형있는 학습을 위하여 필수 이수 학점을 어느 정도 확보하는 것이 적절하다.
	필수 이수 학점 10학점을 국어, 수학, 영어, 사회, 과학에서만 줄이고 체육, 음악, 미술 등 그 이외의 다른 교과에서는 줄이지 않은 것이 적절한가?	−국어, 수학, 영어, 사회, 과학은 대학수학능력시험 교과이므로 필수 이수 학점보다 훨씬 많이 학습하지만 그 이외의 다른 교과(군)(예술, 체육, 기술·가정 등)는 필수 이수 학점만 학습할 가능성이 있으므로 균형있는 학습을 위하여 체육, 예술 등 교과(군)의 필수 이수 학점은 2015 개정의 수준을 유지하는 것이 적절하다.	−필수 이수 학점 10학점을 모든 교과(군)에서 균등하게 줄이는 것이 적절하다.
	한국사의 필수 이수 학점은 6학점 그대로 둔 것은 적절한가?	−한국인으로서 역사의식 함양을 위해서 한국사 필수 이수 학점은 그대로 유지하는 것이 적절하다.	−국어, 수학, 영어, 사회, 과학의 필수 이수 학점이 축소되었으므로 한국사의 이수 학점도 동일한 비율에 따라 축소하는 것이 적절하다.
	2022 개정 고등학교 교육과정은 균형있는 학습과 학생의 과목선택권 확대라는 두 개의 목표를 동시에 달성하고 있는가?	−교과 총 이수 학점 174학점 중 필수 이수 학점을 84학점, 자율 이수 학점을 90학점으로 설정한 것은 균형있는 학습과 학생의 과목선택권 확대라는 두 개의 목표를 적절히 달성한 조치라고 판단된다.	−고교학점제라면 학생의 과목선택권이 더 확대되어야 하는데 교과 총 이수 학점 174학점 중 필수 이수 학점을 84학점, 자율 이수 학점을 90학점으로 설정한 것은 균형있는 학습 쪽에 더 치우친 조치로 판단된다.

2) 고등학교 총 이수 학점 축소 방식의 적절성에 대한 논의를 바탕으로 고등학교 총 이수 학점을 204학점에서 192학점으로 축소하는 연구 프로젝트를 다음의 절차에 따라 수행해 보자.

가) 프로젝트 참여 인원 구성

- 총괄팀은 팀장(Project Manager: PM) 1명, 간사 1명(모든 의견 기록 및 자료 작성)으로 구성함.
- 총괄팀 아래 프로젝트팀 구성은 다양하게 구성 가능함.

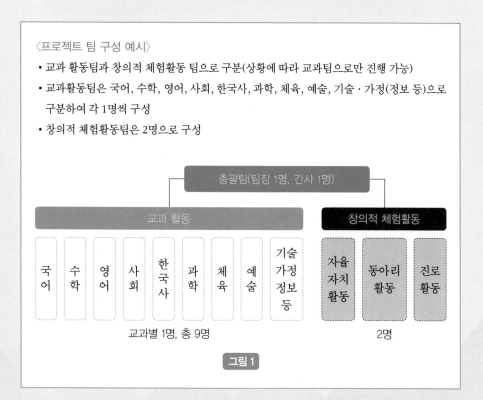

〈프로젝트 팀 구성 예시〉
- 교과 활동팀과 창의적 체험활동 팀으로 구분(상황에 따라 교과팀으로만 진행 가능)
- 교과활동팀은 국어, 수학, 영어, 사회, 한국사, 과학, 체육, 예술, 기술·가정(정보 등)으로 구분하여 각 1명씩 구성
- 창의적 체험활동팀은 2명으로 구성

총괄팀(팀장 1명, 간사 1명)

교과 활동

창의적 체험활동

국어 / 수학 / 영어 / 사회 / 한국사 / 과학 / 체육 / 예술 / 기술 가정 정보 등

자율 자치 활동 / 동아리 활동 / 진로 활동

교과별 1명, 총 9명

2명

그림 1

나) 프로젝트 진행 절차

- 프로젝트 진행 시 첫 단계에서 해야 할 일은 총 이수 학점 축소를 위한 기준을 설정하는 것임. 이때 교육과정 개정의 방향 및 중점, 고등학교 교육의 목표, 고교학점제 도입의 취지 등을 고려하고 각 팀의 의견을 수렴하여 기준을 설정함. 이때 균형 있는 학습과 학생의 과목 선택권 확대, 두 개를 모두 고려하는 방향으로 기준을 설정함.

- 기준이 결정되면 교과팀의 교과별 의견, 창의적 체험활동팀의 의견을 청취하고 의사결정을 위한 중요한 쟁점을 도출하여 그것을 중심으로 숙의를 진행함.

- 총괄 팀장은 모든 단계에서 중립적인 위치에서 모든 팀원들의 의견을 수렴하고 모든 팀원들의 동의를 얻어서 최종안을 도출하는 역할을 수행함.

1단계: 총 이수 학점 축소를 위한 기준 설정	교육과정 개정의 방향 및 중점, 고등학교 교육의 목표, 고교학점제 도입의 취지 등을 고려하여 모든 팀원의 의견을 반영하여 설정함.
2단계: 각 팀의 의견 제시	교과팀의 교과별 의견, 창의적 체험활동팀의 의견을 청취하고 의사결정을 위한 중요한 쟁점을 도출하여 그것을 중심으로 숙의 진행함.
3단계: 최종안 도출	상충하는 의견을 조율하여 최종안을 도출함.
4단계: 최종안 검토	최종안이 첫 단계에서 설정한 기준에 부합하는지 검토함.

그림 2 고교학점제 도입을 위한 고등학교 총 이수 학점 축소 프로젝트 진행 절차(안)

다) 프로젝트 최종안 작성 양식

• 최종안은 다음의 양식에 작성함.

표 4　총 이수 학점 축소 기준 및 쟁점 정리(양식)

기준	–	
쟁점	결정 사항	이유
교과 총 이수 학점에서 교과 활동과 창의적 체험활동 총 이수 학점 축소 방안		
교과 총 이수 학점 축소 방안(필수 이수 학점과 자율 이수 학점)		
교과(군) 내 필수 이수 학점 축소 방안(한국사 문제 포함)		
(쟁점 추가)		

표 5　고등학교 교육과정 학점 배당(양식)

2015 개정(2015. 9. 23. 고시)				총 이수 학점 축소 프로젝트 결과		
교과 영역	교과(군)	공통과목 (단위)	필수 이수 단위	교과 영역	공통과목 (학점)	필수 이수 학점
기초	국어	국어(8)	10	국어	공통국어(8)	
	수학	수학(8)	10	수학	공통수학(8)	
	영어	영어(8)	10	영어	공통영어(8)	
	한국사	한국사(6)	6	사회 (역사/도덕 포함)	한국사(6)	
탐구	사회 (역사/도덕 포함)	통합사회(8)	10		통합사회(8)	
	과학	통합과학(8) 과학 탐구실험(2)	12	과학	통합과학(8) 과학탐구실험(2)	
체육 예술	체육		10	체육		
	예술(음악/미술)		10	예술 (음악/미술)		
생활 교양	기술·가정/ 제2외국어/한문/ 교양		16	기술·가정/ 정보/제2외국어/ 한문/교양		
소계			94	소계		
자율 편성 단위			80	자율 이수 학점		
창의적 체험활동			24 (408시간)	창의적 체험활동		
총 이수 단위			204	총 이수 학점		192

2. 학교 교육과정 편성표 작성 프로젝트

우리나라 초·중·고등학교는 국가 교육과정에 제시된 학교 급별 편제와 시간(학점) 배당 기준에 의거하여 학생이 이수해야 할 교과(목)을 편성하여 학생과 학부모에게 안내하도록 되어 있다. 국가 교육과정에 제시된 수업 시수(학점)는 기준 시수로서 학교는 그 기준 시수(학점)를 증감하여 교과(목)을 자율적으로 편성할 수 있다. 따라서 학교에서는 학생·교사·학부모의 요구 및 필요에 따라 교과(군)와 창의적 체험활동의 수업 시수(학점)를 자율적으로 편성하게 된다. 이러한 과정에서 어떤 교과(목)을 어느 시기에, 어느 정도의 시수(학점)로 편성할 것인지 등이 쟁점으로 부각된다. 다음은 중학교에서 학교 교육과정 편성표를 작성할 때 일어날 수 있는 갈등 상황 사례다.

C 중학교 교무부에서 새롭게 교육과정 편성표를 구성하기로 하였다. 각 교과 담당 교사 10명이 모였다. 김국○(교무부장), 이수○, 박과○ 등의 교사는 학생들이 '소위' 주지 교과를 더 열심히 해야 한다고 주장하고, 김음○, 이미○, 배창○ 등의 교사는 학생들이 주지 교과보다는 창의성을 살려 주는 교과, 학생들이 원하는 교과를 더 편성해 주어야 한다고 주장하고 있다.

이들이 모여서 교육과정 편성표를 구성할 때 다음과 같은 대화가 오고 갔다.

김국○: 중학생이기는 하지만 아무래도 국, 영, 수 등에 초점을 두어서 이런 교과의 시간 배당을 기준 시수보다 좀 더 늘리도록 하지요.

이수○: 그렇게 하지요. 우리 아이들이 전국 순위로 보면 웬만큼 하기는 하지만 그래도 더 떨어지면 안 된다고 생각해요. 주지교과의 배당을 좀 더 높이고 다른 교과의 시간 배당을 좀 줄이지요. 체육 교과는 학교 스포츠클럽 활동이 있으니 체육 교과 배당을 상대적으로 줄여도 될 것 같습니다.

김음○: 저는 좀 다른 생각입니다. 주지교과는 워낙 중요하니 아이들이 하지 말라고 해도 열심히 하고 있어요. 학교에서만이라도 예능 교과나 창체 활동에 힘을 실어 주었으면 하는데요. 학생들의 인성도 중요하잖아요. 선택도 지금의 과목 이외에 학생들이 원하는 다양한 과목을 개설해서 학생들에게 제공해 주었으면 합니다

이미○: 김음○ 교사 의견에 찬성합니다. 미술은 사실 학교 아니면 접하기 어렵죠. 또 미술 쪽에 재능이 있는 아이들도 분명히 있을 텐데 너무 주지교과만 강조하다 보면 이런 재능이 완전히 사장되어 버릴 겁니다. 미술이나 음악 쪽은 아이들의 창의성 계발에도 도움이 된다고 봅니다. 그러니까 이쪽의 시수를 지금보다 좀 늘렸으면 합니다. 또 김음○ 선생님이 제안하신 선택과목 말고도 창의적 체험활동 시간에도 주지교과 말고 학생들이 원하는 내용이 더 들어가야 한다고 봐요.

박과○: 과학은 반드시 필요하고 또 더해야 한다고 봅니다. 천연자원 없는 우리나라가 잘 살아가기 위해서라도 앞으로는 과학에 기댈 수밖에 없다고 봐요. 과학 시간을 기준시수보다 늘려야 합니다.

배창○: 수학과 과학 등의 교과는 기본적으로 학생들이 학습해야 할 중요한 내용이지만 학생들이 자기 주도적으로 자신의 학습내용을 구성할 수 있도록 해 주는 과목도 필요하다고 생각합니다. 그렇게 하려면 학생들이 원하는 학습 내용을 조사해서 선택과목으로 개설해야 한다고 생각해요. 그러니까 이런 과목에 시간 배당이 많아야 합니다.

1) 이러한 갈등 사례에 제시된 의견들에 대해 논의해 보자.
- 주지 교과의 중요성은 어느 정도로 강조되어야 하는가? 주지 교과 중에서도 국어, 영어, 수학, 사회, 과학의 중요성은 각각 어떻게 설명될 수 있는가? 이러한 교과들은 왜 중요한가?
- 예술 교과의 중요성은 어느 정도로 강조되어야 하는가? 예술 교과는 왜 중요한가?
- 체육 교과의 중요성은 어느 정도로 강조되어야 하는가? 체육 교과는 왜 중요한가?

- 창의적 체험활동은 어느 정도로 강조되어야 하는가? 창의적 체험활동은 왜 중요한가?

2) 이러한 갈등 사례 및 논의를 바탕으로 중학교의 목표를 수립하고 이러한 목표를 가장 잘 달성할 수 있는 학년 및 학기별 교과(목)과 시간 배당을 정하고자 한다. 이러한 과정을 다음의 절차에 따라 수행해 보자.

가) 프로젝트 참여 인원 구성
- 총괄팀은 교무부장 1명, 간사 1명(모든 의견 기록 및 자료 작성)으로 구성함.
- 총괄팀 아래 프로젝트팀 구성은 다양하게 구성 가능함. 한 예시를 제시함.

〈프로젝트 팀 구성 예시〉
- 교과 활동팀과 창의적 체험활동 팀으로 구분(상황에 따라 교과팀으로만 진행 가능)
- 교과 활동팀은 국어, 사회(역사 포함). 도덕. 수학, 과학, 기술 · 가정, 정보, 체육, 예술(음악/미술), 영어로 구분하여 각 1명씩 구성(상황에 따라 일부 교과만으로 진행 가능하나 다양한 의견이 나올 수 있도록 조정)
- 창의적 체험활동팀은 2명으로 구성

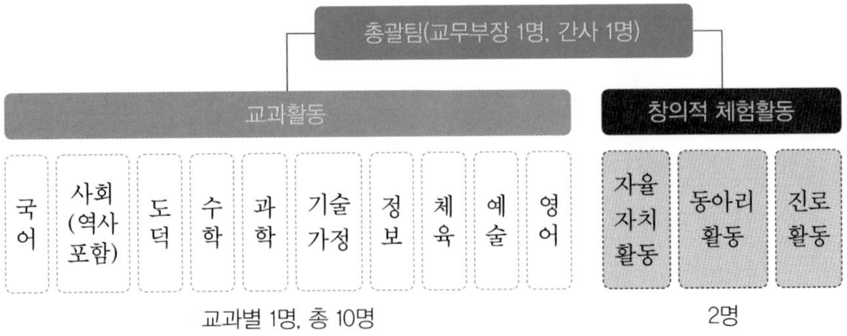

총괄팀(교무부장 1명, 간사 1명)

교과활동 | 창의적 체험활동

국어 | 사회(역사 포함) | 도덕 | 수학 | 과학 | 기술 가정 | 정보 | 체육 | 예술 | 영어 | 자율 자치 활동 | 동아리 활동 | 진로 활동

교과별 1명, 총 10명 ・ 2명

그림 3

나) 프로젝트 진행 절차
- 프로젝트 진행 시 첫 단계에서 해야 할 일은 중학교의 목표를 설정하여 학년 학기별 교과(목)의 설정 및 시간 배당의 기준을 결정하는 것임(여러 특색있는 중학교의 학년 학기별 교과(목) 개설 및 시간 배당 자료가 있는 경우 유용하게 활용할 수 있음).
- 학교의 교육 목표가 설정되면 교육 목표에 맞는 교육과정 편성표 작성과 관련하여 교과(군)별 및 창의적 체험활동의 20% 범위 내에서 시수 증감을 어떻게 적용할지 논의함.
- 교무부장은 모든 단계에서 중립적인 위치에서 모든 팀원들의 의견을 수렴하고 모든 팀원들의 동의를 얻어서 최종안을 도출하는 역할을 수행함. 간사는 제기되는 의견을 기록하고 결정사항에 따라 최종 편성표를 작성함.

1단계: 중학교 단위 학교의 교육 목표 설정	총론에 제시된 중학교 교육 목표를 고려하여 해당 중학교 교육 목표를 2개 이상 설정함.

| 2단계: 교육 목표에 적합한 편성표 작성을 위한 논의 | 교과(군)과 창의적 체험활동 시수에 대한 논의를 진행하고 교과별 시수에 대한 논의를 진행함. |

| 3단계: 최종 편성안 도출 | 상충하는 의견을 조율하여 최종 편성안을 도출함. |

| 4단계: 최종 편성안 검토 | 최종 편성안이 첫 단계에서 설정된 교육 목표에 부합하는지, 제시된 시간 배당 기준 및 교육과정 편성·운영 지침을 준수하는지 검토함. |

그림 4 중학교 학교 단위 교육과정 편성표 작성 프로젝트 진행 절차(안)

다) 프로젝트에 적용될 시간 배당 기준 및 교육과정 편성·운영 지침

- 2022 개정 교육과정에 따른 중학교 교육과정 편성표 작성을 위해서는 학교스포츠클럽 활동, 자유학기 운영, 학교자율시간 확보, 진로연계교육 운영, 정보 수업 시수와 학교자율시간을 활용하여 정보를 68시간 이상 편성·운영 등을 고려해야 하지만, <u>실제 프로젝트 수행 시 학생들의 교육과정 이해와 역량을 고려하여 교과 활동에만 초점을 맞추어 진행할 수 있음.</u>

- ※ 교과(목)별 시간 배당은 17의 배수로 함(수업시간 수는 연간 34주를 기준으로 학기당 17주를 수업하게 되므로 한 주에 한 시간을 배당한다면 17시간이 배당됨. 따라서 한 주에 두 시간의 경우 34시간, 세 시간의 경우 51시간, 이렇게 17의 배수로 정하게 됨).

- 이 프로젝트에서 적용될 2022 개정 중학교 교육과정 시간 배당 기준 및 교육과정 편성·운영 지침을 제시하면 다음과 같음.

가. 편제와 시간 배당 기준

1) 편제

가) 중학교 교육과정은 교과(군)와 창의적 체험활동으로 편성한다.

나) 교과(군)는 국어, 사회(역사 포함)/도덕, 수학, 과학/기술·가정/정보, 체육, 예술(음악/미술), 영어, 선택으로 한다.

다) 선택 교과는 한문, 환경, 생활 외국어(생활 독일어, 생활 프랑스어, 생활 스페인어, 생활 중국어, 생활 일본어, 생활 러시아어, 생활 아랍어, 생활 베트남어), 보건, 진로와 직업 등의 과목으로 한다.

라) 창의적 체험활동은 자율·자치 활동, 동아리 활동, 진로 활동으로 한다.

2) 시간 배당 기준

구분		1~3학년
교과(군)	국어	442
	사회(역사 포함)/도덕	510
	수학	374
	과학/기술 · 가정/정보	680
	체육	272
	예술(음악/미술)	272
	영어	340
	선택	170
	소계	3,060
창의적 체험활동		306
총 수업 시간 수		3,366

① 1시간 수업은 45분을 원칙으로 하되, 기후 및 계절, 학생의 발달 정도, 학습 내용의 성격, 학교 실정 등을 고려하여 탄력적으로 편성 · 운영할 수 있다.

② 교과(군)별 및 창의적 체험활동 시간 배당은 연간 34주를 기준으로 3년간의 기준 수업 시수를 나타낸 것이다.

③ 총 수업 시간 수는 3년간의 최소 수업 시수를 나타낸 것이다.

④ 정보는 정보 수업 시수와 학교자율시간 등을 활용하여 68시간 이상 편성 · 운영한다.나. 교육과 정 편성 · 운영 기준

나. 교육과정 편성 · 운영 기준

1) 학교는 교과(군)와 창의적 체험활동의 수업 시수를 학년별, 학기별로 자율적으로 편성할 수 있다.

　가) 학교는 학생이 3년간 이수해야 할 교과목을 학년별, 학기별로 편성하여 학생과 학부모에게 안내한다.

　나) 학교는 학교의 특성, 학생 · 교사 · 학부모의 요구 및 필요에 따라 자율적으로 교과 (군)별 및 창의적 체험활동의 20% 범위 내에서 시수를 증감하여 편성 · 운영할 수 있다. 단, 체육, 예술(음악/미술) 교과는 기준 수업 시수를 감축하여 편성 · 운영할 수 없다.

다) 학교는 학생의 학업 부담을 적정화하고 의미 있는 학습 활동이 이루어질 수 있도록 학기당 이수 교과목 수를 8개 이내로 편성한다. 단, 체육, 예술(음악/미술) 교과 및 선택 과목과 학교자율시간에 편성한 과목은 이수 교과목 수 제한에서 제외하여 편성할 수 있다.

라) 학교는 선택 과목을 개설할 경우, 2개 이상의 과목을 동시에 개설하여 학생의 선택권을 보장한다. 학교는 필요한 경우 새로운 선택 과목을 개설할 수 있으며, 이 경우 시·도 교육감이 정하는 지침에 따라 사전에 필요한 절차를 거쳐야 한다.

마) 학교는 창의적 체험활동의 영역을 학생들의 발달 수준, 학교의 여건 등을 고려하여 자율적으로 편성·운영한다.

2) 학교는 모든 학생의 학습 기회를 보장할 수 있도록 학교 교육과정을 편성·운영한다.

가) 전입 학생이 특정 교과목을 이수하지 못할 경우, 시·도 교육청과 학교에서는 학습 결손이 발생하지 않도록 보충 학습 과정 등을 제공한다.

나) 교과목 개설이 어려운 소규모 학교, 농산어촌학교 등에서는 학습 결손이 발생하지 않도록 온라인 활용 및 지역 내 교육자원 공유·협력을 활성화한다. 이 경우 시·도 교육감이 정하는 지침에 따른다.

3) 학교는 지역과 연계하거나 다양하고 특색 있는 교육과정 운영을 위해 학교자율시간을 편성·운영한다.

가) 학교자율시간을 활용하여 이 교육과정에 제시되어 있는 교과목 외에 새로운 선택 과목을 개설할 수 있다.

나) 학교자율시간에 개설되는 과목의 내용은 지역과 학교의 여건 및 학생의 필요에 따라 학교가 결정하되, 학생의 선택권을 고려하여 다양한 과목을 개설·운영한다.

다) 학교자율시간은 학교 여건에 따라 연간 34주를 기준으로 한 교과별 및 창의적 체험활동 수업 시간의 학기별 1주의 수업 시간을 확보하여 운영한다.

4) 학교는 학생들이 자신의 적성과 미래에 대해 탐색하고 학습의 즐거움을 경험할 수 있도록 자유학기와 진로연계교육을 편성·운영한다.

　가) 중학교 과정 중 한 학기는 자유학기로 운영하되, 해당 학기의 교과 및 창의적 체험활동을 자유학기 취지에 부합하도록 편성·운영한다.

　　(1) 자유학기에는 지역 및 학교 여건을 고려하여 자율적으로 학생 참여 중심의 주제선택 활동과 진로 탐색 활동을 운영한다.

　　(2) 자유학기에는 토의·토론 학습, 프로젝트 학습 등 학생 참여형 수업을 강화하고, 학습의 과정을 중시하는 다양한 평가 방법을 활용하되, 일제식 지필 평가는 지양한다.

　나) 학교는 상급 학교(학년)로 진학하기 전 학기나 학년의 일부 시간을 활용하여 학교급 간 연계 및 진로 교육을 강화하는 진로연계교육을 편성·운영한다.

　　(1) 학교는 고등학교 생활 및 학습 준비, 진로 탐색, 진학 준비 등을 위해 교과와 창의적 체험활동 시간을 활용하여 진로연계교육을 자율적으로 운영한다.

　　(2) 학교는 진로연계교육의 중점을 학생의 역량 함양 및 자기주도적 학습 능력 향상에 중점을 두고 교과별 내용 및 학습 방법 등의 학교급 간 연계를 통해 학생의 학습과 성장을 지원한다.

　　(3) 학교는 진로연계교육을 창의적 체험활동의 진로 활동 및 자유학기의 활동과 연계하여 운영한다.

참고: 교육부(2022: 20-22).

라) 프로젝트 최종안 작성 양식

• 최종안은 다음의 양식에 작성함.

■ 중학교의 목표			① ② ③									
구 분			기준 시수	이수 시수	증 감	1학년		2학년		3학년		과목당 시간 배당
						1 학기	2 학기	1 학기	2 학기	1 학기	2 학기	
교과 (군)		국어	442									
	사회	사회	510									
		역사										
		도덕										
		수학	374									
	과학/ 기술· 가정	과학	680									
		기술·가정										
		정보										
		체육	272									
	예술	음악	272									
		미술										
		영어	340									
	선택		170									
	교과(군) 소계		3,060									
창의적 체험활동		자율·자치활동	306									
		진로 활동										
	동아리	동아리 활동										
		학교 스포츠 클럽										
		소계										
자유학기 활동		주제 선택										
		진로 탐색										
		소계										
	학기당 과목 수											
총 수업시간 수			3,366									

부록 1 초·중등학교 교육과정 총론

(교육부고시 제2022-33호 [별책 1])

부록 2 초·중등학교 교과용도서 구분 고시

(교육부고시 제2022-35호)

부록 1 초·중등학교 교육과정 총론

교육부 고시 제2022-33호

「초·중등교육법」제23조 제2항, 제48조 및 「국가교육위원회법」부칙 제4조에 의거하여 초·중등학교 교육과정을 다음과 같이 고시한다.

2022년 12월 22일
교육부 장관

1. 초·중등학교 교육과정 총론은 【별책 1】과 같다.
2. 초등학교 교육과정은 【별책 2】와 같다.
3. 중학교 교육과정은 【별책 3】과 같다.
4. 고등학교 교육과정은 【별책 4】와 같다.
5. 국어과 교육과정은 【별책 5】와 같다.
6. 도덕과 교육과정은 【별책 6】과 같다.
7. 사회과 교육과정은 【별책 7】과 같다.
8. 수학과 교육과정은 【별책 8】과 같다.
9. 과학과 교육과정은 【별책 9】와 같다.
10. 실과(기술·가정)/정보과 교육과정은 【별책 10】과 같다.
11. 체육과 교육과정은 【별책 11】과 같다.
12. 음악과 교육과정은 【별책 12】와 같다.
13. 미술과 교육과정은 【별책 13】과 같다.
14. 영어과 교육과정은 【별책 14】와 같다.
15. 바른 생활, 슬기로운 생활, 즐거운 생활 교육과정은 【별책 15】와 같다.
16. 제2외국어과 교육과정은 【별책 16】과 같다.
17. 한문과 교육과정은 【별책 17】과 같다.
18. 중학교 선택 교과 교육과정은 【별책 18】과 같다.
19. 고등학교 교양 교과 교육과정은 【별책 19】와 같다.

20. 과학 계열 선택 과목 교육과정은 【별책 20】과 같다.

21. 체육 계열 선택 과목 교육과정은 【별책 21】과 같다.

22. 예술 계열 선택 과목(연극 과목 포함) 교육과정은 【별책 22】와 같다.

23. 전문 교과 교육과정은 【별책 23~39】와 같다.

24. 창의적 체험활동 교육과정은 【별책 40】과 같다.

25. 한국어 교육과정 【별책 41】과 같다.

부칙

1. 이 교육과정은 학교급별, 학년별로 다음과 같이 시행한다.

   가. 2024년 3월 1일: 초등학교 1, 2학년

   나. 2025년 3월 1일: 초등학교 3, 4학년, 중학교 1학년, 고등학교 1학년

   다. 2026년 3월 1일: 초등학교 5, 6학년, 중학교 2학년, 고등학교 2학년

   라. 2027년 3월 1일: 중학교 3학년, 고등학교 3학년

2. 다만, 한국어 교육과정【별책 41】은 교육부 고시 제2017-131호에 따른다.

3. 교육부 고시 제2015-74호(2015.09.23.), 교육부 고시 제2015-80호(2015.12.01.), 교육부 고시 제2017-108호(2017.01.06.), 교육부 고시 제2017-131호(2017.09.29.), 교육부 고시 제2018-150호(2018.04.19.), 교육부 고시 제2018-162호(2018.7.27.), 교육부 고시 제2019-211호(2019.12.27.), 교육부 고시 제2020-225호(2020.04.14.), 교육부 고시 제2020-236호(2020.09.11.), 교육부 고시 제2020-248호(2020.12.31.), 교육부 고시 제2022-2호(2022.01.17.)의 초·중등학교 교육과정은 2027년 2월 28일로 폐지한다.

4. 「훈령·예규 등의 발령 및 관리에 관한 규정」(대통령훈령 제431호, 2021.2.5.)에 따라 이 고시 발령 후의 법령이나 현실 여건의 변화 등을 검토하여 이 고시의 폐지, 개정 등의 조치를 하여야 하는 기한은 2027년 2월 28일까지로 한다.

〈참고〉

초·중등학교 교육과정 개정 고시의 전문은 교육부 홈페이지와 국가교육과정정보센터에 게재되어 있습니다.

※ 교육부 홈페이지(www.moe.go.kr)〉법령 정보〉입법·행정 예고

※ 국가교육과정정보센터(ncic.re.kr)〉교육과정 자료실〉교육과정 원문 및 해설서

교육과정의 성격

이 교육과정은 「초 · 중등교육법」 제23조 제2항에 의거하여 고시한 것으로, 초 · 중등학교의 교육 목적을 달성하기 위해 초 · 중등학교에서 운영하여야 할 학교 교육과정의 공통적이고 일반적인 기준을 국가 수준에서 제시한 것이다.

이 교육과정 기준의 성격은 다음과 같다.

가. 국가 수준의 공통성을 바탕으로 지역, 학교, 개인 수준의 다양성을 추구할 수 있도록 학교 교육과정의 기준과 내용에 관한 기본사항을 제시한다.

나. 학교 교육과정이 학생을 중심에 두고 주도성과 자율성, 창의성의 신장 등 학습자 성장을 지원할 수 있도록 교육과정의 기준과 내용을 제시한다.

다. 학교의 전반적인 교육 체제를 교육과정 중심으로 운영할 수 있도록 교육과정의 기준과 내용을 제시한다.

라. 학교 교육과정이 추구하는 교육 목적의 실현을 위해 학교와 시 · 도 교육청, 지역사회, 학생 · 학부모 · 교원이 함께 협력적으로 참여하는 데 필요한 사항을 제시한다.

마. 학교 교육의 질적 수준을 국가와 시 · 도 교육청, 학교 수준에서 관리하고 개선하기 위해 기반으로 삼아야 할 교육과정의 기준과 내용을 제시한다.

Ⅰ. 교육과정 구성의 방향

이 장에서는 국가 교육과정의 개정 배경과 중점을 설명하고, 이 교육과정으로 교육을 받는 사람이 갖출 것으로 기대하는 모습과 중점적으로 기르고자 하는 핵심역량 및 교육 목표를 제시한다.

- '교육과정 구성의 중점'에서는 교육과정 개정의 주요 배경과 이에 따른 개정 중점을 제시한다.

- '추구하는 인간상'은 초·중등 교육을 통해 학생들이 갖출 것으로 기대하는 특성을 나타낸 것으로, 교육의 본질과 방향을 제시하는 기능을 한다.

- '핵심역량'은 추구하는 인간상을 구현하기 위해 학교 교육의 전 과정을 통해 중점적으로 기르고자 하는 능력이다.

- '학교급별 교육 목표'는 추구하는 인간상과 핵심역량을 바탕으로 초·중·고등학교별로 달성하기를 기대하는 교육 목표이다.

1. 교육과정 구성의 중점

우리나라 초·중등학교 교육과정은 사회 변화와 시대적 요구를 반영하여 지속적으로 개정되고 발전해 왔다. 우리 사회는 새로운 변화와 도전에 직면해 있으며, 이에 대응하기 위해 교육과정을 개정할 필요성이 제기되었다. 교육과정의 변화를 요청하는 주요 배경은 다음과 같다.

첫째, 인공지능 기술 발전에 따른 디지털 전환, 감염병 대유행 및 기후·생태환경 변화, 인구 구조 변화 등에 의해 사회의 불확실성이 증가하고 있다.

둘째, 사회의 복잡성과 다양성이 확대되고 사회적 문제를 해결하기 위한 협력의 필요성이 증가함에 따라 상호 존중과 공동체 의식을 함양하는 것이 더욱 중요해지고 있다.

셋째, 학생 개개인의 특성과 진로에 맞는 학습을 지원해 주는 맞춤형 교육에 대한 요구가 증가하고 있다.

넷째, 교육과정 의사 결정 과정에 다양한 교육 주체들의 참여를 확대하고 교육과정 자율화 및 분권화를 활성화해야 한다는 요구가 높아지고 있다.

이에 그동안의 교육과정 발전 방향을 계승하면서 미래 사회를 살아갈 학생들이 주도적으로 삶을 이끌어 가는 능력을 함양할 수 있도록 교육과정을 구성한다.

이 교육과정은 우리나라 교육과정이 추구해 온 교육 이념과 인간상을 바탕으로, 미래 사회가 요구하는 핵심역량을 함양하여 포용성과 창의성을 갖춘 주도적인 사람으로 성장하게 하는 데 중점을 둔다.

이를 위한 교육과정 구성의 중점은 다음과 같다.

가. 디지털 전환, 기후·생태환경 변화 등에 따른 미래 사회의 불확실성에 능동적으로 대응할 수 있는 능력과 자신의 삶과 학습을 스스로 이끌어가는 주도성을 함양한다.

나. 학생 개개인의 인격적 성장을 지원하고, 사회 구성원 모두의 행복을 위해 서로 존중하고 배려하며 협력하는 공동체 의식을 함양한다.

다. 모든 학생이 학습의 기초인 언어·수리·디지털 기초소양을 갖출 수 있도록 하여 학교 교육과 평생 학습에서 학습을 지속할 수 있게 한다.

라. 학생들이 자신의 진로와 학습을 주도적으로 설계하고, 적절한 시기에 학습할 수 있도록 학습자 맞춤형 교육과정 체제를 구축한다.

마. 교과 교육에서 깊이 있는 학습을 통해 역량을 함양할 수 있도록 교과 간 연계와 통합, 학생의 삶과 연계된 학습, 학습에 대한 성찰 등을 강화한다.

바. 다양한 학생 참여형 수업을 활성화하고, 문제 해결 및 사고의 과정을 중시하는 평가를 통해 학습의 질을 개선한다.

사. 교육과정 자율화·분권화를 기반으로 학교, 교사, 학부모, 시·도 교육청, 교육부 등 교육 주체들 간의 협조 체제를 구축하여 학습자의 특성과 학교 여건에 적합한 학습이 이루어질 수 있도록 한다.

2. 추구하는 인간상과 핵심역량

우리나라의 교육은 홍익인간의 이념 아래 모든 국민으로 하여금 인격을 도야하고, 자주적 생활 능력과 민주시민으로서 필요한 자질을 갖추어 인간다운 삶을 영위하고, 민주 국가의 발전과 인류 공영의 이상을 실현할 수 있도록 함을 목적으로 한다.

이러한 교육 이념과 교육 목적을 바탕으로, 이 교육과정이 추구하는 인간상은 다음과 같다.

가. 전인적 성장을 바탕으로 자아정체성을 확립하고 자신의 진로와 삶을 스스로 개척하는 자기주도적인 사람

나. 폭넓은 기초 능력을 바탕으로 진취적 발상과 도전을 통해 새로운 가치를 창출하는 창의적인 사람

다. 문화적 소양과 다원적 가치에 대한 이해를 바탕으로 인류 문화를 향유하고 발전시키는 교양 있는 사람

라. 공동체 의식을 바탕으로 다양성을 이해하고 서로 존중하며 세계와 소통하는 민주시민으로서 배려와 나눔, 협력을 실천하는 더불어 사는 사람

이 교육과정이 추구하는 인간상을 구현하기 위해 교과 교육과 창의적 체험활동을 포함한 학교 교육 전 과정을 통해 중점적으로 기르고자 하는 핵심역량은 다음과 같다.

가. 자아정체성과 자신감을 가지고 자신의 삶과 진로를 스스로 설계하며 이에 필요한 기초 능력과 자질을 갖추어 자기주도적으로 살아갈 수 있는 자기관리 역량

나. 문제를 합리적으로 해결하기 위하여 다양한 영역의 지식과 정보를 깊이 있게 이해하고 비판적으로 탐구하며 활용할 수 있는 지식정보처리 역량

다. 폭넓은 기초 지식을 바탕으로 다양한 전문 분야의 지식, 기술, 경험을 융합적으로 활용하여 새로운 것을 창출하는 창의적 사고 역량

라. 인간에 대한 공감적 이해와 문화적 감수성을 바탕으로 삶의 의미와 가치를 성찰하고 향유하는 심미적 감성 역량

마. 다른 사람의 관점을 존중하고 경청하는 가운데 자신의 생각과 감정을 효과적으로 표현하며 상호협력적인 관계에서 공동의 목적을 구현하는 협력적 소통 역량

바. 지역·국가·세계 공동체의 구성원에게 요구되는 개방적·포용적 가치와 태도로 지속 가능한 인류 공동체 발전에 적극적이고 책임감 있게 참여하는 공동체 역량

3. 학교급별 교육 목표

가. 초등학교 교육 목표

초등학교 교육은 학생의 일상생활과 학습에 필요한 기본 습관 및 기초 능력을 기르고 바른 인성을 함양하는 데 중점을 둔다.

1) 자신의 소중함을 알고 건강한 생활 습관을 기르며, 풍부한 학습 경험을 통해 자신의 꿈을 키운다.

2) 학습과 생활에서 문제를 발견하고 해결하는 기초 능력을 기르고, 이를 새롭게 경험할 수 있는 상상력을 키운다.

3) 다양한 문화 활동을 즐기며 자연과 생활 속에서 아름다움과 행복을 느낄 수 있는 심성을 기른다.

4) 일상생활과 학습에 필요한 규칙과 질서를 지키고 서로 돕고 배려하는 태도를 기른다.

나. 중학교 교육 목표

중학교 교육은 초등학교 교육의 성과를 바탕으로, 학생의 일상생활과 학습에 필요한 기본 능력을 기르고, 바른 인성 및 민주시민의 자질을 함양하는 데 중점을 둔다.

1) 심신의 조화로운 발달을 바탕으로 자아존중감을 기르고, 다양한 지식과 경험을 통해 책임감을 가지고 적극적으로 삶의 방향과 진로를 탐색한다.

2) 학습과 생활에 필요한 기본 능력 및 문제 해결력을 바탕으로, 도전정신과 창의적 사고력을 기른다.

3) 자신을 둘러싼 세계에서 경험한 내용을 토대로 우리나라와 세계의 다양한 문화를 이해하고 공감하는 태도를 기른다.

4) 공동체 의식을 바탕으로 타인을 존중하고 서로 소통하는 민주시민의 자질과 태도를 기른다.

다. 고등학교 교육 목표

고등학교 교육은 중학교 교육의 성과를 바탕으로, 학생의 적성과 소질에 맞게 진로를 개척하며 세계와 소통하는 민주시민으로서의 자질을 함양하는 데 중점을 둔다.

1) 성숙한 자아의식과 인간의 존엄성에 대한 존중을 바탕으로 일의 가치를 이해하고, 자신의 진로에 맞는 지식과 기능을 익히며 평생 학습의 기본 능력을 기른다.

2) 다양한 분야의 지식과 경험을 융합하여 창의적으로 문제를 해결하고, 새로운 상황에 능동적으로 대처하는 능력을 기른다.

3) 다양한 문화에 대한 이해를 바탕으로 자신의 삶을 성찰하고 새로운 문화 창출에 기여할 수 있는 자질과 태도를 기른다.

4) 국가 공동체에 대한 책임감을 바탕으로 배려와 나눔을 실천하며 세계와 소통하는 민주시민으로서의 자질과 태도를 기른다.

II. 학교 교육과정 설계와 운영

이 장에서는 「초·중등교육법」에 근거한 국가 교육과정에 따라 학교 교육과정을 설계하고 운영할 때 지향해야 할 방향과 고려해야 할 일반적인 원칙을 제시한다.

- '설계의 원칙'에서는 학교 교육과정을 설계하고 운영할 때 반영해야 할 주요 원칙들과 유의사항 및 절차 등을 안내한다.
- '교수·학습'에서는 학습의 일반적 원리에 근거하여 수업을 설계하고 운영할 때 고려해야 할 주요 원칙들을 제시한다.
- '평가'에서는 학교 교육과정 설계·운영의 맥락에서 평가가 학습자의 성장을 지원하는 데 고려해야 할 원칙과 유의사항을 제시한다.
- '모든 학생을 위한 교육기회의 제공'에서는 다양한 특성을 가진 학습자들이 차별을 받지 않고 적합한 교육기회를 갖게 하는 데 필요한 지원 과제를 안내한다.

1. 설계의 원칙

가. 학교는 이 교육과정을 바탕으로 학교 교육과정을 자율적으로 설계·운영하며, 학생의 특성과 학교 여건에 적합한 학습 경험을 제공한다.

1) 학습자의 발달 수준에 적합한 폭넓고 균형 있는 교육과정을 통해 다양한 영역의 세계를 탐색해 보는 기회를 제공하고, 학습자의 전인적인 성장·발달이 가능하도록 학교 교육과정을 설계하여 운영한다.

2) 학생 실태와 요구, 교원 조직과 교육 시설·설비 등 학교 실태, 학부모 의견 및 지역사회 실정 등 학교의 교육 여건과 환경을 종합적으로 고려하여 학습자에게 적합한 학습 경험을 제공한다.

3) 학교는 학생의 필요와 요구에 따라 학교의 특성을 고려하여 다양한 교육 활동을 설계하여 운영할 수 있다.

4) 학교 교육 기간을 포함한 평생 학습에 필요한 기초소양과 자기주도 학습 능력을 갖출 수 있도록 지원하며 학습 격차를 줄이도록 노력한다.

5) 학생들의 자발적인 참여를 원칙으로 하여 학교와 시·도 교육청은 학생과 학부모의 요구에 따라 방과 후 활동 또는 방학 중 활동을 운영·지원할 수 있다.

6) 학교는 학교 교육과정의 효율적인 설계와 운영을 위하여 지역사회의 인적·물적 자원을 계획적으로 활용한다.

7) 학교는 가정 및 지역과 연계하여 학생이 건전한 생활 태도와 행동 양식을 가지고 학습할 수 있도록 지도한다.

나. 학교 교육과정은 모든 교원이 전문성을 발휘하여 참여하는 민주적인 절차와 과정을 거쳐 설계·운영하며, 지속적인 개선을 위해 노력한다.

1) 교육과정의 합리적 설계와 효율적 운영을 위해 교원, 교육 전문가, 학부모 등이 참여하는 학교 교육과정 위원회를 구성·운영하며, 이 위원회는 학교장의 교육과정 운영 및 의사 결정에 관한 자문 역할을 담당한다. 단, 특성화 고등학교와 산업수요 맞춤형 고등학교의 경우에는 산업계 전문가가 참여할 수 있고, 통합교육이 이루어지는 학교의 경우에는 특수교사가 참여할 것을 권장한다.

2) 학교는 학습 공동체 문화를 조성하고 동학년 모임, 교과별 모임, 현장 연구, 자체 연수 등을 통해서 교사들의 교육 활동 개선이 이루어지도록 한다.

3) 학교는 학교 교육과정 설계·운영의 적절성과 효과성 등을 자체 평가하여 문제점과 개선점을 추출하고, 다음 학년도의 교육과정 설계·운영에 그 결과를 반영한다.

2. 교수·학습

가. 학교는 학생들이 깊이 있는 학습을 통해 핵심역량을 함양할 수 있도록 교수·학습을 설계하여 운영한다.

1) 단편적 지식의 암기를 지양하고 각 교과목의 핵심 아이디어를 중심으로 지식·이해, 과정·기능, 가치·태도의 내용 요소를 유기적으로 연계하며 학생의 발달 단계에 따라 학습 경험의 폭과 깊이를 확장할 수 있도록 수업을 설계한다.

2) 교과 내 영역 간, 교과 간 내용 연계성을 고려하여 수업을 설계하고 지도함으로써 학생들이 융합적으로 사고하고 창의적으로 문제를 해결하는 능력을 함양할 수 있도록 한다.

3) 학습 내용을 실생활 맥락 속에서 이해하고 적용하는 기회를 제공함으로써 학교에서의 학습이 학생의 삶에 의미 있는 학습 경험이 되도록 한다.

4) 학생이 여러 교과의 고유한 탐구 방법을 익히고 자신의 학습 과정과 학습 전략을 점검하며 개선하는 기회를 제공하여 스스로 탐구하고 학습할 수 있는 자기주도 학습 능력을 함양할 수 있도록 한다.

5) 교과의 깊이 있는 학습에 기반이 되는 언어·수리·디지털 기초소양을 모든 교과를 통해 함양할 수 있도록 수업을 설계한다.

나. 학교는 학생들이 수업에 능동적으로 참여하고 학습의 즐거움을 경험할 수 있도록 교수·학습을 설계하여 운영한다.

1) 학습 주제에서 다루는 탐구 질문에 관심과 호기심을 가지고 스스로 문제를 해결하는 학생 참여형 수업을 활성화하며, 토의·토론 학습을 통해 자신의 생각을 표현하는 기회를 가질 수 있도록 한다.

2) 실험, 실습, 관찰, 조사, 견학 등의 체험 및 탐구 활동 경험이 충분히 이루어질 수 있도록 한다.

3) 개별 학습 활동과 함께 소집단 협동 학습 활동을 통하여 협력적으로 문제를 해결하는 경험을 충분히 갖도록 한다.

다. 교과의 특성과 학생의 능력, 적성, 진로를 고려하여 학습 활동과 방법을 다양화하고, 학교의 여건과 학생의 특성에 따라 다양한 학습 집단을 구성하여 학생 맞춤형 수업을 활성화한다.

1) 학생의 선행 경험, 선행 지식, 오개념 등 학습의 출발점을 파악하고 학생의 특성을 고려하여 학습 소재, 자료, 활동을 다양화한다.

2) 정보통신기술 매체를 활용하여 교수·학습 방법을 다양화하고, 학생 맞춤형 학습을 위해 지능정보기술을 활용할 수 있다.

3) 다문화 가정 배경, 가족 구성, 장애 유무 등 학습자의 개인적·사회문화적 배경의 다양성을 이해하고 존중하며, 이를 수업에 반영할 때 편견과 고정 관념, 차별을 야기하지 않도록 유의한다.

4) 학교는 학생 개개인의 학습 상황을 확인하여 학생의 학습 결손을 예방하도록 노력하며, 학습 결손이 발생한 경우 보충 학습 기회를 제공한다.

라. 교사와 학생 간, 학생과 학생 간 상호 신뢰와 협력이 가능한 유연하고 안전한 교수·학습 환경을 지원하고, 디지털 기반 학습이 가능하도록 교육공간과 환경을 조성한다.

1) 각 교과의 특성에 맞는 다양한 학습이 이루어질 수 있도록 교과 교실 운영을 활성화하며, 고등학교는 학점 기반 교육과정 운영을 위해 유연한 학습공간을 활용한다.

2) 학교는 교과용 도서 이외에 시·도 교육청이나 학교 등에서 개발한 다양한 교수·학습 자료를 활용할 수 있다.

3) 다양한 지능정보기술 및 도구를 활용하여 효율적인 학습을 지원할 수 있도록 디지털 학습 환경을 구축한다.

4) 학교는 실험 실습 및 실기 지도 과정에서 학생의 안전사고를 예방하기 위해 시설·기구, 기계, 약품, 용구 사용의 안전에 유의한다.

5) 특수교육 대상 학생 등 교육적 요구가 다양한 학생들을 위해 필요할 경우 의사소통 지원, 행동 지원, 보조공학 지원 등을 제공한다.

3. 평가

가. 평가는 학생 개개인의 교육 목표 도달 정도를 확인하고, 학습의 부족한 부분을 보충하며, 교수·학습의 질을 개선하는 데 주안점을 둔다.

1) 학교는 학생에게 평가 결과에 대한 적절한 정보를 제공하고 추수 지도를 실시하여 학생이 자신의 학습을 지속적으로 성찰하고 개선할 수 있도록 한다.

2) 학교와 교사는 학생 평가 결과를 활용하여 수업의 질을 지속적으로 개선한다.

나. 학교와 교사는 성취기준에 근거하여 교수・학습과 평가 활동이 일관성 있게 이루어지도록 한다.

1) 학습의 결과만이 아니라 결과에 이르기까지의 학습 과정을 확인하고 환류하여, 학습자의 성공적인 학습과 사고 능력 함양을 지원한다.

2) 학교는 학생의 인지적・정의적 측면에 대한 평가가 균형 있게 이루어질 수 있도록 하며, 학생이 자신의 학습 과정과 결과를 스스로 평가할 수 있는 기회를 제공한다.

3) 학교는 교과목별 성취기준과 평가기준에 따라 성취수준을 설정하여 교수・학습 및 평가 계획에 반영한다.

4) 학생에게 배울 기회를 주지 않은 내용과 기능은 평가하지 않는다.

다. 학교는 교과목의 성격과 학습자 특성을 고려하여 적합한 평가 방법을 활용한다.

1) 수행평가를 내실화하고 서술형과 논술형 평가의 비중을 확대한다.
2) 정의적・기능적 측면이나 실험・실습이 중시되는 평가에서는 교과목의 성격을 고려하여 타당하고 합리적인 기준과 척도를 마련하여 평가를 실시한다.

3) 학교의 여건과 교육활동의 특성을 고려하여 다양한 지능정보기술을 활용함으로써 학생 맞춤형 평가를 활성화한다.

4) 개별 학생의 발달 수준 및 특성을 고려하여 평가 계획을 조정할 수 있으며, 특수학급 및 일반학급에 재학하고 있는 특수교육 대상 학생을 위해 필요한 경우 평가 방법을 조정할 수 있다.

5) 창의적 체험활동은 내용과 특성을 고려하여 평가의 주안점을 학교에서 결정하여 평가한다.

4. 모든 학생을 위한 교육기회의 제공

가. 교육 활동 전반을 통하여 남녀의 역할, 학력과 직업, 장애, 종교, 이전 거주지, 인종, 민족, 언어 등에 관한 고정 관념이나 편견을 가지지 않도록 지도한다.

나. 학습자의 개인적 특성이나 사회 · 문화적 배경에 의해 교육의 기회와 학습 경험에서 부당한 차별을 받거나 소외되지 않도록 한다.

다. 학습 부진 학생, 특정 분야에서 탁월한 재능을 보이는 학생, 특수교육 대상 학생, 귀국 학생, 다문화 가정 학생 등이 학교에서 충실한 학습 경험을 누릴 수 있도록 필요한 지원을 한다.

라. 특수교육 대상 학생을 위해 특수학급을 설치 · 운영하는 경우, 학생의 장애 특성 및 정도를 고려하여, 이 교육과정을 조정하여 운영하거나 특수교육 교과용 도서 및 통합교육용 교수 · 학습 자료를 활용할 수 있다.

마. 다문화 가정 학생을 위한 특별 학급을 설치 · 운영하는 경우, 다문화 가정 학생의 한국어 능력을 고려하여 이 교육과정을 조정하여 운영하거나, 한국어 교육과정 및 교수 · 학습 자료를 활용할 수 있다. 한국어 교육과정은 학교의 특성, 학생 · 교사 · 학부모의 요구와 필요에 따라 주당 10시간 내외에서 운영할 수 있다.

바. 학교가 종교 과목을 개설할 때는 종교 이외의 과목과 함께 복수로 과목을 편성하여 학생에게 선택의 기회를 주어야 한다. 다만, 학생의 학교 선택권이 허용되는 종립 학교의 경우 학생 · 학부모의 동의를 얻어 단수로 개설할 수 있다.

Ⅲ. 학교급별 교육과정 편성·운영의 기준

이 장에서는 학교 교육과정을 편성하고 운영할 때 고려해야 할 주요 기준들을 학교급별로 제시한다.

- '기본 사항'에서는 모든 학교급에 해당하는 학교 교육과정 편성·운영의 일반적인 기준을 제시한다.
- 초·중·고 학교급별 기준에서는 '편제와 시간(학점) 배당 기준'과 '교육과정 편성·운영 기준'을 제시한다.
- 특수한 학교에 대한 기준에서는 초·중등학교에 준하는 학교, 기타 특수한 학교와 「초·중등교육법」 별도 규정에 의하여 설립된 학교, 「초·중등교육법」 시행령에 따라 교육과정 운영의 특례를 받는 학교 등에 대한 교육과정 편성·운영 기준을 제시한다.

1. 기본 사항

가. 초등학교 1학년부터 중학교 3학년까지의 공통 교육과정과 고등학교 1학년부터 3학년까지의 학점 기반 선택 중심 교육과정으로 편성·운영한다.

나. 학교는 학교 교육과정 편성·운영 계획을 바탕으로 학년(군)별 교육과정 및 교과(군)별 교육과정을 편성할 수 있다.

다. 학년 간 상호 연계와 협력을 통해 학교 교육과정을 유연하게 편성·운영할 수 있도록 학년군을 설정한다.

라. 공통 교육과정의 교과는 교육 목적상의 근접성, 학문 탐구 대상 또는 방법상의 인접성, 생활양식에서의 연관성 등을 고려하여 교과(군)로 재분류한다.

마. 고등학교 교과는 보통 교과와 전문 교과로 구분하며, 학생들의 기초소양 함양과 기본 학력

을 보장하기 위하여 보통 교과에 공통 과목을 개설하여 모든 학생이 이수하도록 한다.

바. 교과와 창의적 체험활동의 내용 배열은 반드시 따라야 할 학습 순서를 의미하는 것은 아니며, 학생의 관심과 요구, 학교의 실정과 교사의 필요, 계절 및 지역의 특성 등에 따라 각 교과목의 학년군별 목표 달성을 위해 지도 내용의 순서와 비중, 교과 내 또는 교과 간 연계 지도 방법 등을 조정하여 운영할 수 있다.

사. 학업 부담을 적정화하고 의미 있는 학습 활동이 이루어질 수 있도록 학기당 이수 교과목 수를 조정하여 집중이수를 실시할 수 있다.

아. 학교는 학교급 간 전환기의 학생들이 상급 학교의 생활 및 학습을 준비하는 데 필요한 교육을 지원하기 위해 진로연계교육을 운영할 수 있다.

자. 범교과 학습 주제는 교과와 창의적 체험활동 등 교육 활동 전반에 걸쳐 통합적으로 다루도록 하고, 지역사회 및 가정과 연계하여 지도한다.

> 안전 · 건강 교육, 인성 교육, 진로 교육, 민주시민 교육, 인권 교육, 다문화 교육, 통일 교육, 독도 교육, 경제 · 금융 교육, 환경 · 지속가능발전 교육

차. 학교는 가정과 학교, 사회에서의 위험 상황을 알고 대처할 수 있도록 체험 중심의 안전교육을 관련 교과와 창의적 체험활동과 연계하여 운영한다.

카. 학교는 필요에 따라 계기 교육을 실시할 수 있으며, 이 경우 계기 교육 지침에 따른다.

타. 학교는 필요에 따라 원격수업을 실시할 수 있으며, 이 경우 원격수업 운영 기준은 관련 법령과 지침에 따른다.

파. 시 · 도 교육청과 학교는 필요에 따라 이 교육과정에 제시되어 있는 과목 외에 새로운 과목을 개설할 수 있다. 이 경우 시 · 도 교육감이 정하는 지침에 따라 사전에 필요한 절차를 거쳐야 한다.

하. 특수교육 대상 학생에 대해서는 이 교육과정 해당 학년군의 편제와 시간(학점 배당)을 따르되, 학생의 교육적 요구를 고려하여 특수교육 교육과정의 교과(군) 내용과 연계하거나 대체하여 수업을 설계 · 운영할 수 있다.

2. 초등학교

가. 편제와 시간 배당 기준

1) 편제

가) 초등학교 교육과정은 교과(군)와 창의적 체험활동으로 편성한다.

나) 교과(군)는 국어, 사회/도덕, 수학, 과학/실과, 체육, 예술(음악/미술), 영어로 한다. 다만, 1, 2학년의 교과는 국어, 수학, 바른 생활, 슬기로운 생활, 즐거운 생활로 한다.

다) 창의적 체험활동은 자율ㆍ자치 활동, 동아리 활동, 진로 활동으로 한다.

2) 시간 배당 기준

〈표 1〉

구분		1~2학년	3~4학년	5~6학년
교과(군)	국어	국어 482	408	408
	사회/도덕		272	272
	수학	수학 256	272	272
	과학/실과	바른 생활 144	204	340
	체육		204	204
	예술(음악/미술)	슬기로운 생활 224	272	272
	영어	즐거운 생활 400	136	204
	소계	1,506	1,768	1,972
창의적 체험활동		238	204	204
학년군별 총 수업 시간 수		1,744	1,972	2,176

① 1시간의 수업은 40분을 원칙으로 하되, 기후 및 계절, 학생의 발달 정도, 학습 내용의 성격, 학교 실정 등을 고려하여 탄력적으로 편성ㆍ운영할 수 있다.

② 학년군의 교과(군)별 및 창의적 체험활동 시간 배당은 연간 34주를 기준으로 2년간의 기준 수업 시수를 나타낸 것이다.

③ 학년군별 총 수업 시간 수는 최소 수업 시수를 나타낸 것이다.

④ 실과의 수업 시간은 5~6학년 과학/실과의 수업 시수에만 포함된다.

⑤ 정보교육은 실과의 정보영역 시수와 학교자율시간 등을 활용하여 34시간 이상 편성ㆍ운영한다.

나. 교육과정 편성 · 운영 기준

1) 학교는 학년(군)별 교과(군)와 창의적 체험활동의 수업 시수를 학년별, 학기별로 자율적으로 편성할 수 있다.

가) 학교는 학생이 학년(군)별로 이수해야 할 교과를 학년별, 학기별로 편성하여 학생과 학부모에게 안내한다.

나) 학교는 모든 교육 활동을 통해 학생이 기본 생활 습관, 기초 학습 능력, 바른 인성을 함양할 수 있도록 교육과정을 편성 · 운영한다.

다) 학교는 학교의 특성, 학생 · 교사 · 학부모의 요구 및 필요에 따라 자율적으로 교과(군)별 및 창의적 체험활동의 20% 범위 내에서 시수를 증감하여 편성 · 운영할 수 있다. 단, 체육, 예술(음악/미술) 교과는 기준 수업 시수를 감축하여 편성 · 운영할 수 없다.

라) 학교는 교육의 효과를 높이기 위하여 필요한 경우 학년별, 학기별로 교과 집중이수를 실시할 수 있다.

마) 학교는 창의적 체험활동의 영역을 학생들의 발달 수준, 학교의 여건 등을 고려하여 학년(군)별로 자율적으로 편성 · 운영한다.

2) 학교는 모든 학생의 학습 기회를 보장할 수 있도록 학교 교육과정을 편성 · 운영한다.

가) 학교는 각 교과의 기초적, 기본적 요소들이 체계적으로 학습되도록 교육과정을 편성 · 운영한다. 특히 국어사용 능력과 수리 능력의 기초가 부족한 학생들을 대상으로 기초 학습 능력 향상을 위한 별도의 프로그램을 편성 · 운영할 수 있다.

나) 전입 학생이 특정 교과를 이수하지 못할 경우, 시 · 도 교육청과 학교에서는 보충 학습 과정 등을 통해 학습 결손이 발생하지 않도록 한다.

다) 학년을 달리하는 학생을 대상으로 복식 학급을 편성 · 운영하는 경우에는 교육 내용의 학년별 순서를 조정하거나 공통 주제를 중심으로 교재를 재구성하여 활용할 수 있다.

3) 학교는 3~6학년별로 지역과 연계하거나 다양하고 특색 있는 교육과정 운영을 위해 학교 자율시간을 편성 · 운영한다.

가) 학교자율시간을 활용하여 이 교육과정에 제시되어 있는 교과 외에 새로운 과목이나 활동을 개설할 수 있으며, 이 경우 시·도 교육감이 정하는 지침에 따라 사전에 필요한 절차를 거쳐야 한다.

나) 학교자율시간에 운영하는 과목과 활동의 내용은 지역과 학교의 여건 및 학생의 필요에 따라 학교가 결정하되, 다양한 과목과 활동으로 개설하여 운영한다.

다) 학교자율시간은 학교 여건에 따라 연간 34주를 기준으로 한 교과별 및 창의적 체험활동 수업 시간의 학기별 1주의 수업 시간을 확보하여 운영한다.

4) 학교는 입학 초기 및 상급 학교(학년)으로 진학하기 전 학기의 일부 시간을 활용하여 학교급 간 연계 및 진로 교육을 강화하는 진로연계교육을 편성·운영한다.

가) 학교는 1학년 학생의 학교생활 적응 및 한글 해득 교육 등의 입학 초기 적응 프로그램을 교과와 창의적 체험활동 시간을 활용하여 진로연계교육으로 운영한다.

나) 학교는 중학교의 생활 및 학습 준비, 진로 탐색 등의 프로그램을 교과와 창의적 체험활동 시간을 활용하여 진로연계교육을 자율적으로 운영한다.

다) 학교는 진로연계교육의 중점을 학생의 역량 함양 및 자기주도적 학습 능력 향상에 두고, 교과별 학습 내용 및 학습 방법의 학교급 간 연계, 교과와 연계한 진로 활동 등을 통해 학생의 학습과 성장을 지원한다.

5) 학교는 학생의 발달 특성을 고려하여 학교 교육과정을 편성·운영한다.

가) 학교는 1~2학년 학생에게 실내·외 놀이 및 신체 활동의 기회를 충분히 제공한다.

나) 1~2학년의 안전교육은 바른 생활·슬기로운 생활·즐거운 생활 교과의 64시간을 포함하여 교과 및 창의적 체험활동을 활용하여 편성·운영한다.

다) 정보통신 활용 교육, 보건 교육, 한자 교육 등은 관련 교과와 창의적 체험활동 시간을 활용하여 체계적인 지도가 이루어질 수 있도록 한다.

3. 중학교

가. 편제와 시간 배당 기준

1) 편제

가) 중학교 교육과정은 교과(군)와 창의적 체험활동으로 편성한다.

나) 교과(군)는 국어, 사회(역사 포함)/도덕, 수학, 과학/기술 · 가정/정보, 체육, 예술(음악/미술), 영어, 선택으로 한다.

다) 선택 교과는 한문, 환경, 생활 외국어(생활 독일어, 생활 프랑스어, 생활 스페인어, 생활 중국어, 생활 일본어, 생활 러시아어, 생활 아랍어, 생활 베트남어), 보건, 진로와 직업 등의 과목으로 한다.

라) 창의적 체험활동은 자율 · 자치 활동, 동아리 활동, 진로 활동으로 한다.

2) 시간 배당 기준

〈표 2〉

구분		1~3학년
교과(군)	국어	442
	사회(역사 포함)/도덕	510
	수학	374
	과학/기술 · 가정/정보	680
	체육	272
	예술(음악/미술)	272
	영어	340
	선택	170
	소계	3,060
창의적 체험활동		306
총 수업 시간 수		3,366

① 1시간 수업은 45분을 원칙으로 하되, 기후 및 계절, 학생의 발달 정도, 학습 내용의 성격, 학교 실정 등을 고려하여 탄력적으로 편성 · 운영할 수 있다.

② 교과(군)별 및 창의적 체험활동 시간 배당은 연간 34주를 기준으로 3년간의 기준 수업 시수를 나타낸 것이다.

③ 총 수업 시간 수는 3년간의 최소 수업 시수를 나타낸 것이다.

④ 정보는 정보 수업 시수와 학교자율시간 등을 활용하여 68시간 이상 편성 · 운영한다.

나. 교육과정 편성·운영 기준

1) 학교는 교과(군)와 창의적 체험활동의 수업 시수를 학년별, 학기별로 자율적으로 편성할 수 있다.

　가) 학교는 학생이 3년간 이수해야 할 교과목을 학년별, 학기별로 편성하여 학생과 학부모에게 안내한다.

　나) 학교는 학교의 특성, 학생·교사·학부모의 요구 및 필요에 따라 자율적으로 교과(군)별 및 창의적 체험활동의 20% 범위 내에서 시수를 증감하여 편성·운영할 수 있다. 단, 체육, 예술(음악/미술) 교과는 기준 수업 시수를 감축하여 편성·운영할 수 없다.

　다) 학교는 학생의 학업 부담을 적정화하고 의미 있는 학습 활동이 이루어질 수 있도록 학기당 이수 교과목 수를 8개 이내로 편성한다. 단, 체육, 예술(음악/미술) 교과 및 선택 과목과 학교자율시간에 편성한 과목은 이수 교과목 수 제한에서 제외하여 편성할 수 있다.

　라) 학교는 선택 과목을 개설할 경우, 2개 이상의 과목을 동시에 개설하여 학생의 선택권을 보장한다. 학교는 필요한 경우 새로운 선택 과목을 개설할 수 있으며, 이 경우 시·도 교육감이 정하는 지침에 따라 사전에 필요한 절차를 거쳐야 한다.

　마) 학교는 창의적 체험활동의 영역을 학생들의 발달 수준, 학교의 여건 등을 고려하여 자율적으로 편성·운영한다.

2) 학교는 모든 학생의 학습 기회를 보장할 수 있도록 학교 교육과정을 편성·운영한다.

　가) 전입 학생이 특정 교과목을 이수하지 못할 경우, 시·도 교육청과 학교에서는 학습 결손이 발생하지 않도록 보충 학습 과정 등을 제공한다.

　나) 교과목 개설이 어려운 소규모 학교, 농산어촌학교 등에서는 학습 결손이 발생하지 않도록 온라인 활용 및 지역 내 교육자원 공유·협력을 활성화한다. 이 경우 시·도 교육감이 정하는 지침에 따른다.

3) 학교는 지역과 연계하거나 다양하고 특색 있는 교육과정 운영을 위해 학교자율시간을 편성·운영한다.

　가) 학교자율시간을 활용하여 이 교육과정에 제시되어 있는 교과목 외에 새로운 선택 과목을 개설할 수 있다.

나) 학교자율시간에 개설되는 과목의 내용은 지역과 학교의 여건 및 학생의 필요에 따라 학교가 결정하되, 학생의 선택권을 고려하여 다양한 과목을 개설·운영한다.

다) 학교자율시간은 학교 여건에 따라 연간 34주를 기준으로 한 교과별 및 창의적 체험활동 수업 시간의 학기별 1주의 수업 시간을 확보하여 운영한다.

4) 학교는 학생들이 자신의 적성과 미래에 대해 탐색하고 학습의 즐거움을 경험할 수 있도록 자유학기와 진로연계교육을 편성·운영한다.

가) 중학교 과정 중 한 학기는 자유학기로 운영하되, 해당 학기의 교과 및 창의적 체험활동을 자유학기 취지에 부합하도록 편성·운영한다.

 (1) 자유학기에는 지역 및 학교 여건을 고려하여 자율적으로 학생 참여 중심의 주제선택 활동과 진로 탐색 활동을 운영한다.

 (2) 자유학기에는 토의·토론 학습, 프로젝트 학습 등 학생 참여형 수업을 강화하고, 학습의 과정을 중시하는 다양한 평가 방법을 활용하되, 일제식 지필 평가는 지양한다.

나) 학교는 상급 학교(학년)로 진학하기 전 학기나 학년의 일부 시간을 활용하여 학교급 간 연계 및 진로 교육을 강화하는 진로연계교육을 편성·운영한다.

 (1) 학교는 고등학교 생활 및 학습 준비, 진로 탐색, 진학 준비 등을 위해 교과와 창의적 체험활동 시간을 활용하여 진로연계교육을 자율적으로 운영한다.

 (2) 학교는 진로연계교육의 중점을 학생의 역량 함양 및 자기주도적 학습 능력 향상에 중점을 두고 교과별 내용 및 학습 방법 등의 학교급 간 연계를 통해 학생의 학습과 성장을 지원한다.

 (3) 학교는 진로연계교육을 창의적 체험활동의 진로 활동 및 자유학기의 활동과 연계하여 운영한다.

5) 학교는 학생들이 삶 속에서 스포츠 문화를 지속적으로 향유하여 건전한 심신 발달과 정서 함양이 이루어질 수 있도록 학교스포츠클럽 활동을 편성·운영한다.

가) 학교스포츠클럽 활동은 창의적 체험활동의 동아리 활동으로 편성하고 학년별 연간 34시간 운영하며, 매 학기 편성하도록 한다.

나) 학교스포츠클럽 활동의 종목과 내용은 학생들의 희망을 반영하여 학교가 결정하되, 다양한 종목을 개설하여 학생들의 선택권이 보장되도록 한다.

4. 고등학교

가. 편제와 시간 배당 기준

1) 편제

가) 고등학교 교육과정은 교과(군)와 창의적 체험활동으로 편성한다.

나) 교과는 보통 교과와 전문 교과로 한다.

(1) 보통 교과

(가) 보통 교과의 교과(군)는 국어, 수학, 영어, 사회(역사/도덕 포함), 과학, 체육, 예술, 기술·가정/정보/제2외국어/한문/교양으로 한다.

(나) 보통 교과는 공통 과목과 선택 과목으로 구분한다. 선택 과목은 일반 선택 과목, 진로 선택 과목, 융합 선택 과목으로 구분한다.

(2) 전문 교과

(가) 전문 교과의 교과(군)는 국가직무능력표준 등을 고려하여 경영·금융, 보건·복지, 문화·예술·디자인·방송, 미용, 관광·레저, 식품·조리, 건축·토목, 기계, 재료, 화학 공업, 섬유·의류, 전기·전자, 정보·통신, 환경·안전·소방, 농림·축산, 수산·해운, 융복합·지식 재산 과목으로 한다.

(나) 전문 교과의 과목은 전문 공통 과목, 전공 일반 과목, 전공 실무 과목으로 구분한다.

다) 창의적 체험활동은 자율·자치 활동, 동아리 활동, 진로 활동으로 한다.

2) 학점 배당 기준

가) 일반 고등학교와 특수 목적 고등학교(산업수요 맞춤형 고등학교 제외)

〈표 3〉

교과(군)	공통 과목	필수 이수 학점	자율 이수 학점
국어	공통국어 1, 공통국어 2	8	학생의 적성과 진로를 고려하여 편성
수학	공통수학 1, 공통수학 2	8	
영어	공통영어 1, 공통영어 2	8	
사회 (역사/도덕 포함)	한국사 1, 한국사 2	6	
	통합사회 1, 통합사회 2	8	
과학	통합과학 1, 통합과학 2 과학탐구실험 1, 과학탐구실험 2	10	
체육		10	
예술		10	
기술 · 가정/정보/ 제2외국어/ 한문/교양		16	
소계		84	90
창의적 체험활동		18(288시간)	
총 이수 학점		192	

① 1학점은 50분을 기준으로 하여 16회를 이수하는 수업량이다.

② 1시간의 수업은 50분을 원칙으로 하되, 기후 및 계절, 학생의 발달 정도, 학습 내용의 성격, 학교 실정 등을 고려하여 탄력적으로 편성 · 운영할 수 있다.

③ 공통 과목의 기본 학점은 4학점이며, 1학점 범위 내에서 감하여 편성 · 운영할 수 있다. 단, 한국사 1, 2의 기본 학점은 3학점이며 감하여 편성 · 운영할 수 없다.

④ 과학탐구실험1, 2의 기본 학점은 1학점이며 증감 없이 편성 · 운영하는 것을 원칙으로 한다. 단, 과학, 체육, 예술 계열 고등학교의 경우 학교 실정에 따라 탄력적으로 운영할 수 있다.

⑤ 필수 이수 학점 수는 해당 교과(군)의 최소 이수 학점이다. 특수 목적 고등학교의 경우 예술 교과(군)는 5학점 이상, 기술 · 가정/정보/제2외국어/한문/교양 교과(군)는 12학점 이상 이수하도록 한다.

⑥ 국어, 수학, 영어 교과의 이수 학점 총합은 81학점을 초과하지 않도록 하며, 교과 이수 학점이 174학점을 초과하는 경우에는 초과 이수 학점의 50%를 넘지 않도록 한다.

⑦ 창의적 체험활동의 학점 수는 최소 이수 학점이며 ( ) 안의 숫자는 이수 학점을 시간 수로 환산한 것이다.

⑧ 총 이수 학점 수는 고등학교 졸업을 위해 3년간 이수해야 할 최소 이수 학점을 의미한다.

나) 특성화 고등학교와 산업수요 맞춤형 고등학교

〈표 4〉

	교과(군)	공통 과목	필수 이수 학점	자율 이수 학점
보통 교과	국어	공통국어 1, 공통국어 2	24	학생의 적성과 진로를 고려하여 편성
	수학	공통수학 1, 공통수학 2		
	영어	공통영어 1, 공통영어 2		
	사회 (역사/도덕 포함)	한국사 1, 한국사 2	6	
		통합사회 1, 통합사회 2	12	
	과학	통합과학 1, 통합과학 2		
	체육		8	
	예술		6	
	기술 · 가정/정보/ 제2외국어/ 한문/교양		8	
	소계		64	
전문 교과	17개 교과(군)		80	30
창의적 체험활동			18(288시간)	
총 이수 학점			192	

① 1학점은 50분을 기준으로 하여 16회를 이수하는 수업량이다.

② 1시간의 수업은 50분을 원칙으로 하되, 기후 및 계절, 학생의 발달 정도, 학습 내용의 성격 등과 학교 실정 등을 고려하여 탄력적으로 편성 · 운영할 수 있다.

③ 공통 과목의 기본 학점은 4학점이며, 1학점 범위 내에서 감하여 편성 · 운영할 수 있다. 단, 한국사 1, 2의 기본 학점은 3학점이며 감하여 편성 · 운영할 수 없다.

④ 필수 이수 학점 수는 해당 교과(군)의 최소 이수 학점이다.

⑤ 자연현장 실습 등 체험 위주의 교육을 전문적으로 실시하는 특성화 고등학교의 전문 교과 필수 이수 학점은 시 · 도 교육감이 정한다.

⑥ 창의적 체험활동의 학점 수는 최소 이수 학점이며 ( ) 안의 숫자는 이수 학점을 시간 수로 환산한 것이다.

⑦ 총 이수 학점 수는 고등학교 졸업을 위해 3년간 이수해야 할 최소 이수 학점을 의미한다.

3) 보통 교과

〈표 5〉

교과(군)	공통 과목	선택 과목		
		일반 선택	진로 선택	융합 선택
국어	공통국어 1 공통국어 2	화법과 언어, 독서와 작문, 문학	주제 탐구 독서, 문학과 영상, 직무 의사소통	독서 토론과 글쓰기, 매체 의사소통, 언어생활 탐구
수학	공통수학 1 공통수학 2 기본수학 1 기본수학 2	대수, 미적분 I, 확률과 통계	기하, 미적분 II, 경제 수학, 인공지능 수학, 직무 수학	수학과 문화, 실용 통계, 수학과제 탐구
영어	공통영어 1 공통영어 2 기본영어 1 기본영어 2	영어 I, 영어 II, 영어 독해와 작문	영미 문학 읽기, 영어 발표와 토론, 심화 영어, 심화 영어 독해와 작문, 직무 영어	실생활 영어 회화, 미디어 영어, 세계 문화와 영어
사회 (역사/ 도덕 포함)	한국사 1 한국사 2 통합사회 1 통합사회 2	세계시민과 지리, 세계사, 사회와 문화, 현대사회와 윤리	한국지리 탐구, 도시의 미래 탐구, 동아시아 역사 기행, 정치, 법과 사회, 경제, 윤리와 사상, 인문학과 윤리, 국제 관계의 이해	여행지리, 역사로 탐구하는 현대 세계, 사회문제 탐구, 금융과 경제생활, 윤리문제 탐구, 기후변화와 지속가능한 세계
과학	통합과학 1 통합과학 2 과학탐구실험 1 과학탐구실험 2	물리학, 화학, 생명과학, 지구과학	역학과 에너지, 전자기와 양자, 물질과 에너지, 화학 반응의 세계, 세포와 물질대사, 생물의 유전, 지구시스템과학, 행성우주과학	과학의 역사와 문화, 기후변화와 환경생태, 융합과학 탐구
체육		체육 1, 체육 2	운동과 건강, 스포츠 문화*, 스포츠 과학*	스포츠 생활 1, 스포츠 생활 2
예술		음악, 미술, 연극	음악 연주와 창작, 음악 감상과 비평, 미술 창작, 미술 감상과 비평	음악과 미디어, 미술과 매체

교과(군)	공통 과목	선택 과목		
		일반 선택	진로 선택	융합 선택
기술 · 가정/ 정보		기술·가정	로봇과 공학세계, 생활과학 탐구	창의 공학 설계, 지식 재산 일반, 생애 설계와 자립*, 아동발달과 부모
		정보	인공지능 기초, 데이터 과학	소프트웨어와 생활
제2외국어/ 한문		독일어, 프랑스어, 스페인어, 중국어, 일본어, 러시아어, 아랍어, 베트남어	독일어 회화, 프랑스어 회화, 스페인어 회화, 중국어 회화, 일본어 회화, 러시아어 회화, 아랍어 회화, 베트남어 회화, 심화 독일어, 심화 프랑스어, 심화 스페인어, 심화 중국어, 심화 일본어, 심화 러시아어, 심화 아랍어, 심화 베트남어	독일어권 문화, 프랑스어권 문화, 스페인어권 문화, 중국 문화, 일본 문화, 러시아 문화, 아랍 문화, 베트남 문화
		한문	한문 고전 읽기	언어생활과 한자
교양		진로와 직업, 생태와 환경	인간과 철학, 논리와 사고, 인간과 심리, 교육의 이해, 삶과 종교, 보건	인간과 경제활동, 논술

① 선택 과목의 기본 학점은 4학점이다. 단, 체육, 예술, 교양 교과(군)의 기본 학점은 3학점이다.

② 선택 과목은 1학점 범위 내에서 증감하여 편성·운영할 수 있다.

③ * 표시한 과목의 기본 학점은 2학점이며, 1학점 범위 내에서 감하여 편성·운영할 수 있다.

④ 체육 교과는 매 학기 이수하도록 한다. 단, 특성화 고등학교와 산업수요 맞춤형 고등학교의 경우, 현장 실습이 있는 학년에는 탄력적으로 운영할 수 있다.

〈표 6〉

계열	교과 (군)	선택 과목				
		진로 선택				융합 선택
과학 계열	수학	전문 수학 고급 미적분	이산 수학	고급 기하	고급 대수	
	과학	고급 물리학 과학과제 연구	고급 화학	고급 생명과학	고급 지구과학	물리학 실험 화학 실험 생명과학 실험 지구과학 실험
	정보	정보과학				
체육 계열	체육	스포츠 개론 기초 체육 전공 실기 스포츠 경기 기술	육상 심화 체육 전공 실기 스포츠 경기 분석	체조 고급 체육 전공 실기	수상 스포츠 스포츠 경기 체력	스포츠 교육 스포츠 생리의학 스포츠 행정 및 경영
예술 계열	예술	음악 이론 합창 · 합주 미술 이론 조형 탐구 무용의 이해 안무 문예 창작의 이해 소설 창작 연극과 몸 연극 제작 실습 편집 · 사운드 사진의 이해 사진 감상과 비평	음악사 음악 공연 실습 드로잉 무용과 몸 무용 제작 실습 문장론 극 창작 연극과 말 연극 감상과 비평 영화 제작 실습 사진 촬영	시창 · 청음 미술사 무용 기초 실기 무용 감상과 비평 문학 감상과 비평 연기 영화의 이해 영화 감상과 비평 사진 표현 기법	음악 전공 실기 미술 전공 실기 무용 전공 실기 시 창작 무대 미술과 기술 촬영 · 조명 영상 제작의 이해	음악과 문화 미술 매체 탐구 미술과 사회 무용과 매체 문학과 매체 연극과 삶 영화와 삶 사진과 삶

① 특수 목적 고등학교 선택 과목은 과학, 체육, 예술 계열에 관한 과목으로 한다.
② 특수 목적 고등학교 선택 과목의 기본 학점 및 증감 범위는 시 · 도 교육감이 정한다.

4) 전문 교과

〈표 7〉

교과(군)	선택 과목				기준 학과
	전문 공통	전공 일반	전공 실무		
경영 · 금융	성공적인 직업 생활 노동 인권과 산업 안전 보건 디지털과 직업 생활	상업 경제 기업과 경영 사무 관리 회계 원리 회계 정보 처리 시스템 기업 자원 통합 관리 세무 일반 유통 일반 무역 일반 무역 영어 금융 일반 보험 일반 마케팅과 광고 창업 일반 비즈니스 커뮤니케이션 전자 상거래 일반	총무 노무 관리 사무 행정 회계 실무 유통 관리 자재 관리 공급망 관리 물류 관리 원산지 관리 무역 금융 업무 전자 상거래 실무	인사 비서 예산 · 자금 세무 실무 구매 조달 공정 관리 품질 관리 수출입 관리 창구 사무 고객 관리 매장 판매	경영사무과 세무회계과 유통과 금융정보과 마케팅과
보건 · 복지		인간 발달 보육 원리와 보육 교사 보육 과정 아동 생활 지도 아동 복지 보육 실습 영유아 교수 방법 생활 서비스 산업의 이해 복지 서비스의 기초 사회 복지 시설의 이해 공중 보건 인체 구조와 기능 간호의 기초 기초 간호 임상 실무 보건 간호 보건 의료 법규 치과 간호 임상 실무	영유아 건강 · 안전 · 영양 지도 사회 복지 시설 실무 요양 지원	영유아 놀이 지도 대인 복지 서비스	보육과 복지과 간호과
문화 · 예술 · 디자인 · 방송		문화 콘텐츠 산업 일반 미디어 콘텐츠 일반 영상 제작 기초 애니메이션 기초 음악 콘텐츠 제작 기초 디자인 제도 디자인 일반 조형 색채 일반 컴퓨터 그래픽 공예 일반 공예 재료와 도구 방송 일반	영화 콘텐츠 제작 광고 콘텐츠 제작 게임 디자인 애니메이션 콘텐츠 제작 캐릭터 제작 VR · AR 콘텐츠 제작 제품 디자인 실내 디자인 편집 디자인 목공예 방송 콘텐츠 제작	음악 콘텐츠 제작 게임 기획 게임 프로그래밍 만화 콘텐츠 제작 스마트 문화 앱 콘텐츠 제작 시각 디자인 디지털 디자인 색채 디자인 도자기 공예 금속 공예 방송 제작 시스템 운용	문화콘텐츠과 디자인과 공예과 방송과
미용		미용의 기초 미용 안전 · 보건	헤어 미용 메이크업	피부 미용 네일 미용	미용과

교과(군)	선택 과목			기준 학과
	전문 공통	전공 일반	전공 실무	
관광 · 레저		관광 일반 관광 서비스 관광 영어 관광 일본어 관광 중국어 관광 문화와 자원 관광 콘텐츠 개발 전시 · 컨벤션 · 이벤트 일반 레저 서비스 일반	호텔 식음료 서비스 실무 국내 여행 서비스 실무 전시 · 컨벤션 · 이벤트 실무 · · · · · · · · · 호텔 객실 서비스 실무 국외 여행 서비스 실무 카지노 서비스 실무	관광과 레저산업과
식품 · 조리		식품과 영양 기초 조리 디저트 조리 식음료 기초 식품 과학 식품 위생 식품 가공 기술 식품 분석	한식 조리 중식 조리 바리스타 식공간 연출 축산 식품 가공 건강 기능 식품 가공 음료 · 주류 가공 떡 제조 제빵 · · · · · · · · · 양식 조리 일식 조리 바텐더 수산 식품 가공 유제품 가공 김치 · 반찬 가공 식품 품질 관리 제과	조리과 식음료과 식품가공과 제과제빵과
건축 · 토목		공업 일반 기초 제도 건축 일반 건축 기초 실습 건축 도면 해석과 제도 토목 일반 토목 도면 해석과 제도 건설 재료 역학 기초 토질 · 수리 측량 기초 드론 기초 스마트 시티 기초 건물 정보 관리 기초	철근 콘크리트 시공 건축 마감 시공 건축 설계 토목 시공 측량 공간 정보 융합 서비스 국토 도시 계획 주거 서비스 · · · · · · · · · 건축 목공 시공 건축 도장 시공 토목 설계 지적 공간 정보 구축 소형 무인기 운용 · 조종 교통 계획 · 설계	건축과 건축인테리어과 토목과 공간정보과 스마트시티과
기계		기계 제도 기계 기초 공작 전자 기계 이론 기계 일반 자동차 일반 기계 기초 역학 냉동 공조 일반 유체 기계 산업 설비 자동차 기관 자동차 새시 자동차 전기 · 전자 제어 선박 이론 선박 구조 선박 건조 선체 도면 독도와 제도 항공기 일반 항공기 실무 기초	기계요소 설계 선반 가공 연삭 가공 측정 특수 가공 기계 소프트웨어 개발 건설 광산 기계 설치 · 정비 승강기 설치 · 정비 자전거 정비 사출 금형 제작 사출 금형 조립 프레스 금형 제작 프레스 금형 조립 냉동 공조 설계 보일러 설치 · 정비 피복 아크 용접 가스 텅스텐 아크 용접 보일러 장치 설치 자동차 전기 · 전자장치 정비 · · · · · · · · · 기계 제어 설계 밀링 가공 컴퓨터 활용 생산 성형 가공 기계 수동 조립 운반 하역 기계 설치 · 정비 공작 기계 설치 · 정비 오토바이 정비 사출 금형 설계 사출 금형 품질 관리 프레스 금형 설계 프레스 금형품질 관리 배관 시공 냉동 공조 유지 보수 관리 판금 · 제관 이산화탄소 · 가스 메탈 아 크 용접 로봇 용접	기계과 공조산업 설비과 자동차과 조선과 항공과

교과(군)	선택 과목			기준 학과
	전문 공통	전공 일반	전공 실무	
			자동차 섀시 정비 / 자동차 도장 / 자동차 튜닝 / 전장 생산 / 항공기 기체 제작 / 항공기 기체 정비 / 항공기 왕복 엔진 정비 / 항공기 전기 · 전자 장비 정비 / 항공기 정비 관리	냉동 공조 장치 설치 / 자동차 엔진 정비 / 자동차 차체 정비 / 자동차 정비 검사 / 선체 조립 / 선체 생산 설계 / 항공기 전기 · 전자 장비 제작 / 항공기 가스 터빈 엔진 정비 / 항공기 계통 정비 / 소형 무인기 정비	
재료		재료 일반 / 재료 시험 / 세라믹 재료 / 세라믹 원리 · 공정	제선 / 압연 / 금속 재료 가공 / 도금 / 도자기 / 용융 세라믹 제조	제강 / 주조 / 금속 열처리 / 금속 재료 신뢰성 시험 / 탄소 재료	금속재료과 / 세라믹과
화학 공업		공업 화학 / 제조 화학 / 스마트 공정 제어 / 화공 플랜트 기계 / 화공 플랜트 전기 / 바이오 기초 화학 / 에너지 공업 기초 / 에너지 화공 소재 생산	화학 분석 / 화학 공정 유지 운영 / 고분자 제품 제조 / 바이오 화학 제품 제조 / 에너지 설비 유틸리티	화학 물질 관리 / 기능성 정밀 화학 제품 제조 / 바이오 의약품 제조 / 화장품 제조 / 신재생 에너지 실무	화학공업과 / 바이오화학공업과 / 에너지화학공업과
섬유 · 의류		섬유 재료 / 섬유 공정 / 염색 · 가공 기초 / 패션 소재 / 패션 디자인의 기초 / 의복 구성의 기초 / 편물 / 패션 마케팅	텍스타일 디자인 / 제포 / 패션 디자인의 실제 / 서양 의복구성과 생산 / 한국 의복구성과 생산 / 패션 상품 유통 관리	방적 · 방사 / 염색 · 가공 / 패턴 메이킹 / 니트 의류 생산 / 패션 소품 디자인과 생산 / 비주얼 머천다이징	섬유과 / 의류과
전기 · 전자		전기 회로 / 전기 기기 / 전기 설비 / 자동화 설비 / 전기 · 전자 일반 / 전자 회로 / 전기 · 전자 측정 / 디지털 논리 회로 / 전자 제어	발전 설비 운영 / 전기 기기 설계 / 전기 기기 유지 보수 / 내선 공사 / 자동 제어 기기 제작 / 자동 제어 시스템 운영 / 전기 철도 시설물 유지 보수 / 전자 제품 생산 / 전자 제품 설치 정비 / 가전 기기 하드웨어 개발 / 산업용 전자 기기 하드웨어 개발 / 산업용 전자 기기 소프트웨어 개발 / 정보 통신 기기 소프트웨어 개발	송 · 변전 배전 설비 운영 / 전기 기기 제작 / 전기 설비 운영 / 외선 공사 / 자동 제어 시스템 유지 정비 / 전기 철도 시공 / 철도 신호 제어 시공 / 전자 부품 생산 / 가전 기기 시스템 소프트웨어 개발 / 가전기기 · 기구 개발 / 산업용 전자 기기 · 기구 개발 / 정보 통신 기기 하드웨어 개발	전기과 / 전자과

교과(군)	선택 과목			기준 학과
	전문 공통	전공 일반	전공 실무	
			전자 응용 기기 기구 개발 전자 부품 기구 개발 반도체 제조 반도체 재료 로봇 하드웨어 설계 로봇 소프트웨어 개발 로봇 유지 보수 의료 기기 인허가 LED 기술 개발 3D 프린터용 제품 제작	전자 응용 기기 하드웨어 개발 전자 응용 기기 소프트웨어 개발 반도체 개발 반도체 장비 디스플레이 생산 로봇 기구 개발 로봇 지능 개발 의료 기기 연구 개발 의료 기기 생산 3D 프린터 개발	
정보 · 통신		통신 일반 통신 시스템 정보 통신 정보 처리와 관리 컴퓨터 구조 프로그래밍 자료 구조 알고리즘 설계 컴퓨터 시스템 일반 컴퓨터 네트워크 인공지능 일반 사물 인터넷과 센서 제어	네트워크 구축 무선 통신 구축·운용 응용 프로그래밍 개발 시스템 프로그래밍 네트워크 프로그래밍 빅 데이터 분석 정보 보호 관리 사물 인터넷 서비스 기획	유선통신구축·운용 초고속망 서비스 관리 운용 응용 프로그래밍 화면 구현 데이터베이스 프로그래밍 시스템 관리 및 지원 인공지능 모델링 컴퓨터 보안	통신과 정보컴퓨터과 소프트웨어과
환경 · 안전 · 소방		인간과 환경 환경 화학 기초 환경 기술 환경과 생태 산업 안전 보건 기초 소방 기초 소방 법규 소방 건축 소방 기계 소방 전기	대기 관리 폐기물 관리 토양·지하수 관리 환경 생태 복원 관리 전기 안전 관리 화공 안전 관리 소방 시설 설계 소방 안전 관리	수질 관리 소음 진동 관리 환경 유해 관리 기계 안전 관리 건설 안전 관리 가스 안전 관리 소방 시설 공사	환경과 산업안전과 소방과
농림 · 축산		농업 이해 농업 기초 기술 농업 경영 재배 농산물 유통 농산물 거래 관광 농업 친환경 농업 생명 공학 기술 농업 정보 관리 농업 창업 일반 원예 생산 자재 조경 식물 관리 화훼 장식 기초 산림 휴양 산림 자원 임산 가공	수도작 재배 육종 농촌 체험 상품 개발 스마트 팜 운영 과수 재배 화훼 장식 임업 종묘 산림 보호 목재 가공 조경 설계 조경 관리 수의 보조 젖소 사육 가금 사육 말 사육 농업용 기계 설치·정비	전특작 재배 종자 생산 농촌 체험 시설 운영 채소 재배 화훼 재배 버섯 재배 산림 조성 임산물 생산 펄프·종이 제조 조경 시공 종축 애완동물 미용 돼지 사육 한우 사육 곤충 사육 농업 생산 환경 조성	농업과 원예과 산림자원과 조경과 동물자원과 농업기계과 농업토목과

교과(군)	선택 과목			기준 학과
	전문 공통	전공 일반	전공 실무	
		조림 조경 동물 자원 반려동물 관리 곤충 산업 일반 농업 기계 농업 기계 공작 농업 기계 운전 작업 농업용 전기 · 전자 농업 토목 제도 · 설계 농업 토목 시공 · 측량 농업 생산 환경 일반		
수산 · 해운		해양의 이해 수산 · 해운 산업 기초 해양 생산 일반 해양 오염 · 방제 전자 통신 운용 어선 전문 수산 일반 수산 생물 수산 양식 일반 수산 경영 수산물 유통 양식 생물 질병 관상 생물 기초 수산 해양 창업 활어 취급 일반 해양 레저 관광 요트 조종 잠수 기술 항해 기초 해사 일반 해사 법규 선박 운용 선화 운송 항만 물류 일반 해사 영어 항해사 직무 열기관 선박 보조 기계 선박 전기 · 전자 기관 실무 기초 기관 직무 일반	근해 어업 해면 양식 내수면 양식 수상 레저 기구 조종 산업 잠수 어촌 체험 시설 운영 선박 갑판 관리 선박 안전 관리 기관사 직무 선박 보조 기계 정비	원양 어업 수산 종묘 생산 수산 질병 관리 일반 잠수 어촌 체험 상품 개발 선박 통신 선박 운항 관리 선박 기기 운용 선박 기관 정비	해양생산과 수산양식과 해양레저과 항해과 기관과
융복합 · 지식 재산		스마트 공장 일반 스마트 공장 운용 스마트 공장 설계와 구축 발명 · 특허 기초 발명과 기업가 정신 발명과 디자인 발명과 메이커	스마트 설비 실무 특허 출원의 실제	특허 정보조사 · 분석 지식 재산 관리	스마트공장과 발명특허과

• 전문 교과의 과목 기본 학점 및 증감 범위는 시 · 도 교육감이 정한다.

나. 교육과정 편성 · 운영 기준

1) 공통 사항

가) 고등학교 교육과정의 총 이수 학점은 192학점이며 교과(군) 174학점, 창의적 체험활동 18학점(288시간)으로 편성한다.

나) 학교는 학생이 3년간 이수할 수 있는 과목을 학기별로 편성하여 학생과 학부모에게 안내 한다.

다) 학교는 학생이 자신의 진로에 적합한 과목을 이수할 수 있도록 진로 · 학업 설계 지도와 연계하여 선택 과목에 대한 정보를 적극적으로 안내한다.

라) 과목의 이수 시기와 학점은 학교에서 자율적으로 편성 · 운영하되, 다음의 각호를 따른 다.

(1) 학생이 학기 단위로 과목을 이수할 수 있도록 편성 · 운영한다.

(2) 공통 과목은 해당 교과(군)의 선택 과목 이수 전에 편성 · 운영하는 것을 원칙으로 한다.

(3) 학생의 발달 수준 등을 고려하여 공통수학 1, 2와 공통영어 1, 2를 기본수학 1, 2와 기본 영어 1, 2로 대체하여 이수하도록 편성 · 운영할 수 있다. 이와 관련된 구체적인 사항은 시 · 도 교육감이 정하는 지침에 따른다.

(4) 선택 과목 중에서 위계성을 갖는 과목의 경우, 계열적 학습이 가능하도록 편성한다. 단, 학교의 실정 및 학생의 요구, 과목의 성격에 따라 탄력적으로 편성 · 운영할 수 있다.

마) 학교는 학생의 학업 부담을 완화하고 깊이 있는 학습이 이루어질 수 있도록 학기당 이수 하는 학점을 적정하게 편성한다.

바) 학교는 학생의 필요와 학업 부담을 고려하여 교과(군) 총 이수 학점을 초과 이수하는 학 점이 적정화되도록 하며, 특수 목적 고등학교는 특수 목적 고등학교 선택 과목에 한하 여, 특성화 고등학교 및 산업수요 맞춤형 고등학교는 전문 교과의 과목에 한하여 초과 이수할 수 있다.

사) 학교는 일정 규모 이상의 학생이 이 교육과정에 제시된 선택 과목의 개설을 요청할 경우 해당 과목을 개설해야 한다. 이와 관련된 구체적인 사항은 시 · 도 교육감이 정하는 지침 에 따른다.

아) 학교는 다양한 방식으로 학생의 선택 과목 이수 기회를 확대하기 위해 노력하되, 다음의 각호를 따른다.

 (1) 학교에서 개설하지 않은 선택 과목 이수를 희망하는 학생이 있을 경우 그 과목을 개설한 다른 학교에서의 이수를 인정한다. 이와 관련된 구체적인 사항은 시·도 교육감이 정하는 지침에 따른다.

 (2) 학교는 필요에 따라 이 교육과정에 제시되어 있는 과목 외에 새로운 과목을 개설할 수 있다. 이 경우 시·도 교육감이 정하는 지침에 따라 사전에 필요한 절차를 거쳐야 한다.

 (3) 학교는 학생의 필요에 따라 지역사회 기관에서 이루어진 학교 밖 교육을 과목 또는 창의적 체험활동으로 이수를 인정한다. 이와 관련된 구체적인 사항은 시·도 교육감이 정하는 지침에 따른다.

 (4) 학교는 필요에 따라 대학 과목 선이수제의 과목을 개설할 수 있고, 국제적으로 공인된 교육과정이나 과목을 개설할 수 있다. 이와 관련된 구체적인 사항은 시·도 교육감이 정하는 지침에 따른다.

자) 학교는 창의적 체험활동의 영역을 학생의 발달 수준, 학교의 여건 등을 고려하여 자율적으로 편성·운영하고, 학생의 진로 및 적성과 연계하여 다양한 활동이 이루어질 수 있도록 한다.

차) 학교는 학생이 교과 및 창의적 체험활동의 이수 기준을 충족한 경우 학점 취득을 인정한다. 이수 기준은 출석률과 학업성취율을 반영하여 설정하며, 이와 관련된 구체적인 사항은 교육부 장관이 정하는 지침에 따른다.

카) 학교는 과목별 최소 성취수준을 보장하기 위해 학교의 여건 등을 고려하여 다양한 방식으로 예방·보충 지도를 실시한다.

타) 학교는 학교급 전환 시기에 학교급 간 연계 및 진로 교육을 강화하는 진로연계교육을 편성·운영한다.

 (1) 학교는 학생의 진로·학업 설계 지도를 위해 교과와 창의적 체험활동 시간을 활용하여 진로연계교육을 자율적으로 운영한다.

(2) 졸업을 앞둔 시기에 교과와 창의적 체험활동 시간을 활용하여 대학 생활에 대한 이해, 대학 선이수 과목, 사회생활 안내와 적응 활동 등을 운영한다.

파) 학교는 특수교육 대상 학생을 위해 필요시 특수교육 전문 교과의 과목을 개설할 수 있다. 이 경우 진로 선택 과목 또는 융합 선택 과목으로 편성한다.

2) 일반 고등학교

가) 교과(군) 174학점 중 필수 이수 학점은 84학점으로 한다. 단, 필요한 경우 학교는 학생의 진로 및 발달 수준 등을 고려하여 필수 이수 학점 수를 학생별로 다르게 정할 수 있으며, 이와 관련된 구체적인 사항은 시·도 교육감이 정하는 지침에 따른다.

나) 학교는 교육과정을 보통 교과 중심으로 편성하되, 필요에 따라 전문 교과의 과목을 개설할 수 있다. 이 경우 진로 선택 과목으로 편성한다.

다) 학교가 제2외국어 과목을 개설할 경우, 2개 이상의 과목을 동시에 개설하도록 노력해야 한다.

라) 학교가 필요에 따라 이 교육과정에 제시되어 있는 과목 외에 새로운 과목을 개설할 경우 진로 선택 과목 또는 융합 선택 과목으로 편성한다.

마) 학교는 교육과정을 특성화하기 위해 특정 교과를 중심으로 중점학교를 운영할 수 있다. 이 경우 자율 이수 학점의 30% 이상을 해당 교과(군)의 과목으로 편성하도록 권장하며, 이와 관련된 구체적인 사항은 시·도 교육감이 정하는 지침에 따른다.

바) 학교는 직업교육 관련 학과를 설치·운영하거나 직업 위탁 과정을 운영할 수 있다. 이 경우 특성화 고등학교와 산업수요 맞춤형 고등학교의 학점 배당 기준을 적용할 수 있으며, 이와 관련된 구체적인 사항은 시·도 교육감이 정하는 지침에 따른다.

3) 특수 목적 고등학교(산업수요 맞춤형 고등학교 제외)

가) 교과(군) 174학점 중 필수 이수 학점은 75학점으로 하고, 자율 이수 학점 중 68학점 이상을 특수 목적 고등학교 전공 관련 선택 과목으로 편성한다.

나) 이 교육과정에 제시되지 않은 계열의 교육과정은 유사 계열의 교육과정에 준한다. 부득이 새로운 계열을 설치하고 그에 따른 교육과정을 편성할 경우에는 시·도 교육감이 정하는 지침에 따라 사전에 필요한 절차를 거쳐야 한다.

다) 학교는 필요에 따라 전문 교과의 과목을 개설할 수 있다. 이 경우 진로 선택 과목으로 편성한다.

라) 학교가 필요에 따라 이 교육과정에 제시되어 있는 과목 외에 새로운 과목을 개설할 경우 진로 선택 과목 또는 융합 선택 과목으로 편성한다.

4) 특성화 고등학교와 산업수요 맞춤형 고등학교

가) 학교는 산업수요와 직업의 변화를 고려하여 학과를 개설하고, 학과별 인력 양성 유형, 학생의 취업 역량과 경력 개발 등을 고려하여 학생이 직업기초능력 및 직무능력을 함양할 수 있도록 교육과정을 편성·운영한다.

 (1) 교과(군)의 총 이수 학점 174학점 중 보통 교과의 필수 이수 학점은 64학점, 전문 교과의 필수 이수 학점은 80학점으로 한다. 단, 필요한 경우 학교는 학생의 진로 및 발달 수준 등을 고려하여 필수 이수 학점을 학생별로 다르게 정할 수 있으며, 이와 관련된 구체적인 사항은 시·도 교육감이 정하는 지침에 따른다.

 (2) 학교는 두 개 이상의 교과(군)의 과목을 선택하여 전문 교과를 편성·운영할 수 있다.

 (3) 학교는 모든 교과(군)에서 요구되는 전문 공통 과목을 학교 여건과 학생 요구를 반영하여 편성·운영할 수 있다.

 (4) 전공 실무 과목은 국가직무능력표준의 성취기준에 적합하게 교수·학습이 이루어지도록 하며, 내용 영역인 능력단위 기준으로 평가한다.

나) 학교는 학과를 운영할 때 필요한 경우 세부 전공, 부전공 또는 자격 취득 과정을 개설할 수 있다. 이와 관련된 구체적인 사항은 시·도 교육감이 정하는 지침에 따른다.

다) 전문 교과의 기초가 되는 과목을 선택하여 이수할 경우, 이와 관련되는 보통 교과의 선택 과목 이수로 간주할 수 있다.

라) 내용이 유사하거나 관련되는 보통 교과의 선택 과목과 전문 교과의 과목을 교체하여 편성·운영할 수 있다. 이 경우 시·도 교육감이 정하는 지침에 따라 사전에 필요한 절차를 거쳐야 한다.

마) 학교는 산업계의 수요 등을 고려하여 전문 교과의 교과 내용에 주제나 내용 요소를 추가하여 구성할 수 있다. 단, 전공 실무 과목의 경우에는 국가직무능력표준에 기반을 두어야 하며, 학교 및 학생의 필요에 따라 내용 영역(능력단위) 중 일부를 선택하여 운영할 수 있다.

바) 다양한 직업적 체험과 현장 적응력 제고 등을 위해 학교에서 배운 지식과 기술을 경험하고 적용하는 현장 실습을 교육과정에 포함하여 운영한다.

(1) 현장 실습은 교육과정과 관련된 직무를 경험할 수 있도록 운영한다. 특히, 산업체를 기반으로 실시하는 현장 실습은 학생이 참여 여부를 선택하도록 하되, 학교와 산업계가 현장 실습 프로그램을 공동으로 개발하고 현장 실습의 과정과 결과를 평가하도록 한다.

(2) 현장 실습은 지역사회 기관들과 연계하여 다양한 형태로 운영할 수 있으며, 이와 관련된 구체적인 사항은 시·도 교육감이 정하는 지침에 따른다.

사) 학교는 실습 관련 과목을 지도할 경우 사전에 수업 내용과 관련된 산업안전보건 등에 대한 교육을 실시해야 하고, 안전 장구 착용 등 안전 조치를 취한다.

아) 창의적 체험활동은 학생의 진로 및 경력 개발, 인성 계발, 취업 역량 제고 등을 목적으로 프로그램을 운영할 수 있다.

자) 이 교육과정에 제시되지 않은 교과(군)의 교육과정은 유사한 교과(군)의 교육과정에 준한다. 부득이 새로운 교과(군)의 설치 및 그에 따른 교육과정을 편성·운영하고자 할 경우에는 시·도 교육감이 정하는 지침에 따라 사전에 필요한 절차를 거쳐야 한다.

차) 학교가 필요에 따라 이 교육과정에 제시되어 있는 과목 외에 새로운 전공 실무 과목을 개설하여 운영할 경우 국가직무능력표준에 기반을 두어야 하며, 이 경우 시·도 교육감이 정하는 지침에 따라 사전에 필요한 절차를 거쳐야 한다.

카) 산업수요 맞춤형 고등학교는 산업계의 수요와 직접 연계된 맞춤형 교육과정 운영이 가능하도록 교육과정 편성·운영의 자율권을 부여하고, 이와 관련된 구체적인 사항은 시·도 교육감이 정하는 지침에 따른다.

5. 특수한 학교

가. 초·중·고등학교에 준하는 학교의 교육과정은 이 교육과정에 따라서 편성·운영한다.

나. 국가가 설립 운영하는 학교의 교육과정은 해당 시·도 교육청의 편성·운영 지침을 참고하여 학교장이 편성한다.

다. 고등공민학교, 고등기술학교, 근로 청소년을 위한 특별 학급 및 산업체 부설 중·고등학교, 기타 특수한 학교는 이 교육과정을 바탕으로 학교의 실정과 학생의 특성에 알맞은 학교 교육과정을 편성하고, 시·도 교육감의 승인을 얻어 운영한다.

라. 야간 수업을 하는 학교의 교육과정은 이 교육과정을 따르되, 다만 1시간의 수업을 40분으로 단축하여 운영할 수 있다.

마. 방송통신중학교 및 방송통신고등학교는 이 교육과정에 제시된 중학교 및 고등학교 교육과정을 따르되, 시·도 교육감의 승인을 얻어 이 교육과정의 편제와 시간·학점 배당 기준을 다음과 같이 조정하여 운영할 수 있다.

 1) 편제와 시간·학점 배당 기준은 중학교 및 고등학교 교육과정에 준하되, 중학교는 2,652시간 이상, 고등학교는 152학점 이상 이수하도록 한다.

 2) 학교 출석 수업 일수는 연간 20일 이상으로 한다.

바. 자율학교, 재외한국학교 등 법령에 따라 교육과정 편성·운영의 자율성이 부여되는 학교와 특성화 중학교의 경우에는 학교의 설립 목적 및 특성에 따른 교육이 가능하도록 교육과정 편성·운영의 자율권을 부여하고, 이와 관련한 구체적인 사항은 시·도 교육감(재외한국학교의 경우 교육부 장관)이 정하는 지침에 따른다.

사. 효율적인 학교 운영을 위해 통합하여 운영하는 학교의 경우에는 이 교육과정을 따르되, 학교의 실정과 학생의 특성에 맞는 학교 교육과정을 운영할 수 있도록 교육과정 편성·운영의 자율권을 부여하고 이와 관련된 구체적인 사항은 시·도 교육감이 정하는 지침에 따른다.

아. 교육과정의 연구 등을 위해 새로운 방식으로 교육과정을 편성·운영하고자 하는 학교는 교육부 장관의 승인을 받아 이 교육과정의 기준과는 다르게 학교 교육과정을 편성·운영할 수 있다.

Ⅳ. 학교 교육과정 지원

이 장에서는 학교 교육과정의 충실한 설계와 운영을 위해 국가와 시·도 교육청 수준에서 이루어져야 하는 행·재정적 지원 사항들을 유형별로 제시한다.

- '교육과정의 질 관리'에서는 학교 교육과정의 질 관리와 개선을 위한 지원 사항을 제시한다.
- '학습자 맞춤교육 강화'에서는 다양한 특성을 가진 학습자들의 학습을 지원하는 데 필요한 사항을 제시한다.
- '학교의 교육 환경 조성'에서는 변화하는 교육 환경에 대응하여 학생들의 역량과 소양을 함양하는 데 필요한 지원 사항을 제시한다.

1. 교육과정 질 관리

가. 국가 수준의 지원

1) 이 교육과정의 질 관리를 위하여 주기적으로 학업 성취도 평가, 교육과정 편성·운영에 관한 평가, 학교와 교육 기관 평가를 실시하고 그 결과를 교육과정 개선에 활용한다.

가) 교과별, 학년(군)별 학업 성취도 평가를 실시하고, 평가 결과는 학생의 학습 지원, 학력의 질 관리, 교육과정의 적절성 확보 및 개선 등에 활용한다.

나) 학교의 교육과정 편성·운영과 교육청의 교육과정 지원 상황을 파악하기 위하여 학교와 교육청에 대한 평가를 주기적으로 실시한다.

다) 교육과정에 대하여 조사, 분석 및 점검을 실시하고 그 결과를 교육과정 개선에 반영한다.

2) 교육과정 편성·운영과 지원 체제의 적절성 및 실효성을 평가하기 위한 연구를 수행한다.

나. 교육청 수준의 지원

1) 지역의 특수성, 교육의 실태, 학생·교원·주민의 요구와 필요 등을 반영하여 교육청 단위의 교육 중점을 설정하고, 학교 교육과정 개발을 위한 시·도 교육청 수준 교육과정 편성·운영 지침을 마련하여 안내한다.

2) 시·도의 특성과 교육적 요구를 구현하기 위하여 시·도 교육청 교육과정 위원회를 조직하여 운영한다.

가) 이 위원회는 교육과정 편성·운영에 관한 조사 연구와 자문 기능을 담당한다.

나) 이 위원회에는 교원, 교육 행정가, 교육학 전문가, 교과 교육 전문가, 학부모, 지역사회 인사, 산업체 전문가 등이 참여할 수 있다.

3) 학교 교육과정의 질 관리를 위해 각급 학교의 교육과정 편성·운영 실태를 정기적으로 파악하고, 교육과정 운영 지원 실태를 점검하여 효과적인 교육과정 운영과 개선에 필요한 지원을 한다.

가) 학교 교육과정 편성·운영 체제의 적절성 및 실효성을 높이기 위하여 학업 성취도 평가, 학교 교육과정 평가 등을 실시하고 그 결과를 교육과정 개선에 활용한다.

나) 교육청 수준의 학교 교육과정 지원에 대한 자체 평가와 교육과정 운영 지원 실태에 대한 점검을 실시하고 개선 방안을 마련한다.

2. 학습자 맞춤교육 강화

가. 국가 수준의 지원

1) 학교에서 학생의 성장과 성공적인 학습을 지원하는 평가가 원활히 이루어질 수 있도록 다양한 방안을 개발하여 학교에 제공한다.

가) 학교가 교과 교육과정의 목표에 부합되는 평가를 실시할 수 있도록 교과별로 성취기준에 따른 평가기준을 개발·보급한다.

나) 교과목별 평가 활동에 활용할 수 있는 다양한 평가 방법, 절차, 도구 등을 개발하여 학교에 제공한다.

2) 특성화 고등학교와 산업수요 맞춤형 고등학교가 기준 학과별 국가직무능력표준이나 직무

분석 결과에 기초하여 학교의 특성 및 학과별 인력 양성 유형을 고려하여 교육과정을 편성·운영할 수 있도록 지원한다.

3) 학습 부진 학생, 느린 학습자, 다문화 가정 학생 등 다양한 특성을 가진 학생을 위해 필요한 지원 방안을 마련한다.

4) 특수교육 대상 학생에 대한 정당한 편의 제공을 위해 필요한 교수·학습 자료, 교육 평가 방법 및 도구 등의 제반 사항을 지원한다.

나. 교육청 수준의 지원

1) 지역 및 학교, 학생의 다양한 특성을 반영하여 학교 교육과정이 운영될 수 있도록 지원한다.

 가) 학교가 이 교육과정에 제시되어 있는 과목 외에 새로운 교과목을 개설·운영할 수 있도록 관련 지침을 마련한다.

 나) 통합운영학교 관련 규정 및 지침을 정비하고, 통합운영학교에 맞는 교육과정 운영이 이루어질 수 있도록 지원한다.

 다) 학교 밖 교육이 지역 및 학교의 여건, 학생의 희망을 고려하여 운영될 수 있도록 우수한 학교 밖 교육 자원을 발굴·공유하고, 질 관리에 힘쓴다.

 라) 개별 학교의 희망과 여건을 반영하여 필요한 경우 공동으로 교육과정을 운영할 수 있도록 지원한다.

 마) 지역사회와 학교의 여건에 따라 초등학교 저학년 학생을 학교에서 돌볼 수 있는 기능을 강화하고, 이에 대해 행·재정적 지원을 한다.

 바) 학교가 학생과 학부모의 요구에 따라 방과 후 또는 방학 중 활동을 운영할 수 있도록 행·재정적 지원을 한다.

2) 학생의 진로 및 발달적 특성을 고려하여 자신의 진로를 스스로 설계해 갈 수 있도록 다양한 방안을 마련하여 지원한다.

 가) 학교급과 학생의 발달적 특성에 맞는 진로 활동 및 학교급 간 연계 교육을 강화하는 데 필요한 지원을 한다.

 나) 학교급 전환 시기 진로연계교육을 위한 자료를 개발·보급하고, 각 학교급 교육과정에 대한 교사의 이해 증진 및 학교급 간 협력 관계 구축을 위한 지원을 확대한다.

다) 중학교 자유학기 운영을 지원하기 위해 각종 자료의 개발·보급, 교원의 연수, 지역사회와의 연계가 포함된 자유학기 지원 계획을 수립하여 추진한다.

라) 고등학교 교육과정이 학점을 기반으로 내실 있게 운영될 수 있도록 각종 자료의 개발·보급, 교원의 연수, 학교 컨설팅, 최소 성취수준 보장, 지역사회와의 연계 등 지원 계획을 수립하여 추진한다.

마) 인문학적 소양 및 통합적 읽기 능력 함양을 위해 독서 활동을 활성화하도록 다양한 지원을 한다.

3) 학습자의 다양성을 존중하고 학습 소외 및 교육 격차를 방지할 수 있도록 맞춤형 교육을 지원한다.

가) 지역 간, 학교 간 교육 격차를 완화할 수 있도록 농산어촌학교, 소규모학교에 대한 지원 체제를 마련한다.

나) 모든 학생이 학습에서 소외되지 않도록 교육공동체가 함께 협력하여 학생 개개인의 필요와 요구에 맞는 맞춤형 교육 활동을 계획하고 실행할 수 있도록 지원한다.

다) 전·입학, 귀국 등에 따라 공통 교육과정의 교과와 고등학교 공통 과목을 이수하지 못한 학생들이 해당 과목을 이수할 수 있도록 다양한 기회를 마련해 주고, 학생들이 공공성을 갖춘 지역사회 기관을 통해 이수한 과정을 인정해 주는 방안을 마련한다.

라) 귀국자 및 다문화 가정 학생을 포함하는 다양한 배경의 학생들이 그들의 교육 경험의 특성과 배경에 의해 이 교육과정을 이수하는 데 어려움이 없도록 지원한다.

마) 특정 분야에서 탁월한 재능을 보이는 학생, 학습 부진 학생, 특수교육 대상 학생들을 위한 교육 기회를 마련하고 지원한다.

바) 통합교육 실행 및 개선을 위해 교사 간 협력 지원, 초·중학교 교육과정과 특수교육 교육과정을 연계할 수 있는 자료 개발 및 보급, 관련 연수나 컨설팅 등을 제공한다.

3. 학교의 교육 환경 조성

가. 국가 수준의 지원

1) 교육과정 자율화·분권화를 바탕으로 교육 주체들이 각각의 역할과 책임을 충실하게 수행할 수 있는 협조 체제를 구축하고 지원한다.

2) 시·도 교육청의 교육과정 지원 활동과 단위 학교의 교육과정 편성·운영 활동이 상호 유기적으로 이루어질 수 있도록 행·재정적 지원을 한다.

3) 이 교육과정이 교육 현장에 정착될 수 있도록 교육청 수준의 교원 연수와 전국 단위의 교과 연구회 활동을 적극적으로 지원한다.

4) 디지털 교육 환경 변화에 부합하는 미래형 교수·학습 방법과 평가체제 구축을 위해 교원의 에듀테크 활용 역량 함양을 지원한다.

5) 학교 교육과정이 원활히 운영될 수 있도록 학교 시설 및 교원 수급 계획을 마련하여 제시한다.

나. 교육청 수준의 지원

1) 학교가 이 교육과정에 근거하여 학교 교육과정을 편성·운영할 수 있도록 다음의 사항을 지원한다.

가) 학교 교육과정 편성·운영을 위해서 교육 시설, 설비, 자료 등을 정비하고 확충하는 데 필요한 행·재정적 지원을 한다.

나) 복식 학급 운영 등 소규모 학교의 정상적인 교육과정 운영을 지원하기 위해 교원의 배치, 학생의 교육받을 기회 확충 등에 필요한 행·재정적 지원을 한다.

다) 수준별 수업을 효율적으로 운영하도록 지원하며, 기초학력 향상과 학습 결손 보충이 가능하도록 보충 수업을 운영하는 데 필요한 행·재정적 지원을 한다.

라) 학교 교육활동 전반에 걸쳐 종합적인 안전교육 계획을 수립하고 사고 예방을 위한 행·재정적 지원을 한다.

마) 고등학교에서 학생의 과목 선택권을 보장할 수 있도록 교원 수급, 시설 확보, 유연한 학습 공간 조성, 프로그램 개발 등 필요한 행·재정적 지원을 한다.

바) 특성화 고등학교와 산업수요 맞춤형 고등학교가 산업체와 협력하여 특성화된 교육과정과 실습 과목을 편성·운영하는 경우, 학생의 현장 실습과 전문교과 실습이 안전하고 내실 있게 운영될 수 있도록 행·재정적 지원을 한다.

2) 학교가 새 학년도 시작에 앞서 교육과정 편성·운영에 관한 계획을 수립할 수 있도록 교육과정 편성·운영 자료를 개발·보급하고, 교원의 전보를 적기에 시행한다.

3) 교과와 창의적 체험활동 등에 필요한 교과용 도서의 개발, 인정, 보급을 위해 노력한다.

4) 학교가 지역사회의 관계 기관과 적극적으로 연계·협력해서 교과, 창의적 체험활동, 학교 스포츠클럽활동, 자유학기 등을 내실 있게 운영할 수 있도록 지원하며, 관내 학교가 활용할 수 있는 우수한 지역 자원을 발굴하여 안내한다.

5) 학교 교육과정의 효과적 운영을 위하여 학생의 배정, 교원의 수급 및 순회, 학교 간 시설과 설비의 공동 활용, 자료의 공동 개발과 활용에 관하여 학교 간 및 시·도 교육(지원)청 간의 협조 체제를 구축한다.

6) 단위 학교의 교육과정 편성·운영 및 교수·학습, 평가를 지원할 수 있도록 교원 연수, 교육과정 컨설팅, 연구학교 운영 및 연구회 활동 지원 등에 대한 계획을 수립하여 시행한다.

가) 교원의 학교 교육과정 편성·운영 능력과 교과 및 창의적 체험활동에 대한 교수·학습, 평가 역량을 제고하기 위하여 교원에 대한 연수 계획을 수립하여 시행한다.

나) 학교 교육과정의 효율적인 편성·운영을 지원하기 위해 교육과정 컨설팅 지원단 등 지원 기구를 운영하며 교육과정 편성·운영을 위한 각종 자료를 개발하여 보급한다.

다) 학교 교육과정 편성·운영의 개선과 수업 개선을 위해 연구학교를 운영하고 연구 교사제 및 교과별 연구회 활동 등을 적극적으로 지원한다.

7) 온오프라인 연계를 통한 효과적인 교수·학습과 평가가 이루어질 수 있도록 하며, 지능정보기술을 활용한 맞춤형 수업과 평가가 가능하도록 지원한다.

가) 원격수업을 효과적으로 지원하기 위해 학교의 원격수업 기반 구축, 교원의 원격수업 역량 강화 등에 필요한 행·재정적 지원을 한다.

나) 수업 설계·운영과 평가에서 다양한 디지털 플랫폼과 기술 및 도구를 효율적으로 활용할 수 있도록 시설·설비와 기자재 확충을 지원한다.

부록 2 초 · 중등학교 교과용도서 구분 고시

초등학교 국정도서 구분

■ 교과서

교과(군)	교과서		
	1~2학년	3~4학년	5~6학년
바른 생활	교과서 ① ~ ⑫ 【12책】		
슬기로운 생활			
즐거운 생활			
국어	국어 1-1, 1-2, 2-1, 2-2 국어활동 1-1, 1-2, 2-1, 2-2 【8책】	국어 3-1, 3-2, 4-1, 4-2 국어활동 3-1, 3-2, 4-1, 4-2 【8책】	국어 5-1, 5-2, 6-1, 6-2 【4책】
사회/도덕		도덕 3, 4 【2책】	도덕 5, 6 【2책】
수학	수학 1-1, 1-2, 2-1, 2-2 수학익힘 1-1, 1-2, 2-1, 2-2 【8책】		
총계	28책	10책	6책
	44책		

■ 지도서

교과(군)	교과서		
	1~2학년	3~4학년	5~6학년
바른 생활 슬기로운 생활 즐거운 생활	지도서 1-1, 1-2, 2-1, 2-2 (전자저작물 포함) 【4책】		
국어	국어 지도서 1-1, 1-2, 2-1, 2-2 (전자저작물 포함) 【4책】	국어 지도서 3-1, 3-2, 4-1, 4-2 (전자저작물 포함) 【4책】	국어 지도서 5-1, 5-2, 6-1, 6-2 (전자저작물 포함) 【4책】
사회/도덕		도덕 지도서 3, 4 (전자저작물 포함) 【2책】	도덕 지도서 5, 6 (전자저작물 포함) 【2책】
수학	수학 지도서 1-1, 1-2, 2-1, 2-2 (전자저작물 포함) 【4책】		
총계	12책	6책	6책
	24책		

〈표기 안내〉

• 학년별로 분권하는 경우, 숫자로 표기

  (예) 도덕 3, 4 ⇒ 3~4학년군의 도덕 교과서는 3학년용, 4학년용으로 개발

• 학기별로 분권하는 경우, 숫자 조합으로 표기

  (예) 국어 지도서 1-1, 1-2, 2-1, 2-2

      ⇒ 1~2학년군의 국어 지도서는 1학년 1학기용, 1학년 2학기용 등으로 개발

• 정해진 학년이나 학기와 관계없이 분권하는 경우, 동그라미 숫자로 표기

  (예) 바른 생활, 슬기로운 생활, 즐거운 생활 교과서 ①~⑫

      ⇒ 12책으로 분권하고 학년이나 학기 구분 없이 학교 교육과정에 따라 사용

초·중·고등학교 검정도서 구분

1. 초등학교

▣ 교과서

교과(군)	교과서	
	3~4학년	5~6학년
사회/도덕	사회 3-1, 3-2, 4-1, 4-2 【4책】	사회 5-1, 5-2, 6-1, 6-2 사회과 부도 5~6 【5책】
수학	수학 3-1, 3-2, 4-1, 4-2 수학익힘 3-1, 3-2, 4-1, 4-2 【8책】	수학 5-1, 5-2, 6-1, 6-2 수학익힘 5-1, 5-2, 6-1, 6-2 【8책】
과학/실과	과학 3-1, 3-2, 4-1, 4-2 실험관찰 3-1, 3-2, 4-1, 4-2 【8책】	과학 5-1, 5-2, 6-1, 6-2 실험관찰 5-1, 5-2, 6-1, 6-2 【8책】
		실과 5, 6 【2책】
체육	체육 3, 4 【2책】	체육 5, 6 【2책】
예술 (음악/미술)	음악 3, 4 【2책】	음악 5, 6 【2책】
	미술 3, 4 【2책】	미술 5, 6 【2책】
영어	영어 3, 4 【2책】	영어 5, 6 【2책】
총계	28책	31책
	59책	

■ 지도서

교과(군)	교과서	
	3~4학년	5~6학년
사회/도덕	사회 지도서 3-1, 3-2, 4-1, 4-2 (전자저작물 포함) 【4책】	사회 지도서 5-1, 5-2, 6-1, 6-2 (전자저작물 포함) 【4책】
수학	수학 지도서 3-1, 3-2, 4-1, 4-2 (전자저작물 포함) 【4책】	수학 지도서 5-1, 5-2, 6-1, 6-2 (전자저작물 포함) 【4책】
과학/실과	과학 지도서 3-1, 3-2, 4-1, 4-2 (전자저작물 포함) 【4책】	과학 지도서 5-1, 5-2, 6-1, 6-2 (전자저작물 포함) 【4책】
		실과 지도서 5, 6 【2책】
체육	체육 지도서 3, 4 【2책】	체육 지도서 5, 6 【2책】
예술 (음악/미술)	음악 지도서 3~4 (전자저작물 포함) 【1책】	음악 지도서 5~6 (전자저작물 포함) 【1책】
	미술 지도서 3~4 【1책】	미술 지도서 5~6 【1책】
	영어 지도서 3, 4 (전자저작물 포함) 【2책】	영어 지도서 5, 6 (전자저작물 포함) 【2책】
영어	영어 지도서 3, 4 (전자저작물 포함) 【2책】	영어 지도서 5, 6 (전자저작물 포함) 【2책】
총계	18책	20책
	38책	

2. 중학교

교과(군)	교과서	
	1~3학년	
국어	국어 1-1, 1-2, 2-1, 2-2, 3-1, 3-2　　　　　　　　　　　　　【6책】	
사회(역사 포함)/도덕	사회 ①, ② 사회과 부도 역사 ①, ② 역사 부도　　　　　　　　　　　　　　　　　　　　　　【6책】	
	도덕 ①, ②　　　　　　　　　　　　　　　　　　　　　　　【2책】	
수학	수학 1, 2, 3　　　　　　　　　　　　　　　　　　　　　　【3책】	
과학/기술·가정/정보	과학 1, 2, 3　　　　　　　　　　　　　　　　　　　　　　【3책】	
영어	영어 1, 2, 3　　　　　　　　　　　　　　　　　　　　　　【3책】	
총계	23책	

3. 고등학교

교과(군)	교과서	
	공통 과목	일반 선택
국어	공통국어 1 공통국어 2 　　　　　　　　【2책】	화법과 언어 독서와 작문 문학 　　　　　　　　【3책】
수학	공통수학 1 공통수학 2 　　　　　　　　【2책】	대수 미적분 I 확률과 통계 　　　　　　　　【3책】

영어	공통영어 1 공통영어 2 【2책】	영어 I 영어 II 영어 독해와 작문 【3책】
사회 (역사/도덕 포함)	한국사 1 한국사 2 통합사회 1 통합사회 2 【4책】	세계시민과 지리 지리 부도 세계사 역사 부도 사회와 문화 현대사회와 윤리 【6책】
과학	통합과학 1 통합과학 2 과학탐구실험 1 과학탐구실험 2 【4책】	물리학 화학 생명과학 지구과학 【4책】
총계	14책	19책
	33책	

〈표기 안내〉

• 학년별로 분권하는 경우, 숫자로 표기

  (예) 체육 3, 4 ⇒ 초등학교 3~4학년의 체육 교과서는 3학년용, 4학년용으로 나누어 개발

  사회과 부도 5~6 ⇒ 초등학교 5~6학년군의 사회과 부도는 두 학년 동안 사용할 수 있도록 개발

• 학기별로 분권하는 경우, 숫자 조합으로 표기

  (예) 사회 지도서 3-1, 3-2, 4-1, 4-2

  ⇒ 초등학교 3~4학년의 사회 지도서는 3학년 1학기용, 3학년 2학기용 등으로 나누어 개발

• 정해진 학년이나 학기와 관계없이 분권하는 경우, 동그라미 숫자로 표기

  (예) 역사 ①, ② ⇒ 중학교 역사 교과서는 학년 구분 없이 2권으로 나누어 개발

중·고등학교 인정도서 구분

1. 중학교

교과(군)	교과서	
	1~3학년	
과학/기술·가정/정보	기술·가정 ①, ② 【2책】	
	정보 【1책】	
체육	체육 ①, ② 【2책】	
예술(음악/미술)	음악 ①, ② 【2책】	
	미술 ①, ② 【2책】	
선택	한문 【1책】	
	환경 【1책】	
	생활 독일어(전자저작물 포함) 생활 프랑스어(전자저작물 포함) 생활 스페인어(전자저작물 포함) 생활 중국어(전자저작물 포함) 생활 일본어(전자저작물 포함) 생활 러시아어(전자저작물 포함) 생활 아랍어(전자저작물 포함) 생활 베트남어(전자저작물 포함) 【8책】	
	보건 【1책】	
	진로와 직업 【1책】	
총계	21책	

2. 고등학교

▣ 보통교과

교과(군)	교과서			
	공통 과목	일반 선택	진로 선택	융합 선택
국어			주제 탐구 독서 문학과 영상 직무 의사소통 【3책】	독서 토론과 글쓰기 매체 의사소통 언어생활 탐구 【3책】
수학	기본수학 1 기본수학 2 【2책】		기하 미적분 II 경제 수학 인공지능 수학 직무 수학 【5책】	수학과 문화 실용 통계 【2책】
영어	기본영어 1 기본영어 2 【2책】		영미 문학 읽기 영어 발표와 토론 심화 영어 심화 영어 독해와 작문 직무 영어 【5책】	실생활 영어 회화 미디어 영어 세계 문화와 영어 【3책】
사회 (역사/ 도덕 포함)			한국지리 탐구 도시의 미래 탐구 동아시아 역사 기행 정치 법과 사회 경제 윤리와 사상 인문학과 윤리 국제 관계의 이해 【9책】	여행지리 역사로 탐구하는 현대 세계 사회문제 탐구 금융과 경제생활 윤리문제 탐구 기후변화와 지속가능한 세계 【6책】

교과(군)	교과서			
	공통 과목	일반 선택	진로 선택	융합 선택
과학			역학과 에너지 전자기와 양자 물질과 에너지 화학 반응의 세계 세포와 물질대사 생물의 유전 지구시스템과학 행성우주과학 【8책】	과학의 역사와 문화 기후변화와 환경생태 융합과학 탐구 【3책】
체육		체육1 체육2 【2책】	운동과 건강 스포츠 문화 스포츠 과학 【3책】	스포츠 생활1 스포츠 생활2 【2책】
예술		음악 미술 연극 【3책】	음악 연주와 창작 음악 감상과 비평 미술 창작 미술 감상과 비평 【4책】	음악과 미디어 미술과 매체 【2책】
기술 · 가정/정보		기술·가정 【1책】	로봇과 공학세계 생활과학 탐구 【2책】	창의 공학 설계 지식 재산 일반 생애 설계와 자립 아동발달과 부모 【4책】
		정보 【1책】	인공지능 기초 데이터 과학 【2책】	소프트웨어와 생활 【1책】
제2외국어/ 한문		독일어 프랑스어 스페인어 중국어 일본어 러시아어 아랍어	독일어 회화 프랑스어 회화 스페인어 회화 중국어 회화 일본어 회화 러시아어 회화 아랍어 회화	독일어권 문화 프랑스어권 문화 스페인어권 문화 중국 문화 일본 문화 러시아 문화 아랍 문화

교과(군)		교과서			
		공통 과목	일반 선택	진로 선택	융합 선택
제2외국어/ 한문			베트남어 【8책】	베트남어 회화 심화 독일어 심화 프랑스어 심화 스페인어 심화 중국어 심화 일본어 심화 러시아어 심화 아랍어 심화 베트남어 【16책】	베트남 문화 【8책】
			한문 【1책】	한문 고전 읽기 【1책】	언어생활과 한자 【1책】
교양			진로와 직업 생태와 환경 【2책】	인간과 철학 논리와 사고 인간과 심리 교육의 이해 삶과 종교 보건 【6책】	인간과 경제활동 논술 【2책】
과학 계열	수학			전문 수학 이산 수학 고급 기하 고급 대수 고급 미적분 【5책】	
	과학			고급 물리학 고급 화학 고급 생명과학 고급 지구과학 【4책】	물리학 실험 화학 실험 생명과학 실험 지구과학 실험 【4책】
	정보			정보과학 【1책】	

교과(군)		교과서			
		공통 과목	일반 선택	진로 선택	융합 선택
체육 계열	체육			스포츠 개론 육상 체조 수상 스포츠 스포츠 경기 체력 스포츠 경기 분석 【6책】	스포츠 교육 스포츠 생리의학 스포츠 행정 및 경영 【3책】
예술 계열	예술			음악 이론 음악사 시창·청음 미술 이론 미술사 무용의 이해 무용과 몸 무용 감상과 비평 문예 창작의 이해 문학 감상과 비평 연극과 몸 연극과 말 연기 연극 감상과 비평 영화의 이해 영화 감상과 비평 사진의 이해 【17책】	음악과 문화 미술과 사회 무용과 매체 연극과 삶 영화와 삶 사진과 삶 【6책】
총계		4책	18책	97책	50책
		169책			

▣ 전문교과

교과(군)	교과서		
	전문 공통	전공 일반	전공 실무
경영 · 금융	성공적인 직업 생활 노동 인권과 산업 안전 보건 디지털과 직업 생활 【3책】	상업 경제 기업과 경영 사무 관리 회계 원리 회계 정보 처리 시스템 기업 자원 통합 관리 세무 일반 유통 일반 무역 일반 무역 영어 금융 일반 보험 일반 마케팅과 광고 창업 일반 비즈니스 커뮤니케이션 전자 상거래 일반 【16책】	총무 노무 관리 사무 행정 회계 실무 유통 관리 자재 관리 공급망 관리 물류 관리 원산지 관리 무역 금융 업무 전자 상거래 실무 인사 비서 예산 · 자금 세무 실무 구매 조달 공정 관리 품질 관리 수출입 관리 창구 사무 고객 관리 매장 판매 【22책】
보건 · 복지		인간 발달 보육 원리와 보육 교사 보육 과정 아동 생활 지도 아동 복지 보육 실습 영유아 교수 방법	영유아 건강 · 안전 · 영양 지도 사회 복지 시설 실무 요양 지원 영유아 놀이 지도 대인 복지 서비스 【5책】

교과(군)	교과서		
	전문 공통	전공 일반	전공 실무
보건 · 복지		생활 서비스 산업의 이해 복지 서비스의 기초 사회 복지 시설의 이해 공중 보건 인체 구조와 기능 간호의 기초 기초 간호 임상 실무 보건 간호 보건 의료 법규 치과 간호 임상 실무 【17책】	
문화 · 예술 · 디자인 · 방송		문화 콘텐츠 산업 일반 미디어 콘텐츠 일반 영상 제작 기초 애니메이션 기초 음악 콘텐츠 제작 기초 디자인 제도 디자인 일반 조형 색채 일반 컴퓨터 그래픽 공예 일반 공예 재료와 도구 방송 일반 【13책】	영화 콘텐츠 제작 광고 콘텐츠 제작 게임 디자인 애니메이션 콘텐츠 제작 캐릭터 제작 VR · AR 콘텐츠 제작 제품 디자인 실내 디자인 편집 디자인 목공예 방송 콘텐츠 제작 음악 콘텐츠 제작 게임 기획 게임 프로그래밍 만화 콘텐츠 제작 스마트 문화 앱 콘텐츠 제작 시각 디자인 디지털 디자인 색채 디자인 도자기 공예 금속 공예 방송 제작 시스템 운용 【22책】

교과(군)	교과서		
	전문 공통	전공 일반	전공 실무
미용		미용의 기초 미용 안전 · 보건 【2책】	헤어 미용 메이크업 피부 미용 네일 미용 【4책】
관광 · 레저		관광 일반 관광 서비스 관광 영어 관광 일본어 관광 중국어 관광 문화와 자원 관광 콘텐츠 개발 전시 · 컨벤션 · 이벤트 일반 레저 서비스 일반 【9책】	호텔 식음료 서비스 실무 국내 여행 서비스 실무 전시 · 컨벤션 · 이벤트 실무 호텔 객실 서비스 실무 국외 여행 서비스 실무 카지노 서비스 실무 【6책】
식품 · 조리		식품과 영양 기초 조리 디저트 조리 식음료 기초 식품 과학 식품 위생 식품 가공 기술 식품 분석 【8책】	한식 조리 중식 조리 바리스타 식공간 연출 축산 식품 가공 건강 기능 식품 가공 음료 · 주류 가공 떡 제조 제빵 양식 조리 일식 조리 바텐더 수산 식품 가공 유제품 가공 김치 · 반찬 가공 식품 품질 관리 제과 【17책】

교과(군)	교과서		
	전문 공통	전공 일반	전공 실무
건축 · 토목		공업 일반 기초 제도 건축 일반 건축 기초 실습 건축 도면 해석과 제도 토목 일반 토목 도면 해석과 제도 건설 재료 역학 기초 토질 · 수리 측량 기초 드론 기초 스마트 시티 기초 건물 정보 관리 기초 【14책】	철근 콘크리트 시공 건축 마감 시공 건축 설계 토목 시공 측량 공간 정보 융합 서비스 국토 도시 계획 주거 서비스 건축 목공 시공 건축 도장 시공 토목 설계 지적 공간 정보 구축 소형 무인기 운용 · 조종 교통 계획 · 설계 【15책】
기계		기계 제도 기계 기초 공작 전자 기계 이론 기계 일반 자동차 일반 기계 기초 역학 냉동 공조 일반 유체 기계 산업 설비 자동차 기관 자동차 섀시 자동차 전기 · 전자 제어 선박 이론 선박 구조 선박 건조 선체 도면 독도와 제도 항공기 일반	기계요소 설계 선반 가공 연삭 가공 측정 특수 가공 기계 소프트웨어 개발 건설 광산 기계 설치 · 정비 승강기 설치 · 정비 자전거 정비 사출 금형 제작 사출 금형 조립 프레스 금형 제작 프레스 금형 조립 냉동 공조 설계 보일러 설치 · 정비 피복 아크 용접 가스 텅스텐 아크 용접

교과(군)	교과서		
	전문 공통	전공 일반	전공 실무
기계		항공기 실무 기초 【18책】	보일러 장치 설치
			자동차 전기 · 전자 장치 정비
			자동차 새시 정비
			기계 제어 설계
			밀링 가공
			컴퓨터 활용 생산
			성형 가공
			기계 수동 조립
			운반 하역 기계 설치 · 정비
			공작 기계 설치 · 정비
			오토바이 정비
			사출 금형 설계
			사출 금형 품질 관리
			프레스 금형 설계
			프레스 금형 품질 관리
			배관 시공
			냉동 공조 유지 보수 관리
			판금 · 제관
			이산화탄소 · 가스 메탈 아크 용접
			로봇 용접
			냉동 공조 장치 설치
			자동차 엔진 정비
			자동차 차체 정비
			자동차 도장
			자동차 튜닝
			전장 생산
			항공기 기체 제작
			항공기 기체 정비
			항공기 왕복 엔진 정비
			항공기 전기 · 전자 장비 정비
			항공기 정비 관리
			자동차 정비 검사
			선체 조립

교과(군)	교과서		
	전문 공통	전공 일반	전공 실무
기계			선체 생산 설계 항공기 전기 · 전자 장비 제작 항공기 가스 터빈 엔진 정비 항공기 계통 정비 소형 무인기 정비 【55책】
재료		재료 일반 재료 시험 세라믹 재료 세라믹 원리 · 공정 【4책】	제선 압연 금속 재료 가공 도금 도자기 용융 세라믹 제조 제강 주조 금속 열처리 금속 재료 신뢰성 시험 탄소 재료 【11책】
화학 공업		공업 화학 제조 화학 스마트 공정 제어 화공 플랜트 기계 화공 플랜트 전기 바이오 기초 화학 에너지 공업 기초 에너지 화공 소재 생산 【8책】	화학 분석 화학 공정 유지 운영 고분자 제품 제조 바이오 화학 제품 제조 에너지 설비 유틸리티 화학 물질 관리 기능성 정밀 화학 제품 제조 바이오 의약품 제조 화장품 제조 신재생 에너지 실무 【10책】

교과(군)	교과서		
	전문 공통	전공 일반	전공 실무
섬유 · 의류		섬유 재료 섬유 공정 염색 · 가공 기초 패션 소재 패션 디자인의 기초 의복 구성의 기초 편물 패션 마케팅 【8책】	텍스타일 디자인 제포 패션 디자인의 실제 서양 의복 구성과 생산 한국 의복 구성과 생산 패션 상품 유통 관리 방적 · 방사 염색 · 가공 패턴 메이킹 니트 의류 생산 패션 소품 디자인과 생산 비주얼 머천다이징 【12책】
전기 · 전자		전기 회로 전기 기기 전기 설비 자동화 설비 전기 · 전자 일반 전자 회로 전기 · 전자 측정 디지털 논리 회로 전자 제어 【9책】	발전 설비 운영 전기 기기 설계 전기 기기 유지 보수 내선 공사 자동 제어 기기 제작 자동 제어 시스템 운영 전기 철도 시설물 유지 보수 전자 제품 생산 전자 제품 설치 정비 가전 기기 하드웨어 개발 산업용 전자 기기 하드웨어 개발 산업용 전자 기기 소프트웨어 개발 정보 통신 기기 소프트웨어 개발 전자 응용 기기 기구 개발 전자 부품 기구 개발 반도체 제조 반도체 재료

교과(군)	교과서		
	전문 공통	전공 일반	전공 실무
전기 · 전자			로봇 하드웨어 설계 로봇 소프트웨어 개발 로봇 유지 보수 송·변전 배전 설비 운영 전기 기기 제작 전기 설비 운영 외선 공사 자동 제어 시스템 유지 정비 전기 철도 시공 철도 신호 제어 시공 전자 부품 생산 가전 기기 시스템 소프트웨어 개발 가전 기기·기구 개발 산업용 전자 기기·기구 개발 정보 통신 기기 하드웨어 개발 전자 응용 기기 하드웨어 개발 전자 응용 기기 소프트웨어 개발 반도체 개발 반도체 장비 디스플레이 생산 로봇 기구 개발 로봇 지능 개발 의료 기기 연구 개발 의료 기기 인허가 LED 기술 개발 3D 프린터용 제품 제작 의료 기기 생산 3D 프린터 개발 【45책】

교과(군)	교과서		
	전문 공통	전공 일반	전공 실무
정보 · 통신		통신 일반 통신 시스템 정보 통신 정보 처리와 관리 컴퓨터 구조 프로그래밍 자료 구조 알고리즘 설계 컴퓨터 시스템 일반 컴퓨터 네트워크 인공지능 일반 사물 인터넷과 센서 제어 【12책】	네트워크 구축 무선 통신 구축 · 운용 응용 프로그래밍 개발 시스템 프로그래밍 네트워크 프로그래밍 빅 데이터 분석 정보 보호 관리 사물 인터넷 서비스 기획 유선 통신 구축 · 운용 초고속망 서비스 관리 운용 응용 프로그래밍 화면 구현 데이터베이스 프로그래밍 시스템 관리 및 지원 인공지능 모델링 컴퓨터 보안 【15책】
환경 · 안전 · 소방		인간과 환경 환경 화학 기초 환경 기술 환경과 생태 산업 안전 보건 기초 소방 기초 소방 법규 소방 건축 소방 기계 소방 전기 【10책】	대기 관리 폐기물 관리 토양 · 지하수 관리 환경 생태 복원 관리 전기 안전 관리 화공 안전 관리 소방 시설 설계 소방 안전 관리 수질 관리 소음 진동 관리 환경 유해 관리 기계 안전 관리 건설 안전 관리 가스 안전 관리 소방 시설 공사 【15책】

교과(군)	교과서		
	전문 공통	전공 일반	전공 실무
농림 · 축산		농업 이해 농업 기초 기술 농업 경영 재배 농산물 유통 농산물 거래 관광 농업 친환경 농업 생명 공학 기술 농업 정보 관리 농업 창업 일반 원예 생산 자재 조경 식물 관리 화훼 장식 기초 산림 휴양 산림 자원 임산 가공 조림 조경 동물 자원 반려동물 관리 곤충 산업 일반 농업 기계 농업 기계 공작 농업 기계 운전 작업 농업용 전기 · 전자농업 토목 제도 · 설계 농업 토목 시공 · 측량 농업 생산 환경 일반 【30책】	수도작 재배 육종 농촌 체험 상품 개발 스마트 팜 운영 과수 재배 화훼 장식 임업 종묘 산림 보호 목재 가공 조경 설계 조경 관리 수의 보조 젖소 사육 가금 사육 말 사육 농업용 기계 설치 · 정비 전특작 재배 종자 생산 농촌 체험 시설 운영 채소 재배 화훼 재배 버섯 재배 산림 조성 임산물 생산 펄프 · 종이 제조 조경 시공 종축 애완동물 미용 돼지 사육 한우 사육 곤충 사육 농업 생산 환경 조성 【32책】

교과(군)	교과서		
	전문 공통	전공 일반	전공 실무
수산 · 해운		해양의 이해 수산 · 해운 산업 기초 해양 생산 일반 해양 오염 · 방제 전자 통신 운용 어선 전문 수산 일반 수산 생물 수산 양식 일반 수산 경영 수산물 유통 양식 생물 질병 관상 생물 기초 수산 해양 창업 활어 취급 일반 해양 레저 관광 요트 조종 잠수 기술 항해 기초 해사 일반 해사 법규 선박 운용 선화 운송 항만 물류 일반 해사 영어 항해사 직무 열기관 선박 보조 기계 선박 전기 · 전자 기관 실무 기초 기관 직무 일반 【31책】	근해 어업 해면 양식 내수면 양식 수상 레저 기구 조종 산업 잠수 어촌 체험 시설 운영 선박 갑판 관리 선박 안전 관리 기관사 직무 선박 보조 기계 정비 원양 어업 수산 종묘 생산 수산 질병 관리 일반 잠수 어촌 체험 상품 개발 선박 통신 선박 운항 관리 선박 기기 운용 선박 기관 정비 【19책】

교과(군)	교과서		
	전문 공통	전공 일반	전공 실무
융복합· 지식 재산		스마트 공장 일반 스마트 공장 운용 스마트 공장 설계와 구축 발명·특허 기초 발명과 기업가 정신 발명과 디자인 발명과 메이커 【7책】	스마트 설비 실무 특허 출원의 실제 특허 정보 조사·분석 지식 재산 관리 【4책】
총계	3책	216책	309책
	528책		

〈표기 안내〉

• 정해진 학년이나 학기와 관계없이 분권하는 경우, 동그라미 숫자로 표기

  (예) 기술·가정 ①, ② ⇒ 중학교 기술·가정의 교과서는 학년 구분 없이 2권으로 나누어 개발

찾아보기

인명

ㅈ

정범모 48, 53

A

Adler, M. J. 25, 26, 27, 28
Alexander, W. M. 118
Anderson, L. W. 120
Apple, M. W. 62, 64, 65

B

Bloom, B. 119
Bobbitt, J. F. 107
Bobin, F 151
Bowles, S. 62, 63, 64
Bruner, J. S. 22, 23, 24, 25

C

Cronbach, L. J. 170

D

Dewey, J. 37, 38, 39
Doll, W. E. 92, 93, 94
Drake, S. 142, 143
Dreeben, R. 52, 53

E

Eisner, E. W. 174

F

Fogarty, R. 138
Freire, P. 62, 67

G

Gintis, H. 62, 63, 64

H

Hayes-Jacobs, H. 138
Hirst, P. H. 20, 21, 22

내용

저자 소개

한혜정(Han, Hyechong)
서울대학교 일반대학원 교육학과 졸업(교육학박사, 교육과정 전공)
현 한국교육과정평가원 연구위원

〈주요 역서 및 연구〉
『교육과정의 현대적 쟁점』(역, 교육과학사, 2011)
「2022 개정 교육과정 각론 조정 연구(I)」(공동연구, 한국교육과정평가원 연구보
　고 CRC 2022-5)
「국가 교육과정 설계에서 핵심역량 설정의 필요성에 대한 이론적 탐색」(교육과
　정연구, 39(2), 2021)
「2015 개정 교육과정의 핵심역량 함양을 위한 초·중학교 교육과정 설계 방안 연
　구」(공동연구, 한국교육과정평가원 연구보고 RRC 2017-2)

조덕주(Jo, Dukjoo)
이화여자대학교 일반대학원 교육학과 졸업(문학 박사, 교육과정 전공)
현 건국대학교 교육대학원 교수

〈주요 역서 및 연구〉
『내러티브 탐구를 위한 연구방법론』(공역, 교육과학사, 2011)
「'내가 되고 싶은 교사'에 대한 예비교사들의 인식 변화 분석」(한국교원교육연구,
　39(4), 2022)
「교육과정 재구성 관련 국내 연구 동향에 대한 분석」(교육학연구, 58(2), 2020)

교육과정(3판)
Curriculum, 3rd ed.

2012년 3월 12일 1판 1쇄 발행
2012년 8월 20일 1판 2쇄 발행
2016년 3월 15일 2판 1쇄 발행
2020년 9월 25일 2판 4쇄 발행
2023년 8월 20일 3판 1쇄 발행

지은이 • 한혜정 · 조덕주
펴낸이 • 김진환
펴낸곳 • ㈜ **학지사**
　　　　　04031 서울특별시 마포구 양화로 15길 20 마인드월드빌딩
대표전화 • 02-330-5114　　팩스 • 02-324-2345
등록번호 • 제313-2006-000265호

홈페이지 • http://www.hakjisa.co.kr
인스타그램 • https://www.instagram.com/hakjisabook

ISBN 978-89-997-2947-8　93370

정가 22,000원

출판미디어기업 학지사

간호보건의학출판 **학지사메디컬** www.hakjisamd.co.kr
심리검사연구소 **인싸이트** www.inpsyt.co.kr
학술논문서비스 **뉴논문** www.newnonmun.com
교육연수원 **카운피아** www.counpia.com